《农业软科学研究丛书（2010—2012）》之一

粮食安全与重要农产品供给

农业部软科学委员会办公室

中国财政经济出版社

图书在版编目（CIP）数据

粮食安全与重要农产品供给/农业部软科学委员会办公室．—北京：中国财政经济出版社，2013.9

（农业软科学研究丛书/2010～2012；1）

ISBN 978－7－5095－4742－7

Ⅰ.①粮…　Ⅱ.①农…　Ⅲ.①粮食问题－研究－中国②农产品－供应－研究－中国　Ⅳ.①F326.11②F762

中国版本图书馆 CIP 数据核字（2013）第 187336 号

责任编辑：刘五书　林治滨　　责任校对：胡永立

封面设计：郁　佳　　版式设计：董生平

中国财政经济出版社 出版

URL：http：//www.cfeph.cn

E－mail：cfeph@cfeph.cn

社址：北京市海淀区阜成路甲 28 号　邮政编码：100142

营销中心电话：88190406　北京财经书店电话：64033436　84041336

北京富生印刷厂印刷　各地新华书店经销

787×960 毫米　16 开　23.5 印张　400 000 字

2013 年 11 月第 1 版　2013 年 11 月北京第 1 次印刷

定价：46.00 元

ISBN 978－7－5095－4742－7/F·3834

（图书出现印装问题，本社负责调换）

质量投诉电话：88190744

反盗版举报热线：88190492　88190446

《农业软科学研究丛书（2010—2012）》

编辑委员会

序

多年来，农业部软科学委员会围绕党中央、国务院和部党组的重大决策部署，面向农业农村改革发展实践，组织专家学者和社会各方面力量开展跨学科、跨领域的综合研究，努力成为服务“三农”重大问题决策的思想库，发挥了重要作用。

党的十六大以来，我国实现粮食生产“九连增”、农民增收“九连快”，农业农村经济发展站到了新的历史起点上。随着工业化、城镇化快速推进，农业与国民经济的联系更加紧密；随着市场化进程加快和经济全球化深入发展，我国农业与全球农业的相互影响不断加深，这些趋势性变化对农业宏观调控的理念、方式和手段都提出了新的更高要求。适应新的形势，农业部软科学委员会不断加强全局性、战略性、前瞻性问题的研究，取得了一大批重要研究成果，为“三农”决策提供了重要的政策和理论支撑。比如，围绕现代农业发展、增加农民收入和农业宏观调控等重大问题组织开展相关问题研究，为谋划“十二五”农业农村经济发展思路提供重要参考；围绕粮食等重要农产品有效供给问题，组织开展粮食综合生产能力建设、主要农产品总量和结构平衡、农产品贸易与农业竞争力等对策研究，为推动出台相关政策提供政策和理论储备；围绕新时期农业农村发展阶段性特征，组织开展同步推进农业现代化、农村劳动力转移、农村社会结构变迁等重大问题研究，为推动农业农村经济转型升级提出战略思路等，这些重大问题研究在为领导决策提供咨询参谋意见，丰富“三农”理论研究成果，培养锻炼“三农”理论研究力量等方面都发挥了积极作用。

党的十八大指出，坚持科学决策、民主决策、依法决策，健全决策机制和程序，发挥智库作用，对科学民主决策提出了新的要求。当前，我国农村改革已步入深水区，农业发展步入传统农业向现代农业转型的关键时期，面临许多理论和实践问题亟待研究解决，为农业软科学研究提出了新的任务。农业部软科学委员会要紧紧围绕当前农村改革发展的重大理论和实践问题，始终坚持服务决策这个宗旨，组织搞好选题设计，开展深入调查研究，加强合作交流，鼓励理论创新，更好地发挥农业软科学研究队伍的聪明才智，为繁荣新时期“三农”政策理论研究、推动农村改革发展作出新的更大贡献。

二〇一三年八月

编者的话

呈现在读者面前的这套《农业软科学研究丛书》，是2010—2012年农业部软科学研究成果的汇编。

自1994年以来，农业部软科学委员会持续支持开展“三农”政策和理论研究，陆续编辑出版了《农业软科学研究丛书（1994—2000）》、《农业软科学研究新丛（2001—2003）》和《农业软科学研究丛书（2004—2009）》。这一系列丛书忠实地记录了我国“三农”理论和实践的发展历程，展现了认识与实践推进的时代脉络，许多成果在今天看来仍具有较高的学术价值，是研究“三农”政策理论的重要资料，获得了各界的广泛好评。

当前，农业发展正处于传统农业向现代农业转型升级的关键时期，农村经济社会正在经历一系列深刻变化，对“三农”宏观指导提出了新的要求。为此，农业部软科学委员会组织有关部门、科研机构和高等院校等研究力量，在2010—2012年间组织开展了100多项课题研究，选题涉及统筹城乡发展、现代农业建设、农产品有效供给、农业经营体制创新等诸多方面，形成了一批有较高理论水平和实践指导价值的研究成果，其中许多成果通过编刊《决策参考》等形式提供中央和有关部门领导参阅，对决策起到了重要参考作用，有力地推动了“三农”工作。为进一步强化农业软科学成果的转化利用，扩大农业软科学研究的社会影响，现将其中的优秀成果汇编成《农业软科学研究丛书（2010—2012）》继续公开出版，供读者研究“三农”问题时参考。

丛书按照全面系统、去芜存菁的原则编排成辑，每辑按主题分类论述，总的体例大致划一，共分5辑。分别是：《粮食安全与重要农产品供给》、《农民收入与权益保护》、《农业经营体制改革与制度创新》、《农业支持保护与可持续发展》、《城乡发展一体化与农村公共服务》。受农业部软科学委员会办公室委托，中共中央政策研究室、中央农村工作领导小组办公室、国家发展和改革委员会、中国社会科学院、农业部等一批年富力强、造诣较高的专家学者承担了丛书的编写和审核工作，他们对研究成果进行了认真遴选和编排，对体例和文字做了必要订正，并在提炼观点、整理材料的基础上编写了内容综述。

限于编者水平，书中不妥之处在所难免，敬请读者批评指正。

农业部软科学委员会办公室

二〇一三年八月

目　录

综　述

在维护农业产业安全的前提下，保障粮食和重要农产品供给、加强农产品国际贸易和区域合作、完善支农政策和宏观调控是当前农业工作的重要内容。本书对2010—2012年农业部软科学立项课题的20多个相关课题成果进行编辑整理，形成六章内容，系统地反映这些方面的最新研究成果。

一、维护国家农业产业安全

作为大国农业，我国农业的国际参与度日益加深，受国际市场的影响也越来越大，同时外国资本对我国农业参与程度不断扩大，我国农业产业安全面临新的形势。研判农业产业安全的形势、应对非传统农业挑战和农产品资本化、构建农业产业安全法律体系，具有十分重要的战略意义。

（一）中国农业产业安全现状

农业产业安全是在世界经济全球化和区域经济一体化的背景下，对农业产业的调整权或控制权受到威胁的状态。影响农业产业安全的要素指标有农产品生产能力、农产品自给能力、农业产业控制力、农业国际竞争力、农业可持续发展能力等指标。

从国内产业要素角度看，我国人多地少水缺，农业资源人均占有水平偏低，受到国内日益稀缺的土地和水资源等因素的制约，农业产业安全面临严峻挑战，有效利用国内资源要素是确保产业安全的优先选择，同时可以通过适当产品进口增加资源供给。从国际贸易角度看，我国广义粮食安全基本上得到保障，口粮安全水平在不断提高的同时达到高度保障，狭义粮食安全低于95%自给率的既定目标，其主要原因是大豆、玉米等饲料粮食从国内生产向国际市场进口转变，未来农产品进口压力主要来源于消费者对动物产品需求的增长。从外国直接投资角度看，近年来外资进入我国农业的势头迅猛，对我国农业产业安全带来不利影响。外资通过垄断形成对农业产业和市场的控制，外资进入对农业生产和涉农企业的发展空间形成强力挤压，造成我国农业科技资源特别是种质资源大量流失，弱化了国家对农产品市场的宏观调控能力。

维护我国农业产业安全，首先要维护国家农业产业的核心利益，保障农产品有效供给的政治利益，保障农民就业、增加农民收入的经济利益，维护生态环境安全的生态利益以及传承农耕文明的文化利益。维护我国农业产业安全应守住几条“红线”；粮食、畜禽产品、水产品等重要食物基本自给的战略底线；在农产品收购、流通、加工等关键环节和农业生产资料等重点领域划定外资进入的限制红线，将外资企业进入的领域和占有的市场份额限定在一定范围内；保证我国农业种质资源不流失。此外，依靠农业科技进步突破资源环境约束，并积极应对农产品贸易结构的深刻变化和逆差的常态化。

（二）非传统挑战对农业产业安全的影响

近年来在农业发展过程中，出现了一些新的影响因素，包括气候变化、金融创新、生物质能源、能源价格和投机资本等，这些因素对我国农业稳定发展和农民收入稳步提升产生越来越大的影响。

生物燃料主要以粮食作物为原料，包括玉米、甘蔗、木薯、甜高粱和纤维素等。生物燃料产业通过影响农产品供需结构，进而影响农产品的价格和土地使用状况。根据世界贸易一般均衡模型（GTAP）的政策模拟的计量分析，美国发展生物乙醇产业对国际玉米进出口贸易具有明显影响。当美国玉米出口减少时，在国际市场玉米价格增长刺激下，我国玉米产量增加，并且美国玉米出口量减幅越大，中国玉米产量增幅越大，在玉米产量增加的情况下，其他和玉米具有替代性和土地资源竞争性的农产品产量都出现下降。我国玉米价格出现增长，其他农产品价格由于产量减少也出现上涨。

农业机械化和集约化的发展使得农业生产对石油依赖性的增强。石油价格的波动不仅引起农业生产成本的波动，而且催生石油能源的替代品生物质能源产业的兴起，加剧农业生产发展的不确定性。利用投入产出一般均衡价格模型，评估石油价格不同上升幅度下全国各产业产品价格的变化率，研究发现：石油价格变动对柴油、化肥、农膜等农业生产资料的影响较大；石油价格上涨挤压了农民的获利空间，恶化了农民的生产和生活条件；石油价格上涨时，粮食、林业和渔业的市场价格均受到较大的上升压力，但对渔业部门的影响较显著，畜牧业和蔬菜受到的影响较小。石油价格变化幅度大小，直接影响了农产品国际贸易额。

随着农产品投资属性的逐渐显现，再加上期货、期权等金融衍生品的出现，国际投机资本日益向农业领域渗透。由于我国农产品市场不完善以及对于投机资本监管不严格等原因，致使我国部分农产品遭到投机资本的炒作，影响了农产品市场的稳定运行，进而影响到农业生产稳定发展。因此，必须采取必要措施对投机资本加以监督和管理。努力解决农业经济发展中的失衡问题，建立部门联动监管机制，提高农民的组织化程度，完善信息系统，适时监测农产品供需及价格信息，创造适宜环境，引导投机资本向投资资本转变，完善农村金融市场体系，压缩投机资本的投机空间。

（三）构建农业产业安全法律体系

保障农业产业安全的基本措施是建立健全产业安全法律制度，包括针对外资管理的法律制度和以反倾销、反补贴、保障措施等贸易救济措施为调节手段，针对进出口公平竞争的法律制度。当前我国已经搭建起农业产业安全法律制度的基本框架，但是在立法、执法等方面还存在很多实际问题，需要借鉴国际经验，进一步完善我国农业产业安全法律体系。

二、促进农产品总量平衡和结构平衡

农产品总量平衡和结构平衡是农业产业安全的重要标志。改革开放以来，我国农产品总量迅速增加，扭转了供给长期短缺的局面。20 世纪 90 年代后期以后，粮食等主要农产品形成了“供求总量基本平衡、丰年有余”的格局。近年来，我国农产品供求关系正在发生重要的阶段性变化，农产品供求总体趋向偏紧，部分农产品供求明显失衡，结构性矛盾突出，农业对国际市场的依赖程度逐步提高。农产品供给面临的资源环境约束显著增强，农产品供给受到农业劳动力短缺的制约，产品品种结构、地区结构协调受到小规模生产的制约，农产品品质结构提升缺乏价格刺激，国际贸易壁垒难以突破等问题是实现农产品总量平衡和结构平衡面临的难点。

对国内农业资源进行更为合理的配置，通过生产结构的调整，缓解品种和地区的供需矛盾；同时利用世界市场进行调节，以贸易的方式调整品种和地区的供求不平衡状况，是实现我国农产品品种和区域平衡的可行选择。具体而言，通过调整区域农业布局结构、调整农业生产结构、加快农村第二、第三产业发展等，实现粮食与非粮结构的调整和平衡、粮食作物内部的调整与平衡和农产品区域布局的优化与平衡。但是，利用国际市场和资源，通过空间互补，更容易使国内农产品市场达到均衡，从而更好地实现促进国内农产品供需机构平衡的目的。

三、保障重要农产品供给

（一）粮食由供求基本平衡转为供求趋紧，应坚持基本自给，将国际市场作为必要的补充

目前我国粮食自给率降至 90% 安全线附近，但主要谷物自给率仍接近 100%。2000 年以来我国逐渐由以前的粮食净出口国转变为粮食净进口国，三大主粮（大米、小麦、玉米）全部转为净进口，且净进口量逐年攀升。未来十年我国主要谷物产量增长速度小于消费量的增长速度，自给率水平将呈现不断下降的趋势，但整体上仍能保持在 95% 以上。我国主要谷物进口量将整体呈现上升趋势，到 2021 年小麦、粗粮、大米三个粮食品种的进口总量将突破 1700 万吨。

在这样的形势下，稻谷、小麦、玉米等重要粮食品种必须坚持基本自给，对稻谷、小麦等口粮作物要争取达到100%的自给率，对玉米则要保持在95%以上，即进口量不宜超过国内消费量的5%。为实现这一目标，加强耕地和水资源的保护和有效利用，大力提升科技进步对粮食增产的贡献率，不断完善粮食补贴及价格政策，积极推进种植机械化、服务社会化和粮食生产经营主体新型化，充分利用国际市场，发挥好进出口调控机制作用。

（二）油料自给率较低且生产难以大幅增加，应保护农民种植收益和本土油脂产业健康发展，同时合理调整国内食用植物油消费结构

由于比较效益低下、播种面积萎缩，我国油料产量增长缓慢。但随着人口规模的增长和居民收入水平的不断提高，我国食用植物油消费总量稳步增长。由此导致我国油料自给率相对较低，对外依存度逐年提高。大豆和棕榈油成为最主要的进口产品。未来我国主要油料及食用植物油的供求格局仍将偏紧，部分品种进口将有进一步扩大的趋势。其中，大豆进口到2020年可能达到7200万吨，自给率降至18%；棕榈油95%以上仍然需要从国外大量进口。

在这样的形势下，我国必须及时完善产业发展支持政策，建立健全调控机制，促进国内油料及食用油产业的健康发展。加大对国内油料作物的财政补贴和奖励制度，调动农民和地方政府的种植积极性。支持国内油脂产业发展，支持本土油脂加工企业做大做强。实施农业“走出去”战略，建立海外油料基地。大力发展小品种食用植物油生产。加大对新型食用植物油的宣传，引导居民科学适量消费。

（三）棉花对外依存度进一步上升，要稳定国内生产，同时充分利用国际市场

进入21世纪以来，我国棉花生产呈现波动上升态势，产区逐渐向西北转移。同期由于我国纺织工业的发展潜力得到迅速释放，棉花消费量迅速增长，增速超过产量。为弥补供需缺口，近年来我国的棉花年均进口量在250万吨左右，约占世界贸易量的1/3。但同时，我国也是世界纺织品服装出口第一大国，常年出口额占世界纺织品服装出口总额的30%左右。未来我国棉花将继续维持“两头在外、大进大出”的格局，进口将成为一种常态。到2020年，我国棉花生产将保持在700万—750万吨的水平，而国内居民棉花消费总量将接近780万吨，说明国产棉花基本可以满足我国城乡居民的消费需求。剩余的棉花需求量属于国际需求部分，仍将依靠进口来解决。虽然综合算来，未来我国棉花的贸易依存度接近50%，但棉花进口主要是为了出口，是我国纺织业发展的需要。

鉴于棉花产业“两头在外”的发展格局，未来棉花产业的政策选择应从促进纺织行业健康发展和保护1亿多棉农的切身利益出发。加大生产扶持力度，切实稳定国内棉花生产。完善国内棉花供需调控体系，充分利用国际市场调剂余缺。

（四）糖料供给起伏波动

中国糖料种植面积逐年增长，甘蔗已成为糖料的主要组成部分，单产、总产、含糖量在波动中提高，糖料生产向广西、云南等优势区域集中，制糖工业发展较快，产业集中度进一步提高，食糖流通较为顺畅，对外贸易平稳发展。但是，食糖价格呈现周期性波动。制约中国糖料产业稳定发展的问题及其深层次原因主要有：基础设施建设和产业技术水平滞后，自然风险抵御能力较弱；收获机械化进展缓慢，糖料生产成本大幅提高；糖料收购环节利益分配机制不合理，制约农民种植积极性；市场调控政策出台时机滞后，目标价格不合理。为了促进中国糖料产业持续稳定发展，应该大力支持基础设施建设、品种创新与收获机械化，构建糖料自然风险防范体系，完善糖料产业利益分配机制，保障蔗农合理收益，提高食糖市场调控水平，加强市场调控政策与货币政策、期货市场监管政策的协同性，坚持以保护国内产业为基本导向的食糖进口贸易政策。

（五）建立现代种业，完善相关法律

种子产业的发展对提高农业生产力，维护产业安全至关重要。中国是世界上最大的种子消费国，市场潜力巨大。目前我国已培育了多元化的种业市场主体，高产优质新品种审定数量增长迅速，以转基因为主的

生物技术已应用到育种过程中，同时政策法规框架和管理服务体系初步构建。但是，中国种业存在种子企业规模小、市场主体的研发能力弱、种子市场管理制度不完善、种子管理执行机构不统一、种子的监管不到位等问题。面对近年来跨国种业公司增势迅猛的形势，国内种业必须深入改革，以加快现代种业建设步伐。推进种子产业研发体系与管理体制改革，继续加大财政投入，同时引导私人资本进入研发领域。加快推进转基因生物安全立法工作，建立健全转基因生物安全管理体制、转基因生物安全制度、生物安全公众参与制度。继续完善种业知识产权的制度、机制与措施，提高种业企业的自主知识产权创造能力。强化种业市场监管，完善政策法规，加强种子产业与市场的管理，提高企业进入种子市场的门槛和种业监管能力。

在完善种子法律制度方面，应该针对实施中存在问题，包括品种审定程序缺乏公开透明，审定标准不科学，评价体系不完善，品种审定信息共享机制欠缺，审定时间过长，以及新品种审定与品种权保护制度衔接不够等等，进行相应的修改完善。

四、加强农产品贸易与区域合作

农产品贸易是中国农业发挥优势、参与国际竞争的主渠道，对于带动农村就业、增加农民收入、优化农业产业结构、加快现代农业建设、促进国民经济又好又快发展起到了重要作用。

（一）后金融危机时期农产品出口促进的对策

金融危机爆发前后，世界农产品市场和农产品贸易的宏观经济环境发生了剧烈的变化，我国农产品的出口环境因之而出现了巨大变化，并对贸易结构和贸易规模产生了全面而深刻的影响。国际农产品需求下降影响我国农产品出口，国际贸易保护主义抬头限制我国农产品出口，国际农产品价格下降削弱了我国优势农产品的市场竞争力，通过产业链影响我国的农产品出口，人民币升值压力抑制我国农产品出口。金融危机发生后，我国农产品贸易条件处于历史低位，从金融危机的恢复期开始，我国农产品贸易条件逐步得到改善，但是企业实体受到的影响是多方面的且较为深远，企业的经营和生存面临严峻的挑战，尤其是小企业和外向型企业。

为了降低金融危机对我国农业及农产品贸易产生的负面影响，政府应该运用宏观经济手段，协调财政政策和货币政策，针对当前外向型农业发展面临的急迫问题，针对性地出台应急措施，减缓危机带来的负面影响。同时，立足根本，着眼长远，完善我国农产品贸易支持保护体系，提高在国际贸易规则制定中的话语权，建立我国农产品贸易稳定发展的长效机制，促进我国农业对外开放事业健康有序地发展。

（二）基于优势产业布局的两岸农业合作

海峡两岸在土地、劳动力、生产技术要素、农产品结构等农业资源条件方面存在差异与互补，具有农业技术合作、市场资源共享、经营方式的交流与合作等方面强烈需求。两岸之间在农产品贸易方面的互补性并不突出，也不会成为两岸农业合作的重点，但是两岸在农业投资合作方面可以形成互补双赢的局面，品种、技术、人员、资金都有很好的承接性。

自从大陆改革开放以来，台资农业在大陆从无到有、从小到大，在不断摸索中日益发展壮大。在此过程中，台资农业在投资产业类型和投资区域分布上逐渐地演进和变迁，形成了自己较为鲜明的特点。台资农业投资项目以食品加工业为主，规模逐渐加大。台资农业对大陆农业发展发挥了促进作用，将台湾农业在实用技术的开发、新品种的培育和改良、农产品的加工运销以及生产经营管理等方面先进技术和管理经验带到大陆，对大陆农业发展产生正外部性效果。但是，台资农业发展中也面临土地、融资、市场、合作化、规模化等问题。

加强两岸农业合作、促进两岸农业共同发展应通过以下方面：(1) 发挥两岸市场资源互补优势，充分利用好国内、国际两个市场；(2) 发挥两岸农业技术的互补优势，促进台湾农业先进生产技术的引进与推广；(3) 学习和借鉴台湾农业合作组织发展以及产业化管理的先进经验，扩展两岸农业合作领域；(4) 按区域优势布局规划对台资农业项目进行规划、引导和布局；(5) 在现有的海峡两岸农业合作试验区及台湾农民创业园范围内，做好优势产业布局。

（三）CAFTA条件下促进我国热带果蔬的产业发展

我国热带果蔬生产主要集中在南部热带和亚热带地区，总量不大，但是对当地农民增收和地区发展具有非常重要的意义。通过计算国际市场占有率、贸易竞争力指数、显示性比较优势指数以及出口价格比指数、质量升级指数，发现我国热带果蔬的整体国际竞争力显著低于东盟国家。中国东盟建立自由贸易区后，中国的热带果蔬产业面临严峻挑战。

影响中国热带果蔬出口的主要因素很多。通过贸易引力模型计量分析发现，中国热带果蔬产品出口与中国热带果蔬生产总值、热带水果产品进口国家（或地区）的国民生产总值正相关，与进口国家（地区）首都与中国首都北京距离负相关；亚太经合组织（APEC）对其成员国的热带果蔬产品贸易起到了一定促进作用。此外，价格竞争力因素、非价格竞争力因素、贸易壁垒等其他因素也会对我国热带果蔬产品出口产生影响。

应该通过优化种植品种结构、提高贮运保鲜技术、完善冷链物流体系、发展热带果蔬加工业、提高热带水果产业组织化程度、加紧建立与国际接轨的标准体系，提升中国热带水果国际竞争力。通过优化蔬菜出口的市场结构、加强技术交流、发展特色热带果蔬产品以及高附加值的加工型产品、建立统一的检验检疫标准，加强中国东盟热带果蔬双边贸易互补性。

五、完善农业支持政策及宏观调控

（一）中国农业政策的效果评价

财政支农政策是推动一国农业发展的重要支持力。首先，运用格兰杰因果检验法验证财政支农支出增长与农业产出增长之间存在着互为因果的关系，财政支农支出增长推动了农业产出的增长，农业产出的持续增长又进一步推动了政府增加财政支农的力度。其次，通过双对数回归模型发现，农业基本建设投资、支援农村生产支出和农林水利气象等部门事业费支出等各项农业投入对农业经济的增长有显著的促进作用，其中，农业基本建设投资的作用尤为突出。再次，通过回归模型进一步研究发现，粮食作物播种面积、农业科研投入、农业水利投入对粮食产量都有促进作用，其中最大的因素是农业水利投入。最后，通过边际技术替代率法研究表明，农林牧渔业中农业水利投入对于私人生产者生产成本的替代效果最为明显，农业基本建设投入次之，农业科研投入最小。现阶段，财政支持农业政策的重点应围绕农业基本建设、农业科研和农业技术推广、农村基础教育、农业补贴项目、农产品商品化和市场化建设和生态建设。

选用政策效果评估的目标达成模式和附带效果模式对改革开放后我国农业产业政策实施效果进行评估，结果表明，十年来中国农业取得了巨大进步。目前，从农业发展的总体水平来看，中国粮食生产实现“九连增”，农民收入实现“九连快”，农产品出口规模不断扩大，农业发展取得巨大进步。但是，我国农业仍存在科技含量低，技术进步贡献率不高，农业的科技支持乏力，与农业发展新阶段的要求极不适应；农产品出口的产品集中度和市场集中度都比较高，并仍然以劳动密集型农产品出口为主；粮食“九连增”中所包含的恢复性、脆弱性和替代性等问题；大豆危机和农产品价格波动等问题。面对全球农业国际竞争的加剧，应加大农业科研投入，加快农业科技创新，促进农业科技成果转化，提高农业竞争力。

（二）农产品价格波动与调控

近年来，我国一些重要农产品价格出现剧烈波动。农产品总体价格高位波动，供给不稳定加剧；玉米价格高位调整，自然灾害等多因素加剧波动；大白菜价格周期性波动加剧；牛羊肉与猪肉价差趋大，养殖成本诱发肉类价格走高。

应对农产品价格波动，政府“多管齐下”稳定农产品价格总体水平。执行最低收购价和临时收储政策支撑粮棉市场价格，同时加强“菜篮子”工程全力保障肉、蛋、菜等产品市场平稳。但是重要农产品价格调控中依然存在突出问题：一是价格调控主体单一，信息服务比较滞后。价格调控主体不健全，市场组织未得到重视。缺乏统一协调的价格信息平台，降低各方决策效率。世界头号大米出口国越南稻谷相关数据残缺，严重影响调控决策。二是最低收购价和临时收储政策执行方式不当，产生诸多弊端，包括直接收储抬高国内粮棉价格，净进口猛增冲击国内粮棉市场；直接收储粮棉的价格补贴负担沉重，补贴效率低；托市收储抬高加工原料成本，粮棉加工企业利益受损。三是“菜篮子”工程缺乏全局协调能力，难以稳定蔬菜价格。

应该通过以下政策措施完善我国农产品价格调控政策：一是培育多元化市场调控主体，健全信息支持体系。支持骨干企业和农民专业合作社参与重要农产品价格调控。强化信息资源共享。尽快将越南稻米列入重点监测对象。二是探索“差价直补＋定量收储”机制，完善价格支持措施；尝试粮棉差价直补措施；实行定量收购；提高价格支持定价机制的灵活性。三是加强蔬菜生产和流通能力建设，建立跨区域蔬菜协调机制。支持蔬菜产销能力建设，设立蔬菜跨区域协调机构。

（三）农产品资本化对农产品价格的影响及应对

随着我国经济市场化、国际化进程不断加快，宏观经济、资本市场、国际市场等因素对农产品市场的影响日益增强，农产品资本化特征逐渐凸显，即农产品成为资本市场上各种金融产品的挂钩商品，从以往单纯的消费属性向兼具资本属性和消费属性转变，其产品价格形成机制发生了重大变化，不仅受自身供给和需求因素的影响，更多地受经济增长、货币政策等宏观经济因素的影响。这不仅给产业内供给和需求各方判断价格走势增加了困难，也对宏观调控带来了更大的挑战。

在资本化趋势的背景下调控农产品价格应该采取如下政策措施：一是要更加注重对宏观经济的调控。关注货币流动性过剩、资本市场影响等宏观因素，防止经济过热、货币发行过多、资本市场异动，引发农产品价格过快上涨，保持宏观经济稳定。二是建立、健全农产品价格监测和信息发布体系。要进一步加大对农产品价格信息体系建设的投入力度，加强基础设施建设，整合信息资源，强化科学分析，健全发布制度，创新服务模式，完善服务网络，逐步形成数据可靠、分析准确、发布权威的农产品价格监测和信息发布体系。三是大力发展生产，提高农业综合生产能力。重点加强高产稳产田建设和农田水利设施建设，改善农业生产条件，提高农业综合生产能力，使市场对农产品数量有稳定预期。四是建立储备体系，调控市场供给。要根据不同产品特性，建立科学的农产品储备体系，通过储备调整市场供给和价格。继续建立、完善部分大宗农产品临时收储政策，探索科学、灵活的收储启动和放储机制，合理调控市场供给，维持价格稳定。五是严格执行我国当前的生物质能源政策。必须严格执行当前的生物质能源政策，对以粮食作物发展生物质能源作出限制，避免我国粮食市场价格受资本市场波动的影响。六是科学引导社会舆论和市场预期。

他山之石可以攻玉。我国正处于工业化、城镇化、现代化的发展阶段，美国、日本、欧盟等发达国家和地区在发展道路上所积累的经验和教训具有非常重要的借鉴作用。本书第六章全面介绍这些国家的农业政策、宏观调控以及产业安全法律制度，为完善我国的相关政策提供了启示。

第一章 维护国家农业产业安全

第一节 中国农业产业安全现状

作为大国农业，我国农业的国际参与度日益加深，同时受国际市场的影响也越来越大。近年来，外国资本对我国农业参与程度不断扩大，我国农业产业安全面临新的形势，必须全面审视我国农业的产业安全。

一、农业产业安全的含义和指标

（一）农业产业安全的含义

农业产业安全是指在世界经济全球化和区域经济一体化的背景下，对农业产业的调整权或控制权受到威胁的状态。这里有两方面的含义：一是在没有政府干预的情况下，国内农业产业与外资竞争，能够占有一定的市场份额，达到一定的利润率水平，产业发展不受压制，产业技术创新不受制约；二是政府根据自己的意志或意图，在不受外资影响的情况下，能够自主行使对农业产业的调整权或控制权。具备了这两方面的条件，可以说农业产业就是安全的，否则就是不安全的。

我国农业产业安全必须放在农业农村经济发展的大局下来考虑，同时，我们还要认识到当前农业农村发展所处的历史阶段。其主要目的就是要保障农产品有效供给，保障农民增收和实现农业的稳定增产增收。同时，对于外资进入农业的消极影响还要客观评估。

（二）影响农业产业安全的要素指标

1. 农产品生产能力指标

它反映了一国农业的规模和水平，是农业健康持续发展的重要表现，是实现本国农产品有效供给的基本保障，是农业创造经济效益、提供就业机会的根本前提。它可以由农产品产量、播种面积、单位面积产量等指标来反映。

2. 农产品自给能力指标

这可以考察本国农业在保障国内农产品供给方面的能力。较高的农产品自给能力可以增强国家对农产品市场的调控能力，有助于抵御国外不利因素的影响。

3. 农业产业控制力指标

中国国情决定了我国大宗农产品特别是粮食产品必须实现国内基本自给。特别是考虑到国际大宗农产品贸易处于跨国公司准垄断的现实，对于涉及国计民生的重要产品必须保持必要的自给水平，必须保持必要的定价话语权和产业链控制权。在当前国际农产品市场波动加剧的情况下必须具有足够的政策空间进行有效调控。

4. 农业国际竞争力指标

农业在国家竞争中具有竞争力，能够守住国内市场、开拓国际市场，才能较大程度地发挥农业在提供就业和创造经济收益方面的功能和作用，同时也可以为国家在国际上争取经济、政治等方面的主动权。

5. 农业可持续发展能力指标

确保农业产业安全意味着农业具有可持续发展能力，意味着必须拥有必要的产业升级增值空间，必须有应对成本增长保持必要利润的空间。高质量的开放必须注重并能有效保护这些空间。

二、基于国内产业要素角度的农业产业安全分析

总体上看，我国人多地少水缺，农业资源人均占有水平偏低，受到国内日益稀缺的土地和水资源等因素的制约，保证消费者对食物多样性和营养的要求越来越难。

（一）我国农业生产要素基本状况

1. 耕地资源不足

我国人均耕地面积仅1.38亩，仅相当于世界平均水平的40%。随着工业化城镇化推进，今后不可避免地还要继续占用耕地，人增地减的矛盾将更加突出。尽管有耕地占补平衡、先占后补的制度约束，但占用的往往是优质耕地，补充的大多是劣质耕地。耕地后备资源不足，可开发耕地后备资源不足7500万亩，而且分布不均、开发利用难度大。“十一五”期间，我国粮食增产贡献因素中，播种面积增加占三成以上，且相当一部分是以减少油料、棉花等其他农作物面积为代价的。在城乡居民对农产品多样化需求日趋增大的背景下，同步提高粮食和其他主要农产品产量，必须更多地依靠科技进步提高各自单产水平。

2. 水资源约束趋紧

我国人均水资源量少，大约为2100立方米，仅为世界平均水平的28%，列世界第125位。目前全国用水总量6000亿立方米，年缺水500亿立方米，近2/3城市缺水，每年农业缺水300亿立方米、影响耕地3亿亩。根据国家有关规划，2015年、2020年和2030年全国用水总量分别要控制在6350亿立方米、6700亿立方米和7000亿立方米以内。但是今后一个时期，全社会用水量增长空间有限。随着工业、城市、生态用水刚性增加，农业用水紧缺的矛盾将更加明显。特别是从水资源空间分布来看，北方地区耕地占全国的60%，而水资源量仅占全国的19%，其中黄淮海流域水资源量仅占全国的7%，是我国水资源供需矛盾最尖锐的地区，而这些地区恰恰是我国重要农产品的主要产区。

3. 环境容量有限

工业化城镇化发展，导致土壤、水体污染，影响农业产能提高和农产

品质量安全。我国受重金属污染的耕地达3亿亩，受农药和其他化学品污染的农田约9亿亩。化肥和农药的广泛使用，使农业成为重要的面源污染源；畜牧业的快速发展，使农业成为温室气体的重要排放者。目前我国单位面积化肥使用量是联合国粮农组织规定上限的2倍，农药使用量高达世界平均水平的2.5倍以上。据国家环境保护部《2010年环境状况公报》，我国农村面源污染已超过城市工业污染，农业农村排放的COD占全国的43%、总氮量占57%、总磷占67%。国务院发布的《"十二五"控制温室气体排放工作方案》明确要求，通过改良作物品种、改进种植技术，加强畜牧业废弃物处理和综合利用，鼓励使用缓释肥、有机肥等替代传统化肥，努力控制农业领域温室气体排放。

4. 气候变化影响频繁

随着全球气候变暖，我国极端天气事件发生的几率增加，每年干旱、低温冻害、洪涝等气象灾害频繁发生，不仅灾害种类多，而且发生范围广、程度深、危害大，对农业生产造成的影响尤为严重。近30年来，气象灾害对种植业生产的影响，虽年际间有波动，但总体呈加重趋势。同时，气候变化导致农作物病、虫、草、鼠害发生规律出现诸多新变化，对种植业生产构成极大威胁。据监测，与20世纪80年代相比，小麦条锈病越夏区的海拔高度升高100米以上，发生流行时间提早半个月左右；水稻"两迁"害虫和飞蝗发生区域向高纬度、高海拔地区扩展。这些，都对发展农业防灾减灾技术提出了新要求。

5. 农业劳动力老龄化

随着农村劳动力持续向外转移，农业劳动力呈现总量过剩与结构短缺并存特征。据专家推算，2010年全国28708万农业劳动力中，16—20岁占2.8%，21—30岁占13.5%，31—40岁占15.6%，41—50岁占27.7%，50岁以上占40.4%。一些地方务农劳动力老龄化已非常明显。例如，2009年浙江省嘉兴市农业劳动力平均年龄已达到57.8岁。培育一批高素质的新型务农劳动者，解决好"谁来种地"、"地怎么种"的问题，已迫在眉睫。

6. 农业基础设施水平低

农业基础设施特别是农田水利设施短缺，对农业生产的保障程度低。

据统计，2009年年底全国仍有51%的耕地是缺乏灌溉设施的“望天田”，已建成的8.99亿亩灌溉耕地也存在设施标准低、配套差、老化失修、功能退化问题，灌溉保证率多数只有50%—75%。现有农田水利工程相当一部分超过规定使用年限，老化失修严重，运行功能减弱，抗灾能力下降。

（二）有效利用国内资源要素是确保产业安全的优先选择

现代农业产业体系注重通过金融资本、科学技术、组织管理等现代生产要素的集约投入和深度开发，实现对传统要素的部分更新替代，形成新的要素组合，推进全要素生产率的稳步增长和农业产业综合素质的不断提升。在此过程中，任何一种生产要素的缺位都将形成短板效应，影响到全要素的集成配套和组合效力。对比其他国家，我国克服要素短缺的挑战更大。如以色列针对水资源短缺、美国针对劳动力短缺、日本针对土地短缺等要素约束，比较容易通过强化其他要素组合进行弥补。而我国每一种生产要素短缺都有可能形成短板，成为农业发展的瓶颈。因此，只有谨慎对待各种生产要素的组合方式，才能充分发挥全要素生产能力。一是集约节约利用资源。土地是不可再生资源，务农劳动力从长期来看也趋于减少，这就要求一方面加大科技、资本和管理等生产要素投入，实现对土地和劳动力的部分替代；另一方面大力发展规模化经营和社会化服务，缩减用工需求，提高单位产量，降低科技、管理、资本投入的成本，从整体上提高要素生产率。二是推进农业节能减排。通过发展农村沼气、测土配方施肥、秸秆还田、保护性耕作、循环农业等措施，实现农业生产资料的减量化、再利用和资源化，降低农业资源消耗，提高资源利用效率。

（三）合理进口，增加资源供给

从我国耕地和水资源现状和潜力来看，进口部分饲料粮不仅符合我国经济利益，而且也是保障农业可持续发展和农业资源安全的要求。

近年来，进口大豆为我国节省了大量的耕地和水资源。以2010年为例，当年我国进口大豆5400万吨，按国内大豆单产1.6吨/公顷计算，相当于我们进口了3400万公顷的耕地资源，相当于我国耕地面积的28%。

按照大豆生产每公顷用水4000吨计算，大豆进口也为我国节省了1360亿吨水，约占我国农业用水总量的37%，基本上相当于我国所有的工业和城乡居民生活的用水量。如果加上大豆油等植物油的进口，对我国土地和水资源的节省数量就更为可观。如果完全依靠国内生产来满足大豆需求，必然要大幅度压缩其他粮食作物和经济作物的种植面积，严重阻碍农业生产结构调整和农业比较优势的发展。

根据有关计量模型的分析结果，到2020年，我国大豆和玉米的产需缺口可能将分别达到7200万吨和2000万吨左右。从现有耕地资源和水资源的供给潜力来看，完全依靠增加国内生产来平衡产需缺口几乎是不可能的。假设2020年我国每公顷大豆产量达到1.8吨/公顷，用水量保持在4000吨/公顷，进口7200万吨大豆相当于进口4000万公顷耕地和1600亿吨水；假设2020年我国玉米单产为6.8吨/公顷，用水量为4800吨/公顷，进口2000万吨玉米相当于进口294万公顷耕地和141亿吨水。进口大豆和玉米两者合计，相当于为我国节省了4294万公顷耕地和1741亿吨水，相当于我国耕地的35%、农业用水的47%。

三、基于国际贸易角度的农业产业安全分析

（一）广义粮食安全基本上得到保障

从个体、区域、国家三个不同尺度上看，过去30年我国粮食安全水平都得到不断提高。首先，从个人和家庭的微观粮食安全来看，温饱问题已基本解决，消费多样化、食物营养不断改善。其次，从区域来看，区域间的市场一体化和流通条件不断改善，区域间贸易量显著增加，不但有效地解决了资源空间分布不均带来的区域粮食安全问题，而且能够很快缓解局部地区自然灾害对当地农产品供需平衡的冲击，区域粮食安全水平显著提高。最后，从国家层面来看，粮食安全总体水平得到高度保障，“十一五”期间，我国食物和饲料总体保持净出口。耕地密集型农产品（如粮食和油料等作物）的进口额不断提高，而高附加值劳动和技术密集型农产品（如蔬菜水果、加工食品）的出口也较快增长。

特别是口粮安全水平在不断提高的同时达到高度保障。大米和小麦这两种主要口粮作物的自给率，“十一五”期间都保持了100%，主要原因

是我国居民消费结构变化所致。随着居民收入水平提高和城市化的推进，畜产品、水产品和蔬菜水果占食物消费的比例逐渐增加，人均大米和小麦消费已呈现长期的下降趋势。1990 年我国人均大米消费量达到 88 公斤，之后逐渐下降到 2000 年的 75 公斤和 2009 年的 60 公斤，年均下降约 1.5 公斤；人均小麦消费量也从 1990 年的 73 公斤下降到 2000 年的 65 公斤和 2009 年的 50 公斤，年均下降约 1.2 公斤。

（二）狭义粮食安全低于 95% 自给率的既定目标

如果按照目前我国粮食的定义范围（包括大米、小麦、玉米、豆类和薯类），2008 年我国的粮食自给率已经下降到 95% 以下，2009 年下降到 92.5%，2010 年更下降到 90.6%。饲料粮需求和食用植物油需求的刚性增长是我国粮食自给率下降的主要原因。

1. 大豆供给安全已从国内生产转向依靠国际市场进口

从加入世界贸易组织以来，我国大豆进口快速增长，2010 年进口量达到 5400 万吨，占大豆需求总量的近 80%；同时，我国还进口了 200 万吨的大豆油，相当于 1000 多万吨大豆。大豆需求增长和国内生产资源与技术约束是大豆进口快速增长的根本原因。我国养殖业饲料和植物油需求快速增长还将继续延续一段相当长的时期，资源和技术约束也日趋明显。例如，1996 年美国和巴西采用转基因大豆后，两国大豆的种植面积和单产快速增长，2009 年美国和巴西的大豆单产分别达到 2.7 吨/公顷和 2.8 吨/公顷，比我国大豆单产（1.6 吨/公顷）高 70% 左右。

2. 玉米供给安全正逐渐从国内生产向国际市场进口转变

2010 年是我国玉米从净出口国转变为净进口国的转折点。20 世纪 90 年代，我国玉米年均出口 550 多万吨，2003 年出口曾达到 1600 万吨。之后，由于国内需求增长高于生产增长，2004—2009 年玉米出口量年均下降到 260 万吨左右，2010 年则成为玉米净进口国，进口 157 万吨，同时还进口了 316 万吨的玉米干酒糟用以部分替代国内的豆粕和玉米等饲料粮需求（海关总署，2010）。随着我国未来畜禽和水产品需求的进一步增长，即使国内玉米产量继续保持年均 2%—3% 的增长速度，进口量以每年 200 万吨左右递增的局面仍将难以改变。

（三）未来农产品进口压力主要在于动物产品的需求增长

我国城乡居民对动物性食品的消费量将呈持续增加趋势。2009 年，我国年人均畜禽产品消费量约为 53 公斤（包括肉、蛋、奶），估计到 2020 年将上升到 70 公斤左右。我国畜禽产品贸易已经从 20 世纪末期的净出口转变为净进口，净进口额从 2000 年的 0.6 亿美元迅速提高到 2010 年的 49.1 亿美元，这种增长还将继续延续。畜禽产品中净进口增长比较快的是猪肉和奶类产品。2010 年我国猪肉净进口数量约为 70 万吨，奶粉的净进口数量也达到 41 万吨。

虽然我国可以选择直接进口畜禽产品来满足国内消费需求的增长，但是通过进口饲料粮增加国内畜禽产品供给的方式可能更可行和有效。首先，肉类产品的国际贸易潜力有限。由于担心畜禽疾病传播和产品质量安全，各国对畜禽产品的进口都制定了非常严格的检疫标准，肉类产品的贸易成本较高。2009 年全球肉类产品的国际贸易量只有 4100 万吨左右。其次，肉类产品国际贸易市场风险较大。过去 20 年的国际贸易数据显示，肉类产品的国际贸易量在年度间波动很大，畜禽疾病的爆发可以导致肉类产品的国际贸易量急剧下降。因此，不宜过于依赖国际市场。再次，选择进口饲料增加国内畜禽产品供给，可以将养殖环节的增值部分保留在国内，有利于促进国内就业和提高农民收入。从欧盟、日本和韩国等发达国家和地区的经验来看，这些国家和地区在进口畜禽产品与饲料的政策选择上，无一不采取优先进口饲料粮的战略，这是所有人口大国和地区保障国内畜禽产品供给安全的普遍选择。

四、基于外国直接投资角度的农业产业安全分析

农业是外资进入的基本领域，近年来外资进入我国农业的势头迅猛，主要呈现以下五个特点：一是进入速度加快，投资规模大幅增长，特别是 2005 年以后外资进入农业的速度呈直线上升趋势；二是外资企业在一些行业已经占有较大市场份额，如食用植物油市场外资占有份额达到 85%，果蔬加工达到 30%，饲料加工 24%，肉类加工 22%，外资企业农产品进出口贸易占我国农产品进出口贸易的四成以上；三是外资进入的环节大多

集中在消费市场广、利润空间大、发展潜力足、发展前景好的优势产业和企业，目前外资参与的国家级重点农业产业化龙头企业已达108家，其中涉及粮油、林特产（含水果）、肉类、牛奶、水产、蔬菜等农业核心产业的达99家，比重达91.7%；四是外资进入的领域不断拓展，遍布种植养殖、生产加工、市场流通、种子研发推广、农药农机生产等农业产业链的各个环节；五是并购成为外资进入农业的主要方式，并购目标主要锁定具有明显优势的龙头企业，并购环节主要选择农产品加工，并购区域主要集中在发达地区，并购动机已不仅仅限于投机性收益，而是旨在通过垄断商品与投资市场，抢占农业资源、技术、人才，控制农业产业关键环节，推进其全球经营战略。

外资进入农业，对增加我国农业发展资金、提升农业管理水平、促进农业科技进步、推进现代农业企业制度建设有积极作用，但也对我国农业产业安全带来不利影响。近年来，这种不利影响正日益显现出来。

（一）外资通过垄断形成对农业产业和市场的控制

外资通过垄断形成对农业产业和市场的控制，是外资进入对我国农业产业安全不利影响的集中表现，也是我国农业产业安全在外资进入情况下面临的最大隐患。这种不利影响在大豆及食用植物油产业表现得尤为突出。随着近年来外资在我国食用植物油生产领域逐步推进并渐成垄断态势，我国食用油对外依存度已超过国际安全预警线。目前，约70%的食用油压榨企业被外资控制，国际粮商在90多家大型油脂企业中已参股控股60多家，占总股本的66%，就连国内最大粮油企业——中粮集团的部分大豆压榨能力也被外资参股30%；具有外资背景的大型大豆加工企业的实际加工能力超过5000万吨，占国内总量的85%，其中丰益集团直接控股的工厂和贸易公司达38家，并参股山东鲁花集团有限公司等多家国内著名粮油加工企业，工厂遍布河北、山东、江苏等省，压榨能力位居国内第一，仅大豆的年压榨能力就达1000万吨，约占全国的1/8；除压榨和精炼环节外，外资还进入更下游环节，包括小包装食用油、食用油脂等，目前丰益集团已占据国内小包装食用油市场的50%以上，旗下有金龙鱼、元宝、口福等10多个品牌，国内食用油知名品牌多被外资控制；

在大豆进口方面，美国ADM、邦吉、嘉吉和法国路易达孚四大国际粮商还控制我国80%的进口大豆货源。这种情况下，外资在大豆进口、植物油定价、饲料供给和生产技术等方面均已成主导之势，国家对大豆及食用油市场的调控能力已下降到不足40%。

（二）外资进入对农业生产和涉农企业的发展空间形成强力挤压

我国多数农业企业尚处于成长期，规模小、成本高、利润少、实力弱，抵御市场风险能力不强。外资进入农业领域后，凭借其雄厚的资本、技术、市场实力对国内企业构成强大竞争，导致农业企业生存困难，有的被迫关闭或被外资趁机兼并。

在外资进入我国大豆产业后，全国90%以上榨油企业陷入严重亏损。外资在大豆产业中的资本运作过程是：先把国外大豆低价卖给国内炼油厂，我国豆农的大豆卖不出去，大豆种植面积随之减少；挤压上游产业链后，再大幅提高国外大豆价格，让国内炼油厂买不起进口大豆，国内炼油厂陷入经营困境，外资乘机收购。2000年，国内开工的油脂加工企业有1000多家，目前仅剩90多家大型加工企业，其中64家被外资控股或参股，内资大豆加工业的生存和发展空间受到严重挤压。以黑龙江龙江油脂企业为例，1995年前后，该企业的食用油销售范围可辐射到广东沿海地区，2003年前后只能辐射到河北省，2007年后销售区域大多局限在黑龙江省内，与此同时进口转基因豆油越来越多地摆上黑龙江省超市货架，其豆粕产品也于近年打入黑龙江市场。

在种植领域，进口大豆还严重冲击国内生产，随着国产大豆种植面积减少，又进一步提高大豆需求的对外依存度。2010年，我国大豆播种面积比2001年减少1450万亩，减幅超过10%；大豆进口量5479.7万吨，占全球大豆进口总量的57.1%；大豆进口量已达国内生产量的3.63倍，大豆进口依存度已由2005年的63%上升到78.4%。

（三）外资进入造成我国农业科技资源特别是种质资源大量流失

近年来，外资通过并购种子企业或与科研机构合作，攫取我国种质资源及研发技术，造成农业科技资源及知识产权大量流失。更为严重的是，外资利用这些资源获得科研成果后，申请知识产权，我国再使用这些资源则需要支付高额专利费用，遭受难以估量的损失。

美国先锋公司20世纪90年代初进入我国，1998年在辽宁铁岭成立先锋育种站，其后相继与我国玉米种业优质企业——山东登海种业公司和甘肃敦煌种业公司成立合资企业，并在西南地区筹建第三家玉米种子公司，相继完成在我国玉米主产区黄淮海、东北、西北、西南4个主要市场的布局。2008年，先锋公司又把手伸向水稻种业，与袁隆平领衔的湖南省杂交水稻研究中心开始在杂交水稻研究领域展开合作。此外，先锋公司还着力进行基层营销网络建设，自进入我国后一直进行县级营销商培训，自2002年起即着手建立庞大的营销终端，目前已通过经销商为购买其种子的农户免费提供播种机，把营销网络与对农民的服务对接起来，快速占领种业市场。美国孟山都、瑞士先正达等跨国种子公司，也纷纷进入我国市场。目前我国三大粮食品种中，小麦种子基本没有外资进入，水稻杂交品种有少量外资进入，玉米种子的外资进入势头迅猛。据调查，美国先锋公司选育的“先玉335”品种，在东北玉米主产区的种植面积已超过一半，并向黄淮海地区玉米主产区渗透。继“先玉335”后，先锋公司还计划推出“先玉696”、“先玉508”等品种，希冀占领更多市场。先锋公司下一步可能与辽宁东亚种业、川农高科种业合作，消除其在东北、西南地区的竞争对手，全面完成在我国玉米种业科研、生产和市场营销布局。

（四）外资进入不断扩展其涉猎领域

目前，外资已遍布种植养殖、生产加工、市场流通、种子研发推广、农药农机生产等农业产业链的各个环节。

在大量并购大豆加工企业并进入肉类、奶类加工行业后，外资已开始进入粮食领域。世界四大粮商在山东、河南、河北、湖南等省建立或并购粮食加工企业，在黑龙江等省建立粮食购销企业。据国家粮食局统计，取得粮食收购资格的外资企业已超过150家。ADM公司和丰益公司已参与东北的大米和华北的面粉、花生加工，丰益公司还拟在北京、江苏、四川、陕西等地建设面粉加工和粮油物流项目。2008年以来，外资在粮棉收购及加工领域加快战略布局并陆续投资兴建新项目，随着这些项目逐步完成，外资在粮棉收购加工领域的市场份额会大幅上升。

外资还向农产品批发市场扩展，以黑石基金为首的外资强劲注入寿光农产品物流园，计划以寿光农产品物流园等批发市场为依托，构建一个遍布全国的蔬菜及农产品批发物流网络。

特别值得警惕的是，外资已将触角延伸到种植养殖领域。艾格菲公司2007年收购知名畜牧饲料企业百事腾的江西和福建分公司及两地的14家养猪场，在15个省、市、区建立饲料连锁店900家。日本三家世界500强企业——日本朝日啤酒株式会社、日本住友化学株式会社、日本伊藤忠商事株式会社共同出资，在山东烟台莱阳市组建朝日绿源农业高新技术有限公司，租赁耕地上千亩，直接从事农业生产。具体操作方式是，农户将耕地流转给以村为单位成立的土地合作社，再由莱阳市政府和沐浴店镇政府同日方签订租赁合同，租期20年，租金第一个5年每亩800元，此后每5年递增200元，目前项目占地已扩展至1500亩，涉及5个村的1000个农户，其中700亩种植玉米等粮食品种，350亩养殖奶牛，450亩种植草莓。除了自种的玉米外，公司还和周边农户签订合同，收购他们的玉米。日方还有意将项目扩展至3000亩，并打算在全国扩展二三十个同样的项目。这种方式打破了以往外商投资我国农业集中在加工及销售环节的格局，使外资直接由“加工商”变身为“农场主”。

（五）外资进入弱化了国家对农产品市场的宏观调控能力

外商特别是跨国公司利用资本、技术、管理、营销、信息等方面的优势，采用上下游一体性、规模性、集中性投资方法，很容易实现对农业产业的真正控制。如果农业大产业、大产品和龙头企业的控制权过多掌控在外商手中，势必弱化国家对农产品市场的宏观调控能力，干扰宏观调控目标，误导宏观调控政策。

我国CPI（居民消费价格指数）是宏观调控的重要依据，而CPI权数构成中食品比重占30%以上。目前国际粮商对国内粮油价格及其制成品价格的影响力越来越大，有可能通过控制粮油价格引发CPI大幅升降诱导宏观调控政策走向。

五、维护我国农业产业安全的思考

（一）开放条件下维护国家农业产业的核心利益

开放条件下我国农业产业安全应统筹考虑以下四个方面的核心利益：

一是保障农产品有效供给的政治利益。这是我国农业最主要的核心利益。中国国情决定了我国粮食必须实现国内基本自给，任何时候都不能丧失农业产业发展的主导权。

二是保障农民就业、增加农民收入的经济利益。在未来相当一个时期内，农业仍将是容纳劳动力最多的部门，强化和拓展农业发展本身对劳动力的吸纳功能仍是非常重要的。

三是维护生态环境安全的生态利益。农业的最大特点是经济再生产与自然再生产交织在一起，农业经济活动以自然生态的运动规律为基础，必须充分考虑生态环境承载力，合理配置利用农业环境资源，维护生态系统平衡。

四是传承农耕文明的文化利益。在中华传统文化中，传统农耕文化是最重要的组成部分，具有基础地位和基础作用，不仅不能丢失，而且要不断发扬光大。农业产业安全是指农业在资本、技术、市场等领域不受跨国资本左右，能够对一个国家粮食及主要农产品的供给保持较强掌控能力，能够对全体人民的吃饭问题提供充分保障。农业产业安全是国家经济安全的基础，是国家安全的重要组成部分。随着我国对外开放程度不断提升，近年来外国资本对我国农业的参与程度不断扩大，农业产业安全面临新的考验。只有高度重视外资对我国农业产业安全的影响，采取措施科学确立我国农业产业安全的基本红线，才能确保我国农业产业安全。

（二）维护我国农业产业安全的基本红线

当前和今后一个时期，构筑我国农业产业安全的基本红线，宜着力抓住以下五个方面的问题。

一是牢牢把握粮食、畜禽产品、水产品等重要食物基本自给的战略底线，确保粮食自给率稳定在95%以上，这是我国农业产业安全的首要红线。

二是在农产品收购、流通、加工等关键环节和农业生产资料等重点领域划定外资进入的限制红线，将外资企业进入的领域和占有的市场份额限定在一定范围内，将粮、棉、油等关系国计民生的大宗农产品的收购加工列入限制外商投资领域。

三是农业资源尤其是种质资源及其知识产权是农业自强自立的基础，宜严把我国农业种质资源不流失的基本红线。当务之急是要将水稻等重要粮食作物种子的产销列入限制外商投资领域。

四是对大豆、棉花、食用油、大麦、羊毛等结构性短缺产品全力构筑有效防线，保持一定水平的原料农产品自给率和自给能力。

五是在土地经营、草原经营、集体林地经营、大田作物转基因种子等领域设定外资禁入的高压线。

（三）依靠农业科技进步突破资源环境约束

1. 适应资源禀赋和发展阶段的变化适时调整农业技术进步路线

应该走更加均衡的农业技术进步道路，在提高土地产出率、资源利用率、劳动生产率之间把握好平衡关系。应按增产增效并重、良种良法配套、农机农艺结合、生产生态协调的原则，促进农业技术集成化、劳动过程机械化、生产经营信息化，加快构建适应高产、优质、高效、生态、安全农业发展要求的技术体系。

2. 充分发挥政府和市场在推动农业科技创新中的作用

农业科技创新具有研发周期长、市场风险大、外部效应强等特点，市场激励不足，需要发挥政府有形之手的引领作用，加大国家各类科技计划向农业领域倾斜支持力度，加大涉农公益性行业科研专项实施力度。同时，发挥市场对科技创新的推动作用，主要是积极培育以企业为主导的农业产业技术创新联盟，加快建立以企业为主体的商业化育种新机制、扶持发展“育繁推”一体化大型骨干企业；落实税收减免、企业研发费用加计扣除、高新技术优惠等政策，支持企业加强技术研发和升级，增强自主创新能力。

3. 着力解决“最后一公里”问题

我国基层农业技术推广体系不健全，大部分成果只留在实验室或试验田，未能有效推广使用。应着力解决科研与生产脱节问题，促进科技与农业紧密结合，坚持面向生产需求、及时发现和解决生产中的技术难题，完善农业科研立项和评价机制，改变重论文轻发明、重数量轻质量、重成果轻应用的状况。应大力提升农业技术推广能力，充分发挥各级农技推广机构的作用、重点强化基层公益性农技推广服务，引导高等院校和科研院所强化服务“三农”职责、逐步成为公益性农技推广的重要力量，扶持农民专业合作社、涉农企业等社会力量率先应用先进农业技术。应加强农民科技培训，提高农民科技素质和接受、使用新技术的能力。

4. 加大对农业科技创新的投融资支持

必须下决心突破体制机制障碍，广辟农业科技创新资金来源。除持续加大农业科技财政性投入、保证财政农业科技投入增幅明显高于财政经常性收入增幅外，应注重建立市场化的农业科技创新投融资机制。主要包括：支持发展农业科技创新基金，积极引导和鼓励金融信贷、风险投资等社会资金参与农业科技创新创业；建立种业发展基金，鼓励大型企业通过并购、参股等方式进入种业，对符合条件的种子生产开展保险试点；加大对科技型农村企业、科技特派员下乡创业的信贷支持力度，积极探索农业科技专利质押融资业务；支持农业发展银行加大对农业科技的贷款力度；加快农业技术转移和成果转化，加强农业知识产权保护，稳步发展农业技术交易市场；支持符合条件的涉农企业上市。

5. 不断加强耕地保护措施

加强耕地保护措施，包括土地整理、土地复垦和土地开发，将对保证可耕地数量和提高粮食生产能力起到显著作用。

6. 加大节水农业建设力度

目前来看，我国水资源存在着区域性、季节性的不平衡，而且淡水资源污染严重，只有走农业节水之路才能保障粮食安全。我国节水灌溉近年来发展较快，但是，喷微灌面积占总有效灌溉面积的比例仍然很小，仅占不到10%。提高灌溉水的有效利用可以在相当程度上缓解农业用水的短缺状况。

7. 加快中低产田改造

针对不同土壤的障碍因素进行中低产田改造，是提高土地生产力、挖掘粮食生产潜力的重要途径。中低产田改造的基本原则是统一规划、综合治理、先易后难、分期实施、以点带面、分类指导，搞好技术开发，注意远近期结合，并与区域开发、生产基本建设等紧密衔接。中低产田改造不单纯是提高当年产量，而是着眼于根本性的土壤改良，提高耕地特别是要进行提高综合生产能力的基本建设。

（四）积极应对农产品贸易结构的深刻变化和逆差的常态化

1. 持续提高农业综合生产能力，尽可能减缓农业自给率下降势头

同步推进农业现代化，持续提高农业综合生产能力，使农业自给率下降势头得到有效减缓。首先，全社会对农业高成本、高价格、高补贴要有足够的承受力和容忍度。在我国这种资源禀赋下，经济发展程度越高，农业生产成本将越高；对农业自给率的要求越高，农产品相对价格将越高；农业的重要性越高，国家对农业的补贴将越高。我们已经进入国内农产品越来越贵、农业补贴力度越来越大的发展阶段。其次，持续加强物质技术装备。基本农田能够得到有效保护和建设，农田水利能够得到有效改善，农业技术进步贡献率和机械化水平能够得到明显提高。再次，妥善解决“谁来种地”、“地怎么种”的问题。从现在开始就要注重培育新型职业农民，发展农业先进生产力。

2. 适当调整农产品进出口贸易的战略定位

长期以来，我国农产品进出口贸易定位为余缺调剂，在这种定位下，有时出现逆向调节，找到货源、进口到岸时国内价格已经出现下跌，找到买家、组织收购时国内价格已经上涨。因此，我国必须顺应农产品供求和贸易结构的深刻变化，立足长期趋势，对农产品进出口贸易的战略定位进行必要调整。面向未来，我国农产品进出口贸易应定位为：积极参与国际分工，统筹利用国际国内两个市场、两种资源；出口劳动密集型和技术密集型农产品，带动优势农产品产区优化农业结构、增加农民收入；进口土地密集型农产品，缓解国内资源压力，满足经济社会发展需要。

3. 制定更加精细化的农产品进出口战略规划

适应新的战略定位，应当对农产品进出口贸易进行更细致、更具体、更具前瞻性的统筹谋划。从促进优势农产品出口看，主要是加强生产基地

建设，扶持出口型农业龙头企业，提高附加值和质量安全水平，全面增强产品竞争能力。对需要进口的大宗农产品，应在深入分析研究国内外生产、需求变化情况的基础上，提前布局，早作打算。当前要做好两件事：一是确定农产品自给率优先序。既然做不到所有农产品自给自足，就应当按国内外成本比较、对国计民生的相对重要性等因素，对各种农产品的自给率目标进行排序。国家扶持农业生产的各种资源应优先用于需要保持较高自给率的农产品。二是调整粮食自给率统计口径。按我国目前的粮食统计口径，自给率保持95%似乎不太现实。建议将粮食自给率目标调整为谷物自给率目标，并对主要供食用的大米、小麦和主要供饲用的玉米实行差异化的自给率要求。

4. 提高大宗农产品国际贸易话语权

一是加快培育国际化的大宗农产品交易市场。支持国内商品交易所积极探索通过稳健可靠的方式引进境外企业参与交易，用离岸账户的方式为境外客户服务、为国内客户的国际贸易服务，待市场有一定规模后再顺应市场需求增加其他服务，最终形成具有世界影响力的中国价格。二是支持农业走出去。鼓励和扶持有实力的国内企业到境外建立农产品生产基地、并购农产品加工和贸易企业，培育农业跨国经营企业，逐步建立农产品国际产销加工储运体系。三是促进农产品进口市场多元化。避免对单一市场的过度依赖。四是积极参与国际农产品贸易规则和标准制定。充分利用我国市场规模大的优势，加强双边多边农业合作，推动形成公平合理的农产品贸易秩序。

第二节

非传统挑战对农业产业安全的影响

近年来在农业发展过程中，出现了一些新的影响因素，包括气候变化、金融创新、生物质能源、能源价格和投机资本等，这些因素对我国农业稳定发展和农民收入稳步提升起着越来越大的影响作用。

一、生物能源产业发展对我国农业发展的影响

现行生产技术下，生物燃料主要以粮食作物为原料，包括玉米、甘蔗、木薯、甜高粱和纤维素等，其生产和推广给农产品市场带来很大影响。

（一）生物燃料产业发展现状

生物燃料产业，尤其是生物燃料乙醇产业近年来发展迅速。2004 年 9 月，经合组织（OECD）提出各国政府应大力发展生物能源技术，使其与传统石化能源相比具有成本优势，最终达到替代的结果；2006 年 1 月，美国宣称到 2017 年，拟将生物燃料产量提高 5 倍，替代 20% 的汽车燃油消费；2007 年 3 月，美国和巴西签署《生物燃料合作备忘录》，欲合作发展生物燃料产业。2005 年，全球燃料乙醇产量为 330 亿升，较上年增加 8.2%，2007 年涨幅达到 27%。美国能源部的一份研究报告预计，2010 年全球燃料乙醇的使用量有望达到 151 亿升，而 2020 年使用量有望超过 360 亿升。其中巴西和美国是全球燃料乙醇产业领军者。

（二）对农业影响的作用机制

生物燃料产业发展和能源及农业具有密切的关系，主要体现在三个方面：一是生物燃料作为替代燃料，其发展必然和能源市场紧密联系；二是生物燃料产业发展必然与其原料市场，即农产品市场密切联系；三是生物燃料产业发展使得石化能源与农业的关系更加紧密。石化能源本来就和农业具有密切联系，主要是因为石化能源是农业生产的重要投入原料，同时生物燃料为石化能源和农业又建立了新的关联途径。

生物燃料产业对农业的影响主要通过影响农产品供需结构，进而影响农产品的价格和土地使用状况。生物燃料产业的扩张刺激了许多农产品价格的上涨：一是通过影响农产品供需拉动价格上涨；二是通过影响农产品生产成本推动价格上涨。现实中两者是共同起作用的。

生物燃料产业的扩张导致农产品供需结构发生变化，刺激农产品价格

上涨，其中玉米所受影响最为显著。2007 年全球玉米消耗量增加了近 4000 万吨，近 3000 万吨投入了乙醇工厂，这些工厂大部分位于世界最大的玉米生产和出口国——美国。在燃料乙醇需求的推动下，用于乙醇生产的玉米消耗迅速增长。2006/2007 年度，美国乙醇工厂消耗玉米 5700 万吨，占玉米产量的 15%。尽管玉米产量逐年增加，库存依然逐年萎缩。2006/2007 年度期末库存为 0.88 亿吨，库存消费比约为 12.12%，达近 30 年来的最低水平。库存紧缩导致了玉米价格出现飙升。以芝加哥期货交易所价格为参考，2006 年玉米近月合约价格由年初的 87 美元/吨上涨到年末的 154 美元/吨，涨幅达 77%。美国农业和农村发展中心（CARD）称基于美国现行联邦对乙醇的税收政策以及原油价格的预期，美国以玉米为原料生产的乙醇在 2011 年将达到 560 亿升，这需要 3807 万公顷玉米，将使得玉米价格上涨到 173 美元/吨。

在成本推动方面，生物燃料产业的兴起导致许多畜产品饲料成本提高，刺激畜产品价格的上涨。饲料行业正经历着调整阶段。一方面，其必须支付更高的费用购买作为饲料用的玉米，同时乙醇生产过程中产生的副产品——含可溶物的干玉米酒糟（DDGS）可作为饲料的组成部分。牛肉和奶制品部门饲料供给的不足可以通过 DDGS 的使用缓解，但猪肉和禽肉部门目前还不具备使用 DDGS 作为饲料的能力，燃料乙醇扩张导致的饲料价格上涨对其影响较为显著。有关研究表明（Lawrence J，2006），当玉米价格为 185.1 美分/蒲式耳（73 美元/吨）时，每头猪的生产成本是 101.50 美元，如果玉米价格增长到 405 美分/蒲式耳（159 美元/吨），每头猪的玉米饲料成本将由 27 美元涨至 58 美元，总成本上涨近 31%。

生物燃料产业扩张改变了土地的种植使用情况。一方面体现为粮食作物间土地竞争关系的变化，其中最具代表性的是玉米对大豆、小麦等作物种植面积的挤占。另一方面体现为非粮作物和粮食作物对土地的竞争，即为了发展木薯等非粮生物燃料对土地形成了新的需求。

（三）生物能源产业发展对我国农业的影响分析

受能源和环境等各方面因素影响，生物燃料产业发展壮大趋势明显。目前国际上生物燃料仍以粮食作物为主要原料，其中美国利用玉米生产生物乙醇对世界及中国农产品市场和贸易的影响尤为显著。利用2001年为基期的GTAP6数据库，模拟分析美国发展生物乙醇对世界和中国农产品市场和贸易的影响。

设计三个政策方案进行模拟。方案一：能源价格较高，在市场作用下，美国生物乙醇产量增加25.85%，玉米出口相应减少23.33%；方案二：能源价格较低，美国取消生物燃料产业支持，生物乙醇缺乏竞争力，产量下降72.05%，玉米出口相应增加23.83%；方案三：能源价格较高，不存在物流瓶颈，乙醇消费不受到相应机动车辆使用等的影响，乙醇产量增加69.96%，玉米出口减少55.87%。

模拟结果显示：美国发展生物乙醇产业对国际玉米进出口贸易具有明显影响。在出口方面，当生物乙醇产业扩张，美国国内玉米需求会增加，出口减少。美国出口减少导致国际市场玉米价格的增加，因而其他国家玉米出口量会增加。而美国取消生物乙醇产业扶持政策后，美国国内玉米需求会减少，出口增加。美国玉米出口的增加会导致国际市场玉米价格下降，其他国家玉米出口减少。

美国生物乙醇产业发展对中国主要农产品的产量和价格均会产生影响。当美国玉米出口减少时，在国际市场玉米价格增长刺激下，我国玉米产量增加，并且美国玉米出口量减幅越大，中国玉米产量增幅越大，方案一和方案三中，我国玉米产量分别增加1.74%和5.08%。在玉米产量增加的情况下，由于更多的土地和劳动力资源被用于生产玉米，因此，其他与玉米具有替代性和土地资源竞争性的农产品产量都出现下降。模拟结果显示，当美国玉米出口量减少23.33%时，我国其他粮食作物、油料作物、糖料作物、纤维作物和蔬菜、水果及坚果的产量都会下降，分别下降0.01%、0.12%、0.01%、0.02%和0.01%。当美国玉米出口量减少55.87%时，则产量分别减少0.02%、0.23%、0.01%、0.05%和0.02%。对于奶制品、禽肉类和活动物等畜产品，玉米产量的增加没有导致其产量大幅减少，奶制品和禽肉类产量还略有增加（表1-1）。

在美国生物乙醇产业扩张的情况下，我国玉米价格也出现增长，其他农产品价格由于产量减少也出现上涨。当美国玉米出口量减少23.33%和55.87%时，我国玉米价格分别上涨0.29%%和0.86%。其他农产品价格的上涨幅度也随着美国玉米出口量减幅的增加而增加。

表 1-1　美国生物乙醇产业对中国主要农产品生产和价格的影响（%）

产　品	模拟方案一		模拟方案二		模拟方案三	
	价格	产量	价格	产量	价格	产量
玉米	0.29	1.74	-0.23	-1.42	0.86	5.08
其他粮食作物	0.04	-0.01	-0.03	0.01	0.11	-0.02
油料作物	0.02	-0.12	-0.01	0.14	0.08	-0.23
糖料作物	0.04	-0.01	-0.03	0.01	0.11	-0.01
纤维作物	0.02	-0.02	-0.02	0.02	0.08	-0.05
蔬菜、水果和坚果	0.04	-0.01	-0.03	0.01	0.12	-0.02
奶制品	0.01	0.00	-0.01	-0.00	0.02	0.01
活动物	0.04	-0.00	-0.03	0.00	0.12	-0.01
禽肉类	0.03	0.02	-0.02	-0.01	0.09	0.07

说明：方案一中，奶制品产量变化率为 0.0028，活动物产量变化率为 -0.0027%；方案二中，奶制品变化率为 -0.0039。

（四）结论及政策建议

1. 发展生物燃料产业具有必要性和迫切性

我国发展生物燃料产业需要把重点放在非粮生物燃料产业发展上。在缓解能源供需缺口、减少环境污染和推动农村发展等因素的作用下，世界各国生物燃料产业发展壮大是必然趋势。我国能源对外依赖度较高，非常有必要发展生物燃料产业。但鉴于我国耕地资源有限、粮食供需处于紧平衡状态，因此生物燃料产业发展的重点应放在农业废弃物等非粮生物燃料产业的发展上。

2. 石油、生物燃料和农作物市场间具有密切的关系，生物燃料为能源和农产品市场的关系建立了新的桥梁

通过对石油、生物燃料和玉米市场价格的变化规律和相互影响机制进行实证分析，表明三个市场价格具有长期稳定的均衡关系。无论在长期还是短期，生物乙醇价格变动均会影响石油价格和玉米价格；在短期，玉米

价格变化也会影响生物乙醇价格。

3. 美国利用玉米生产生物乙醇，对世界和中国农产品的产量、价格和贸易均具有显著影响

玉米是主要的粮食作物，美国作为玉米出口大国，其玉米出口量的变动对包括中国在内的世界很多国家农产品生产、价格和贸易均产生很大影响，而且这种影响随着美国生物质能源产业的发展会进一步增大。因此，我国应进一步增强粮食市场的调控能力，完善农产品价格监测预警体系、粮食储备体系和农业风险管理体系，促进我国农业及粮食生产稳定发展。

二、石油价格变动对我国农业发展的影响

“石油农业”发展模式突破了传统劳动力和土地等资源禀赋对农业发展的束缚，给人类的粮食需求带来了保障，使石油成为农业发展中必不可少的资源。但石油资源的有限性和区域分布的集中性又使得其对农业稳定发展造成影响和威胁，突出表现为石油价格的变动。

（一）“石油农业”发展背景和演变过程

在由传统农业向现代农业发展过程中，农业发展是各国不断突破自身资源禀赋限制的过程，也是各种石油制品替代劳动和土地的过程，这一过程表现为单个劳动力拥有机械数量的增加和单位面积土地施用化肥量的增加，这种石油制品在劳动和土地的替代本质上表明了世界各国农业生产对石油依赖性的增强。

国际能源署的数据显示，世界各国农业对柴油的依赖十分显著。从总量上看，中国农业对柴油的需求最大，达到1965万吨，从相对量上看，土耳其、波兰农业对柴油的消耗量占全国总消耗量的比重超过20%，俄罗斯、中国和伊朗紧跟其后，这五国位居世界前五位；通过收集整理1980—2005年间世界各国的经济发展水平、耕地面积、谷物单位面积产量、拖拉机使用数量、化肥施用量等方面的数据资料，对世界141个国家的农业生产投入进行分析，发现在1980—2005年期间世界各国的农业机械拥有量和化肥施用量总体呈现上升趋势，各国的农业发展均在不同程度

地依赖于石油制品投入的增加，大体上可以分为三种类型：第一种是高度依赖机械化水平的提高，即农业生产对柴油的依赖性比较强；第二种是高度依赖单位面积化肥施用量的增加；第三种发展模式是农业生产同时依赖机械化和化学化的发展，农业生产对柴油和化肥的依赖都很强。

（二）对农业的影响途径和作用机制

农业发展在多个层次上依赖石油，根据石油与农业关联的紧密程度，将农业生产中与石油相关的投入划分为石油的直接消耗和间接消耗，其中，直接消耗石油的要素是被直接运用到耕地上的，如柴油、化肥、农药、农用薄膜，间接消耗石油的要素是用于制造机械、包装等方面的，如农用机械制造，化肥、农药和农用薄膜等的包装消耗的石油。研究以农业中直接消耗石油的投入要素为讨论对象，把柴油、化肥、农膜等称为农业生产中的石油制品。

石油对农业生产的影响主要是通过柴油、化肥、农药、农用薄膜实现的，生产这些石油制品的部门作为石油与农业的中间部门，成为石油影响农业的直接途径。一方面，这些部门与石油之间存在着紧密的技术经济联系，它们的产品都是直接或者间接地以石油为生产原料；另一方面，农业生产需要投入大量的柴油、化肥和农膜等石油制品，农业生产率和土地生产率的提高在很大程度上依赖这些石油制品的投入。

石油价格的波动，一方面引起农业生产成本的波动，进而影响到农业生产的稳定发展；另一方面催生了石油能源的替代品生物质能源产业的兴起，生物质能源产业发展与壮大的关键决策因素就是石油的价格，当石油价格上升至某一临界点时，便是生物质能源生产的盈亏平衡点，而生物质能源主要以农产品为原料，其产量的增减将影响农产品市场的供求平衡，进而增加了农业生产发展的不确定性。

（三）石油价格变动对我国农业发展的影响分析

1. 石油价格变动对农业影响的模拟分析

石油价格对农业部门产品价格的影响不仅涉及农业部门，也涉及对农业后向关联产业的影响。假设经济各部门满足投入产出函数所要求的技术水平不变和经济变量之间的线性函数关系，在其他部门产品价格均保持不变的情况下，石油价格上升导致我国经济各部门产出和价格的重新调整，直至达到一个新的均衡，据此，测算这个新的均衡下，农业及其相关产业部门产品价格的变化幅度。研究采用建立在一般均衡基础上的均衡价格模型分析石油部门价格变化对农产品价格及其相关产业的产品价格造成的冲击程度。

采用《2002 年中国投入产出表》进行分析，该表将国民经济分成了 122 部门，所涉及的部门主要包括：种植业、林业、木材及竹材采运业、畜牧业、渔业、农林牧渔服务业、农林牧渔专用机械制造业、农药制造业、肥料制造业、塑料制品业部门。

投入产出的均衡价格模型具有两个基本假设：（1）商品价格是反映生产成本的；（2）生产技术是不变的。根据投入产出的基本平衡关系之一的“每个部门的中间投入与最初投入之和 = 总投入”以及直接消耗系数计算式和增加值率的计算原理，可得到农业部门（j 部门）的投入系数与增加值率的和为：

$$\sum_{i=1}^{n} \alpha_{ij} + \nu_j = 1 \qquad j = 1,2,\cdots,n \tag{1-1}$$

式（1－1）反映了农业部门生产一单位产品时的费用构成。如果用货币单位表示价格，并将各产业产品（或服务）的价格都标准化为 1，可以得到石油部门（i）的价格变化恰好为 1 时对其他产业的价格影响（具体推导过程略）。如果用 Δp^i 表示石油部门的价格变化恰好为 Δp_i 时对整个价格体系的影响，则可以用如下公式计算：

$$\Delta p^i = (b_{i1}/b_{ii}, b_{i2}/b_{ii}, \cdots, 1, \cdots, b_{in}/b_{ii})^T \Delta p_i \tag{1-2}$$

当石油价格变化 1% 时，式（1－2）的各个元素恰好反映了由石油价格变化 1% 引起的各产业的价格变化率。

利用投入产出一般均衡价格模型，估计石油价格上升 10%、20%、30%、…、200% 时，全国各产业产品价格的变化率（表 1－2）。

结果表明，石油价格对农业及其后向关联部门的产品价格影响程度不同。就农业内部而言，石油价格上升对渔业的影响最大，接下来依次为农林牧渔服务业、种植业、木材及竹材采运业、林业、畜牧业。当石油价格

表 1－2　　2002 年石油价格调整对国民经济各部门的整体影响

部 门	油价增幅							
	10%	20%	30%	50%	80%	100%	150%	200%
种植业	0.26	0.51	0.77	1.28	2.04	2.55	3.83	5.10
林业	0.21	0.41	0.61	1.02	1.64	2.05	3.08	4.10
木材及竹材采运业	0.23	0.46	0.69	1.14	1.83	2.29	3.45	4.60
畜牧业	0.16	0.32	0.48	0.80	1.29	1.61	2.40	3.20
渔业	0.34	0.68	1.01	1.69	2.71	3.38	5.10	6.80
塑料制品业	1.03	2.06	3.09	5.15	8.25	10.31	15.45	20.60
肥料制造业	0.95	1.89	2.84	4.73	7.57	9.46	14.18	18.90
农药制造业	0.8	1.60	2.40	4.00	6.40	8.00	12.00	16.00
农林牧渔机械制造业	0.33	0.65	0.98	1.63	2.61	3.27	4.88	6.50
农林牧渔服务业	0.29	0.59	0.88	1.47	2.35	2.94	4.43	5.90

说明：表中数据表示石油价格上升一定比例时，各部门产品价格上涨的比率。

上升 100% 时，将会引起渔业部门产品价格上升 3.38%，农林牧渔服务业价格上升 2.94%，种植业产品价格上涨 2.55%，木材及竹材采运业价格上升 2.29%，林产品价格上涨 2.05%，畜产品价格上涨 1.61%。石油价格变动对农业后向关联行业的影响比较显著。当石油价格上升 100% 时，将导致塑料制造业的产品价格上升 10.31%，肥料制造业将上升 9.46%，农药制造业将上升 8%，农林牧渔机械制造业将上升 3.27%。可见，石油价格上涨推动了农业生产资料价格的上涨，也推动了农产品价格上涨，但后者涨幅较前者小。

表 1－3 的第二列是根据投入产出表的中间产品流量数据测算的各部门消耗石油量占各部门生产总消耗的比重。可以看到，农业中的不同部门对石油的依赖程度不同，渔业对石油的消耗最大，为 4.07 亿元，占该部门总消耗量的 0.3%；与农业后向关联的塑料制品业的石油部门产品投入量为 4.55 亿元。

表 1-3　石油部门产品占农业及其后向关联部门生产投入的比重（%）

部　门	石油占部门总消耗比例	物质消耗结构系数	完全消耗结构系数
种植业	0.00	0.00	1.58
林业	0.00	0.00	2.69
畜牧业	0.01	0.23	1.42
渔业	0.30	0.01	3.50
木材及竹材采运业	0.23	0.00	2.19
农林牧渔服务业	1.16	0.00	2.82
塑料制品业	0.11	4.81	4.89
肥料制造业	4.81	2.47	4.94
农药制造业	2.47	0.12	3.89
农林牧渔机械制造业	0.06	0.06	1.07

表 1-3 的第三、四列分别是 j 部门的物质消耗结构系数和完全消耗结构系数。各部门（除塑料制品业外）对石油的完全消耗结构系数明显大于直接的物质消耗结构系数，其中，种植业对石油的完全消耗结构系数达到1.58%，林业为2.69%，而它们的直接消耗结构系数均为0，渔业对石油的完全消耗占其总消耗的3.50%，是农业部门中对石油依赖最大的一个部门；肥料制造业为4.94%，农药制造业为3.89%，农林牧渔机械制造业为1.07%。

可见，石油价格冲击对各部门产品价格的影响程度大小，取决于各部门与石油部门的技术关联程度。农业与石油的直接技术联系比较微弱，并且农业各部门对石油的消耗系数不同，渔业对石油的依赖性相对较大。石油与塑料制品业和肥料制造业等的技术联系都大于石油与农业本身的联系。

各部门价格变化是国民经济中各个变量综合作用的结果，为分析石油价格冲击是否是农业及其后向关联部门产品价格变化的主要动因，将2004年至2005年我国石油价格和农业各部门以及后向关联部门的产品价格上涨情况与石油价格上升引起的各部门价格变动进行对比（表1－4）。

表1－4　　各部门产品价格变动与石油价格上升引起的部门价格变动（2004—2005年，%）

部　门	2004年			2005年		
	Δp_r	Δp_c	比重	Δp_r	Δp_c	比重
石 油	19.61	20	100	29.87	30	100
种植业	15.86	0.51	3.22	1.55	0.77	49.68
林 业	4.62	0.41	8.87	4.79	0.61	12.73
牧 业	11.08	0.32	2.89	0.52	0.48	92.31
渔 业	10.19	0.68	6.67	4.67	1.01	21.63
化 肥	12.77	1.89	14.80	12.81	2.84	22.17
农 药	3.00	1.60	53.33	4.12	2.4	58.25
机 械	2.24	0.65	29.02	2.30	0.98	42.61
农 膜	6.51	2.06	31.64	5.48	3.09	56.39

说明：Δp_r 表示部门产品价格变化率，来源于《中国统计年鉴2006》（中国统计出版社2006年版）；Δp_c 表示在其他条件不变的情况下，石油价格上升对其他部门产品价格的影响，Δp_c 是本研究的测算结果；比重表示石油价格变动引起的部门价格变化对该部门价格变化的贡献度。

2004年石油价格上涨达到19.61%，这与模拟中石油价格上涨20%的情况十分接近，2005年石油价格实际上涨接近30%，因而，分别对比农业及其后向关联部门的实际价格上涨情况与石油价格上涨20%和30%的模拟情况。

石油价格上涨对化肥等农业生产资料价格变化的贡献度比较大。当石油价格上涨20%时，石油价格上涨对种植业的贡献度仅为3.22%，对化肥、农药、机械、农膜价格上涨的贡献度为14.80%、53.30%、29.02%、31.64%。

石油价格对农产品和农业生产资料价格变化的贡献度随着石油价格上涨幅度的变动而不同，石油价格上涨幅度越大，石油价格对农产品价格的影响越大。当石油价格上涨20%时，对农业部门产品价格变化的贡献度不足10%；当石油价格上涨30%时，对农业部门产品价格变化的贡献度最大达到 92.31%。

2. 石油价格变动对我国农产品贸易的影响分析

石油价格变动对我国农产品国际贸易的影响具有多层次性。研究运用 GTAP 模型，从全球的视角，运用一般均衡模型模拟石油价格变动对我国农产品进出口贸易的影响。

模拟方案假定 OPEC 石油产量调整来设定石油供给冲击，需求因素采用各地区不同部门对石油的中间投入技术的调整来反映，部门层面主要是区分了农业部门和非农业部门。考虑到农业部门对石油需求以间接消耗为主，因此，设定农业部门对成品油的中间投入技术发生改变，非农业部门对石油产品的中间投入技术发生改变。国家和地区层面主要区分了中印与发达国家和地区，根据不同的石油供给和各国各部门对石油（成品油）的中间投入技术冲击，设定不同的石油价格变化的模拟情景。

（1）石油价格变动对我国农产品国内市场价格的影响。在设定的石油价格变动的情景下，农产品价格变动呈现出不平衡和非线性的变动特征。石油价格上涨对林业和渔业产品的价格影响较大，当石油价格上涨 100% 时，林业产品价格上涨 4.64%，渔业部门产品价格上涨 4.44%，石油价格由 10% 变动到 100% 的过程中，畜牧业产品和蔬菜价格受到的影响最小（表 1-5）。

表 1-5　石油价格变动与我国农产品国内市场价格变化（%）

石油价格变化幅度	水稻	小麦	玉米	蔬菜	油料	糖料	纤维	其他作物	畜牧业	林业	渔业
10	0.21	0.31	0.27	0.22	0.29	0.24	0.37	0.44	0.22	0.78	0.85
20	0.20	0.45	0.36	0.21	0.36	0.29	0.50	0.61	0.20	1.27	2.16
30	0.14	0.55	0.39	0.17	0.35	0.30	0.60	0.61	0.13	1.65	3.44
40	0.11	0.64	0.43	0.13	0.37	0.32	0.71	0.69	0.07	2.00	3.76
50	0.05	0.77	0.49	0.13	0.27	0.37	0.83	-0.05	0.00	2.63	5.42
60	0.15	0.94	0.62	0.18	0.50	0.46	0.98	0.96	0.07	2.80	4.83
70	0.13	1.09	0.72	0.20	0.54	0.52	1.11	1.00	0.06	3.20	4.88
80	0.28	1.31	0.88	0.29	0.70	0.66	1.30	1.30	0.13	3.62	4.74

续表

石油价格变化幅度	水稻	小麦	玉米	蔬菜	油料	糖料	纤维	其他作物	畜牧业	林业	渔业
90	0.36	1.55	1.06	0.37	0.82	0.80	1.52	1.48	0.18	4.17	4.39
100	0.38	1.49	0.91	0.16	0.39	0.64	1.44	0.45	-0.10	4.64	4.44

资料来源：本研究模拟结果，由作者整理。

（2）我国农产品进出口额的变化。世界石油价格变化对我国农产品贸易的影响在各部门存在较大的差异。在石油价格变化10%时，种植业、林业、畜牧业的进出口总量均有增加，其中，蔬菜、玉米、其他作物和畜牧业产品的贸易增加额比较大，水稻、小麦、糖料和林业产品的贸易额受到的影响非常少，渔业产品进口有少量增加，但是渔业的出口额出现较大的下降。

世界石油价格变化对我国各种农产品进口额和出口额的影响十分接近。各种农产品的进口额和出口额变化（除了渔业产品以外）均具有相同的趋势和相似的变化幅度。因此，世界石油价格变动对我国农产品贸易平衡的影响不大。

随着世界石油价格的上涨，粮食作物、经济作物和畜牧业的贸易额的变化特征存在较大差异。在粮食作物部门，石油价格的不同变化幅度对小麦、水稻和玉米的贸易额影响不大，随着石油价格由10%变化到100%的过程中，这三种产品的贸易额数据线基本呈现水平状态（特殊点除外），也就是说，石油价格的变化幅度对粮食部门产品的贸易额基本不存在影响。

林业和渔业部门产品贸易额随着石油价格上涨幅度增加呈现出贸易额下降的趋势。林业和渔业部门之间的贸易变化也存在着差异，在石油价格上涨50%以后，林产品的贸易额增幅开始加速下降，渔业部门产品的国际贸易随着石油价格的不断上涨表现出匀速下降的趋势（图1－1、图1－2）。

在经济作物部门，石油价格上涨的过程中，蔬菜、油料、纤维等贸易基本趋势呈现出上升态势。石油价格变动过程中，蔬菜和纤维的贸易额是

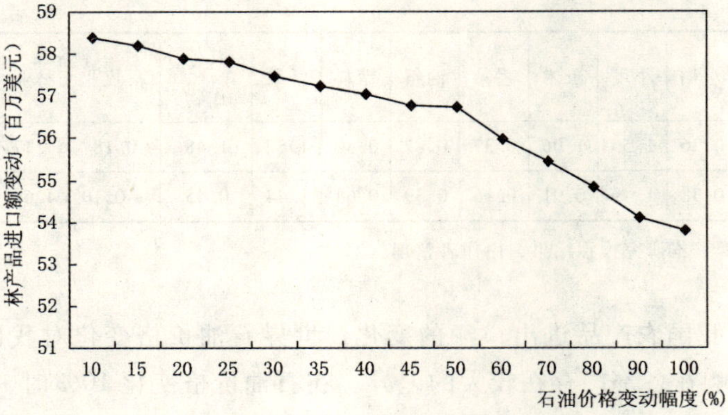

图 1-1　石油价格变化中林业产品贸易变化

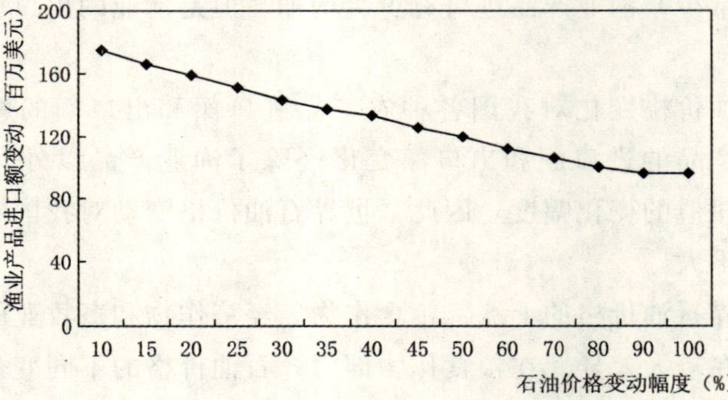

图 1-2　石油价格变化中渔业产品贸易变化

增加的，但是幅度在波动中扩大（图 1-3、图 1-4）。

（四）结论及政策建议

1. 石油价格变动对柴油、化肥、农膜等农业生产资料的影响较大

柴油、化肥、农膜是农业生产的主要投入品，一旦石油价格发生变动，将直接影响农业生产成本的变动，从而影响农业生产稳定发展。

2. 石油价格上涨挤压了农民的获利空间，恶化了农民的生产和生活条件

由模拟结果可以看出，石油价格上涨引起农产品和农业生产资料价格

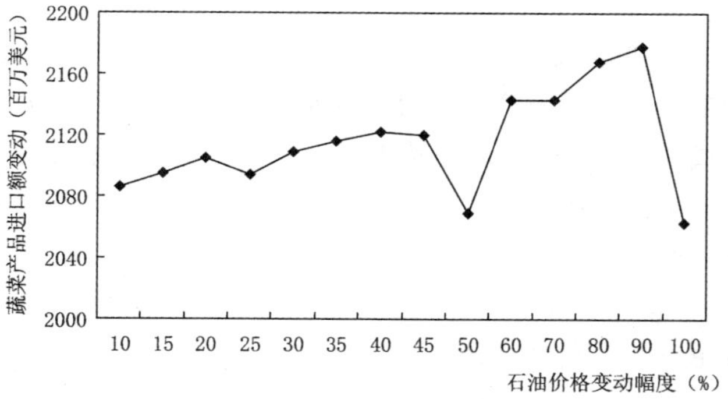

图 1－3　石油价格变化中蔬菜产品贸易变化

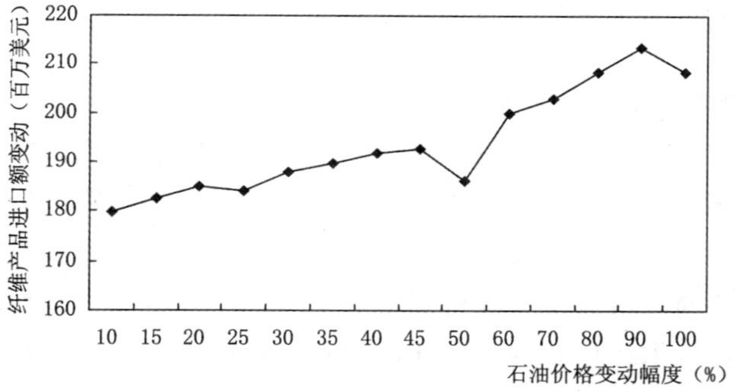

图 1－4　石油价格变化中纤维产品贸易变化

均发生上涨，但农业生产资料价格涨幅较农产品涨幅更大，因此农民的获利空间缩小。为此，农业生产资料综合补贴政策的制定和调整，应以石油价格变化作为主要参考。

3. 石油价格变化对农业部门内不同部门或产品大类的影响存在较大差异

模拟结果显示，石油价格上涨时，粮食、林业和渔业的市场价格均受到较大的上升压力，但对渔业部门的影响较显著，畜牧业和蔬菜受到的影响较小。与农业生产部门相比，农业后向关联部门包括柴油、化肥、农药、农用薄膜等受影响较大。因此，在制定政策时，应充分考虑到石油价格变动对不同部门影响差异，抓住关键环节，才能取得实效。

4. 石油价格变动幅度越大，对农产品市场价格的影响越剧烈

模拟结果显示，石油价格变动幅度越大，对农产品价格波动的贡献率越大，甚至成为主导因素。这也表明了，石油的进口依存度越大，我国农业面临的不确定性和风险性越大。因此，从长期来看，发展节能降耗的农业是应对能源约束的有效途径。

5. 石油价格变化幅度大小，直接影响了农产品国际贸易额

模拟结果显示，当石油价格上涨幅度超过50%时，受石油价格变动影响较大的林业和渔业部门的贸易额将出现显著的下降。可见，石油价格上涨幅度是在林业、渔业部门对外贸易中值得关注的变量。

三、投机资本对我国农业发展的影响

（一）历史背景分析

农业资本投机行为最初只是农产品贸易商和加工商为了降低短期的价格波动所造成的损失，他们将资本投机作为一种套期保值的价格保险，保障其利益不受损害。然而随着投机持仓限额的取消以及商品指数基金数量的增加，传统的价格风险管理机制遭到了破坏。这些基金对商品价格持续造成压力，只有不停地获利压力才能减轻。从而农业资本投机行为慢慢地转变为某些金融组织和机构的获利行为。2006年的粮食价格危机的主要原因之一就是资本投机。

近年来，国际上将农产品等商品作为“资产”的概念已被广泛接受，投资农产品的高盛商品指数、路透CRB商品指数、道琼斯—AIG商品指数等指数基金发展日益迅猛。目前投资到商品期货中的商品指数基金数量可观，对商品期货市场影响巨大。根据FAO发布的数据，2006年底至2008年3月，短短的15个月，国际粮食价格指数增长了71%，而2008年7月国际粮食价格指数又开始下跌，并在短时间内跌回到2006年的水平。资本投机行为是造成粮食价格短时间剧烈震荡主要原因之一。在2006年至2008年的两年时间里，国际金融巨头通过商品指数基金、对冲基金以及其他资本投机行为影响农产品价格，从而获取暴利。

（二）发展趋势

1. 投机资本介入农产品的范围越来越广

从农产品属性方面分析，由于部分农产品，如粮食、棉花等大宗农产品，可以储藏和保存较长时间不会变质，品质易于划分，质量可以评价，市场需求较大，而且价格受市场供求、气候等自然因素等影响明显，具有作为“资产”进行投资的属性，所以这些农产品很有可能成为投机资本介入的目标。国内已经有一些地区根据粮食的特征，建立了粮食银行，就是利用了粮食的投资特性，使粮食作为一种可抵押的投资属性产品。但这种方式，暂时并没有用作牟取暴利的工具，而是成为一种保护农民种粮利益的有效措施。

2. 金融创新为资本投机搭建了更广阔的平台

随着经济的发展，金融创新的推进，金融市场将会推出越来越多的金融期货和期权工具以及其他金融衍生品，例如“信贷衍生品”。根据国际清算银行发布的数据显示，商品交换的期权合约由 1993 年的不足 1000 万张，增长到 2007 年的 3500 万张，增长了 200%；现货商品金融衍生品的总价值由 1998 年的不足 10 亿美元增长到 2008 年的 130 亿美元，增长了 120%。然而据不完全统计，目前农业和非农业期货和期权仅仅占总期货期权产品的 8%。农业期货期权产品的创新，势必为投机资本创造更多的投机空间，从而谋取更多的利润。

3. 投机资本的规模逐年增加

伴随着投机资本可介入领域的拓宽以及可利用的投资工具的增加，在巨额利益的驱使下，国际金融巨头对于农产品的资本投机规模呈现逐年增大的趋势。根据雷曼投资银行的研究表明，指数基金对于农产品的投机总量由 2003 年的 130 亿美元增长到 2008 年 3 月的 2600 亿美元，增长了 19 倍。根据美国农业和贸易政策研究所（IATP）2008 年发布的报告：“商品市场投机：对粮食安全和农业造成的风险”显示，仅在 2008 年 7 月，高盛公司（Goldman Sachs）和美国保险集团（American Insurance Group）共同投资商品指数基金，总额高达 3170 亿美元。该商品指数基金包括 24 种农产品和非农产品，农产品权重占该指数的 10%—20%。

（三）对农业的影响作用机制

1. 借助金融衍生品获取投机利益

投机行为实际上是对商品或者金融资产的未来价格的一种赌注，因此投机资本可以染指各种产品，例如货币、股票、债券以及其他金融衍生品。投机者的目的不是为了获得商品，而是通过价格变化获得预期利益。对于农产品的资本投机行为就是借助金融衍生品来实现的，其中最重要的手段就是期货。期货协议带给农民的好处就是使得价格波动的风险转移给了投机商，农产品生产者并不用担心未来的价格。对于投机商来说，为了补偿转嫁的风险，他会将该协议以更高的价格出售给农产品贸易商。最终造成农产品价格上涨的结果。

然而期货不是投机资本在农业中获利的唯一工具，农产品交易电子盘是投机资本获利的另一种手段。农产品交易电子盘是从现货批发市场演变出来的一种金融工具，它具有期货交易的某些特点，如交易单位一致、商品规格统一等。最重要的是，这类电子盘交易并不针对实物，而是通过买卖仓单，用较少的资金控制大量农产品，使资金发挥“以小博大”的杠杆效应。我国的期货交易品中的农产品包括大豆、玉米、小麦等国家储备的品种，在遭到暴炒时，国家会将储备投放市场平抑价格，因此套利空间较小。大蒜等非期货品种则没有这方面的顾虑，所以成为部分游资炒作的目标。

2. 低买高卖，囤积居奇

投机资本对于大宗农产品的炒作，具有简单而有效的方法，一般而言，投机资本进入农产品市场时，往往是通货膨胀预期较强的时候。其操作手法很简单，发现涨价预期，马上抢购粮食，从而推高粮价，反过来进一步推动涨价预期。囤积居奇是粮价上涨的直接推手，有些价格异动的农产品，虽然属于必需品，但消费量相对较小，需求量有较大的弹性，例如大蒜和绿豆，尽管属于小宗产品且对 CPI 直接影响极其有限，但其价格异动会有一种“示范”作用，增强社会的通货膨胀预期。再加上少数人不断囤积居奇，不断释放价格猛涨的信息，对通货膨胀预期起到推波助澜、火上浇油的作用。

根据美国农业部公布的数据，2007 年美国玉米、大豆和小麦三种农作物的产值达到 926 亿美元。美国也是上述三种粮食作物最大的出口国，而其产值的一半被农产品期货买家持有。据芝加哥农业资源公司统计，从 2007 年 11 月到 2008 年 4 月，对农产品期货市场的投资已从 250 亿美元猛增至 650 亿美元。华尔街的投机家就是利用对粮食囤积居奇的方式，将大豆等农产品价格不断抬高，从而牟取暴利。

3. 利用一些题材疯狂炒作，从中牟取暴利

投机资金通常在一些题材上大做文章，在市场上广泛散布和无限放大其影响，来实现影响市场预期的目的。2008 年爆发的粮食危机，在美国农业部连续数月预测美国小麦库存将降至 60 年来新低时，小麦价格飙升，2 月份明尼阿波利斯谷物交易所的春小麦期货合约曾经出现连续 11 个交易日涨停的“壮观”行情；在市场传言中国春节前后雪灾造成植物油短缺的背景下，芝加哥大豆期货屡创新高；在国际市场大米供应吃紧的情况下，世界最大稻米进口国菲律宾被迫赴美国市场大宗采购大米，芝加哥糙米期货价格在当月不断刷新纪录。

（四）投机资本对我国农业的影响

近年来，来自各方的投机资本逐渐进入我国农产品现货与期货市场，打破了我国部分商品的供需平衡，使得国内农产品价格出现剧烈波动，不仅威胁到了我国的粮食安全，而且对我国农业发展造成了严重的影响。

1. 对我国农产品市场健康稳定发展造成不利影响

由于投机资本的介入，使得我国农产品市场部分商品的供需平衡遭到破坏，价格大幅度波动，造成了消费者的心理恐慌，进而增强了消费者的通货膨胀预期，影响农产品市场的正常健康运行。

2. 投机资本造成市场价格剧烈波动，影响农业稳定发展

投机资本进入我国农产品市场，使得农产品价格偏离了正常的波动周期，放大了市场价格波动幅度和范围。农产品的价格上涨具有关联性。以玉米和大豆为例，玉米价格每上涨 10%，就会使现行猪肉价格上涨 5.3%。大豆价格每上涨 10%，猪肉价格上涨 7.8%。因此，投机资本对于大宗农产品的介入导致价格剧烈波动，会引起连锁反应，将对整个产业

链产生严重的影响，进而影响我国农业持续稳定发展。例如，在2006—2008年的国际粮食危机中，投机资本起到了推波助澜的作用，造成了粮食价格短期内剧烈波动，同时影响到我国的期货市场，2008年1月24日大连豆油期货价格才每吨9910元，通过国内外投机资本的进入以及对南方雪灾因素大肆渲染之后，3月3日价格达到了14154元/吨。

3. 投机资本的介入不利于农民持续增收

农产品种植和生产都有一个时间过程，生产与销售之间存在时间差。如果投机资本在春种和秋收两个季节，分别介入我国农产品市场，就会使其价格产生剧烈波动，就会严重影响农民对于农产品市场的预期。从而投机资本利用对于预期的控制在期货市场上进行投机盈利，而最后只有农民蒙受损失。

4. 投机资本不利于农业企业持续稳定发展

2010年4月到5月，投机资本对于大蒜和绿豆等农产品的炒作，使得其价格一路飙升，严重影响了以大豆和大蒜为原料的农业企业的生产活动。由于遭到炒作的农产品价格变化很快，农业企业赶不上变动的节奏，使得其产品的价格出现倒挂现象，从而使得企业严重亏损。

（五）结论及政策建议

从历史角度分析，投机资本的出现最初是贸易商出于规避市场风险的目的，以资本投机的形式对其资本进行套期保值。随着全球化的逐步推进以及我国经济的不断发展，我国农业政策更加开放，农产品的投资属性逐渐显现，再加上期货、期权等金融衍生品的出现，给了投机资本更大的运行空间。由于我国农产品市场不完善以及对于投机资本监管不严格等原因，致使我国部分农产品遭到投机资本的炒作，影响了农产品市场的稳定运行，进而影响到农业生产稳定发展。因此，我们应该采取必要措施对投机资本加以监督和管理。

1. 努力解决农业经济发展中的失衡问题

从农业经济运行着手，积极推进经济体制改革，消除国际投机资本的不良预期。保持政治和经济形势的稳定、避免国际投机资本在不同市场间频繁流动，防止农产品市场的大幅波动及资源配置的浪费；加快农业产业结构的调整，加强基础产业的发展及技术创新，提高我国农业产业的国际竞争力，使农业实体经济稳定健康发展。

2. 建立部门联动监管机制

抑制农产品投机炒作，应从多个环节入手，包括供货、生产、物流等，需要工商、物价、税收等多个部门形成联合监管机制。在做好农产品市场价格监管的同时，保障农产品的有效流通，对于违法和投机行为坚决予以打击，做好市场监测工作，维护正常的市场经济秩序，保持农产品市场的稳定。

3. 提高农民的组织化程度

在市场经济大潮中，小规模农户势单力孤，对农民的培训、引导和扶持的政策成本也较高，通过建立农村专业合作社的模式不仅可以增加农民议价能力，而且可以提高农民抗风险能力。通过合作社加强对农民指导，为农产品生产、销售提供一定保障作用。

4. 完善信息系统，适时监测农产品供需及价格信息

对于投机资本的遏制仅仅靠打击是不够的，还应该依靠预防措施，应尽快完善有关生产、销售及价格的信息系统，掌握农产品的生产量、交易量、生产成本、流通环节加价、政府储备、资金流向、库存变动等相关信息，及时研究新情况和新问题，预防和制止投机资金的违法炒作。

5. 创造适宜环境，引导投机资本向投资资本转变

积极创造引导投机资本向投资资本转变的机制和环境，强化整个经济系统对投机资本的吸收能力。通过相关的经济政策，尤其是金融政策与产业政策相配合，引导投机资本进入实业，从而稳定一部分国际投资资本。另外，可以通过发展多样化的金融机构及投资品种，进一步吸收一部分国际投资资本。

6. 完善农村金融市场体系，压缩投机资本的投机空间

积极加强农村金融市场体系建设，鼓励金融机构进行金融衍生品创新，充分满足农民对于金融资本的需求；引导农民开展各种形式的合作社，在进一步满足其资金需求的基础上，降低市场波动对于农民个人的风险，压缩投机资本的投机空间。

随着我国经济发展，市场化改革的深入推进，农业发展中的非传统因

素越来越多，这些因素之间以及这些因素与传统因素间互相叠加，错综复杂，对农业产生的影响越来越大。为此，在产业发展上，我们首先要练好内功，加强投入，创新科技，完善措施，转变农业发展方式，发展资源节约型农业，强调质量、效益、生态并重，推进农业规模化、集约化、产业化经营，拓展和完善农业产业链，提升农业综合生产能力、抗风险能力和市场竞争能力，加快农业现代化进程。在市场化改革和宏观调控上，在深化国内市场化改革的同时，要积极开展对外的合作与竞争，大胆引入国际先进技术、管理经验和运行模式。同时，要使得市场化改革和对外开放的方向符合我国产业发展方向和目标，始终把握发展的主动权，通过对法律、制度、政策等各项调控手段完善和创新，使得改革开放符合我国产业发展利益。在产业发展配套体系上，要整合完善各项综合配套措施体系。包括市场信息体系、监测预警体系、风险管理体系、预测评价体系等，以便更好地应对各种传统和非传统挑战，为制定发展战略和出台调控政策、措施服务。只有这样，才能不断发展和壮大我国的农业，才能真正夯实农业这个国民经济的基础，也才能在世界农业领域提升话语权、控制力和影响力。

第三节 农业产业安全法律构建

保障农业产业安全的基本措施是建立健全产业安全法律制度。广义上的产业安全法律制度包括针对外资管理的法律制度和以反倾销、反补贴、保障措施等贸易救济措施为调节手段，针对进出口公平竞争的法律制度。这里全面分析我国农业产业安全法律制度的基本框架和存在问题，并提出完善建议。

一、我国产业安全法律的框架和内容

（一）外资管理制度和贸易救济制度

外资管理制度根据外国投资活动阶段分为外资准入制度和外资经营制度。外资准入制度是政府对外国投资者进入某些经营领域或行业从事生产经营活动施加的控制。这个制度主要有三个方面的内容：一是对外资进入的领域和范围进行规定，包括规定允许、限制、禁止和鼓励外资进入的领域和行业。二是对外资进入设定条件和提出要求，即外资进入东道国必须符合特定的义务。三是对外国投资进入程序的要求。如审批制或是登记注册制。外资经营制度主要是对外资并购的法律规制、国家安全审查制度以及考虑外资并购行为是否直接涉及国防安全或与国防需要的国内产能和设施相关、是否对本国经济安全和产业安全造成实质性影响或者可能造成实质性影响、是否造成本国重要领域重大的研究开发和技术创新成果的流失、是否削弱本国行业的技术开发、自主创新能力或影响本国企业拥有核心技术的知识产权和知名品牌。

国际贸易救济措施主要是指进口国对国际贸易过程中出现某种特殊情势并对本国国内产业产生不利影响时实施的矫正或补救措施。当前，各国为保护本国产业经济安全和国内企业的利益所广泛采取的贸易救济措施主要包括反倾销、反补贴、保障措施。总体来说，可以把国际贸易救济措施分为两类，即不公平贸易救济措施和公平贸易救济措施。其中，反倾销和反补贴是针对不公平贸易的补救措施，保障措施则是 WTO 允许的在没有遭受不公平贸易情况下使用的贸易救济措施。保障措施主要通过关税、数量限制和关税配额等方式来限制进口，以达到使本国产业免受其他成员产品冲击的目的。它是一种针对公平贸易条件下产品进口的限制措施。

（二）我国现行农业产业安全法律体系

1. 外资准入制度

农业产业外资进入包括直接投资与间接投资两种形式。无论是哪一种投资形式，其准入必须符合我国有关产业政策的规定，目前主要受《指导外商投资方向的规定》、《外商投资产业指导目录（2007 年修订）》

(2007 年第 57 号令）规定。其中《外商投资产业指导目录》中规定的农业领域鼓励、限制、禁止的行业如下：

（1）鼓励外商投资产业目录。将 2004 版的食品加工业类增加为三种具体类别：农副食品加工业；食品制造业；饮料制造业。2007 版的鼓励外商投资产品目录，将原有的食品加工类重新扩充为三类，并增加了具体的下属分类，如增添了食品制造业目录，其中包括婴儿、老年食品及功能食品的开发、生产；森林食品的开发、生产和加工；天然食品添加剂、限于合资、合作的食品配料生产。可见，自 2007 年起，我国鼓励外商投资的涉农产业目录不断增加，鼓励外资的力度加强。根据形势调整，2004 年国务院作出粮食购销体制的决定后，2005 年的《外商投资产业指导目录》中，粮食的存储和加工被明确列在鼓励外资投资产业目录中。

（2）对于限制外商投资产业，包括如下：①就农林牧渔业而言，主要包括：农作物新品种选育和种子开发生产，必须由中方控股；珍贵树种原木加工，限于合资、合作；棉花（籽棉）加工。②就农副食品加工业，主要包括：大豆，油菜籽食用油脂加工（中方控股），玉米深加工；生物液体燃料（燃料乙醇、生物柴油）生产（中方控股）。③饮料制造业，主要包括：黄酒，名优白酒生产（中方控股）；碳酸饮料生产。

（3）禁止外商投资产业，就农林牧渔业而言，主要包括：我国稀有和特有的珍贵优良品种的养殖、种植（包括种植业，畜牧业，水产业的优良基因）；转基因植物种子、种畜禽、水产苗种的开发、生产；我国管辖海域及内陆水域水产品捕捞。我国传统工艺的绿茶及特种茶加工（名茶，黑茶）等。

此外，对于中西部地区，还给予了外商一定的优惠待遇，在国家发展和改革委员会和商务部联合发布的《中西部地区外商投资优势产业目录（2008 年修订）》中对各省鼓励的行业予以了具体规定。

农业部作为农业的主管部门，其主要职责包括“研究拟定农业的产业政策，引导农业产业结构的合理调整、农业资源的合理配置和产品品质的改善；提出有关农产品及农业生产资料价格、关税调整、大宗农产品流通、农村信贷、税收及农业财政补贴的政策建议；组织起草种植业、畜牧业、渔业、乡镇企业等农业各产业（以下简称农业各产业）的法律、法规草案”。因此，农业部需要通过积极参与外商投资企业产业目录、相关外资准入审查机构的审查工作来保障我国对农业领域外资并购行为的外资准入审查与我国农业政策的协调和一致。

2. 国家安全审查制度

对外资并购的国家安全审查制度主要有以下法律规定：

《中华人民共和国反垄断法》第三十一条规定：对外资并购境内企业或者以其他方式参与经营者集中，涉及国家安全的，除依照本法规定进行经营者集中审查外，还应当按照国家有关规定进行国家安全审查。

《外国投资者并购境内企业的规定》第十二条规定，外国投资者并购境内企业并取得实际控制权，涉及重点行业、存在影响或可能影响国家经济安全因素或者导致拥有驰名商标或中华老字号的境内企业实际控制权转移的，当事人应就此向商务部进行申报。当事人未予申报，但其并购行为对国家经济安全造成或可能造成重大影响的，商务部可以会同相关部门要求当事人终止交易或采取转让相关股权、资产或其他有效措施，以消除并购行为对国家经济安全的影响。

《外国投资者对上市公司战略投资管理办法》第四条规定，战略投资应遵循以下原则：遵守国家法律、法规及相关产业政策，不得危害国家经济安全和社会公共利益；不得妨碍公平竞争，不得造成我国境内相关产品市场过度集中、排除或限制竞争。因此，如果有证据表明外商在我国进行战略投资会危害国家经济安全或妨碍竞争，那么就可以不批准其进行战略投资。

商务部办公厅发布了《关于2007年全国吸收外商投资工作指导性意见》，提出了加强外商投资管理，引导和规范外资并购，防范垄断并购和恶意并购，保持国家在重要行业和关键领域的控制力，确保国家经济安全。

按照《国家发展和改革委员会主要职责内设机构和人员编制规定》的规定，国家发展和改革委员会、商务部会同有关部门建立外国投资者并购境内企业安全审查部级联席会议制度。据悉，国家发展和改革委员会正在牵头制订“国家安全审查条例”，农业部作为农业领域的主管部门，虽然并没有对农业领域的外资并购行为直接进行国家安全审查的职责，但是应该通过参与“国家安全审查条例”的制订和外国投资者并购境内企业安全审查部级联席会议制度的实施工作来保障农业产业安全目标的实现。

3. 贸易救济制度

我国1997年颁布了《中华人民共和国反倾销和反补贴条例》，这是我国有关贸易救济最早的立法。经过十多年的发展，随着我国加入世界贸易组织，我国已经形成了一套符合WTO规则，相对比较完善的多层次贸易救济法律体系。

二、现行产业安全法律体系存在的问题

（一）外资准入制度存在的问题

1. 立法方面

（1）从立法权限上看，立法权限分散，法出多门，导致外资法律政策缺乏统一性。

在立法主体上，有全国人民代表大会常委会制定的法律；国务院及所属部门制定的单行条例、规定、决定、办法；省、自治区、直辖市制定的地方性法规；经济特区的全国人民代表大会、政府制定的涉及外商投资地方性法律、法规。地方性立法的量大大超过国家法，如上海市全国人民代表大会、政府制定的地方性法规、政府规章及规范性文件就有80多件。

各地方立法权限不一致，导致地区间的不公平现象。从中央到地方，多层次、多方面地制定优惠政策，在税收减免、审批权限、资金和利润的汇出等方面形成了地区差别。以企业所得税为例，外商投资企业的基本税率是33%，设在沿海经济开放区、经济技术开发区所在城市老市区、沿海开放区、沿边开放城市等地区的生产性外商投资企业可按24%的税率征收。这种地区差异固然与我国对外开放的总体战略相适应，但却事实上造成地区间的不公平现象，导致各地在给予外商优惠待遇方面竞相攀比，造成国家财政收入的流失，其负面效应是显而易见的。

（2）缺乏统一的外商投资基本法，有关外商投资法的任务、基本原则和基本制度等总则性内容，无法在专项法律和单行法规中反映出来，造成我国外资法律法规分散、零乱的状态，不利于集中、明确、稳定地体现国家外资政策。现有的法律规范之间互相矛盾，缺乏协调性。如《中华

人民共和国中外合资经营企业法》、《中华人民共和国外资企业法》及《中华人民共和国中外合作经营企业法》这三部外商投资企业基本法律之间也存在不统一之处，如关于企业设立的审批期限都不统一，有关国有化和征收规定不一致。

（3）在立法方式上，内外资分别立法的双轨制不符合国民待遇原则。造成内外资分别立法是由改革开放初期的特定情况所决定的，受计划经济的影响，按所有制形式分别立法，因而形成了内外资两套法律体系，互不适用。但是随着社会主义市场经济的确立，这种双轨制立法方式已经不能适应形势的发展。市场经济要求各民事主体处于平等的竞争地位，只有不论其所有制形式或不区分国内企业和外商投资企业，才能确保各主体处于平等竞争的地位。但是现行的双轨制立法，即内外资企业分别适用不同的法律，在事实上造成了内外资企业之间的不平等地位。根据外资法律、法规，外商投资企业享有优于国内企业的“超国民待遇”，外商投资企业在所得税、关税、进出口权方面均获得了比国内企业尤其是国有企业更多的优惠，使得外商投资企业能获得更多的利润。内外资企业之间的这些差别待遇，违背了市场经济的运行规则，使国内企业越发展后劲越不足，竞争力也越弱。值得可喜的是，自 2010 年 12 月 1 日起政府将对在华外资企业及外籍个人征收城市维护建设税和教育费附加。这意味着国内所有企业统一了税制，外资将不再享受税收上的“超国民待遇”。

（4）从立法内容上看，法律过于简单，缺乏可操作性，存在法律空白。农业领域禁止和限制类项目不够明确。《外商投资产业指导目录》与《指导外商投资方向的规定》中对于农业领域中鼓励类的外商投资产业大多没有过多管制，只有养殖业与天然食品添加剂、中药材种植、食品配料生产行业的外资企业形式限于合资、合作，不允许外商独资。这样的限制主要目的在于保护传统知识与保护食品安全，并非是出于保护农业的目的。在《中西部地区外商投资优势产业目录》中也有不少条款涉及对农业领域外商投资的规范。其中涉及农业领域外商投资的管制主要是安徽省与陕西省，它们对油料种子、马铃薯、粮食、棉花开发生产行业的外商投资要求由中方控股，对外商的其他涉农投资行为则没有限制。这些规定相对简单，缺乏可操作性，同时导致各地审查标准不统一。

2. 执法方面

（1）有些地方政府机构改革不到位，使得外资准入立项审批、核准机关出自多个部门多头管理，管理存在错位、缺位。外资准入立项审批权最初属于计划经济委员会，现行改革后的核准权也明确属于发展和改革委员会。1998 年国务院机构调整时国家计划经济委员会分立为国家发展计划委员会和国家经济贸易委员会，又于 2003 年将原国务院体制改革办公室和国家经济贸易委员会部分职能并入，改组为国家发展和改革委员会，同时组建国家商务部，将原国家对外经济贸易部的全部职责以及原国家经济贸易委员会和原国家发展计划委员会的部分职责划入商务部。2004 年外资准入立项审批权改革为核准权到了地方自然传承到国家发展和改革委员会和经济贸易委员会两个机构，当然这里还有一个原因是 2003 年国家组建商务部撤销经济贸易部和对外经济贸易部时，许多省份没有组建对应的商务厅，仍维持着发展和改革委员会、经济贸易和对外经济贸易三个机构的“三足鼎立”。另外，有关法律规定涉及某些行业的外资准入由商务部门审批。在“各自为政，法出多门”的现状下，三家机构对外资准入的条件有时不尽相同。且名为立项审批改革为核准，其实际操作程序实难看出两者之不同。缘于此，《外商投资项目核准暂行管理办法》得不到真正实施。

外资并购行为的外资准入审查制度目前由两个审查主体分别进行审查，商务部主要从设立外商投资企业的角度进行审查，而国家发展和改革委员会主要从项目投资的角度进行审查，两种审查权的行使不可避免地会存在职权行使冲突的可能性和职权行使的空白地带，使我国对外资并购的产业准入审查存在不足之处。

（2）政府对外资准入的审批执法不严。我国“三资”企业法规定，有损我国社会公共利益、危及我国经济安全、可能造成环境污染等的外资不予准入。《中华人民共和国行政许可法》也规定，对涉及公共利益的重大许可事项应由行政机关向社会公告并举行听证程序后才能决定批准或不批准。但地方政府引资心切，认为只要是外资多多益善，只要投资者提交的申请资料形式符合要求，审批机关一般不审查资料的具体内容是否真实、是否有恶意规避法律之嫌、外资准入后是否有可能危及社会公共利益等实质内容，结果引进后的外资的经营活动造成了环境污染等负效应，民众怨声载道。

究其原因可能有两方面因素：一方面，现行的干部考核机制与升迁机制，为地方政府大搞政绩工程提供了强劲的激励动力。就招商引资成就来讲，引进的外资额成为一项硬指标。为完成外资考核指标而违背法律的规定、暗箱操作贯穿外资准入审批的整个过程。为完成外资考核指标，地方政府常以剥夺本地区劳动阶层的各种劳动保障、放任自然环境的损害为代价。另一方面，监督无力。外资准入审批程序依旧没有体现《中华人民共和国行政许可法》所要求的那样便民和透明，监督机关偶尔对行政许可程序的规范性作些检查。在农业领域表现也很明显，如新修改的《外商投资产业指导目录》对外资在农业领域的投资进行了调整：要求在作物品种、粮食生产、转基因、棉花、重大的高科技及生物安全方面一定要由中方控股；同时加强了对粮食相关领域的控制力，包括化肥、农药、粮食的零售、批发及物流领域等外资只能参股。但在实际操作过程中，许多地方政府在招商引资的时候饥不择食，出于政绩冲动，违背法律规定，给外资低成本进入创造了极大的便利。

（二）外资并购国家安全审查制度存在的问题

目前，外资并购我国企业时影响国家安全时，我们只能依据《中华人民共和国反垄断法》、《外国投资者并购境内企业的规定》的规定。

一是现行立法的内容很不完备。《中华人民共和国反垄断法》第三十一条规定，对外资并购境内企业或者以其他方式参与经营者，涉及国家安全的，除依照本法规定进行经营者集中审查外，还应当按照国家有关规定进行国家安全审查。《外国投资者并购境内企业的规定》第十二条规定，外国投资者并购境内企业并取得实际控制权，涉及重点行业、存在影响或可能影响国家经济安全因素可以终止并购。对于国家安全审查制度只有指导性和方向性的规定而缺乏具体性、可操作性。许多重要的内容如国家安全审查的内容、标准、机构、职责、审查方式、审查程序等方面都没有作出规定，如没有说明哪些算是“重点行业”、什么情况下是“影响国家经济安全”因素。

二是涉及外资并购的法律层级太低。对国家安全审查制度予以规定的《外国投资者并购境内企业的规定》仅是一个部门规章，其效力过低。《外国投资者并购境内企业的规定》、《外国投资者对上市公司战略投资管理办法》也都只是部门规章，法律层级低，难以规定全面的强制和处罚措施，特别是难以从整个政府的高度构建国家安全制度。

三是反垄断执法机构和国家安全审查机构之间存在交叉、重叠，执法机构级别较低，且由单一部门来执行，不利于国家安全审查制度的实行。

（三）贸易救济制度存在的问题

1. 农产品贸易救济体系尚不完备

我国作为一个农业大国，虽然农业得到了长足发展，但是在对农业的保护上，还存在一定的问题。我国虽然已经建立了汽车、化肥、钢铁、信息产业等产业损害预警机制，但是，完整的农产品损害预警监督机制尚未建立。按照现有的法律，“两反一保”体例中都要求代表受损害产业申诉的主体必须具有代表性，并且就此作出了定性和定量的规定，但是，就目前我国农业的发展情况看，农民维权意识薄弱，农业生产规模小，组织化程度低，很难达到法律的具体标准，客观上阻碍了农民申请发起农产品救济措施。现阶段，我国的贸易救济立法有“重进口救济轻出口救济”的明显倾向，即进口救济和出口救济相比，重进口救济轻出口救济，主要表现在：我国没有制定在效力层次上与《反倾销条例》、《反补贴条例》和《保障措施条例》等进口救济法规并列的出口救济法规。从长远来看，在有关国家和地区对我国产品出口频繁设限的贸易环境中，我们应当对出口救济给予足够的重视。

2. 法律条文过于笼统，操作性不强

虽然我国已经建立了较为完善的进口贸易救济法规体系，但是就目前的立法而言，与美国等发达国家相比，我国的贸易救济法律法规规定过于笼统，操作性不强。因此，我国应当加强对反倾销、反补贴和保障措施有关法律条文的研究，借鉴 WTO 相关协议和其他主要成员方“两反一保”法律规定的方法，细化和明确“两反一保”法律的关键条文，加强“两反一保”的执行。此外，我国法律在运用上还不成熟。

3. 法律还不够完善

目前，我国有关贸易救济的法规性文件只有《反倾销条例》、《反补贴条例》和《保障措施条例》，没有关于应对外国不正当或不合理进口限制的专门法规，也没有服务贸易救济法规。我国虽然在《中华人民共和国对外贸易法》中提出，必要时可以采取反规避措施，但是就目前的法律体系而言，我国还没有专门的法律或者法规规定反规避问题，这就使得相关的法律处于长期缺失状态，损害了法律的完整性，同时，也不利于我国的贸易管理。因此，我国应加快对反规避措施的立法研究，尽快出台反规避法律，完善反规避制度。

三、完善农业产业安全法律制度的建议

（一）完善农业行业外资准入制度

根据“以我为主、择优选资”的指导思想，农业产业安全应从国家安全、粮食安全战略高度考虑，并从国际化进程中我国所处的历史阶段和国际社会中的新定位出发，从立法、执法等方面发挥政府的特有作用，但同时，必须看到内因是根本，必须增强农业产业自身的竞争力。

1. 统一外商投资立法，取消超国民待遇

制定统一的外资投资法，解决现有的法律规范之间互相矛盾、缺乏协调性、可操作性的弊端。在企业的组织形式和待遇方面统一内外资法律规定，取消对外资的激励与限制措施，对于内外资采取同等待遇，为内外资及来自不同国家和地区的外资提供公平竞争的环境。

2. 进一步细化和完善外商投资农业指导目录

在《外商投资产业指导目录》中，我国规定了禁止外商设立独资企业和外商控股的产业内容，但可操作性不强。因此，根据我国农业发展要求和外商投资特点，要适时修改《外商投资产业指导目录》，确定外商投资农业产业的开放重点和次序，进一步细化农业类鼓励、禁止和限制的产业指导目录。国家鼓励外资进入的农业生产经营领域，主要包括对于蔬菜、甜菜、花卉等国内研发能力较弱、不影响粮食安全的作物品种研发和种子生产经营、生态农业、观光旅游农业等领域，并提出相应的鼓励措施。国家限制外资进入的农业生产经营领域，对影响到粮食安全的领域，

如对玉米种子起源于国外但却关系到我国粮食安全的粮食作物的品种研发、种子生产经营，要限制外资的发展速度和规模；要求由中方控股，防止因中方股东方分散而造成外资相对控股的局面出现。国家禁止外资进入的农业生产经营领域，这主要对关系国家粮食安全与产业结构安全的领域而言，国家应加强监督和管理。

3. 创新外资准入管理方式

一是采取定期报告或是行政奖励来监督外商投资企业的履约情况、利润汇出率、利润再投资率、投资增值率等具体的综合环境指标，建立对外资企业评估的指标体系，区分外资企业的级别，给予区别对待。二是设立专门机构，建立备案管理制度。美国在《1976年国际投资调查法》中规定：外国投资者或者外国公司每获得一家美国机构10%以上的股权，需向商务部经济分析局提交备案报告，且报告须在购入股权的45天内呈交，1990年度《预算调整法案》规定，持有25%以上股份的外国母公司与在美国的子公司之间进行交易时负有报告义务。我国也应当学习美国的做法，审批与备案、报告制度相结合，对外资准入进行多种方式的监管。

4. 设立资源消耗和环境标准，促进外资可持续发展

为建设资源节约型、环境友好型社会，保证引资政策与可持续发展目标的一致性，当前亟需从资源集约度、投入产出效率和环境效应等方面出发，设立外资进入的资源消耗和环境标准。如果说技术标准、产业标准是优惠政策的实施标准，是鼓励与限制外资进入的软约束，那么资源消耗和环境标准就是外资进入的硬标准，达不到要求的产业、企业绝对不能进入。要严格禁止引进那些严重污染环境而又无有效治理措施的项目、工艺和设备，对一些国内需要而又缺少配套技术治理污染的项目，外商必须同时引进先进环保设备。

5. 加大涉外法规的执行力度，强化对外资企业的监督管理

强化涉外法规的执行和对涉外经济活动的引导，依法加强对外商投资农业企业监督管理。在执法环境上，我国应当在全国统一对涉外法规的执法，建立部际联动机制，加强行业的管理。除了个别经国家批准的经济特区，如西部大开发中规定的特区外，全国应当对外资执行同一待遇标准，国家法律在全国统一实施，不允许地方实施与国家外资法相抵触的地方性

法规，改变利用外资数量与政府负责人政绩挂钩的做法，坚决杜绝各地的“优惠政策竞争”，政府不得直接参与“招商引资”。针对外资违规进入问题，联合有关部门对《外商投资产业指导目录》（2007年修订）和农业相关行业审批文件（如大田种子有六部委《关于设立外商投资农作物种子企业审批和登记管理的规定》）由各部委联合组织一次执法大检查，依法查处相关违法行为。

（二）设立国家安全审查制度

由于跨国公司并购活动频繁是近几年才出现的，我国还未建立一套专门的外资并购制度。仅有的一些规定非常原则，相当零乱，无法操作，而且存在审批权限过于下放、审批权行使混乱、审批环节过多、程序繁琐、效率低下等弊端。

1. 提升外资并购法律的层级

涉及外资并购的规定如《外国投资者并购境内企业的规定》、《外国投资者对上市公司战略投资管理办法》都只是部门规章，法律层级低，难以规定全面的强制和处罚措施，行政措施有限，因此，急需学习美国、德国等国家制定专门的《国家安全审查法》或者将《外国投资者并购境内企业的规定》等涉及国家安全审查的规定上升为法律。

2. 设定广泛的审查对象

关于审查对象，建议采用“非我国人”的概念。这里的“人”指“任何自然人和实体”。其中，实体包括法人和其他形式的各种组织，也包括外国政府（或地区）。这样能较好地适应外商投资主体多元化的趋势，有利于提高监管的效率。

“自然人”的界定可采用国籍原则。实体的界定可采用“控制”概念，即“外国利益实施或能够实施控制的任何实体”。此外，笔者建议将触发安全审查的基础条件设定为“非我国人获得对本国实体的控制”。在判断“非我国人”对我国企业是否形成“控制”时，除了考虑绝对或相对控股比例外，还应结合个案，兼顾其他因素，如人事任免权等。例如，美国突破股权比例10%的要求，将“控制”定义为外国并购方具有决定有关影响美国商业实体利益的公司重大事项的一种影响力或者主导力，从而扩大了审查范围，也可以防止出现规避法律的情形。对于外资在同一行业如玉米种子市场通过参股多个公司的方式来控制种子市场的情形，因此在控制这一标准时不仅考虑在被并购的目标公司的股权结构，还应考虑整个行业外资所占的比例，是否构成对“控制”。

3. 设立较抽象的审查标准

对于农业领域，根据我国现阶段农业发展状况，审查标准可以考虑包含但不仅限于以下几条：（1）外资并购对涉农产业及其竞争力以及产业内部竞争力的影响；（2）外资并购对国内农业效率、技术开发、农产品创新、农产品品种的影响；（3）国内农业生产的安全是否受到影响；（4）外资能否在境内企业中达到控制或者垄断被并购农业企业的力度；（5）并购实体受外国政府控制或代表外国政府行为的交易；（6）可能对我国国家安全领域技术领先地位造成潜在影响的交易。重点产业应集中在基础性和支柱性战略产业上，至于农业的基础性和支柱性战略产业目录，可采取动态确定的方式，在每年产业国际竞争力调查和评价结果的基础上确定。

4. 设立较高级别、综合的审查机构

完善国家发展和改革委员会牵头的部际联合审查机构。在部际联席会议的基础上成立高级别、跨部门的外国投资审查委员会，此为常设机构，对外资并购进行国家安全审查，成立外资并购国家安全审查机构的重点应在于国家安全审查的统一性。应当制定《外资投资国家安全审查法》实施细则，建立对外资并购交易进行国家安全审查的部际联合审查机构（可暂称为外资投资审查委员会），其成员可包括国家发展和改革委员会、商务部、农业部、国防部、外交部、国家安全部、科学技术部、国有资产管理委员会、信息产业部、总装备部、国防科技工业委员会、劳动与社会保障部等部门，同时规定审查机构的具体职责、相关的组织方式以及运作程序。基于农业在我国的特殊重要地位，农业部应当作为成员参加，以确保有关农业产业安全的关注得到有效表达。

外资投资安全审查委员会下设办公室，隶属于国务院，专门负责产业安全，承担日常行政工作，负责组织包括国家发展和改革委员会、商务部等多部委参加的部际联席会议，对外资并购交易进行国家安全审查。在这种“部际联席会议”模式下，应强化各部门的行政首长责任制；明确要求各部门信息、行政资源共享；强制规定各相关部门对牵头部门的协助义务；建立外商投资联合审查委员会领导下的决策程序；由外商投资联合审查委员会主席根据调查报告决定是否批准该并购交易；确立外商投资联合审查委员会对国务院事后汇报的程序。

5. 采取灵活、多元的审查程序

我国现有立法没有对外资并购国家安全审查的具体程序作出规定。为避免对外资流入造成不必要的障碍，外资并购国家安全审查制度应当有别于外商投资企业设立的强制性审批制度，即应当采取外资并购国家安全审查自愿申报原则而非强制申报审查原则。同时，为了防止投资者利用自愿申报原则规避国家安全审查，应当赋予主管机构对未申报的并购交易随时审查并采取必要措施的权力。可借鉴美国的制度，将外资并购国家安全审查分为申报、审查、调查和委员会主席决定等步骤。

6. 加强对农业领域国际条约的研究，加强对农业国际合作的指导

积极参与 WTO 多哈谈判，进一步开展区域和双边贸易谈判，全面提升我国作为世界农业大国的谈判能力，促进建立公平合理的国际经济环境。随着我国经济与世界市场的联系更加紧密，我国将加入更多的国际条约，这也意味着将承担更多的国际义务。因此，对于与农业领域相关的国际条约，如《保护植物新品种国际公约》（UPOV）91 文本、《保护生物多样性公约》（CBD）、《粮食和农业植物遗传资源》等，应该加快研究进度，详细分析相关国际义务将对我国农业产生的影响，权衡加入条约与否对我国农业产业的利弊以及选择合适的加入时机等。

（三）完善贸易救济制度

在当前的国际、国内贸易情景下，结合我国的农业发展现状，应当认识到利用 WTO 规则有效保护国内农业既是当务之急，同时也是一项长期的工作任务。从长远来看，商务部和农业部应该设计和规划并逐步建立、完善农产品的进口预警监控体系和反应迅速、运行高效的应对机制。

1. 加大对农产品进出口的调控

采取多种方式调控农产品进口。一是制定我国农产品进口战略框架，

要建立起稳定的多元化的全球供应链，制定长期规划，合理安排进口规模和节奏。建立利用国际资源弥补我国土地和水资源严重短缺的长期战略机制，并防范进口对国内的不利影响。二是充分运用WTO规定的大宗商品的关税和配额保护，限制敏感农产品的过度进口，如棉花实行关税配额管理，配额外进口实行有数量控制的滑准税政策。相对于大豆，棉花保持了相对较高的产业安全水平。同时，提高海关监管水平与效率，坚决打击和防范农产品走私。三是通过制定技术标准等绿色壁垒的方式控制农产品进口。大力加强技术性标准以及相关法律法规的研究和制定，为合理运用技术手段调控农产品贸易奠定科学的法律基础。

对具有出口潜力的农产品，根据WTO“微量允许”条款建立价格支持制度。加紧研究国际规则，按照制度化、法律化和规范化要求，充分利用国际贸易规则赋予的权利，进一步健全完善农业支持保护政策体系，制定农业支持保护法；调整农业补贴结构，由现在补贴流通环节，转向补贴农产品生产者，保护农民的利益；争取投入、补贴、金融、价格、税收等多方面政策向农业和农村重点倾斜；在农产品市场开放过程中逐步建立对受影响较大的产区、产业和生产经营者的利益补偿机制。加快农业贸易救济体系建设，妥善应对贸易摩擦。建立健全农业贸易争端解决和贸易救济的专门机构、队伍和体系。

2. 建立健全农业信息体系与产业损害预警系统。

采取WTO所规定的保障措施的前提是对国内市场的情况非常清楚的情况下才能作出准确的决策，健全市场信息体系。当前，农业部门的信息工作亟待加强，应充分发挥并积极扩展国内现有农产品信息机构的职能，完善全社会农产品加工业统计指导和信息服务，建立全面、系统、准确的农产品产业信息报告制度和发布平台，包括对国际国内农产品主产国生产形势监测评价系统、国内农产品消费量及进口量监测评价系统、对规模以上农产品加工企业的产销存动态监测体系。

要加强部门间的配合，建立统一、权威的全国性大宗农产品产业安全监测预警系统，特别要密切跟踪粮、棉、油、糖等国际竞争力弱、进口压力明显的大宗农产品的国内外价差和供需走势，及时分析、研判、预警并制定相应应急预案，开展产业损害调查和国外贸易壁垒调查等所需的基础性工作，有效利用反倾销、反补贴、保障措施等合法手段，及时实施贸易救济，运用多边机制、新闻宣传、外交磋商等多种渠道反击歧视性贸易保护措施，维护我国农产品出口利益。

就农产品贸易而言，我国应建立国际农产品信息发布机制，农产品外经贸信息与咨询服务体系，农产品进出口预警和防御机制。密切跟踪国外贸易保护主义发展趋势，以及我主要贸易伙伴贸易政策及措施的调整和变化最新动向，及时收集贸易保护案例，分析研判给我国带来的影响，并及时向地方、相关部门和商事协会进行通报。加强预警信息通报和出口风险发布，让企业在第一时间了解贸易摩擦动向。

3. 积极应对各种农产品贸易摩擦

一方面我国可以加强政府间的双边对话和沟通，要求有关国家取消不公平、不合理的保护措施，对某些成员违反世界贸易规则滥用贸易救济措施或采取其他贸易限制措施的做法，在必要时诉诸世界贸易组织争端解决机制。另一方面要支持我国企业应对各国的贸易保护措施，为企业应诉等提供必要的支持。

我国应当逐步丰富产业安全的维护机制，逐步开展货物和技术进出口对我国内产业影响调查、国际服务贸易对我国内产业影响调查、外资对我国产业可持续发展的影响调查、进口产品侵犯知识产权行为调查、第三国限制进口对我国内产业影响调查、国际贸易不当竞争行为调查等多项调查。

4. 提高农业企业应对摩擦的能力

我国应及时组织各方力量积极应对有关的农产品贸易摩擦，企业要深入了解 WTO 规则和贸易救济调查的相关知识；高度重视贸易摩擦的影响，在遭遇贸易摩擦案件时要敢于应对，善于应对，特别是在应诉时要注意团结作战一致对外；建立健全内部管理机制，主动抵制低价竞销等扰乱出口经营秩序的行为；树立起风险防范意识和加强进口预警机制。尤其是要发挥行业协会的作用，组织农民、企业等积极应对。

第二章 农产品总量平衡和结构平衡

第一节 我国农产品总量平衡和结构平衡现状

一、农产品总量平衡和结构平衡的内涵和表现

农产品总量平衡是指在一定时期内政府采取合适的手段进行有效的宏观调控，使得农产品的供给与适合本国居民生活和经济发展的农产品需求在数量和质量上相吻合。农产品的结构平衡是指农产品的区域结构、品种结构、品质结构、进出口结构和技术结构的供给与本国居民的消费结构和饮食结构相吻合。从本质上看，农产品总量平衡和结构平衡是供给平衡和需求平衡互动的过程。在这个过程中，政府可以采取相应的措施施加影响。农产品的总量平衡和结构平衡是相对的，而非绝对的；是动态的，而非静态的，是一个从不平衡到平衡的不断变化发展的过程。

（一）农产品总量平衡的具体体现

衡量重要物资供求平衡状态一般有三种表述：宽平衡、平衡和紧平衡。宽平衡是某种产品的供给在满足消费者的需求之后还有富余；平衡是指某种产品的供给量和需求量基本吻合；紧平衡是指某种产品的供给已经不足以满足消费者的需求。当前我国农产品供求关系已经从20世纪90年代后期的总量基本平衡、丰年有余正在转向总量平衡偏紧，一些农产品供求出现较大缺口的局面。农产品总量平衡主要体现在国际贸易和农产品品种两个方面。

1. 国际贸易方面

在全球化背景下，特别是加入WTO之后，中国农业面临更多新挑战。农产品总量的供求必须是在考虑国际贸易的基础上看是否趋于平衡。从需求方面来看，首先考虑本国的某种农产品供给是否能够满足国民生产生活的需求，若不能则需要通过国际市场的买卖来实现；从供给方面看，如果能够完全应对国民的生活需要，并且有剩余的话则可以考虑出售到国际市场。当然国际贸易纷繁复杂，规则多样，要适应国际市场体制的交易原则，考虑我国不同产品的比较优势，优化升级产品结构，来实现农产品的总量平衡。

2. 农产品品种方面

研究农产品整体上的供求平衡关系还应当考虑将农产品细分为相关的具体品类进行分析。因此，研究农产品总量平衡，应该用细化的眼光研究粮食、果蔬、畜产品和水产品各自的产量以及品质是否能够满足国民健康生活的需求。居民消费理念和水平的正在逐步提升，饮食结构也随之发生变化，对于果蔬的需求呈不断上涨的趋势；对于畜产品的消费随着生活水平的提高也在快速增加，进而间接增加了饲料用量的需求，如何适应动态变化的农产品需求是实现农产品总量平衡的关键，只有在对各类农产品都有全局的宏观把握，才能在总体上实现农产品大类的总量平衡。

（二）农产品结构平衡的具体体现

研究农产品结构平衡的具体体现，应从农产品供给结构和农产品需求结构两个角度来考察。从农产品的供给结构上看，农产品的区域结构、品种结构、品质结构、进出口结构和技术水平结构分别要求适应相应方面的需求结构。

1. 区域结构平衡

区域结构平衡是指充分利用我国幅员辽阔的资源优势，发挥不同地理区位比较优势，最大限度地降低农产品生产成本，满足全国范围内农产品需求。由于我国东部地区和中西部地区之间、南方和北方之间资源禀赋不同，产业化基础有强有弱，农业生产成本存在着较大的差异。因此，重要农产品的供求平衡应在区域上进行政策定位，发展十大农产品产业带，走区域专业化、规模化经营的农业发展道路。

2. 品种结构平衡

品种结构是与区域结构相对应的概念，只有在有比较优势的区域种植有比较优势的特类品种时才能全面实现这两个结构平衡。具体地来说，我国东部人多地少，应逐步压缩土地密集型农产品，增加劳动密集型，外向型农产品的生产，具体地要逐步减少粮、棉、油、糖等耕作面积，适当增加蔬果畜禽产品；中西部地域广阔，要大力发展土地资源密集型产品，在此基础上深度开展产业化经营；从南北区域来看，北方土地肥沃适合大规模机械化粮食品种，并且在改革流通体制的基础上向南方输送和国外出口，而南方土地紧缺则可以适当的靠国际市场进行满足。除此之外农产品品种结构平衡还必须在品种上进行优化升级，提高单产，进而提升农作物的生产力。

3. 品质结构平衡

除了要在数量上实现供给结构和需求结构的平衡，也要确保质量上供需相适应。农产品质量安全水平的高低，直接影响农产品健康发展。质量安全是发展现代农业、提升农产品市场竞争力的关键，所以农业产品生产要从普通化向“精品化”过渡，提高优质专用产品生产，减少无牌低档农产品的生产，同时还要考虑到各个产区的资源优势，最终达到产品的升级。

4. 进出口结构平衡

结构平衡在国际范围内还要考虑进出口结构是否平衡。要结合农产品生产的自然时间，考虑在农产品的淡季或者旺季进行进出口活动；对于如何确定进出口产品也要慎重，关系到本国经济生产命脉的农产品需要立足国内生产，而大宗农产品则可以一定程度上依靠国外进口。从农产品的加工程度上来看，为了保护本国的经济健康发展可以多进口一些初级加工品，少进口一些直接投放于市场的产成品。

5. 技术结构平衡

我国各个区域的农产品生产技术层次有差异，与国外的先进技术也有一定的距离，要保障农产品的结构平衡必须在技术上给予支持。为了实现农业从传统向现代农业技术的转变必须全面调整农业技术结构，适应世界农业技术发展的趋势，以国际农产品质量标准进行农业技术结构的调整，不管是在农业技术设备还是农业推广劳动者的素质上都要给予高度重视。

从农产品的需求结构上看，要使农产品的供给结构在区域、品种、品质、进出口和技术方面达到平衡，全面了解农产品市场，考察当前消费者对于各类农产品的偏好和消费比例非常必要，所以考虑农产品的结构平衡必须全方位理解消费者的消费结构、饮食结构以及当前新需求的发展。

一是消费结构。消费结构是指在一定社会经济条件下，消费者（或者社会集团）在消费过程中所消费的各类不同的消费资料的比例关系，包括消费品的种类和消费品的数量。涉及农业方面的消费结构比例就不得不提恩格尔系数，即食品支出占家庭总支出的比例，跟踪国民的食品支出比例对于我们更好地掌握和探索消费结构的变动趋势，及时调整产业结构和产品结构，衔接产需关系至关重要。

二是饮食结构。饮食结构是指居民在食膳中各类食物的数量以及其在整个饮食中的比例。饮食结构不是永远不变的，而是随着国民经济的发展变化不断地改善和调整。过去人们的食物摄入以谷物和淀粉为主，而现在人们对于肉食和奶制品的需求不断上升，食肉性动物蛋白在饮食结构中比例逐年递增，面临这种状况我国的农产品供给需要进行相应的调整，以达到供给和需求的均衡。

三是新需求的发展。全球经济的迅速发展不断提升对于能源的需求，但介于能源存量不断减少的事实，很多国家都将目光转向了生物液体燃料（如乙醇）购买。在这样庞大的国际需求背景之下，玉米等农产品的价格一定程度上受到影响呈现上涨趋势，了解这类新需求的发展和增长对于我们制定正确的农业生产政策和布局，实现农产品总量平衡和结构平衡具有指向性意义。

综上所述，要考察我国的农产品的总量平衡和结构平衡的状况，首先，要从宏观把握农产品的总量情况，了解当前农产品总量平衡状态是出于平衡、宽平衡还是紧平衡，充分考虑国际市场对于我国农产品生产的影响和冲击，分门别类地对每种农产品的总量状况进行了解。其次，结构平衡体现在供给结构和需求结构两个方面，即从供给平衡来说，要综合农产品的生产区域、品种、品质、进出口结构和技术水平统筹规划，协调发展；从需求平衡来说，有必要用历史的眼光看待生活水平不断提高下的居民饮食结构和消费结构的变化，从而给予产品的生产计划一定的指导。此外，深入了解新需求如生物能源的开发，有利于更好地实现农产品的种植结构转变和升级。

二、我国农产品供求平衡的历史格局

我国农产品供求平衡的历史格局是随着我国农业发展的政策不断发生变化的，具体可以分为以下四个阶段：

第一，解决温饱问题以粮为纲的阶段。从新中国成立到农村改革初期，我国农业发展的政策主要是“以粮为纲，全面发展”，农业的主要任务是解决粮食总量不足的问题。这一阶段农产品总量供给严重不足，基本的口粮安全问题还没有得到解决。1949 年我国人均粮食占有量 209 公斤，属于严重不安全类型，此后人均粮食占有量呈上升趋势，1956 年、1957 年均突破 300 公斤，分别达到 307 公斤 和 302 公斤，但仍处于较不安全状况。1958 年我国人均粮食占有量回落到 299 公斤，重新回到严重不安全类型，并持续到 1973 年，这期间虽然我国人均粮食占有量有所波动，但始终没能突破 300 公斤。1974 年我国人均粮食占有量达到 303 公斤，粮食安全状况有所好转，但一直到 1982 年，人均粮食占有量基本处在 300—350 公斤，仍处于较不安全状况。

第二，丰富菜篮子的调整阶段。从 1981 年提出“决不放松粮食生产，积极发展多种经营”的方针，到 1992 年，国务院作出了“发展高产优质高效农业”的决定。这个阶段的主要任务是在我国基本解决温饱以后，调整农业生产结构，丰富人们的菜篮子。1983 年我国人均粮食占有量突破 350 公斤，达到 376 公斤，进入温饱阶段，中国农业已经从 20 世纪 80 年代中期从整体上进入了现代农业阶段。从以上政策可以看出，这一阶段政府在努力增加农产品总量供给的同时，也开始关注农产品的结构平衡，尤其是品种结构平衡。

第三，适应市场需求的农产品结构调整阶段。1996—1999 年是我国粮食安全状况较好的时期，人均粮食占有量分别达到 412 公斤、400 公斤、410 公斤和 404 公斤，进入较安全类型。1998 年，我国农产品实现由长期短缺向总量基本平衡、丰年有余转变以后，党中央提出转变农业发展方式的任务。从 1998 年至 2004 年，转变农业发展方式的主要任务是按照市场的需求调整农产品品种和品质结构，全面提高农产品质量，改善农产品市场供求关系。以小麦生产为例，在 20 世纪末期，我国虽然是小麦生产大国，但做面包的硬粒小麦主要依靠进口，后来通过调整小麦品种结构，使这个问题得到解决。这一阶段我国在保持农产品总量基本平衡的基础上，改善农产品的品种结构和品质结构也取得了一定进展。

第四，优化农产品区域布局的调整阶段。进入 21 世纪，为了使农业适应面向国际和国内两个市场的要求，我国大力调整农产品区域布局，发展现代农业。通过合理有效地配置农业生产要素，发挥比较优势，在优势区域范围内形成具有较强竞争力的产业体系，加快形成科学合理的农业生产力布局，提高农产品的竞争力。这一阶段，农产品结构平衡的重要性在农产品供求平衡问题中凸显出来。

三、我国农产品供求平衡的现状分析

改革开放以来，我国农产品总量迅速增加，扭转了供给长期短缺的局面，有效解决了人民的温饱问题，推动了人民生活水平由温饱向小康的历史性跨越。20 世纪 90 年代后期以后，我国粮食等主要农产品形成了“供求总量基本平衡、丰年有余”的格局。近年来，随着国民经济快速增长、加入 WTO 以后我国全面融入世界经济，我国农产品供求关系正在发生重要的阶段性变化，农产品供求总体趋向偏紧，部分农产品供求明显失衡，

结构性矛盾突出，农业对国际市场的依赖程度逐步提高。紧平衡很可能成为较长时期内我国农产品供求平衡的常态。

（一）农产品总量平衡的压力增大

近年来我国农产品供给稳步增加，农业连年丰收，但是在人口增长、居民食品消费结构变化、工业用粮增加等因素的影响下，农产品尤其是粮食总量平衡的压力仍然存在。

人口自然增长是农产品刚性需求增长的根本动力。因实行严格计划生育政策，近年来我国人口的自然增长率持续下降。但由于我国人口基数大，每年新增人口规模依然庞大，2000 年以来年均新增人口 800 万人以上。人口增长会导致大约同比例的农产品需求增长，因此在今后很长一段时期内，人口增长的压力会推进农产品的刚性需求。

近年来城乡居民收入快速增长，收入的增加一方面导致食品需求增加，另一方面导致消费结构升级。一般而言，包括食品在内的农产品收入弹性在低收入阶段时较高，在高收入阶段时较低。目前，中国人均收入仍处于较低水平，和高收入国家相比，相同的收入增长会带来较多的食品需求增加。就消费结构变化而言，随着收入水平的提高，居民消费的重点由粮食等淀粉类食品转向肉、奶、蛋等高蛋白食品。虽然粮食直接消费量有所下降，但间接消费量增加，从而引发社会对农产品总量需求的不断增长。

中国粮食总量平衡也存在一定压力。按消费用途分，粮食消费可分为口粮、饲料用粮、工业用粮和种子用粮四个部分。近年来中国粮食消费基本呈口粮和种子用粮稳中有降、饲料用粮和工业用粮快速增长，需求总量刚性增长趋势。虽然“十五”期间城镇居民人均口粮消费年均下降 1.3%，而且随着科技进步种子用粮也呈总体减少趋势。但是，受畜牧业和食品加工业快速发展的需求拉动，饲料用粮和工业用粮每年以过 3% 的速度增长，工业粮消费总量每年以 1% 左右的速度稳步增加（中国经济发展数据库，2006）。以玉米为例，2010 年至 2011 年度，全国玉米消费量将达到 16300 万吨，比上年度增加 425 万吨，同比增长 2.7%。其中，饲用消费 9850 万吨，比上年增加 150 万吨，同比增长 1.5%；工业加工消费

4750 万吨，比上年增长了 250 万吨，同比增长 5.6%。[①] 近几年国家出台了一系列支农惠农政策，进一步加大对粮食生产的投入力度，粮食生产迅速恢复。粮食产量逐年增长，产需缺口逐年减少，2006 年以前当年产量小于需求量。2008 年以来粮食总量需求得到满足，粮食总产量略大于需求量，但由于国际市场粮食供求处于偏紧状态并且将长期保持这种状况，中国粮食供求平衡依然面临一定压力，粮食供求关系将长期处于紧平衡状态（表 2－1）。

表 2－1　　2004—2010 年双年度粮食总量供求表

年　度	2004	2006	2008	2010
粮食总产（亿公斤）	4694.5	4974.5	5287.1	5464.1
粮食需求（亿公斤）	4909	5050	5170	5250

数据来源：国家统计数据库，中国经济发展数据库。

（二）结构性平衡的重要性在农产品供求平衡问题中凸显

近年来我国粮食、蔬菜等部分传统、大宗农产品的供求平衡，已经显示出总量平衡重要性减弱，结构平衡重要性增强的趋势。

最近几年，一方面，我国大豆、棉花、食用植物油等部分农产品，存在较大的供求缺口，甚至已经形成对国际市场较大程度的依赖。另一方面，我国蔬菜面积不断扩大，产量已占世界总产量的一半，出口量已多年位居世界第一。2009 年年初，我国年人均蔬菜占有量已达 311 公斤，远远超过世界平均水平（105 公斤），蔬菜生产总量已严重过剩，供过于求的矛盾日趋突出。大米在居民口粮消费中约占 60%，而且比重还在逐步提高，但南方地区水田不断减少，水稻种植面积大幅下降，恢复和稳定生产的难度很大，稻谷供需总量将长期偏紧。这些特定种类农产品的总量平衡问题相对于整个农产品的供求平衡属于品种结构问题。粮食品种间（如东北大豆、玉米、水稻）争地及粮食作物与油料、棉花、烤烟等经济作物之间的争地矛盾将长期存在。

---

① 数据来源于中国经济发展数据，中国农村经济形式分析与预测（2010—2011 年）。

2007年，我国曾出现在东北地区玉米价格下跌的同时，广东玉米价格大幅度上涨的现象。这种现象正是玉米供求区域结构平衡问题的反映。我国蔬菜供应也存在区域结构失衡问题。虽然蔬菜总量供应过剩，但北方地区冬季蔬菜供应短缺问题一直存在。另外，目前小麦供需总量基本平衡，但品种优质率有待进一步提高。大米在居民口粮消费中约占60%，而且比重还在逐步提高，但南方地区水田不断减少，水稻种植面积大幅下降，恢复和稳定生产的难度很大，稻谷供需总量将长期偏紧。这些都反映了农产品结构矛盾尤其是品种结构、区域结构不平衡矛盾的日益突出。

（三）农产品供求受国际市场影响越来越大

我国农业发展正在进入对国际市场依赖程度较高的阶段。在农产品市场逐渐向国际开放的过程中，国际市场对我国农产品供求平衡的影响也不断深化。加入WTO以来，我国优势农产品出口快速增长，农产品的进口也大幅增长。我国农产品进出口贸易的快速发展使我国成为世界上主要农产品进出口国之一。

以油料作物为例，近年来大豆等油料作物进口大幅增长。目前，油料产品进口占大宗农产品进口的八成左右，接近整个农产品进口的一半。食用植物油和油料（主要是大豆）在所有进口农产品中比重最大。1994年，我国大豆国内需求量为1430万吨，之后一直持续增加，到2004年增加到3810万吨，2007年达到4500万吨。1994年，国内榨油需用豆占国内需求的55%，到2004年达到76%。近十多年来，国内大豆总产量增加幅度不大，由于榨油用豆大幅度增加，我国大豆供应已经从基本上自给转化为主要依靠进口。1994年，大豆进口量仅为20万吨，进口大豆仅占总供应量的1.23%。到2006年，我国大豆进口达2827万吨，分别占国内大豆消费的64%、世界贸易总量的44%，是全球最大的进口国。目前，ADM、嘉吉等国际大豆产业五巨头对中国大豆产业链已经有了较高的控制能力，它们的大豆压榨能力占到中国国内总压榨能力的60%，控制着中国80%的大豆进口货源。[①] 农产品大量进口，满足了国内需求，节省了土地资

① 韩俊、秦中春："我国农产品供求形势与政策取向"，《发展研究》，2008年。

源，但是在满足国内需求的同时，大量进口也影响国内市场，对国内主产区农业生产造成冲击。农产品的大量出口也为国内农产品供求平衡埋下隐患。2009 年受国际金融危机、国外对中国农产品信任下降等因素影响，外贸进出口下滑幅度很大，农产品出口也受到很大冲击。以甘肃省为例，2009 年甘肃庆阳的果汁出口订单急剧下降，导致当地苹果供应严重过剩，苹果的价钱甚至跌破一角。总的来看，我国农业发展正在进入对国际市场依赖程度较高的阶段。在农产品市场逐渐向国际开放的过程中，国际市场对我国农产品供求平衡的影响也不断深化。

四、实现农产品总量平衡和结构平衡的难点

（一）农产品供给面临的资源环境约束显著增强

中国农业资源人均占有量在世界上属于低水平，耕地和水资源不足是农业发展的最大制约因素。中国耕地面积只有国土的十分之一，粮食产量却位居世界第一，粮食单产大大高于世界平均水平。中国粮食生产面临的最大压力，就是人口不断增加，耕地不断减少。中国正处在工业化、城市化进程加快时期，耕地资源日益受到土地工业化利用的竞争，部分耕地转为非农用地的趋势不可逆转，近几年每年净减少耕地数十万公顷。从粮食安全的角度，政府通过严格的土地政策来保障 18 亿亩耕地红线，然而在现实中，中央的耕地保护政策与地方的经济发展往往存在一定的矛盾。因此在实际操作中，耕地保护并未获得严格的执行，这意味着当中央与地方在政策博弈的过程中，农业用地有减少的倾向。另外水土流失、工业废物排放、农药化肥的火量使用、不合理的灌溉方式及自然灾害等导致耕地质量下降，也将使得我国耕地资源更加贫乏。

在耕地资源有限的情况下，要发展结构平衡的多元化农业更加困难。不同农产品品种间争资源、争要素的矛盾将会日趋激烈，由此必然形成对主要农产品，特别是传统的主要农产品增加供给的强大制约。随着城乡居民收入和消费水平的提高，在农产品消费需求总量扩张的同时，对需求弹性较高的非传统农产品的消费需求将会更快增长，甚至导致牛奶等传统的非主要农产品逐步转变为主要农产品。为满足这些非传统或非主要农产品迅速扩张的需求，增加相关农产品的生产，往往会导

致粮食等传统的主要农产品稳定和增加供给的难度进一步加大。因为这些非传统或非主要的农产品生产，会占用土地、资源，挤压粮食等主要农产品供给的增长。

水资源短缺的严峻性比耕地问题更加突出。我国人均水资源仅为世界平均水平的1/4，是全球13个人均水资源最贫乏的国家之一。而且水资源时空分布很不平衡，干旱和缺水已经成为制约许多地区农业发展的"瓶颈"。我国农田水利设施建设严重滞后，在全国耕地总面积中，灌溉面积仅占43%。农田水利建设在农村难以推行，主要原因是水利建设成本较高而农产品生产收入较低，农户不愿意投入大量的资金和精力。只有政府愿意提供资金和技术帮助，我国的水利设施建设才有可能真正得到施行。水资源和水利设施的落后会大大制约我国农产品供给，这种情况在出现旱涝灾害的年度尤其明显。据农业部数据显示，2003—2009年，全国因灾累计损失粮食3033.5亿公斤，约为同期全国累计增产粮食的4倍多。据农业部检测，2011年年初干旱到2月中旬为止，河北、山西、江苏、安徽、山东、河南、陕西、甘肃8省冬小麦受旱面积达10824万亩，其中严重受旱面积2390万亩。冬小麦受旱面积占8省播种面积的39.6%。随着季节性干旱的日趋严重，水资源对农产品供给的制约将愈加明显。

（二）农产品供给受到农业劳动力短缺的制约

经过改革开放30年的发展，我国农户已成为利益相对独立的主体，对农产品品种的选择更加理性，产业盈利能力和比较利益水平已经成为影响农户资源配置和产业选择的主要依据，从事农业经营的企业就更是如此。而由于诸多因素的作用，提高农业的盈利能力，特别是农业经营的比较利益水平，其难度将越来越大。甚至随着工业化、城镇化的加快推进和农村劳动力非农就业机会的增加，粮食或农业经营比较利益下降的压力很可能不断增大，这会对增加农产品供给形成严重的负面影响。在传统的、大宗农产品的生产领域，情况尤其如此。

近年来我国粮食安全问题备受关注，粮食供给不仅受到耕地、水资源等限制，鼓励农民种粮也成为一个难题。种粮收入与种植经济作物收入、非农就业收入与种粮收入愈拉愈大，粮价上涨速度一直落后于农资上涨速度等问题严重挫伤了农民的种粮积极性。养殖业也有类似情况。农业劳动力机会成本提高，农业比较利益偏低，农民从事劳动力密集型养殖业的投资、风险和预期收益也出现严重失衡，这在一定程度上挫伤了农民养猪与养禽的积极性。由于城镇劳动力成本越来越高，局部地区的一些行业甚至出现“民工荒”，所以农民的非农就业机会相对较多，工资普遍增加。从事养殖业风险增大而盈利有限，又遇上有利的非农就业形势，在全国普遍出现了小规模养殖户退出生猪和家禽饲养的现象。

农产品生产尤其是粮食生产的收入不提高，就无法阻止农民转向经济效益高的农产品甚至非农就业，而我国出于物价稳定的需要不可能在短时间内放松对农产品尤其是粮食的价格调控。这种矛盾决定了我国农产品供求平衡在一定时期内将越来越受到农业劳动力因素的制约。

（三）农产品品种结构、地区结构协调受到小规模生产的制约

我国农民的现状是以小规模农户为主，农民的组织化程度很低，缺乏信息沟通，但面对的却是一个复杂的瞬息万变的国内甚至国际大市场。农户往往通过上一年度农产品的价格情况决定当年的生产品种、数量，缺少宏观的整体布局。这种情况下，某种农产品上一年紧缺、下一年过剩的情况时有发生，再下一年度农民往往由于上年度价格不好又惜种，全国整体又供小于需，从而导致价格上涨。分散的小农户种植就一直这样在价格“发散型蛛网”中恶性循环，难逃“供不应求——价格大涨——大量种植——供过于求——价格大跌”的周期性市场规律。比如生姜价格大幅上涨时，大量农户在次年跟风大规模种植生姜，从而导致今年生姜产量倍增、供应过剩。小规模的农业生产模式决定了我国农产品品种结构调节困难的现状。由于农户的组织化程度低，不同地区间的供给量也难以协调，农户以为当年某一类农作物少了，却不知其他省份可能种植了很多；以为某一种农作物会被大量种植，却不知其他地区可能也没有种。只有到收获季节才能根据价格波动推断总体产量情况，然而这个时候各地区的农产品供求情况已成定势。在这种各地农户“扎猛子”决定农产品品种的情况下，各地农产品品种、供需平衡难以保证。

（四）农产品品质结构提升缺乏价格刺激

我国制定了很多农产品质量分级的标准，但目前多数农产品市场质量分级比较混乱，在农贸市场甚至一些超市，消费者难以判断农产品的品质优劣，生产优质农产品的农户也难以卖出好价钱。这部分农户投入了更多的资金、人力生产出品质更优的农产品，却难以取得相应的价格优势。长此以往，农户逐渐倾向于生产成本最低的生产方式，这也是我国近年来常常出现食品安全事件的重要原因之一。想要解决这一问题，首先要从农产品质量分级入手。目前我国农产品部分质量分级标准基础研究不足、可操作性不强；农产品监督和质量检测体系不完整，我国分散的小农户生产方式也使得农产品质量分级困难重重，这些因素都制约着农产品品质结构的提升。

（五）国际贸易壁垒难以突破

国际贸易的绿色壁垒对农产品贸易的影响尤其突出。中国作为发展中国家，农业生产技术水平相对不高，对进口国的贸易信息掌握滞后，农产品经常到达进口国后被进口国告知“不符合标准”而予以扣留或销毁，给中国带来巨大经济损失。据国家有关部门透露，加入世界贸易组织以来，我国至今约有90%的农产品受到绿色壁垒的限制和影响。

我国农产品出口集中于劳动密集型的农产品，如园艺、畜产品、水产品等。水产品在我国农产品出口结构中所占比重最大，我国畜产品出口具有价格优势，但加入WTO以来，我国畜产品和部分水产品被技术壁垒和绿色壁垒阻挡在发达国家的市场之外。绿色壁垒是利用环保之名行贸易保护之实，回避了分配不合理的分歧，不易产生贸易摩擦，而且各种检验标准极为复杂，往往使出口国难以应付和适应。有些国家根据在贸易过程中掌握的对方实际情况，不断更换检验标准和检验设备，通过制定更高的标准来达到抑制进口的目的。绿色壁垒涉及的范围不仅包括初级产品，而且还包括所有有关环节上的中间产品以及工业制成品等几乎所有产品。不仅对产品本身的品质提出很高的要求，而且产品从生产前的状况一直到消费后的最终处理都要达到一定的标准，因此给我国的农产品出口带来了很严重的影响。某些进口国尤其是发达国家的科技水平较高，处于技术垄断地位，它们依据本国的经济发展水平和技术水平，对一些产品制定严格的环保技术标准，我国这种发展中国家很难达到，这就为技术处于领先地位的进口国设置绿色壁垒提供了依据。另外一些进口国通过制定严格的卫生检疫标准，限制或禁止外国产品的进口。这些标准应该说对人体和环境是有利的，但在一定程度上阻碍了出口国的出口贸易，发达国家往往以此作为控制发展中国家产品出口的重要工具。这样的绿色壁垒和技术壁垒是我国在短时期内难以突破的，使我国农产品出口国际市场不断受到制约。

第二节 国内农产品结构平衡的方式选择

对国内农业资源进行更为合理的配置，通过生产结构的调整，缓解品种和地区的供需矛盾；同时利用世界市场进行调节，以贸易的方式调整品种和地区的供求不平衡状况，是实现我国农产品品种和区域平衡的可行选择。

一、粮食与非粮结构的调整与平衡

我国的基本国情是人多地少，保障 13 亿人口的粮食安全始终是治国安邦的首要任务。因此，我国长期重视发展粮食生产。尽管随着农业政策的调整，我国粮食播种面积在农作物总播种面积中所占的比重有所下降，但仍然是我国最主要的作物。随着经济水平的提高及消费结构的改善，居民非粮食消费需求越来越旺盛，如何在自然资源尤其是耕地资源有限的情况下对粮食与非粮食的生产进行协调与安排，不仅关系到我国的粮食安全问题，更关系到我国居民生活的保障。

从经济理性的角度来讲，粮食与非粮结构的调整主要取决于不同品种成本收益的比较，经济效益决定了农民种什么、不种什么的生产决策。然而，考虑到我国的特殊国情，粮食安全在我国作为一项重要的政策目标长期实行，这在一定程度上制约了我国粮食与非粮品种结构调整的空间，同时考虑到非粮农产品在我国居民生活中亦扮演着不可或缺的角色，一定的非粮品种自给率目标势必也会限制粮食播种的空间，进而影响国家的粮食安全。正是基于这样的考虑，本节将分别从成本收益比较及不同粮食或非粮自给率目标的实现代价的角度，探寻我国粮食与非粮品种结构调整与平衡的空间和可行性。

（一）粮食与非粮结构整体状况

从近30年来我国粮食与非粮食种植结构比例来看，粮食作物所占比重有所减少，经济作物和其他作物所占比重逐渐增加，我国开始形成粮食作物、经济作物和其他作物协调发展的基本格局，粮食作物、油料作物、棉花、糖料的播种面积在农作物总播种面积的占比分别由1978年的80.3%、4.2%、3.2%、0.6%调整为2010年的68.4%、8.6%、3.0%、1.2%，粮食所占比重有了较大幅度的下降，油料、糖料的比重有所上升，棉花变动幅度较小，整体结构变得更为合理。从最近10年的变化情况来看，我国不同品种之间种植面积的比例相对稳定，粮、棉、油等主要农产品的种植面积基本维持在农作物总播种面积的80%以上。

（二）粮食与非粮间比价与替代关系分析

1. 粮食与非粮成本收益的比较

经济学一般假设农民为理性经济人，在耕地资源有限的情况下，主要根据作物的净利润（或者出售价格与生产成本）以及耕作制度对不同作物之间的生产结构进行调整。尽管稻谷、小麦、玉米三种主要粮食作物每亩的生产成本较低，但由于每亩的产值也较低，因此，三种主要粮食作物的每亩净利润远远低于花生、棉花、甘蔗及甜菜等经济作物。以2010年为例，稻谷、小麦、玉米、大豆三种粮食平均每亩净利润为227.2元，不足花生每亩净利润的二分之一、棉花及甘蔗的三分之一。正是由于收益上的差异，2003年以来，粮食播种面积在农作物总播种面积中所占的比重逐年下降，而非粮食作物所占比重则逐年上升。

2. 保持95%粮食自给率前提下，非粮结构调整的空间

除了少数年份，改革开放以来我国三大主要粮食作物自给率基本上均能维持95%自给率目标。考虑到未来我国粮食需求将会进一步增长，在资源有限性的背景下，将更多的资源用于粮食生产保障粮食95%甚至100%的自给率并不是没有代价，其代价就是我们为生产更多粮食所投入的更多的社会资源，尤其是土地资源和水资源。但由于我国拥有的资源数量有限，强调粮食安全肯定一定程度上将制约油料、棉花、糖料等其他农产品的生产，即粮食产品的生产对其他农产品的生产产生了“替代”作用（表2-2）。

表2-2　1978—2010年我国粮食作物与其他农作物的播种面积

单位：万公顷，%

年份	农作物总播种面积	粮食播种面积	其他农作物播种面积	粮食占比	非粮占比
1978	150104	12058.7	29517	80.3	19.7
1980	146380	11723.4	29146	80.1	19.9
1985	143626	10884.5	34781	75.8	24.2
1990	156300	11346.6	42834	72.6	27.4
1995	149879	11006.0	39819	73.4	26.6
2000	156300	10846.3	47837	69.4	30.6
2005	155488	10427.8	51210	67.1	32.9
2010	160675	10987.6	50799	68.4	31.6

数据来源：历年《中国统计年鉴》。

表2-2反映了我国粮食播种面积和其他农作物播种面积的这种“此消彼长”关系。1978—2010年，粮食播种面积由12058.7万公顷下降至10987.6万公顷，在农作物总播种面积中所占的比重由80.3%下降至68.4%，而其他农作物的播种面积则由2951.7万公顷提到至5079.9万公顷，所占比重由19.7%提高至31.6%。粮食播种面积与其他农作物播种面积高度负相关，即粮食与其他农作物在播种面积上存在着显著的替代关系。

在这样的情况下，非粮食作物的播种面积空间，直接取决于粮食安全

目标的设定。那么，未来我国粮食作物与其他农作物的替代关系如何，未来保障我国粮食安全将需要以牺牲多少其他农作物的生产为代价？根据OECD—FAO的预测，到2020年中国的稻谷估计需求量约为13125万吨，小麦估计需求量约为12486.1万吨；根据美国食品与农业政策研究所（FAPRI）的预测，2020年中国玉米需求量约为20393.9万吨，大豆需求量为8808.4万吨。根据中国政府的粮食安全标准，国内粮食自给率要保持在95%以上，以此标准，结合OECD—FAO和FAPRI的消费量估计，可以得到，到2020年我国至少要生产12468.8万吨的稻谷、11861.8万吨的小麦、19374.2万吨的玉米、8368.0万吨的大豆。根据国家发展和改革委员会价格司《全国农产品成本收益资料汇编》公布的单位面积产量，生产1吨稻谷、小麦、玉米、大豆大约分别需要0.1526公顷、0.2106公顷、0.1834公顷、0.5946公顷的土地（2010年），则如果要保障国内粮食自给率要95%以上，则需要分别提供出1902.7万公顷、2498.1万公顷、3553.2万公顷、4975.6万公顷的播种面积用于生产稻谷、小麦、玉米、大豆，合计需要耕地12929.6万公顷的播种面积。假设2020年我国农作物总播种面积保持在2010年16067.5万公顷的水平，则为了保证粮食自给率95%，我国粮食播种面积占农作物总播种面积的比重将提升至80.5%，比1978年的水平还高，而可用于其他农作物可调整的生产空间只剩下3137.9万公顷，所占比重下降至19.5%，这显然是不符合我国农作物结构发展趋势与规律（表2－3）。

表2－3　2020年中国粮食需求量及保证95%自给率所需耕地面积

单位：万公顷，%

品种	需求量	95%自给率要求的产量	所需耕地	耕地占比
稻谷	13125.0	12468.8	1902.7	11.8
小麦	12486.1	11861.8	2498.1	15.5
玉米	20393.9	19374.2	3553.2	22.1
大豆	8808.4	8368.0	4975.6	31.0
合计	54813.4	52072.7	12929.6	80.5

数据来源：笔者计算。

实际上，目前我国大豆进口量远远高于国内生产量，占消费量的比重也基本上超过了一半，如果将大豆算作粮食作物之一，则目前我国粮食安全自给率已经下降至94.3%，已在国家粮食安全标准所规定的95%以下。当然，由于大豆直接消费中在大豆总消费中的地位不断下降，大豆自给率的下降并不会对我国粮食安全产生实质性的影响。

基于此，笔者进一步演算了2020年假设在粮食不计算大豆的情况下，我国稻谷、小麦、大米自给率保持在95%的情况下，这三种粮食作物所需要的播种面积及其在农作物总播种面积中所占的比重与历史趋势进行比较。与前文计算步骤一样，可算出2020年我国要保障稻谷、小麦、大米自给率保持在95%的情况下，需要7954.0万公顷的播种面积，占农作物总播种面积中所占的比重为49.5%，低于1978—2010年的平均水平。在这一情况下，非粮农作物生产的可调整空间为8113.5万公顷，占农作物总播种面积的比重为50.5%。

3. 棉、糖基本自足和油料40%自给率对粮食安全的影响

上文从粮食安全的角度分析了未来保障粮食安全条件下，其他农作物生产科调整的空间。然而，随着居民消费水平的提高以及消费结构的改善，居民消费中粮食消费的比重不断下降，而其他农产品消费的比重不断上升，未来其他农产品消费的满足同样重要。《全国农业十二五规划》明确提出“在稳定发展粮食生产的基础上，加强棉花、油料、糖料、蚕桑、天然橡胶等工业原料作物生产基地建设，稳定棉花供给能力，力争糖料基本满足国内居民消费需求，食用植物油自给率稳定在40%”。那么，在我国有限的耕地资源的情况下，未来我国如果要实现棉花和糖料基本自足，食用油自给率保持在40%左右，将会对粮食安全产生什么样的影响？

未来10年内，我国油料需求增长速度较快，根据美国食品与农业政策研究所（FAPRI）的预测数据，至2020年，我国油菜籽和花生需求量将分别增长至1633.0万吨和1465.1万吨，根据《全国农业十二五规划》发展目标，国内食用油自给率要稳定在40%，照此标准并结合FAPRI的消费量估计，到2020年国内市场至少要供应681.1万吨油菜籽以及586.0万吨花生。根据国家发展和改革委员会价格司《全国农产品成本收益资料汇编》公布的单位面积产量，生产1吨油菜籽大约需要0.43公顷土地

(2010 年)，生产 1 吨花生大约需要 0.2894 公顷土地（2010 年），则如果我国在未来要保障 40% 的油菜籽自给率，则需要 293.1 万公顷的土地用于生产油菜籽，需要 164.7 万公顷的土地用于生产花生，加上其他油料作物自给所需要的播种面积，届时保证油料 40% 自足至少需要 610.4 万公顷的播种面积（表 2－4）。

表 2－4　　2010 年农产品生产的耕地资源代价

品　种	播种面积（万公顷）	产量（万吨）	虚拟耕地含量（公顷/吨）
油菜籽	1389	3230.1	0.4300
花生	452.7	1564.4	0.2894
棉花	484.9	596.1	0.8135
甘蔗	168.6	11078.9	0.0152
甜菜	21.9	929.6	0.0236

数据来源：笔者计算。

根据毛树春、冯璐（2010）及其他学者对未来我国 5—10 年棉花产需的预测数据，2020 年我国棉花的需求量约为 1000 万吨。根据国家发展和改革委员会价格司《全国农产品成本收益资料汇编》公布的棉花单位面积产量，生产 1 吨棉花大约需要 0.8135 公顷土地（2010 年），则我国若要保证棉花基本自足需要 813.5 万公顷的播种面积。

据美国食品与农业政策研究所（FAPRI）预测，至 2020 年，我国对糖料的需求量将增长至 1766.3 万吨。根据国家发展和改革委员会价格司《全国农产品成本收益资料汇编》公布的数据，生产 1 吨甘蔗和 1 吨甜菜分别需要 0.0152 公顷和 0.0236 公顷的土地（2010 年），将甘蔗和甜菜按照 2010 年我国糖料产量中甘蔗和甜菜的比例及出糖率折算成糖料，则 2020 年若要保证糖料国内基本自足，则需要 510.4 万公顷的播种面积。

可见，未来我国如果要保障棉、糖基本自足并将油料自给率维持在 40% 左右，则我国于 2020 年至少需要腾出 1934.3 万公顷的播种面积用于生产棉、糖、油，这一数值高于上述作物品种在1978—2010年任意年份上述作物的播种面积之和。在保持其他农作物播种面积不变的情况下，则粮食的播种面积将会减少，在目前的技术条件下，粮食产量将会下降，而未来粮食需求将随着人口及收入的增长不断提高，粮食自给率将会下将，粮食安全可能得不到保障。

4. 粮食与非粮结构的协调与平衡

综上所述，由于耕地面积有限，农民在进行农业决策时会根据作物的经济利益对作物的生产结构进行调整，粮食作物与非粮食作物在生产上存在显著的替代关系。但是，在我国人多地少的基本国情下，随着我国人口增长以及经济水平的提高，国民对粮食以及非粮产品的需求不断增长，未来我国对粮食与非粮结构协调的难度增大。

根据中国政府的粮食安全标准，未来我国粮食自给率如果要保持在95%以上，算上大豆的话，则至少需要12929.6万公顷的播种面积用于生产稻谷、小麦、玉米和大豆，届时其他农作物可调整的生产空间只剩下3137.9万公顷，所占比重下降至19.5%，显然不符合我国农作物结构发展趋势与规律。如果不算大豆，则我国2020年保持95%粮食自给率至少需要7954.0万公顷的播种面积用于生产稻谷、小麦和玉米，占农作物总播种面积中所占的比重为49.5%，在目前的发展情况下是较为现实的。

同时，未来2020年如果要保证棉花和糖料基本自足且将油料自给率保持在40%左右，总共需要腾出1934.3万公顷的播种面积，这一数字高于历史上任意年份上述非粮作物的播种面积之和，从而挤占了粮食的生产空间。在未来我国粮食消费量不断扩大的情况下，将使未来粮食的自给率下降，未来粮食安全可能受到影响。

因此，如果将大豆继续算为粮食，则未来既保证95%自给率，又保证棉花和糖料基本自足，同时要使油料自给率保持在40%的难度非常大，基本不可能同时实现这三重目标。未来我国可以考虑将大豆移出粮食范围，适当保障稻谷、小麦、玉米三大主要粮食作物的播种面积，适当降低大豆的播种面积，保证棉花、油料以及糖料自给率保持在一定的自给率水平，合理协调粮食作物与非粮食作物的结构，以保障我国粮食的基本自给以及棉、油、糖的稳定供应。

二、粮食作物内部的调整与平衡

（一）粮食作物内部结构现状分析

1. 种植结构

从结构比例上看，1995 年来稻谷、豆类的种植比例变化较小，小麦种植比例下降趋势和玉米种植比例上升趋势则较为明显。1995—2010 年，我国粮食播种面积有较大的变化，但我国稻谷种植比例长期以来基本稳定在 27% 左右；大豆的种植比例基本稳定在 7%—9% 的区间内；小麦种植比例从 1995 年的 26. 22% 下降到 2009 年的 21. 95%，玉米种植比例从 1995 年的 20. 69% 上升到 2009 年的 30. 33%，并于 2007 年首次超过稻谷，成为我国播种面积最大的粮食作物。具体来看，1995 年和 2007 年，小麦播种面积分别为 2886. 0 万公顷和 2372. 1 万公顷，减少了 513. 9 万公顷；同期，玉米的播种面积分别为 2277. 6 万公顷和 2947. 8 万公顷，增加了 670. 2 万公顷，且这种增减趋势在 2008—2011 年继续保持。由此可见，近年来在我国粮食总产量连续增加过程中，一定程度地存在着因高单产作物（玉米）大面积替代低单产作物（小麦）的现象。

2. 供需关系

从供需关系看，目前我国的稻谷偏紧，小麦略余，玉米平衡，大豆自给率低。据中国水稻研究所调查，居民人均收入提高 1%，粳米消费量增加 0. 14%，而籼米需求量下降 0. 12%。近年来，随着我国居民消费水平的提高，粳米的消费量不断上升，使得我国粳米产量满足不了消费需求，呈现短缺状态。到 2015 年粳米需求量预计将增加 1250 万吨以上，供求矛盾将更加突出。近 15 年来，随着我国大豆加工需求的不断增长和产量的徘徊不前，我国大豆的自给率不断下降，进口依存度逐年增加。1995 年我国大豆需求量为 1407 万吨，大豆产量为 1350 万吨，自给率达 95. 95%；到 2009 年我国大豆需求量为 5605 万吨，而大豆产量为 1498 万吨，自给率仅为 26. 73%。随着植物油消费需求增加，大豆进口依赖性将进一步增强（表 2 - 5）。

表 2-5　　2015—2025 年我国主要农产品净进口趋势预测　　单位：万吨

	稻谷	小麦	玉米	大豆
2015	42	413.5	-39.1	6352.2
2020	59.6	513.7	262.8	7310.8
2025	——	——	641	8359

数据来源：稻谷和小麦的数据来自 OECD，玉米和大豆的数据来自 FAPRI。

（二）粮食作物间比价与替代关系分析

如果粮食安全仅是强调总量供需的平衡，那么无疑发展单产更高的粮食作物，对于保障此类粮食安全将会非常有利。从单位产量看，四种粮食作物中，大豆单产最低。2010 年，稻谷为 6553.1 公斤/公顷，小麦 4748.4 公斤/公顷，玉米 5453.7 公斤/公顷，均高于大豆 1681.9 公斤/公顷。因此，从粮食安全角度出发，在耕地资源有限的情况下，种植稻谷、小麦和玉米均比种植大豆能够收获更多的产量。

而如果从增加农民收入，提高农户重量积极性的角度来看，追求单位耕地面积创造的净收益无疑是生产决策的重要目标。2010 年稻谷每亩产值 1076.5 元，小麦 750.8 元，玉米 872.3 元，分别是大豆产值的 1.8 倍、1.3 倍和 1.5 倍。虽然大豆的每亩净利润较小麦高，但由于大豆用工量较低，机械化程度要求较高，所以我国不具有大规模生产大豆的比较优势。国际市场上水稻比大豆贵 1.33 倍，但在国内市场，水稻的年均价格仅为大豆的 0.86 倍。由于水稻、小麦和玉米与大豆的国际比价高于国内，通过减少大豆的生产，增加其他作物生产并出口，转而进口大豆，均可以增加我国农民的收益（表 2-6）。

表 2-6　　2010 年主要农产品成本与收益　　单位：公斤/公顷，元

指标＼品种	稻谷	小麦	玉米	大豆
单产	6553.1	4748.4	5453.7	1681.9
每亩产值	1076.5	750.8	872.3	586.4
每亩总成本	766.6	632.6	632.6	431.2

续表

指标\品种	稻谷	小麦	玉米	大豆
每亩土地成本	141.4	121.5	137	150.8
每亩人工成本	266.6	178.8	235.1	115.3
每亩净利润	309.8	132.2	239.7	155.2

数据来源：《2011 年全国农产品成本收益资料汇编》，中国统计出版社 2011 年版。

（三）谷物品种单产及提升空间的比较

鉴于国内不同品种之间的单产差距很大，以低产品种为重点突破口提高全国单产潜力也许是一条提高我国粮食供应的切实可行的道路。数据显示，我国粮食单产的增长速度远远超过几乎所有国家和地区，牢牢占据全球第一的位置。与此同时，我国粮食单产水平与高产国家相比尚有较大的差距，仍存在很大的增产潜力。我国主要谷物的增长速度遥遥领先于世界平均水平和邻国。根据联合国粮农组织提供的可比数据，从 1961 年到 2010 年，我国水稻、小麦和玉米三种主要谷物的单产分别提高了 215%、749% 和 361%。同期世界平均单产仅提高了 134%、176% 和 169%；主要邻国印度的单产提高了 112%、233% 和 105%，韩国的单产提高了 57%、38% 和 605%，日本基本上不生产玉米，其水稻单产提高了 33%，小麦单产没有变化（表 2－7）。

表 2－7　主要谷物单产增长速度的国际比较　单位：公斤/公顷，%

国家	水稻			小麦			玉米		
	1961 年	2010 年	增幅	1961 年	2010 年	增幅	1961 年	2010 年	增幅
中国	2078.7	6548.5	215	559.1	4748.5	749.3	1184.8	5459.7	360.8
印度	1541.9	3264.4	111.7	850.7	2829.9	232.7	956.7	1958.2	104.7
韩国	4148.1	6506.2	56.8	2265.7	3117.3	37.6	678.8	4787.4	605.3
日本	4879.3	6511.1	33.4	2745.5	2761.2	0.6			

续表

国家	水稻			小麦			玉米		
	1961	2010	增幅	1961	2010	增幅	1961	2010	增幅
澳大利亚新西兰	5900	10842	83.8						
法国				2395	7041.5	194			
美国							3918.4	9592.3	144.8

说明：比较对象为主要邻国及单产最高国家。

数据来源：FAO，2012 年。

但是，与单产水平最高的国家相比，我国主要谷物的平均单产水平仍有很大差距：水稻单产每公顷 6.55 吨，仅相当于澳大利亚和新西兰的 60%；小麦单产每公顷 4.75 吨，仅相当于法国的 67%；玉米单产 5.46 吨，仅相当于美国的 57%。这么巨大的差距表明我国谷物单产继续提高的空间仍然很大，其中，玉米提升空间最大，水稻次之，小麦第三（表 2－8）。

表 2－8　　主要谷物单产水平的国际比较　　单位：公斤/公顷，%

作物	中国单产	最高单产	中国/最高	最高国家
水稻	6.55	10.84	0.60	澳大利亚新西兰
小麦	4.75	7.04	0.67	法国
玉米	5.46	9.59	0.57	美国

说明：比较对象为主要邻国及单产最高国家。

数据来源：FAO，2012 年。

（四）粮食作物生产资源代价的比较

粮食作物结构的协调与平衡的另外一个需要考虑的重要因素是不同品种生产的资源代价的比较。在耕地和水资源数量有限的情况下，合理利用资源配置的一个重要表现是，利用最少的资源实现最高的产量或收益。因此，比较不同品种生产的资源代价对于我国保障粮食总量安全，协调粮食作物结构平衡具有重要参考意义。

1. 土地资源代价的比较

土地资源是农业生产除了水资源外的另一个基础，人多地少、区域差异大和后备土地资源短缺是中国的基本国情。根据 2005 年第五次人口普查结果，全国总人口为 12.9533 亿人，全国平均人口密度为 132 人/平方公里，人均耕地面积为 0.093 公顷，而世界人均耕地面积为 0.25 公顷，中国人均耕地面积不足世界平均水平的 40%。随着社会、经济的快速发展以及工业化、城镇化水平的逐步提高，耕地资源短缺问题将进一步凸显。在这种背景下，探讨农产品国内生产的资源代价是中国提高土地利用率缓解耕地短缺所必须思考的问题。

虚拟土地的概念源于虚拟水和虚拟土概念。21 世纪初国内学者借鉴虚拟水的概念，开始将虚拟土及虚拟土战略的概念引入我国（罗贞礼，2004）。虚拟耕地是指在商品和服务生产过程中所需要的耕地资源数量。虚拟耕地的计算方法有两种：一是按产品生产地实际需要的耕地数量来计算；二是以产品需求地生产该产品所需的耕地数量来计算。研究中用中国农产品生产实际需要的耕地数量来分析我国农产品生产的耕地资源代价。单位农产品虚拟耕地含量表示生产 1 个单位农产品所需的耕地面积，计算公式为：

$$VF = SA/Y \tag{2-1}$$

式（2-1）中：VF 为某种农作物的单位质量虚拟耕地含量，SA 为指农作物的播种面积，Y 是农作物的产量。根据式（2-1）式计算我国 2010 年农产品生产的虚拟耕地含量，数据显示，我国生产 1 万吨的稻谷、小麦、玉米大豆分别需要播种面积 1526 公顷、2106 公顷、1834 公顷、5946 公顷。可见，我国生产大豆所需占用的耕地资源最多，为 5946 公顷/万吨，是稻谷的 3.9 倍，小麦的 2.8 倍，玉米的 3.2 倍（表 2-9）。

2. 水资源代价的比较

水资源是农产品生产不可或缺的基本条件。中国是全球 13 个人均水资源最贫乏的国家之一，水资源总量仅有 28124 亿立方米，约占全球水资源的 6%，人均水资源量为世界平均水平的 1/4，单位灌溉面积的水资源量为世界平均的 1/5，水资源时空分布的极度不均更加剧了我国水资源利用的难度，水资源安全形势十分严峻。因此，在国内农业生产必须考虑水资源代价。

表 2 - 9　　　　我国农产品的虚拟耕地含量

品种	播种面积（万公顷）	产量（万吨）	虚拟耕地含量（公顷/万吨）
稻谷	2987.3	19576.1	1526
小麦	2425.7	11518.1	2106
玉米	3250.0	17724.5	1834
大豆	1127.6	1896.5	5946

数据来源：播种面积及产量的数据来自历年《中国统计年鉴》，虚拟耕地含量根据式（2）计算所得。

虚拟水是伦敦大学亚非研究学院教授托尼·阿兰（Tony Allan）于 20 世纪 90 年代初提出的新概念，指生产商品和服务所需要的水资源量，亦即农产品生产所需要付出的水资源代价。根据不同的研究需求，虚拟水含量可以按照从产品实际生产地生产该产品所需要的水资源数量来计算，也可以根据产品消费地生产该产品所需要的水资源数量计算。目前计算农产品虚拟水含量的方法主要有两种，一种是查帕更（Chapagain）和侯克斯（Hoekstra）提出的研究不同产品生产树的方法，一种是泽墨（Zimmer）和热那缇（Renault）基于对不同产品类型进行区分的计算方法。农产品虚拟水含量的研究在国内外已经较为成熟，根据国内相关研究成果，生产一吨稻谷、小麦、玉米、大豆分别需要消耗水资源 1321 立方米、690 立方米、801 立方米和 2671 立方米。可见，四个粮食作物中，大豆单位产量所消耗的水资源最高，为 2617 立方米/吨，是稻谷需水量的 2.0 倍，小麦需水量的 3.8 倍，玉米需水量的 3.3 倍。2001—2010 年间，中国生产稻谷、小麦、玉米、大豆年均消耗水资源分别为 2408.1 亿立方米、704.2 亿立方米、1147.0 亿立方米、404.2 亿立方米（表 2 - 10）。

表 2-10　　　　我国农产品的虚拟水含量

品种	虚拟水含量（立方米/吨）	产量（百万吨）	消耗的水资源（亿立方米）
稻谷	1321	182.3	2408.1
小麦	690	102.1	704.2
玉米	801	143.2	1147.0
大豆	2617	15.5	404.2

数据来源：单位产品虚拟水含量数据来自前人研究成果的平均值；产量数据为2001—2010年的平均产量，消耗的水资源根据单位产品虚拟水含量乘以产量计算。

综上所述，出于保障粮食总量安全的需要，我国小麦种植比重下降而玉米种植比例明显提高，玉米在生产上对小麦的替代关系凸显。从未来发展空间来看，未来玉米单产的提升空间大于小麦，未来玉米生产可能会进一步替代小麦的生产。而由于大豆相对于水稻、小麦和玉米的国际相对价格低于国内相对价格，我国大豆播种面积不断减少，水稻、小麦和玉米对大豆生产的替代日益增长。此外，从资源代价的角度讲，生产大豆所需要消耗的土地资源最多，小麦是第二，玉米是第三，稻谷所需土地资源最少。同时，大豆也是需要消耗水资源最多的粮食作物，稻谷次之，玉米第三，小麦第四。目前我国稻谷供需偏紧，小麦略有结余，玉米较为平衡，大豆进口依存度高。因此，无论从保障我国未来粮食安全、促进农民增收还是保证资源可持续发展的角度考虑，我国都应该进一步减少大豆的国内生产，适当增加国内玉米产量，保证国内稻谷的供应能力，可适当减少小麦的播种面积，适量扩大大豆和小麦的进口规模。

三、相关政策建议

（一）调整区域农业布局结构

市场上价值规律的盲目性在农业上表现得非常明显，一窝蜂地种植和“以粮为纲”都容易导致农产品供给与需求的偏离，因此，应该从全局出发，合理区域布局，形成专业分工，即中部为粮棉生产主体，东部促经济作物发展，西部保口粮特色产品。

1. 东部地区生产结构调整重点

将土地从缺乏比较优势的粮食生产转向更具有比较优势的高价值农产品生产，发展一部分优质口粮、加工专用粮。在沿海经济发达地区和大中城市郊区适当减少粮食种植面积，压缩土地密集型农产品生产，努力扩大劳动密集型、外向型农产品生产，发展高附加值的蔬果、水产品及蓄产品，以利于供应城市需求和就近出口。

2. 中部地区生产结构调整重点

打造我国粮食生产主体，引导鼓励农民生产品质优良、品种高产、适销对路的粮食，建设国家级商品粮基地，优先安排产量大县粮食基础设施建设投资和农业综合开发资金，增加一般性转移支付、产量奖励和补贴。第一要稳定粮食播种面积，调整粮食补贴发放方式，建立健全粮食主产区的利益补偿及保险机制，增加产粮大县的比较收益和种粮农民的相对满足感；第二是优化品种结构，提高单产水平，重点发展优质稻、加工专用小麦、优质饲料用和高淀粉高含油等专用玉米品种，减少由于生产结构调整严重滞后于粮食需求变化而导致的无效供给过剩有效供给不足等不平衡；第三是逐级建立有效的粮食安全监督检查和绩效考核机制，进一步强化“米袋子”省长负责制，引导优质优种粮食生产，建立粮食产销交易场所，扶持发展一部分粮食初级加工及运销企业。

3. 西部地区生产结构调整重点

在保证区域内农村居民口粮基本自给的基础上，山区减少粮食生产，积极创造条件实施退耕还林还草还湖，发展高价值的畜牧业、水产业及生态农业。推广旱作农业技术和小型水利工程建设以提高单产，压缩生态脆弱区的粮食生产能力。发展旅游业，利用展销会等方式推动西部地区特色农产品生产和销售。围绕优质化和专用化方向生产产品并开展产业化经营，努力发展畜禽养殖和农产品加工业，实现农产品的加工转化增值。

（二）调整农业生产结构

1. 重点保证口粮自给的总量平衡

由于人口不断增长、耕地资源稀缺、水利设施制约、生态环境恶化、自然灾害频仍等客观因素和农民种粮积极性不足等主观因素，保持粮食生产持续稳定的增长困难重重，尤其是加入 WTO 后，在全球贸易自由化的冲击下，农资价格上涨快、经济作物收益高、打工收入增加多等原因使农民的种粮主动性不足。在稳定粮食价格的大前提下，应有效提高农业投入和补贴的发放效率，真正达到激励效果。对于调整粮食补贴发放方式有如下建议：第一，尝试变全面补贴为集中补贴粮食主产区，保证“有田必种”，提高补贴额度。为兼顾公平可以在非主产区只按人均粮食口粮公斤数补贴，缩小种粮区与种植经济作物区的收入差距。确保主产区得到合理利益补偿，建设粮食生产基地，集中投入，整体开发，着重补贴。第二，尝试变按承包土地数补贴为按实际产量数或收购数补贴，按对国家粮食安全的贡献度补贴。按承包土地数补贴严重挫伤了转租人的种粮积极性，也使真正种粮的农民和不种粮却拿补贴的人产生对比进而心理失衡。第三，财政资金向贫困地区和贫困人口倾斜，使财政资金在收入转移上产生更大的作用，保护欠发达地区的产粮积极性。第四，变多种补贴为直接补贴方式。农民有了足够额度的补贴，激发了生产积极性，就能用脚投票，自主选择改善生产生活的方式，从而形成增加收益——配置农机具——扩大生产——增产增收的良性循环。

2. 其他主要农产品如肉禽蛋奶方面，要保护小规模养殖户的生产能力以保障总量平衡

小规模家庭经营虽然带来了一些产量不稳定的因素，但生产结构调整方便，补贴和价格激励的效果显著。小规模家庭经营是农业稳定、保障粮食安全、保证畜产品供应的重要力量，稳定小规模家庭养殖户的产量，需要国家农业支持政策的进一步完善，向小规模养殖户倾斜。

3. 调整品种结构

（1）按照区域规划，因地制宜选择种植品种。受价值规律影响，农民决策有一定的盲目性，在价格信号高时一窝蜂种植，导致增产不增收，价高无人卖，农民可以自发形成合作组织，收集国内外需求信息，条件允许则派人实地考察调研，建议村民种植适销对路的产品；尽量避免大面积统一规划单一种植，使产品均质化而形成同一地区的价格恶性竞争；流通

机制不完备的地方要增加产品的附加值如简单包装加工等，使之便于储存和运输。

（2）加强乡村干部农业培训，完善农业增收绩效考察指标。为避免乡村干部“头脑风暴”强行规定本区农民种植项目，可以在升迁绩效指标中加入考察农业品种对农业增收的贡献一项。乡村干部要与时俱进学习农业知识和市场知识，选择品种多样化，适合农村综合发展，让农民有多种选择，利用“示范”和“试验”动员农民自愿种植。

（3）提高专家的帮扶力度，加强品种转变的资金支持，加强与国内外不同地区的交流，取长补短，丰富良种淘汰劣种。高校与定点县区联合，可以采取收益分红和列入职称体系考察等方式激励技术专家及市场专家发挥积极性。在本地生产条件许可的情况下引进市场需要的名优稀特品种，加强资金配套，帮助农民转换生产品种。

4. 升级品质结构

长期以来，我国部分地区只重视量而不重视质，使得农产品供求已由供给数量不足转变为农产品品质与市场需求不对路，和农民增产增收的目标不一致，质量差的产品挤占市场打价格战，甚至会“劣币驱良币”，加剧了优质产品的供给不足。必须提高农产品品质以增强竞争力，满足国内外市场的有效需求和优质多样化发展趋势。

（1）完善质量检验、品质分级标准，建立优质农产品生产基地。目前，我国农产品产地和品质认证不完善，部分地区甚至仅以大小来区分价格，导致农民片面追求高产大个，忽视口感营养等消费者最关注的问题，市场价格对需求的反应不完备。完善产品认证，杜绝以次充好，使有标签的优质产品得到消费者认可，形成产地品牌力量或品种品牌力量甚至农民自组的公司品牌力量，并最终在价格激励中体现出来。

（2）给予种植优质作物的农民部分补贴，将低质作物排除在补贴范围之外。尤其提高示范和引导作用，加强监管力度。以市场认可度较高的绿色无公害和有机食品为例，用示范的方式指导农民种植过程的注意事项，在粮食生产上补贴不能一视同仁，要将濒临淘汰的低质作物排除在补贴名录之外，划分优质粮食和其他粮食的补贴档次，要体现明显差别。在产地严格执行质检和标签规范，加强监管力度和监管公信力，对于检验合格并发放标签的产品要在大众媒体上予以公告，增加优质产品的消费认知和公信力。

（3）对只注重靠农药化肥和添加剂提高产量的科研活动不予奖励，不准予新添加剂品种（如十年前的瘦肉精）盲目引进，对从事违法活动的科研人员严厉惩罚。切实推进高产优质种子的研发和试验，防止国外种子大面积占领中国市场。

（三）加快农村第二、第三产业发展

1. 发展加工、储运产业，发展农产品冷链物流

为缓解农产品的季节性过剩和地区性过剩，减少储运过程中的损失，应在产区建立初级包装工厂或者加工包装工厂，提高产品附加值。升级储运设备，发展农产品冷链物流，减少运输对农产品的次生污染和损毁，切忌因盲目建厂、引进不合适的设备导致投资变成沉没成本，农民利益受损。

2. 加强流通基础设施建设，畅通流通渠道，加快批发市场建设

特别是固定资产投资较大的水果，产品具有易腐性，由于分摊成本增加利润的需求面积不断扩大，品种不断改良，前期投入大使供给不可逆性强，加之增产率高，使水果流通组织及果品市场培育发展严重滞后于产量增加，制约了水果有效率的流通。

3. 扶持龙头企业发展，引导产销区建立利益衔接机制，减少流通环节

我国农业经营规模小，组织结构分散，产业链条短，初级农产品收益低，市场销路不稳定，可以在产量集中的地方培育和扶持本地化农业产业化公司，在严格监管措施聘用高素质管理人才的基础上提供土地、税收、信贷政策优惠，以龙头企业的信息化技术化指导农户生产，利于当地围绕农业发展收购、储藏和运销等各种服务业。产地干部要与销地加强联系，打破地域销售限制，减少中间流通环节，保证质量安全可追溯性和流通成本优势，使流通收益最大化的保留在农民手中。

第三节
国际贸易下的农产品结构平衡方式选择

在市场开放条件下，利用国际市场和资源，通过空间互补，更容易使国内农产品市场达到均衡，从而更好地实现促进国内农产品供需机构平衡的目的。

一、我国主要农产品贸易结构和市场结构分析

（一）我国主要农产品进口规模及依赖程度分析

受粮食安全政策等因素的影响，自2000年后，我国稻谷、小麦、玉米的进口量，除了小麦在2004年和2005年达到了消费量的8.5%和5.1%之外，其余年份进口占我国总消费以及世界有效供给的比重都很低，说明我国谷物进口对世界的依赖程度有限。由于我国耕地资源及水资源有限，在保证国内谷物自给率以及消费需求不断增长的情况下，我国大豆、油菜籽、棉花的进口量不断攀升，进口占国内需求的比重以及占世界有效供给的比重不断提高。以大豆为例，至2009年，大豆进口占国内需求比重上升至75%，占世界有效供给的比重上升至55%，对世界市场的依赖程度很高。棉花2009年进口180万吨，占我国棉花总消费量的22%，是世界有效供给的27%，对世界市场的依赖程度较高；糖料进口量相对平稳，进口量占国内需求量15%左右，占世界有效供给维持在3%—5%的水平上。

（二）我国主要农产品进口来源国及集中度分析

1. 粮食作物

（1）稻谷。我国稻谷主要进口来源国主要为泰国。2003—2009年，

我国稻谷从泰国进口量均占我国稻谷总进口量的90%以上。2009年后，随着我国从越南、巴基斯坦等其他国家进口的扩大，从泰国进口的占比迅速下降。2011年，我国从泰国进口32.6万吨，在我国总进口的占比下降至56.3%；从越南进口稻谷23.4万吨，在我国总进口的占比由2003年的0.1%迅速提高至40.4%。可见，尽管近年来我国稻谷进口来源国得到了扩大，但仍主要集中于泰国和越南两个国家。

（2）小麦。我国从全球20个左右国家进口小麦原粮和小麦粉，但主要来源于加拿大、美国和澳大利亚。2002年，我国从上述三个国家进口量合计60.5万吨，几乎占了我国当年小麦进口总量的100%以上。其中，从加拿大进口量最大，占我国小麦年均进口总量的61.5%；从美国进口量占26.7%；从澳大利亚进口量占11.6%。最近10年来，尽管我国从上述三国国家进口小麦的比例发生变化，但这三个国家仍然是我国最主要的小麦进口来源国。2011年，我国从加拿大进口小麦17.2万吨，从美国进口43.5万吨，从澳大利亚进口63.7万吨，合计124.4万吨，占我国当年小麦尽借口总量的99.6%。可见，我国小麦进口市场非常集中。

（3）玉米。我国进口的玉米来源国由美国、老挝、缅甸、德国和印度等国家，其中，美国是我国玉米的主要来自源国。2010年，我国从美国、老挝和缅甸进口合计156.4万吨，占我国玉米进口总量的99.4%。具体来看，从美国进口玉米150.3万吨，占我国玉米进口总量的96.8%，从老挝进口4.2万吨，占我国玉米进口总量1.4%，从缅甸进口1.2万吨。从德国和印度进口玉米很少，几乎可以忽略。

（4）大豆。我国大豆进口来源市场非常集中，主要从美国、巴西和阿根廷三国进口，历年从这三个国家进口量占我国大豆总进口量超过95%。2010年从美国进口2359.1万吨，比上年增长178.6万吨，占进口总量的43.1%，比上年下降8.2个百分点；从巴西进口1858.6万吨，增加259.3万吨，占33.9%，下降3.7个百分点；从阿根廷进口1118.7万吨，增加744.3万吨，占20.4%，提高11.6%。排名第四和第五的德国和韩国所占的份额均小于0.1%。

2. 油料作物

（1）油菜籽。我国油菜籽进口市场非常集中，历年来95%以上来的进口油菜籽自加拿大。2010 年尽管从加拿大进口的油菜籽数量减少了 49.9%，进口 159.9 万吨，但在我国油菜籽总进口量的占比仍然高达 99.96%。

（2）花生。多年来，中国花生及花生制品一直在世界花生贸易中占有重要的地位，因此进口量很少。从进口来源国看，我国进口花生油主要来自阿根廷和塞纳加尔。2010 年，我国从阿根廷进口 4.4 万吨，比 2009 年增长了 27 倍，占我国花生油总进口量的 64.07%，从塞纳加尔进口 2.1 万吨，占我国花生油进口总量的 30.68%。

3. 棉花和糖料

（1）棉花。我国棉花进口的市场集中度较高，美国、印度、乌兹别克斯坦、澳大利亚、巴西、布基纳法索、贝宁、巴基斯坦等国家是中国棉花的主要进口来源地。2010 年，从美国进口棉花 103.6 万吨，占中国棉花进口总量的 33.1%，比上年下降了 5 个百分点，地位显著下降。从印度进口 91.6 万吨，增加了 1.7 倍，占 29.3%，增加了 10 个百分点。从乌兹别克斯坦进口 37.2 万吨，增加 1.2 倍，占 11.9%。此外，从澳大利亚进口 20.5 万吨，增长近 1 倍。但是，从布基纳法索的进口仅 6.7 万吨，下降 21.4%；从贝宁进口 3.3 万吨，下降 36.3%（表 6－10）。

（2）糖料。我国糖料的进口主要集中于巴西和古巴两个国家，韩国、澳大利亚和危地马拉也是我国食糖进口主要来源地。近年来，我国从巴西进口糖料继续保持增长态势，2010 年，扩大到 109 万吨，比上年增加 3.6 倍，占食糖进口总量的 61.7%，超过古巴成为中国最大的进口来源地；从古巴进口 37 万吨，下降 15.6%；从韩国进口 15.5 万吨，增长 25%；从澳大利亚进口 6.4 万吨，是上年的 16.8 倍（表 6－11）。此外，中国还从东盟和欧盟进口少量食糖。从东盟进口 2.2 万吨，比上年下降 85.3%；从欧盟进口 1.5 万吨。

（三）我国农产品利用世界市场的影响

1. 世界主要农产品供求变动对我国市场的影响

国际市场上农产品供求变化对国内农产品供求产生影响通过国内外价格传导形成，国际有效供求变动引起国际农产品价格产生相应变化，并通过价格传导机制传导到国内，最后对国内供需产生影响。因此，研究将通过三个步骤估计农产品供求变动对国内供需的影响。

（1）构造世界有效需求和供给的函数，计算世界价格。

建立联立方程模型以考察全球农产品供求关系，借鉴 C. S. C. Sekhar（2003）在考察世界小麦价格形成时的模型，建立如下模型：

$$\begin{cases} \log(WI) = \alpha_0 + \alpha_1\log(WI(-1)) + \alpha_2\log(RGDP) \\ \quad + \alpha_3\log(WP) + \alpha_4\log(WPS) + \alpha_5\log(WPI(-1)) + \varepsilon & (2-2) \\ \log(WP) = \beta_0 + \beta_1\log(WP(-1)) + \beta_2\log(WI) \\ \quad + \beta_3\log(WPS) + \beta_4\log(WPE(-1)) + \gamma & (2-3) \\ WI = WE & (2-4) \end{cases}$$

其中，WI 为考察农产品的世界进口量，原始数据来自 FAO 统计数据库；WI（-1）：上一期世界农产品进口量；RGDP 为主要进口国实际 GDP，原始数据来自 WORLDBANK 数据库；WP 为世界农产品价格，以世界进口总额除以世界出口总量得到，原始数据来自 FAO 统计数据库；WP（-1）为世界农产品上一期价格；WPS 表示主要农产品相关产品的价格，稻谷替代品价格取小麦和玉米进口价格的加权平均值，小麦替代品价格取稻谷和玉米进口价格的加权平均值，大豆替代品价格剔除了大豆后的全球油籽价格，棉花替代品价格取除 cotton 外其他纤维的加权平均价格，全球糖料替代品极少，因此在构造世界糖料有效供求模型时没有放入替代品价格这一变量，原始数据来自 FAO 统计数据库；WPI（-1）为主要进口国上一期产量，原始数据来自 FAO 统计数据库；WPE（-1）为主要出口国上年产量，原始数据来自 FAO 统计数据库。借助于 stata 统计分析软件，得到小麦国际价格估计结果如表 2-11 所示。

表 2-11　世界主要农产品进口需求模型回归结果

自变量＼因变量	Log（WI 稻谷）	Log（WI 小麦）	Log（WI 玉米）	Log（WI 大豆）	Log（WI 棉花）	Log（WI 糖料）
Log（WP）	-1.612**	-0.290	-0.168	-1.097**	-0.275**	-0.221
Log（WI（-1））	0.356*	0.462	0.226	0.959***	0.642***	0.803***

续表

自变量\因变量	Log（WI 稻谷）	Log（WI 小麦）	Log（WI 玉米）	Log（WI 大豆）	Log（WI 棉花）	Log（WI 糖料）
Log（RGDP）	-3.016	0.0404 *	0.989 **	0.078	0.104	0.357
Log（WPI（-1））	1.458	0.244 *	-0.094	-0.1408 *	0.195	-0.400
Log（WPS）	0.147	0.178	0.120	-0.6394 *	0.610	—

注：*、**、*** 分别代表 10%、5%、1% 的显著性水平上显著。

资料来源：笔者计算。

回归的结果表明，影响其世界进口量的因素主要包括世界价格、上一期世界进口量、主要进口国实际 GDP、主要进口国上一期产量以及替代品价格。但对于不同的产品，其主要影响因素存在差异。世界稻谷进口量主要受世界稻谷价格、上一期世界进口量影响，世界小麦进口量则主要受主要小麦进口国 GDP 和上一期世界小麦主要进口国产量的影响，玉米进口量主要受主要玉米进口国 GDP 的影响，大豆进口国主要受大豆世界价格、上一期大豆世界进口量、上一期世界大豆主要进口国产量以及替代品价格的影响，糖料则主要受到上一期世界糖料进口量的影响（表 2-12）。

表 2-12　　　世界主要农产品价格模型回归结果

自变量\因变量	Log（WP 稻谷）	Log（WP 小麦）	Log（WP 玉米）	Log（WP 大豆）	Log（WP 棉花）	Log（WP 糖料）
Log（WPS）	0.614	0.414 **	0.362 *	0.589 ***	0.753 ***	—
Log（WI）	-2.070 **	0.736 *	0.706 **	0.797 ***	-0.420 ***	0.443 ***
Log（WP（-1））	-1.226 *	0.504 *	0.490 *	0.093	0.126	0.392 ***
Log（WPE（-1））	8.403 **	0.00204	-0.273	-0.653 ***	-0.086	0.48 **

注：*、**、*** 分别代表 10%、5%、1% 的显著性水平上显著。

资料来源：笔者计算。

表 2-12 表明，影响世界农产品价格因素包括替代产品价格、世界出口量、前一期世界价格、前一期主要出口国产量。其中，替代品价格对小

麦、玉米、大豆、棉花的世界价格的影响在10%及以上的水平上显著为正，表明替代品价格上升将显著带动农产品世界价格上涨；世界出口量的增加将显著降低小麦、玉米、大豆以及糖料的世界市场价格，同时世界进口量的提高将显著降低稻谷和棉花的世界市场价格；前一期世界市场价格对稻谷、小麦、玉米以及糖料也有显著影响；前一期主要出口国产量则对稻谷、大豆、糖料的世界价格产生较大影响。

（2）测算国际和国内市场的价格传导程度。所谓传导程度，其实质即为国际价格对国内价格的影响程度。从理论上看，如果国内外市场完全整合，国内零售价格应该与国际市场价格趋同；相反，如果国内外完全不整合，国内市场的零售价格应该主要取决于国家生产者价格。在部分整合条件下，国内谷物零售价格应处于国际谷物价格与国内生产者价格之间，具体传导的程度则取决于贸易规模，规模越高，则传导程度越大。由此，影响国内零售价格的因素应该包括国内生产者价格、国际CIF价格（涵盖了运费、关税等变化）以及国内外市场整合程度。

基于以上分析，本部分首先构建影响国内零售价格的方程：

$$\ln DDP = \alpha \ln IP + \beta \ln DPP + \gamma \ln TS + \varepsilon \quad (2-5)$$

其中，DDP表示农产品的国内零售价格，数据源于《中国统计年鉴》；IP表示农产品的国际价格，数据源于FAO international price index；DPP表示农产品的国内生产者价格，数据来源于《全国农产品成本收益资料汇编》；TS表示贸易规模，具体以农产品的进口量与总消费量之比值表示，数据源于FAO；系数 α 即为国际谷物价格对国内谷物价格的影响程度。通过EVIEWS7.0软件得到回归结果如表2-13所示。

表2-13　农产品价格传导模型回归结果

自变量\因变量	ln（ddp稻谷）	ln（ddp小麦）	ln（ddp玉米）	ln（ddp大豆）	ln（ddp棉花）	ln（ddp糖料）
ln（IP）	0.156*	0.156*	0.156*	0.537**	0.438***	0.297**
ln（DPP）	0.171	0.171	0.171	0.320*	0.573	0.967***
ln（TS）	0.061*	0.061*	0.0611*	0.172*	0.164**	0.098**

资料来源：笔者计算。

根据“一价原则”世界市场和国内市场价格是一致的，但是，由于贸易壁垒、运输成本以及政府政策的存在，往往国际价格和国内价格很难保持完全的一致性。模拟结果显示，国际谷物价格每提高1%，则国内稻谷、小麦、玉米价格提高0.156%，即国际谷物价格对国内谷物销售价格的传导率约为15.6%。大米和小麦都是国内重要的谷物品种，在其他因素保持不变的情况下，两者的价格传导较为一致。由于我国在玉米方面采取的贸易政策与大米相似，且进出口地位也基本相同，因此，我国玉米的国内价格传导率也为15.6%。我国大豆开放程度较高，相应地，国内大豆市场与国际大豆市场整合程度也较高，国际大豆价格每提高1%，则国内粮价提高0.5372%，即国际大豆价格对国内大豆销售价格的传导率约为53.7%。

对于棉花而言，按照世界贸易协议，中国对棉花采用关税配额制度和国营贸易（state trading），2004年开始，我国棉花的配额为89.4万吨，但之后几年我国频频增发配额，目前我国对关税配额外报关进口的棉花按“有数量限制的暂定关税生产率”征收进口关税，并规定改税率滑动范围为5%至40%。针对这种情况可以判断，虽然存在配额管理以及滑准税的限制，世界棉花市场与我国棉花市场的整合程度应该较高。模拟结果显示，国际棉花价格每提高1%，则国内棉花提高0.438%，即国际棉花价格对国内棉花销售价格的传导率约为43.8%。同时，国际食糖价格每提高1%，则国内粮价提高0.2866%，即国际食糖价格对国内食糖销售价格的传导率约为28.66%。

（3）建立国内供需方程，模拟国内市场价格变动对国内供求的影响。

①需求函数模型及回归结果。根据经典需求函数模型，粮食消费主要取决于价格、消费者的收入以及替代商品的价格，因而，主要粮食作物人均消费量可根据以下表达式进行估计：

$$\ln D_{ij} = a_0 + e_1 \ln INC + e_i \ln P_i + e_s \ln(PS_i) + \varepsilon \tag{2-6}$$

式（2-6）中，i代表农作物品种，包括稻谷、小麦、玉米、大豆、油菜籽、棉花、糖料，j代表用途，包括直接食用、饲料用、工业用以及总消费。D表示我国上述七个主要品种农产品用于上述用途的人均消费量，根据联合国粮农组织网站数据库中国主要各种用途的实际消费量除以国内总人口数；*INC* 为国民人均纯收入，通过城市居民人均可支配收入乘以城镇人口与农村人口乘以农村居民人均纯收入之和除以全国常住人口，再以 *CPI* 指数进行平减计算而得，数据来自《中国统计年鉴》；*P* 和 *PS* 分别代表考察品种七种主要农作物及其替代品种的环比价格指数，数据来自《中国农产品价格调查年鉴》。根据上述七个品种农产品的主要用途，将稻谷、小麦、玉米、大豆四个粮食作物相互选为替代品种，大豆和油菜籽相互为替代品种。由于不同用途农产品的价格数据不可获得，此处本来暂时不考虑同一品种之间不同用途之间的替代关系。考察期间为 1978—2009 年。根据（2－6）式即可得到农产品各种需求的收入弹性：

$$e_1 = (dD/D)/(dINC/INC) = (dD/D)(INC/dINC) = \ln D/\ln INC \quad (2-7)$$

粮食需求的自价格弹性：

$$e_i = (dD_i/D_i)/(dP_i/P_i)(dD_i/D_i)/(P_i/dP_i) = \ln D_i/\ln P_i \quad (2-8)$$

粮食需求的交叉价格弹性：

$$e_s = (dD_i/D_i)/(dPS_i/PS_i) = (dD_i/D_i)(PS_i/dPS_i) = \ln D_i/\ln PS_i \quad (2-9)$$

回归结果如表 2－14 所示。

表 2－14　　我国主要农产品需求函数模型回归结果

品种	因变量＼自变量	ln（INC）	ln（P 稻谷）	ln（P 小麦）	ln（P 玉米）	ln（P 大豆）
粮食	ln（稻谷消费）	－0.06	－0.69**	0.58	－0.01	0.06
	ln（小麦消费）	－0.06	－0.43	－0.37**	－0.03	0.00
	ln（玉米消费）	0.155***	－0.18	0.16	－0.11**	0.11
	ln（大豆消费）	0.5510***	0.99	－0.39	－0.43	－0.10*
油料	因变量＼自变量	ln（INC）	ln（P 大豆）	ln（P 油菜籽）		
	ln（油菜籽消费）	0.17**	0.47**	－0.75**		
棉花	因变量＼自变量	ln（收入）	ln（P 棉花）			
	ln（棉花消费）	0.12***	－0.07*			

续表

品种	因变量\自变量	ln（INC）	ln（P稻谷）	ln（P小麦）	ln（P玉米）	ln（P大豆）
糖料	因变量\自变量	ln（收入）	ln（P糖料）			
	ln（糖料消费）	0.167***	-0.20*			

注：*、**、*** 分别代表10%、5%、1%的显著性水平上显著。

数据来源：笔者计算。

观察表2-14的估计结果，考察的7种农产品的消费量与消费者价格呈负相关的关系。其中，稻谷的自价格弹性为-0.69，小麦的自价格弹性为-0.37，玉米的自价格弹性为-0.11，大豆的自价格弹性为-0.10，油菜籽的自价格弹性为-0.75，糖料的自价格弹性为-0.20。供给量与上一期的生产者价格正相关，具体来说，上一期价格每上升1%，供给将增加0.29%。同时，由于粮食的消费具有弹性，粮食消费的交叉价格弹性均不显著。油料作物中，油菜籽对大豆的价差价格弹性为0.47，即大豆价格提高1%，则油菜籽的消费量将提高47%。

②供应函数模型及回归结果。由经济理论可知，产品的供给量取决于产品的价格、投入品的价格以及所有固定要素和技术水平。那拉维（Nerlove，1956）研究发现，生产者的种植决策不仅受前一期价格影响，同时还会根据以往的经验来修正价格预期，使预期价格接近实际价格，用模型表示为：

$$S_t = \alpha_0 + \alpha_1 P_t^e + \alpha_2 Z_t + \mu_t \tag{2-10}$$

$$P_t^e - P_{t-1}^e = \beta(P_{t-1} - P_{t-1}^e) \tag{2-11}$$

其中，S_t为t时期的实际供应量，P_t^e为t期预期价格，P_{t-1}为$t-1$期的实际价格，Z_t为t期影响农户生产决策的其他外生变量，μ_t为随机扰动项，α_i为待估参数，β为价格预期调整系数，表示对上年价格预期的偏差信息只有部分被用来调整当年的预期价格，$0<\beta<1$。$P_t^e - P_{t-1}^e$表示对预期价格的跨期调整，$P_{t-1} - P_{t-1}^e$为农户上一年农产品价格预测的偏差。通过对上式的反复迭代，得到t年预期价格P_t^e的表达式：

$$P_t^e = \beta P_{t-1} + \beta(1-\beta)P_{t-2} + \beta(1-\beta)^2 P_{t-2} + \cdots\cdots + \beta(1-\beta)^{t-1}P_0 \quad (2-12)$$

将式（2－10）、式（2－11）、式（2－12）整理可得，

$$S_t = \lambda_0 + \lambda_1 P_{t-1} + \lambda_2 S_{t-1} + \nu_t \quad (2-13)$$

根据农产品供给理论，在一定的生产技术条件下，农民根据收益最大化来制定种植决策。由于土地是农业生产必不可少的投入品，在统一生产季节内农户通常是根据不同作物品种的预期价格和预期利润在不同作物之间分配土地，因此影响农产品供给的因素除了自身价格外还包括生产成本以及机会成本（利用既定的土地和劳动力生产替代作物所能获取的最大收益）。其中，生产成本中比重最大的是各种生产资料的投入，这里用生产资料价格来表示小麦的生产成本，同时用替代作物的价格表示小麦生产的机会成本。考虑到直接对 Nerlove 模型进行估计可能导致序列存在自相关和多重共线问题，首先对各个变量进行了对数化处理，以确保残差服从正态分布，并直接得到短期的供给弹性。综上分析，笔者建立如下小麦供给反应模型：

$$\ln S_{i,t} = \lambda_0 + \lambda_1 \ln P_{i,t-1} + \lambda_2 S_{i,t-1} + \lambda_3 \ln P_{i,t}^m + \lambda_4 \ln P_{i,t-1}^s + \mu_t \quad (2-14)$$

式（2－14）中，i 为考察的农产品品种，t 代表考察时期。$\ln S_{i,t}$ 和 $\ln S_{i,t-1}$ 表示经过对数处理过的当期和前一期农产品的供应量，考虑到我国粮食单产受自然灾害影响较大，产量的变化未能真实反映农户的供应意愿，研究中用农作物的播种面积作为其供给的替代指标，以便真实地反映农户种植决策行为变量，数据来源于历年《中国统计年鉴》；$\ln P_{i,t-1}$、$\ln P_{i,t}^m$、$\ln P_{i,t}^s$ 分别表示取对数后的前一期农产品的价格、取对数后的当期生产资料的价格指数以及取对数后的前一期替代作物价格，由于国家实行较低的农产品收购价格，不符合完全竞争市场的前提假设，农产品的收购价格对于农产品的供给影响可能被掩盖，因此研究中以农产品每亩净利润表示，数据来源于历年《中国农村统计年鉴》，分析时用定基居民消费价格指数进行平减以剔除通货膨胀因素影响。根据我国农作物的耕作制度、耕作时间，与稻谷存在耕地竞争关系的作物有玉米、小麦、大豆、棉花、甘蔗等，与小麦具有替代关系的作物有稻谷、玉米、大豆、油菜、棉花等，与玉米存在竞争关系的作物是大豆、油菜、小麦、棉花、稻谷、甜菜

等，与大豆具有替代关系的作物是稻谷、玉米、小麦、油菜籽、甘蔗、棉花、甜菜等多种作物；油菜的竞争作物有小麦、大豆、玉米、甜菜、棉花等，与棉花具有竞争关系的作物是大豆、玉米、小麦、油菜、稻谷等，大豆、玉米、油菜、棉花等作物在东北地区、甘肃、新疆等地与甜菜的生产具有替代关系，甘蔗则主要与稻谷存在替代关系。为了防止引入过多替代作物造成自由度问题，本书根据数据的可获性及替代程度，每种作物仅选择一种替代作物，将稻谷和棉花的替代作物确定为小麦，小麦和大豆的替代为玉米，玉米的替代作物为油菜，油菜籽、甘蔗、甜菜的替代作物为大豆。回归结果如表 2－15 所示。

表 2－15　　　　我国主要农产品供应弹性

品种	$\ln P_{i,t-1}$	$\ln S_{i,t}$	$\ln P^m_{i,t}$	$\ln P^s_{i,t-1}$
ln（$S_{稻谷,t}$）	0.0698 ***	0.8038 ***	－0.0523 *	－0.0274 ***
ln（$S_{小麦,t}$）	0.0068 *	0.9146 **	－0.0817	－0.0012
ln（$S_{玉米,t}$）	0.0460 *	0.8849 *	－0.2153	－0.0132
ln（$S_{大豆,t}$）	0.1049 **	1.1364	－0.2793	－0.0506
ln（$S_{油菜籽,t}$）	0.0054 **	0.674	－0.0358	0.2259
ln（$S_{甘蔗,t}$）	0.0074 *	1.8467	－0.9505	－0.2838
ln（$S_{甜菜,t}$）	0.0652 *	－0.3743	－1.2012	0.0419
ln（$S_{棉花,t}$）	0.0138 *	0.8284	－0.1524	－0.2793

注：表格中的数据为各种供应弹性；*、**、*** 分别代表 10%、5%、1% 的显著性水平上显著。

数据来源：笔者计算。

从估计结果来看，考察的 8 种主要农产品供应的价格弹性均大于零，说明上一期价格的提高会刺激农作物的生产。具体来看，稻谷的价格弹性为 0.0698，小麦的价格弹性为 0.0068，玉米的价格弹性为 0.046，大豆的价格弹性为 0.1049，油菜籽的价格弹性为 0.0054，甘蔗的价格弹性为 0.0074，甜菜的价格弹性为 0.0652，棉花的价格弹性为 0.0138。同时，前一期播种面积对当期播种面积影响较大，说明农户作播种决策时主要受自然条件、固定要素、种植传统等因素的影响；农业生产资料价格对稻谷当期播种面积产生显著的负向影响，农业生产资料价格上升 1% 会使稻谷播种面积减少 0.05%，而对其他农作物播种面积的负向影响不显著；替代作物价格的上升 1% 会使稻谷播种面积下降 0.0275%，而对其他作物的替代作用不明显。

根据上述三个步骤，可计算出世界主要农产品市场的供求变动对国内农产品供求及价格的影响，研究中糖料国内供给价格弹性根据甘蔗和甜菜的供给弹性以供应规模为权重计算所得。具体计算结果如表 2－16 所示。

表 2－16　　主要农产品世界供求变动对我国的影响

		稻谷	小麦	玉米	大豆	棉花	糖料
世界供求变化率（%）	A	1.000	1.000	1.000	1.000	1.000	1.000
世界出口价格弹性	B	－2.070	0.736	0.706	0.797	－0.420	0.443
世界价格变化（%）	C	－2.070	0.736	0.706	0.797	－0.420	0.443
国内外价格传导率	D	0.156	0.156	0.156	0.537	0.438	0.297
国内价格变化（%）	E	－0.323	0.115	0.110	0.428	－0.184	0.132
国内供给价格弹性	F	0.069	0.007	0.046	0.105	0.014	0.046
供给变化（%）	G	－0.022	0.001	0.005	0.045	－0.003	0.006
国内需求价格弹性	H	－0.689	－0.368	－0.109	－0.096	－0.074	0.198
需求变化（%）	I	0.222	－0.042	－0.012	－0.041	0.014	0.026

注：表中 B、D、F、H 为前文的测算数据，其他数据根据以下公式计算所得：C = A × B，E = C × D，G = E × F，I = G × H。

资料来源：笔者计算。

由表 2－16 可知，世界供求变动对国内稻谷需求和大豆国内供给影响最大，这与稻谷国际市场“较薄”，即世界稻谷贸易规模较小有关。同时，我国大豆的大量进口使得国内大豆供给受世界大豆市场影响较大。具体来看，世界稻谷供求变动 1%，将会使稻谷国际价格下降 2.07%，国内稻谷价格下降 0.32%，供给减少 0.02%，需求增加 0.02%；世界供求变动 1%，将会使国际价格下降 2.07%，国内价格下降 0.32%，供给减少 0.02%，需求增加 0.22%；世界小麦供求变动 1%，将会使小麦国际价格提高 0.736%，国内价格提高 0.12%，供给增加 0.02%，需求减少 0.007%；世界玉米供求变动 1%，将会使玉米国际价格提高 0.71%，国内价格提高 0.11%，供给增加 0.005%，需求减少 0.005%；世界大豆供求变动 1%，将会使大豆国际价格提高 0.80%，国内价格提高 0.43%，供给增加 0.045%，需求减少 0.041%；世界棉花供求变动 1%，将会使国际棉花价格下降 0.42%，国内价格下降 0.18%，供给减少 0.003%，需求增加 0.01%；世界糖料供求变动 1%，将会使国际糖料价格提高 0.443%，国内价格提高 0.13%，供给增加 0.006%，需求增加 0.03%。

2. 主要农产品国内进口对世界市场的影响

比较优势理论假定市场是完全竞争的，因而进出口商往往是国际市场价格的接受者。但是，当一个国家某种商品的出口量或进口量在世界进出口总量中所占份额较大时，它往往对国际市场价格有举足轻重的影响力，这就是所谓的“大国效应”。随着我国与世界农产品市场融合的不断深入，世界农产品市场为我国实现国内主要农产品供需结构平衡提供了充足的货源保障和支持，但应该注意到，反过来我国农产品大量进口可能也会在一定程度上对世界农产品市场价格产生影响，进而影响到我国利用国际市场保障国内主要农产品供给的稳定性及比较利益。

我们首先通过相关系数测算世界价格与我国主要农产品进口的相关关系密切程度。相关系数的区间是 [−1, 1]，如果 X 与 Y 统计上独立，则它们之间的相关系数为零。若 $-1 \leq R_{XY} \leq -0.8$ 则表明 X 与 Y 高度负相关，$-0.8 < R_{XY} \leq -0.5$ 表示 X 与 Y 显著负相关，$-0.5 < R_{XY} \leq -0.3$ 表示 X 与 Y 负相关，$-0.3 < R_{XY} \leq 0.3$ 表示 X 与 Y 不相关，$0.3 < R_{XY} \leq 0.5$ 表示 X 与 Y 正相关，$0.5 < R_{XY} \leq 0.8$ 表示 X 与 Y 显著正相关，$0.8 < R_{XY} \leq 1$ 表明 X 与 Y 高度正相关。根据 1978—2009 年 FAO 稻谷、小麦、玉米、大豆、油菜籽、棉花、糖料的世界价格数据以及我国的进口量数据，对世界价格与我国进口量的相关系数进行计算，其结果如表 2－17 所示。

由表 2－17 可知，稻谷的世界市场价格与我国稻谷进口量的相关系数为 0.004，小麦的世界市场价格与我国小麦进口量的相关系数为 −0.217，玉米的世界市场价格与我国玉米进口量的相关系数为 −0.895，大豆的世界市场价格与我国大豆进口量的相关系数为 0.877，油菜籽的世界市场价格与我国油菜籽进口量的相关系数为 -0.02，棉花的世界市场价格与我国棉花进口量的相关系数为 -0.25，糖料的世界市场价格与我国糖料进口量的相关系数为0.562，表明世界玉米和大豆的价格与我国进口高度相关，世界糖料价格与我国糖料进口显著相关，而其他品种的世界价格则与我国进口的关系不明显。

表 2-17　世界农产品价格与我国进口的相关系数

品种	稻谷	小麦	玉米	大豆	油菜籽	棉花	糖料
相关系数	0.004	-0.217	-0.895	0.877	-0.02	-0.25	0.562

数据来源：笔者计算。

接着，运用李晓钟等（2004）建立的实证模型，对我国主要农产品贸易中“大国效应”显现的条件及“大国效应”对中国农产品进口贸易的可能影响进行定量分析，建立回归模型：

$$IP_{i,t} = \alpha_0 + \alpha_1 IP_{i,t-1} + \alpha_2 I_{i,t} + \mu_{i,t} \quad (2-15)$$

式（2-15）中，i 为考察的7种农产品，分别为稻谷、小麦、玉米、大豆、油菜籽、棉花、糖料；IP_t、IP_{t-1} 表示农产品当期以及上一期国际价格，数据源于FAO国际价格指数；I_t 表示当期我国农产品进口量，数据来自FAO食品平衡单。通过EVIEWS7.0软件得到回归结果（表2-18）。

表 2-18　我国主要农产品进口对世界价格的影响

自变量\因变量	IP 稻谷	IP 小麦	IP 玉米	IP 大豆	IP 油菜籽	IP 棉花	IP 糖料
$IP_{i,t-1}$	0.788***	0.730***	0.679****	0.609***	0.680*	0.770***	0.436**
	(-5.18)	(-5.21)	(-4.42)	(-4.03)	-2.01	(-6.68)	(-2.41)
I_t	0.2892	-0.0025	0.0139	0.0186**	-0.0389	-0.0018	-0.0003
	(-1.09)	(-0.21)	(-0.47)	(-2.59)	(-0.47)	(-0.03)	(-0.01)
R^2	0.49	0.52	0.41	0.62	0.37	0.64	0.17
F	13.52	14.96	9.81	23.28	2.03	25.3	2.95
P	0.00	0.00	0.00	0.00	0.20	0.00	0.07

数据来源：笔者计算。

由表2－18的回归结果可以看出，我国大豆进口每增加1万吨，则每吨大豆的世界价格将提高0.0186美元，可见我国大豆的大量进口对世界市场产生了较为显著的影响。其他主要产品的进口对世界价格的影响则不显著，说明我国目前大部分主要农产品的进口尚未对世界价格产生显著影响。即使如此，世界价格对我国进口的反应方向仍值得注意。根据表2－19，我国进口增加将会提高世界稻谷、玉米和大豆的价格，但会使小麦、油菜籽、棉花及糖料的价格下降，这与世界市场厚度及我国市场的开放度有关。世界稻谷和玉米的市场厚度较“薄”，稻谷出口量占产量的比例不足9%，玉米出口量占产量的比例不足20%，而小麦、油菜籽、棉花及糖料的世界市场较“厚”，出口量占产量的比例均超过20%以上，我国进口的增加有助于刺激其他国家对这些产品的生产并增加进口，进而使世界市场价格得到降低。同时，由于我国大豆市场开放度高，我国大豆进口对世界大豆生产的影响已经不大，因此，尽管世界大豆市场出口量占总产量的比重也很高，但我国大豆进口的增加仍然会刺激世界大豆价格上涨。

二、利用世界农产品市场的品种结构及区域结构选择

（一）主要农产品世界供应总量和市场厚度分析

1. 粮食作物

（1）稻谷。亚洲和非洲多数国家以大米为主食，很多国家将大米作为重点保护品种，因而稻谷国际贸易规模较小，贸易量只占产量的4%—8%。1961—2009年，全球稻谷贸易规模由934万吨上升到4557万吨，年均增长3.4%，差不多相当于世界稻谷总产量6.7%，是世界总消费量的6.8%。

（2）小麦。小麦是世界粮食贸易中最活跃的品种，不仅贸易量最大，而且在总产量中和总消费量中的占比也很高，增长速度很快。1961—2009年间，世界小麦出口量从4630万吨提高至18062万吨，年均增长2.9%。2009年世界小麦出口量超过1.5亿吨，占生产量的26.6%，占总消费量的28.5%。

（3）玉米。玉米贸易量在世界粮食市场上仅次于小麦，居第2位，

占世界农产品贸易总量的25%以上。20世纪下半叶，玉米贸易迅速发展，FAO资料显示，1961—2009年世界玉米出口量从1468.0万吨增加到10447.6万吨，年均增长4.2%。2009年全球玉米出口量在总产量中的比重达到12.8%。

（4）大豆。自20世纪60年代以来，国际市场对大豆的需求量迅猛增长，大豆国际贸易规模迅速增长。1961—2009年，世界大豆出口量从417万吨提高至8247万吨，年均增长6.4%。2009年，世界大豆出口量在总产量中的比重为37.0%，占总消费量的35.2%。

2. 油料作物

（1）油菜籽。过去半个世纪以来，世界油菜籽的贸易规模的增长幅度在农产品中名列前茅。据FAO的统计数据，从1961—2009年，全球油菜籽的出口量由36.4万吨增长到1700.6万吨，年均增长8.3%，约占世界油菜籽总产量的27.1%，总消费量的27.5%。

（2）花生。世界生产的花生大部分用于国内消费，花生贸易规模较小，2005年花生贸易量在总产量和总消费量的占比不断下降，2006年后至今有所回升。1961—2005年，花生出口量从187万吨提高至285万吨，出口量在总产量中的比重下降至7.5%。2006年以来，花生贸易量在总产量中所占比重波动幅度较大，至2009年变为8.8%。

3. 棉花和糖料

世界棉花出口规模1961—2009年，世界棉花贸易发展缓慢，出口量从372.6万吨增长到660.5万吨，49年间总共增长了77.3%，年均增长1.2%，出口量占总产量的比重由39.6%下降至31.5%。进入世界贸易的糖料在20世纪60年代相当于世界总产量的四分之一，近年来提高至三分之一左右，2009年世界糖料出口量为6180万吨，占世界总产量的33.1%。

（二）主要农产品世界供应的稳定性

世界市场供应的稳定性关系到我国利用世界市场的可靠程度。稳定性的另一面为波动性，波动性可以用波动指数进行衡量。波动指数的计算公式是：

$$I_t = \frac{Y_t - \hat{Y}_t}{\hat{Y}_t} \times 100\% \qquad (2-16)$$

式（2－16）中，I_t 表示世界农产品供应量在剔除趋势值后相对于长期趋势的波动程度；Y_t 和 $\hat{Y}_t$ 表示 t 年世界农产品的实际出口量和出口量趋势值，在先驱性研究成果中多采用线性模型、二次式模型、三次式模型以及指数式模型加以拟合得出；$Y_t - \hat{Y}_t$ 为 t 年实际出口量对长期趋势的绝对偏差，代表剔除长期趋势后的波动。I_t 的绝对值可以反映粮食产量的稳定程度。I_t 的绝对值越大，说明出口量偏离长期趋势越远，稳定性就越差，反之则稳定性越好。

为了计算波动指数，笔者首先利用 EVIEWS 软件拟合世界农产品出口量增长趋势的回归方程，然后选择最优的回归模型，以获得粮食总产量的趋势值，然后代入上述波动指数计算公式进行运算。各种农产品最后选定的回归模型及估计结果如下：

水稻：$\hat{Y}_t = 9064917.0 - 9214.6t + 2.3t^2$

（3.00）　（－3.00）（3.04）

小麦：$\hat{Y}_t = -421250.7 + 217.6t$

（－13.47）（13.87）

玉米：$\hat{Y}_t = 33320623 - 333528.1t + 8.4t^2$

（7.16）　（－7.18）　（7.21）

大豆：$\hat{Y}_t = 40545798 - 40851.4t + 10.29t^2$

（14.69）（－14.75）（14.82）

油菜籽：$\hat{Y}_t = 4208517 - 4260.3t + 1.08t^2$

（3.31）（－3.34）（3.37）

棉花：$\hat{Y}_t = -22444.42 + 11.5t$

（－7.56）　（7.75）

糖料：$\hat{Y}_t = 13326692 - 13466.7t + 3.4t^2$

（6.18）　（－6.22）　（6.27）

在上述所得估计结果的基础上，根据式（2－16）计算出波动指数的绝对值，以反映绝对波动程度。在过去 30 年中，世界市场上油菜籽供应的波动最大，其年均绝对波动系数达到 16.1%，玉米波动大小排名第二，为 14.7%，稻谷的波动性为 11.2%，小麦世界供给的波动最小，为 4.5%。

（三）我国农产品进口区域结构选择

1. 粮食作物

（1）稻谷。除了我国稻谷主要进口国泰国和印度外，美国、巴基斯坦、印度也是世界稻谷重要出口国。根据 1980—2009 年的平均数据，这两个国家稻谷出口量占国际稻谷出口市场份额分别是印度 11%、巴基斯坦 8%、美国 13.4%。其中，美国稻谷出口量在小幅波动中呈上升趋势，且增长速度增快，其年均增长率在 1980—2000 年间仅有 0.3%，近 10 年来上升至 2.7%；巴基斯坦和印度的出口量也是在波动中呈上升趋势，但增长率略有下降。

目前，我国从美国、巴基斯坦、印度进口稻谷的数量极其有限。2011 年，我国从美国和印度进口的稻谷规模很小，几乎可以忽略不计，从巴基斯坦进口的稻谷也仅有 8668 吨，仅占我国稻谷进口总量的 1.5%。

因此，未来我国可以适当增加从美国、巴基斯坦、印度的进口量，以降低对泰国和印度稻谷市场的依赖程度，保证未来我国稻谷的稳定供给。

（2）小麦。美国、俄罗斯、加拿大、EU（27）、澳大利亚是世界上最重要的小麦出口国，是世界粮食有效供给的重要来源。美国的小麦净出口量居世界首位，占世界总出口的 20%—30%，占美国全年产量的 30%—50%；加拿大是传统的小麦出口国，近年来的粮食出口量基本保持稳定；澳大利亚是典型的小麦出口国，其小麦生产大半用于出口；俄罗斯具有后发优势，其快速发展的生产率使得其小麦净出口量稳步上升。

值得注意的是，未来美国小麦的出口量将由于产量下降而下降。据 FAPRI 预测，美国小麦 2025 年的出口量将由 2011 年的 2956.9 万吨下降至 5490.8 万吨，年均减少 0.8%。同时，加拿大和澳大利亚的小麦产量和出口量将不断提高，FAPRI 预计这两个国家 2012—2025 年间小麦出口量的年均增长率均为 0.3%。未来俄罗斯和欧盟的小麦出口量将以较快速度增长，至 2025 年，俄罗斯小麦出口量将提高至 2008.1 万吨，占世界小麦总出口量的 14.7%，欧盟小麦出口量将提高至 1822.1 万吨，占世界小麦总出口量的11.4%。

因此，未来我国可适当减少美国小麦的进口数量，扩大加拿大、澳大利亚、俄罗斯、欧盟小麦的进口，以减少美国未来小麦出口以及我国小麦进口集中度过高对我国小麦进口及国内小麦供给的不利影响。

（3）玉米。美国是世界上最重要的玉米净出口国，是世界粮食有效供给的重要来源，占世界玉米总出口的60%以上，但仅占美国全年产量的不到20%。据FAPRI预测，2012—2025年美国玉米出口量年均增长5.1%。因此，可以预见，我国未来仍然可以从美国进口玉米以满足国内供需缺口。不过，由于我国对美国玉米出口市场依存度过高，一旦美国气候条件或玉米生产政策、贸易政策发生变化，极有可能波及我国玉米的顺利进口。

阿根廷、巴西、乌克兰是世界市场上除美国外的玉米出口大国。其中，阿根廷玉米净出口量约占世界出口量10%—20%，但据FAPRI预测，未来阿根廷的玉米净出口量将有所下降，2012—2025年间玉米出口量年均减少1.8%。巴西玉米净出口量波动较大，2000—2011年间，其净出口量在40万—950万吨之间波动。据FAPRI预测，未来巴西玉米净出口量将以年均0.4%的速度增长。乌克兰是世界玉米出口市场的后起之秀，2000年乌克兰的玉米出口量仅为37.2万吨，仅占世界总出口量的0.5%。然而到2011年该国出口量已达到759.0万吨，占世界出口量的54.1%，2012—2025年乌克兰的玉米净出口量将继续稳定增长。

因此，今后我国可以逐步增加从阿根廷、巴西和乌克兰的进口量，尤其是从乌克兰的进口量，为中国培养长期玉米来源国，逐步对美国的依赖。

（4）大豆。美国、巴西和阿根廷扮演了世界大豆出口大国的角色。2000—2009年，三国大豆总出口占世界总出口量的比重均超过90%。值得注意的是2001—2009年，由于巴西和阿根廷增加大豆种植规模，其出口比重有所增加，而美国则相对下降。同时，美国、巴西和阿根廷也是我国大豆主要进口来源国。除了美国、巴西和阿根廷外，加拿大在世界大豆出口中也占有一定比重。2006—20011年，加拿大净出口量占世界总净出口量的比重稳定于2.2%—2.4%。

从未来发展趋势看，据 FAPRI 预测，2012—2025 年间，美国、巴西、阿根廷、加拿大的大豆净出口均变缓，其中，美国和阿根廷的年均增长率将下降至 0.4%—0.5% 之间，巴西和加拿大下降至 2%—3% 之间。

因此，未来我国可适当扩大从阿根廷和加拿大的进口量，减少从美国和巴西的进口，降低大豆进口对这两个国家的依赖程度。

2. 油料作物

（1）油菜籽。从世界市场看，加拿大是世界上最大的油菜籽出口国。2000—2011 年，加拿大油菜籽出口总量度不断提高，由 461.2 万吨提高至 642.9 万吨，约占世界油菜籽的总出口量中的三分之二。澳大利亚和乌克兰是除加拿大外的另外两个油菜籽出口大国。2000—2011 年，澳大利亚油菜籽净出口量占世界总净出口的比重在波动中呈下降趋势，而乌克兰油菜籽出口量所占比重于 2008 年后迅速提高。

未来加拿大、澳大利亚、美国油菜籽出口量均有不同程度的提高，其中，乌克兰油菜籽出口量的增长速度最快，据 FAPRI 的预测结果，2012—2025 年间，乌克兰油菜籽出口量年均增长率为 3.7%，而加拿大和澳大利亚油菜籽出口量年均增长率为 1.4% 和 0.1%。

因此，未来我国要逐渐扩大从澳大利亚和乌克兰的油菜籽进口量，尤其是乌克兰，以充分利用乌克兰油菜籽出口增长潜力，降低对加拿大油菜籽市场的依赖。

（2）花生。世界花生油出口国较多，比较分散。塞内加尔、阿根廷、巴西、比利时以及尼加拉瓜是世界上花生油的主要出口国。2011 年，塞内加尔出口花生油 58263.1 吨，占世界花生油总出口量的 31.8%；阿根廷出口花生油 38311.6 吨，占世界花生油总出口量的 20.9%，巴西出口 23484.6 吨，占世界花生油市场份额的 12.8%，比利时出口花生油 13187.6 吨，占世界市场份额的 7.2%；尼加拉瓜出口花生油 10789.8 吨，占世界市场份额的 5.9%。

从发展趋势看，近两三年来，塞内加尔花生油的出口量不断提高，而阿根廷、巴西、比利时、尼加拉瓜的出口量逐年下降。同时，各个国家花生油出口市场份额的变化趋势与其花生出口总量的变化趋势一致。

因此，未来我国可以增加从塞内加尔花生油的进口量，减少从阿根廷、巴西的进口量，同时可以从比利时和尼加拉瓜适当进口花生油，以降低我国进口花生油对阿根廷的依赖，适应巴西花生油出口减少的趋势。

3. 棉花和糖料

（1）棉花。美国、印度、乌兹别克斯坦、澳大利亚和巴西为世界棉花主要出口国。其中，美国是世界棉花第一大输出国，占世界棉花市场份额的三分之一以上。印度是棉花出口国中的“新秀”，在2005年一跃成为世界主要出口国，在2007年占世界总出口量的近20%。巴西从2003年起出口量出现快速上涨的趋势。乌兹别克斯坦净出口量在2005年达到100万吨之后开始下降，在2009年达到仅有22.7万吨。澳大利亚的棉花净出口量在2000—2008年下降趋势明显，出口量至2009年下降至32万吨。

因此，从世界主要棉花出口国棉花出口的发展趋势看，我国可适当增加从美国、印度、巴西的进口量，减少从乌兹别克斯坦和澳大利亚的进口量，以适应世界市场上棉花出口的变化趋势，降低乌兹别克斯坦和澳大利亚净出口量减少的不利影响，降低我国棉花进口的风险。

（2）糖料。从世界糖料的出口国看，巴西作为世界食糖生产第一大国，是全球食糖出口市场的主要供应国。2000—2009年，巴西的食糖出不断增加，占全球的比重逐年上升，2011年达到全球食糖出口量的71.4%。泰国和危地马拉对外出口食糖也连年增加，占世界糖料净出口总量的占比分别维持在11%—13%和4%—5%之间。值得注意的是，2010年后古巴食糖出口将连续下滑，预计2012—2025年期间，古巴出口年均减少为0.2%。

因此，我国糖料的进口可适当增加从泰国、危地马拉的进口量，减少从巴西和古巴的进口量，以将对我国糖料进口对巴西的依赖性，同时降低古巴出口量减少的不利影响，以降低我国糖料进口的风险。

第三章

保障重要农产品供给

第一节

粮食供需现状与趋势分析

一、我国粮食供需现状

（一）生产形势

1. 粮食总产实现“九连丰”，玉米超越稻谷成为第一大粮食作物

2004 年至 2012 年，我国粮食生产实现了连续九年丰收，这是新中国成立以来的第一次，打破了延续多年的“粮食三年一减”的不稳定周期。自 2007 年开始，粮食产量连续五年保持在 50000 万吨以上，2011 年达到 57121 万吨，首次登上了 55000 万吨的新台阶，超过了《国家粮食安全中长期规划纲要（2008—2020 年）》设定的 2020 年粮食综合生产能力达到 5400 亿公斤（54000 万吨）的目标；2012 年全国粮食再度增产 3.2%，创造了 58957 万吨的历史最高纪录。三大主粮（稻谷、小麦、玉米）的总产量自 2011 年起超过了 50000 万吨，粮食人均占有量也达到 425 公斤的新水平（粮食安全标准线是人均 400 公斤）。九年来，我国粮食累积增产

15587 万吨，年均增幅 3.2%，是新中国成立以来增产幅度最大的时期之一；三大主粮累积增产 17002 万吨，年均增产幅度平均达 3.9%。三大主粮在粮食总产量中的比重发生了明显变化。稻谷、小麦、玉米的比重由 2004 年的 38%、20%、28% 变为 2012 年的 35%、20%、35%，玉米所占比重提高了 7 个百分点，成为增产最迅速、产量最高的粮食作物。九年来玉米累积增产 9229 万吨，年平均增幅为 6%，为粮食增产的贡献率达 59.2%，即粮食增产中有超过一半来自于玉米产量的增长（图 3－1）。

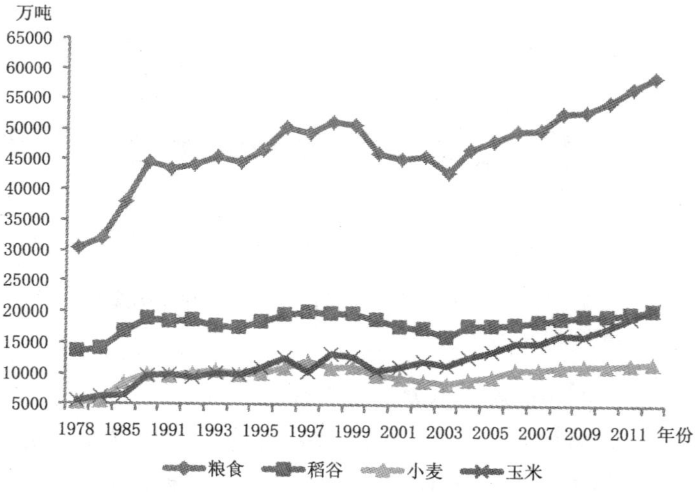

图 3－1　1978—2011 年我国主要粮食品种产量变化

数据来源：历年《中国统计年鉴》。

2. 粮食播种面积稳步回升，玉米面积连续五年稳居第一

由于种植结构调整，1999 年至 2003 年我国粮食播种面积大幅下降，从 11316 万公顷降至 9941 万公顷，降幅达 12.2%，导致同期粮食总产也下降了 15.3%。2004 年以后，随着国家各项惠农政策的出台，粮食播种面积呈现稳步回升的趋势。2012 年粮食播种面积恢复至 11127 万公顷，超过了 1995 年的水平，但离 1998 年的最高值还差 252 万公顷。九年间年均增长超过 1%，是改革开放以来我国粮食播种面积增长最稳定的时期。三大主粮在粮食总播种面积中的比例逐渐恢复，由 2004 年的 74.3% 升至 2012 年的 80.3%，为 1978 年以来的最高水平。在三大主粮中，玉米播种

面积的增长最为迅速，由 2004 年的 2545 万公顷增至 2012 年的 3395 万公顷，增幅达 37.3%，占粮食播种面积的比例由 25% 升至 31.4%。从 2007 年开始，玉米超过稻谷，成为我国种植面积最多的农作物（图 3－2）。

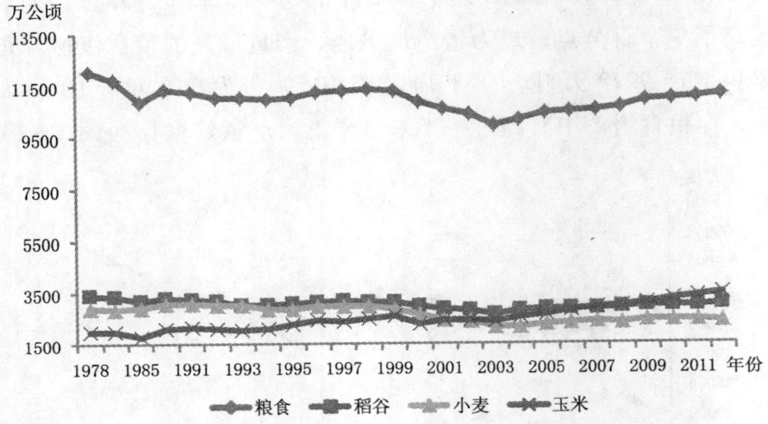

图 3－2　1978 年以来我国粮食及谷物播种面积变化

数据来源：历年《中国统计年鉴》。

3. 粮食单产提升加速，小麦最为明显

随着国民经济的发展及城市化进程的加快，1978 年以来我国粮食播种面积整体呈下降趋势。2004 年以来虽然粮食播种面积连续八年回升，但仍未达到 20 世纪 90 年代后期的水平。近 20 年来，我国粮食产量的增长主要依靠的是单产水平的提高。尤其是 2004 年以来，我国粮食单产提升速度明显加快，由 308 公斤/亩增至 353 公斤/亩，增长了 14.7%，年均增幅为 1.5%，是新中国成立以来单产提高最快的时期之一。九年来全国因单产提高而增产粮食 5542 万吨，对增产的贡献率达到 57.4%。三大主粮中，小麦单产水平最低但增长幅度最大，九年内由 283 公斤/亩增至 333 公斤/亩，增幅 17.5%，年均增长 1.8%；其次是玉米，由 341 公斤/亩增至 397 公斤/亩，增幅为 16.3%，年均增长 1.7%，小麦和玉米单产年均增长速度均高于粮食作物平均水平（1.5%）；稻谷单产最大但增幅最小，由 421 公斤/亩增至 450 公斤/亩，增幅为 6.9%，年均增长 0.7%，低于粮食平均水平（图 3－3）。

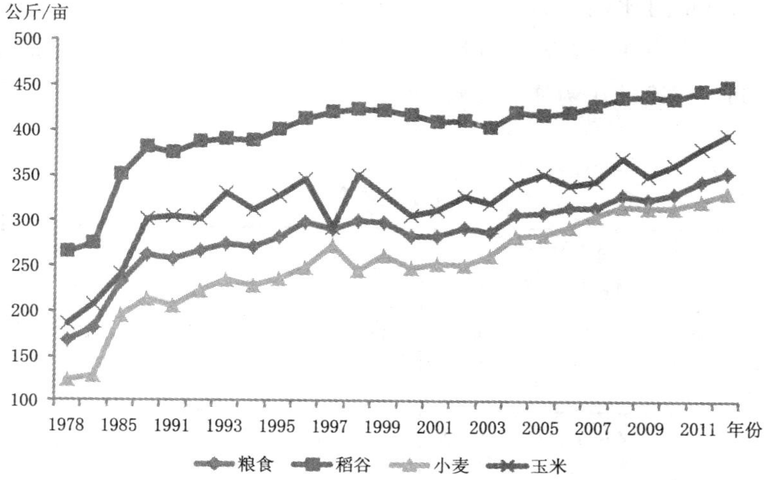

图 3－3 1978 年以来我国粮食及谷物单产变化

数据来源：历年《中国统计年鉴》。

4. 部分粮食品种品质结构矛盾较为突出

虽然我国粮食连续九年丰收，在总量上基本能够满足国内需求，但部分粮食品种的品质结构矛盾仍较为突出。以小麦为例，主要表现为在小麦产量较大幅度增长的同时，小麦的专用品质性状却有劣化的趋势。虽然自1996 年以来我国优质专用小麦面积逐年上升，2010 年上报面积 2.6 亿亩，优质率达 72.6%。然而实际种植的优质麦品种很少，且优质达标的品种更少。2010 年 10 万亩以上冬麦品种 314 个（共 34242 万亩），其中达到烘焙品质要求的有 9 个①，仅占 2.9%；种植面积 1474 万亩，占 4.3%；产量 466 万吨，占 4.2%。2010 年达到国标强麦的冬小麦品种 5 个，占 1.6%；种植面积 820 万亩，占 2.4%；产量 259 万吨，占 2.3%。从农业部历年对各地生产小麦质量检测报告看，小麦主要品质性状指标测定值近年已明显下滑。小麦产业体系课题组对黄淮冬麦区生产小麦连续三年取样检测结果表明，2008 年、2009 年和 2010 年黄淮冬麦区田间小麦样品稳定

① 即农大 3753、师栾 02－1、洲元 9369、郑麦 366、新麦 26、西农 9718、郑麦 9023、襄麦 25、鄂麦 23。

时间≥7min 的比例分别为 31.5%、21%、15.3%；同时满足容重（≥770g/L）、蛋白质含量（≥14%）、湿面筋含量（≥32%）和稳定时间（≥7min）标准的比例分别为 8.7%、3.5%和 3.2%，呈现下降趋势（表 3－1）。

表 3－1　　　　历年小麦质量状况

项　目	蛋白质（%）		湿面筋（%）		稳定时间（分钟）	
	变幅	平均值	变幅	平均值	变幅	平均值
1982—1984 年	9.7—17.7	13.4	13.1—34.5	24.3	1.2—4.5	2.3
2006 年	9.12—17.32	13.83	17.9—39.6	30	0.6—46.6	6.6
2007 年	8.46—19.06	13.89	14.1—42.9	30.6	0.6—39.6	6.2
2008 年	9.18—20.26	14.03	14.8—44.6	30.3	0.7—44.8	6.8
2009 年	9.19—17.52	13.58	15.4—39.5	29.9	0.8—35.4	5
2010 年	8.66—18.90	13.97	14.6—40.4	29.8	0.7—53.5	4.8

数据来源：王志敏（2011）。

（二）消费形势

1. 粮食：消费总量突破 6 亿吨，三大主粮占比有所下降

1978 年以来，我国的粮食消费总量稳步增长，但各阶段增长速度不尽相同。从 1978 年至 1990 年，这一阶段是我国传统计划经济向市场经济的转轨时期，由于粮食供给能力和居民收入水平的大幅提高，粮食消费快速增长，年均增速达到 2.3%；从 1991 年至 2000 年，是我国粮食市场化改革时期，粮食消费总量平稳增长，年均增速降至 1.3%；从 2001 年至 2011 年，我国粮食市场逐步全面放开，由于饲料用粮和工业用粮的增加，我国粮食消费总量增长再次提速，年均增速达到 2.5%，为改革开放以来增长速度最快的时期。2011 年，我国粮食消费总量突破了 6 亿多吨，创造了 1978 年以来的最高纪录（图 3－4）。

从品种构成上看，近年来三大主粮消费均呈现稳步增长态势，由 2007 年的 4.33 亿吨增至 2011 年的 5.12 亿吨，增幅为 18.2%。其中玉米

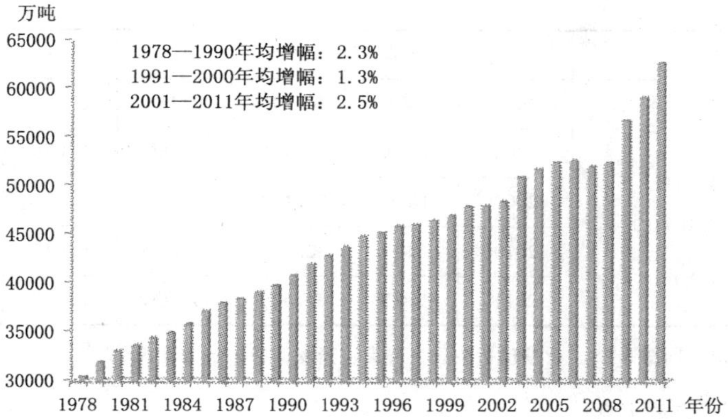

图 3－4　1978 年以来我国国内粮食消费总量变化趋势

数据来源：国内粮食消费数据 1978—2002 年来自茅于轼、赵农（2011）；2003—2011 年数据来自国家粮食局《中国粮食发展报告》及程国强《中国粮食调控——目标、机制与政策》（中国发展出版社，2012 年 10 月第 1 版）。2011 年的杂粮消费数量是依据前三年的年均增长速度预测得来。

增长最为明显，由 2007 年的 1.46 亿吨增至 2011 年的 1.91 亿吨，增幅为 30.9%。但由于大豆消费量的迅速增加（2007 年至 2011 年增长了近 50%），三大主粮消费量在粮食中的比重略有下降，由 2007 年的 83.1% 降至 2011 年的 81.5%。近年来我国杂粮消费量快速增长，2011 年较 2007 年增长了 12.3%，但在粮食消费总量中的比重由 8% 降至 7% 左右（表 3－2）。

表 3－2　　2007—2011 年我国粮食消费的品种构成　　单位：万吨

	年份	粮食	稻谷	小麦	玉米	杂粮
消费量（万吨）	2007	52106	18079	10622	14595	4075
	2008	52567	18118	10440	14623	4265
	2009	56911	18869	10609	17070	4393
	2010	59260	19400	11049	17800	4496
	2011	62786	19840	12219	19111	4576

续表

	年份	粮食	稻谷	小麦	玉米	杂粮
占粮食消费总量的比重	2007	100%	34.70%	20.39%	28.01%	7.82%
	2008	100%	34.47%	19.86%	27.82%	8.11%
	2009	100%	33.16%	18.64%	29.99%	7.72%
	2010	100%	32.74%	18.64%	30.04%	7.59%
	2011	100%	31.60%	19.46%	30.44%	7.29%

数据来源：同图 3－1。杂粮包括杂豆、薯类、荞麦、谷子、大麦等。

2. 稻谷：消费总量先降后升，饲料消费降幅明显

2003 年以来，我国稻谷消费总量维持在 1.8 亿吨以上，并以 2007 年为分界点，之前下降趋势较为明显，之后出现小幅回升的态势。2011 年，我国稻谷总消费量为 1.98 亿吨，比 2003 年增长了 5%。从消费结构看，稻谷食用消费占总消费的比例一直维持在 80% 以上，2007 年之前食用消费量小幅下降，之后以年均 1% 的速度增长，到 2011 年达到 1.69 亿吨，比 2003 年增长 7.7%；由于稻谷价格上涨使得其饲用比价效益下降，近年来稻谷饲料消费下降幅度较大，从 2003 年的 1936 万吨降至 2011 年的 1618 万吨，下降了 16.4%，饲料消费占稻谷总消费的比例也由 10.2% 降至 8.2%；稻谷工业消费量较为稳定，一直维持在 1000 万吨左右，占稻谷总消费量的 6%（表 3－3）。

表 3－3　　2003—2011 年我国稻谷消费情况　　单位：万吨

年份	2003	2004	2005	2006	2007	2008	2009	2010	2011
国内消费量	18900	18791	18766	18242	18079	18118	18869	19400	19840
食用消费	15690	15690	15590	15200	15200	15450	16150	16550	16900
饲用消费	1936	1754	1779	1779	1660	1500	1550	1630	1618
工业消费	1121	1094	1144	1144	1100	1050	1050	1100	1200

数据来源：同图 3－1。

从品种结构上看，籼米消费持续下降，粳米消费不断上升。随着我国

人口流动规模的扩大和物流设施的完善，居民大米消费习惯逐渐改变，传统上“南籼北粳”的格局被打破。高质量粳米的消费区域不断扩大，消费数量不断增加。由于南方省份稻米产量的下降，主要依靠南方籼米供应的北京、天津、上海、浙江等地，现在只能依靠东北黑龙江、吉林、辽宁等稻米主产区的粳米供应，西北的许多地区，也开始批量销售东北粳米，东北粳米消费区域“南移西扩”势头明显（吴乐等，2011）。籼米在大米消费中的比例持续下降，由 1991 年的 85.5%（朱希刚等，2004）下降到近年的 70% 左右。

3. 小麦：消费总量波动趋涨，饲料和工业消费大幅上升

近年来，我国小麦消费总量波动较为明显，但总体上呈逐渐上涨的态势。2011 年国内小麦消费量超过 1.2 亿吨，比 2003 年增长 13.7%，年均增长 1.4%。从消费结构上看，食用消费一直稳定在 8000 万吨左右，但占总消费量比重由 75% 左右降至 67.9%；由于养殖业快速发展对饲料需求的增加，近年来我国小麦的饲用消费量迅速增长，2008 年突破 1000 万吨，占总消费量的比例由 8.6% 升至 10% 以上。尤其是 2010 年以后，随着玉米价格大幅上涨，小麦玉米价格出现倒挂，在饲料生产中小麦替代玉米的现象逐渐增多，进一步刺激了小麦饲用消费的增长。据测算，2011 年小麦饲用消费约为 2300 万吨，2012 年可能会突破 3000 万吨，占小麦总消费量的比重增至 20% 左右；由于谷朊粉、工业酒精、麦芽糖等行业的快速发展，我国小麦工业消费量增长也较为明显，由 2003 年的 923 万吨增至 2011 年的 1150 万吨，增幅为 24.6%，占总消费量的比例也由 6.8% 上升至 12.2%（表 3－4）。

表 3－4　　2003—2011 年我国小麦消费情况　　单位：万吨

年份	2003	2004	2005	2006	2007	2008	2009	2010	2011
国内消费量	10747	10697	10572	10600	10622	10440	10609	11049	12219
食用消费	8050	8000	7950	7900	7800	8000	8050	8150	8300
工业消费	923	923	903	948	950	1000	1040	1080	1150
饲用消费	731	731	701	721	1400	970	1050	1350	2300

数据来源：同图 3－1。

4. 玉米：消费总量刚性增长，工业消费比重逐年提高

进入21世纪以来我国玉米消费总量持续增长，到2011年已超过1.9亿吨，比2003年增长43.9%，年均增幅为4.1%。其中，饲用消费量稳步上升，但占消费总量的比重逐渐下降。由于畜牧业的持续发展，饲用玉米的消费量由2003年的9230万吨增至2011年的11600万吨，累计增长27.5%，年均增长2.7%。饲用消费虽然是玉米消费的主体，但由于深加工业的快速发展，饲用消费占玉米消费总量的比重已由68.5%下降到60.7%，平均每年下降约1个百分点；近年来在粮食能源化、用途工业化的影响下，产业链最长、产品类最多的玉米深加工业发展迅速，产能快速扩张。玉米工业消费量由2003年的2675万吨增至2011年的5700万吨，累计增长超过1倍，年均增幅8.8%，占玉米总消费的比重由20.1%增至29.8%，超过了2007年国家发展和改革委员会《关于促进玉米深加工业健康发展的指导意见》中规定的将深加工用粮规模占玉米消费总量的比例控制在26%以内的目标（表3-5）。

表3-5　　2003—2011年我国玉米消费情况　　单位：万吨

年份	2003	2004	2005	2006	2007	2008	2009	2010	2011
国内消费量	13285	13445	14075	14435	14595	14623	17070	17800	19111
饲用消费	9100	9100	9350	9300	9000	9280	10500	10780	11600
工业消费	2675	2830	3180	3580	4080	3830	5000	5350	5700

数据来源：同图3-1。

（三）进出口贸易

1. 粮食净进口量大幅提升

从新中国成立到20世纪60年代以前，我国是粮食净出口国；20世纪60年代以后粮食有进有出；20世纪70年代以后成为粮食净进口国（韩俊，2009）。20世纪80年代和90年代，我国粮食进口和出口量呈现此消彼长的态势，虽然大多数年份为净进口国，但也有个别年份变为净出口国。但自2003年以来，我国粮食净进口量逐年大幅攀升，2010年达到最高点6051万吨，2011年降至5809万吨。2012年前10个月，我国稻

谷、小麦、玉米进口量同比均增长了2倍以上，全年粮食进口量突破了7000万吨，创造新的历史纪录；而粮食出口量却逐年下滑，2008年以后仅为200万吨左右。粮食进口大幅增加的主要原因是大豆进口激增，2003年大豆进口突破2000万吨，2007年突破3000万吨，2009年突破4000万吨，2010年再度刷新历史纪录，达到5479.7万吨，占我国粮食总进口量的比重达到90%以上（图3－5）。

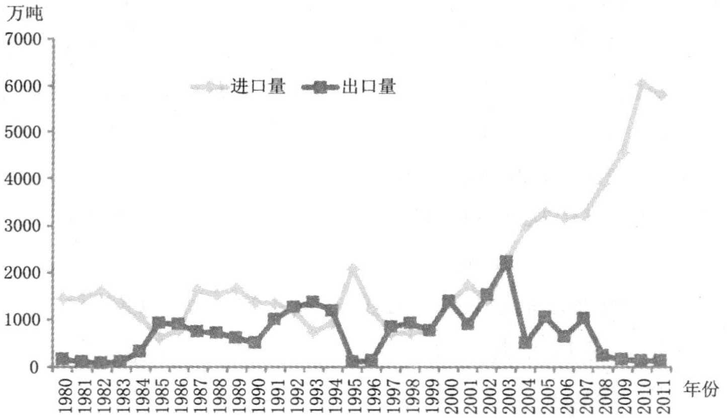

图3－5 1980—2011年我国粮食进出口情况

数据来源：1980—2010年数据来自国家粮食局《中国粮食发展报告2011》，2011年数据来自农业部《2012中国农业发展报告》。

2. 粮食进口结构发生重大变化

传统上我国参与国际粮食贸易主要是为了调节供求关系和进行粮食品种的调剂，多年来形成的基本格局是：出口稻谷和玉米，进口小麦和大豆①。但近年来，随着国内粮食生产和消费形势的变化，我国粮食贸易的品种结构发生很大变化。首先，进口的主要粮食品种由小麦转为大豆。1995年以前，由于我国优质小麦产不足需，高度依赖国际市场，小麦进口量占到粮食进口总量的80%以上；1995年以后，随着国内优质小麦生产的快速发展，小麦进口大幅下降，多数年份仅在100万吨左右。而大豆

① 贸易中的小麦、稻谷、玉米均为小麦产品、稻谷产品和玉米产品。

逐渐成为我国粮食进口的主要产品，2007 年以后占粮食总进口量的比重均在 90% 以上。其次，玉米和稻谷由净出口变为净进口。我国是玉米和稻谷生产大国，也是这两个产品传统的出口国。但近年来，由于国内供需形势的变化及国际市场价格的优势，我国玉米的进口量逐年增加，从 2010 年开始成为净进口国；稻谷的出口量逐年减少，2011 年转为净进口。从占世界贸易量的比重来看，2011 年世界玉米和稻谷的总进口量分别为 9942 万吨和 3465 万吨，我国玉米和稻谷的进口量约占世界总进口量的 1.7% 左右，已经超过了我国传统进口产品—小麦占世界总进口量的比重（0.8%）。最后，三大主粮净进口总量逐年攀升。目前，我国三大主粮（稻谷、小麦、玉米）均为净进口，且净进口量逐年增加，由 2009 年的 18.6 万吨增至 2011 年的 263 万吨，增长了 13 倍。2012 年三大主粮进口增长趋势更为明显。从 1—11 月份的情况看，小麦进口量增至 369.4 万吨，同比增 2.6 倍，为 2005 年以来的最高值；玉米进口量 494 万吨，已较 2011 年全年的进口量增长了 3.2 倍；稻谷和大米进口量突破 200 万吨，同比增长 3 倍。前 11 个月三大主粮进口已达 1078 万吨，是 1996 年以来的最高值（图 3-6）。

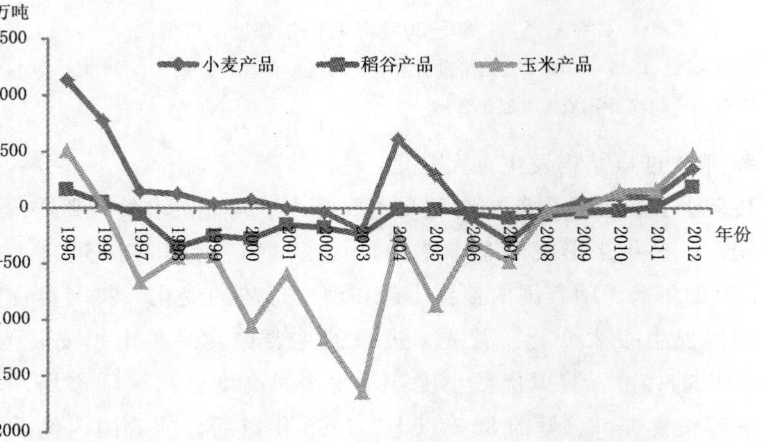

图 3-6　1995 年至 2012 年我国三大主粮净进口情况

数据来源：农业部《中国农产品贸易发展报告 2012》和中国海关，2012 年为 1—11 月份的进出口数据。

3. 主要谷物进口的国别结构发生明显变化

我国谷物的进口来源地主要是美国、澳大利亚和泰国，出口市场主要是亚洲周边国家和地区。近年来，受国内外谷物价格优势和供需结构变化等因素影响，小麦和大米的进口结构发生明显变化。澳大利亚成为我国小麦进口第一来源地。2010 年以来我国从澳大利亚进口的小麦占总进口量的比例大幅提升。尤其是 2012 年，由于小麦饲用消费的增加，而澳大利亚饲料级小麦在价格上具有明显优势，1—11 月份从澳大利亚进口的小麦占到 65.7%；而从美国和加拿大进口的用于品种调剂的硬质小麦所占比例下降较为明显，从 2009 年的 47.3% 降至 2012 年的 28.3%，下降了近一半。越南、巴基斯坦等国的低端大米成为泰国大米的主要竞争对手，并冲击国内市场。由于国内大米价格显著高于国际，进口大米的销售利润较高，2012 年以来我国大米进口量激增。据海关统计数据显示，2012 年 1—11 月份我国累计进口稻米 215.0 万吨，同比增长 3 倍。其中尤以越南（占进口总量的 69.5%）和巴基斯坦（占 21.9%）低端大米进口增长最为明显。虽然这些国家的大米从食用口感上并不比泰国大米、甚至国产米好，但因其外观好、价格低。而且这种进口米用于加工南方传统食品米粉，与国产早籼米没有明显品质差别。低价的进口大米拉低了南方籼米价格，对广东、福建等部分销区的大米市场造成严重冲击，也挤压了部分大米加工企业的盈利空间，数据如表 3－6 所示（彭超，2012）。

表 3－6　　2009—2012 年 1—11 月小麦进口国别结构对比

	澳大利亚	美国	加拿大
2009 年	30.9%	42.6%	4.7%
2010 年	62.2%	10.6%	23.2%
2011 年	52.7%	35.6%	5.6%
2012 年	65.7%	17.4%	10.9%

数据来源：中国海关，每年的进口数据均为前 11 个月的情况。

二、粮食供需平衡及趋势分析

（一）对目前我国粮食自给率的计算

粮食自给率是判断一个国家粮食安全的重要指标之一。多数经济学家认为，粮食自给率达到95%或以上时，即达到了足够高的粮食安全水平；自给率在90%—95%，即达到了可以接受的粮食安全水平；自给率小于90%时，则为不安全；而要追求100%的粮食自给率目标，会付出高昂的经济代价，牺牲经济发展效率。国际经验中的粮食自给率参考值是按谷物类粮食确定的，不含油用大豆和薯类作物。而我国粮食的概念中包括谷物、薯类和豆类。本书在讨论我国粮食的自给率时，将分为两个部分：首先讨论包括大豆、薯类在内的我国粮食概念上的自给率水平，其次将参考国际经验，仅计算包括稻谷、小麦、玉米在内的主要谷物品种的自给率水平。

1. 粮食自给率水平降至90%安全线附近

根据前面对我国近年来粮食供给和消费方面的讨论，可以计算得到我国粮食自给率的变化趋势。如图3－7所示，1978年以来我国粮食自给率整体呈现波动下降的趋势，并以1999年为分界点，之前年份粮食平均自给率为高达104%，之后年份平均自给率降至93.3%。由于生产量的持续下滑，1999年至2003年我国粮食自给率由108.1%降至84.4%，低至安全线以下，粮食产销缺口高达7935万吨，占2003年粮食产量18.4%。2004年以后，随着粮食生产量的回升，我国粮食自给率水平当年就跃上了90%的安全线，并一路攀升至2008年的100.6%。之后，虽然粮食生产量持续增加，但由于消费量的增速更快，我国粮食自给率再度呈现下滑状态，到2011年已跌至91%，粮食产需缺口占总产量的比重为9.9%。这主要是由于2008年以后我国大豆的产需缺口迅速扩大，由3567万吨增至5690万吨。

2. 谷物自给率先升后降，但整体水平接近100%

与粮食不同的是，目前我国谷物的自给率水平远在安全线之上。由图3－8可以看到，2003年以来我国谷物的自给率呈现先升后降的走势，2005年以后自给率都在95%以上，2006年至2010年甚至超过了100%，2011年小幅下降至99.9%。分品种看，稻谷的自给率从2007年开始均保

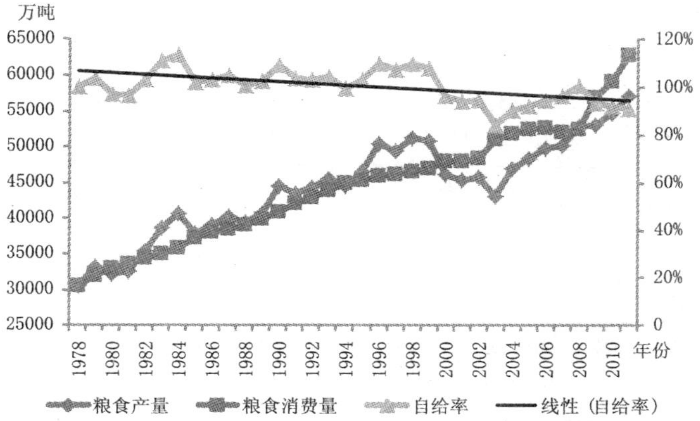

图 3－7　1978—2011 年我国粮食自给率变化情况

持在 100% 以上；小麦的自给率在 2003 年仅为 80.5%，是谷物中最低的，自 2005 年起超过了 90% 的安全线水平，2006 年至 2010 年保持在 100% 以上。2011 年由于饲用消费猛增，小麦自给率降至 96.1%，成为谷物中自给率最低的品种；玉米的自给率波动幅度较大，以 2008 年为分界点，之前自给率水平明显高于谷物及稻谷、小麦，2008 年达到 113.5% 的最高值。由于深加工消费的迅速增加，2009 年玉米自给率下跌 17.4 个百分点至 96.1%，较同期稻谷、小麦及谷物的自给率水平低 6—12 个百分点。之后随着产量的迅速增加，玉米自给率逐渐回升，到 2011 年已超过 100%。

（二）对未来我国粮食供需形势的预测

根据 OECD 和 FAO 的最新预测，未来 10 年我国主要谷物产量增长速度将小于消费量的增长速度，自给率水平将呈现不断下降的趋势，但整体仍能保持在 95% 的安全线以上。其中大米的自给率虽然自 2013 年起将降至 100% 以下，但仍是谷物品种里自给率水平最高的，到 2021 年约为 98.1%；由于消费结构的变化，到 2021 年我国人均肉类[①]消费量将较

① 包括牛肉、猪肉、禽肉和羊肉。

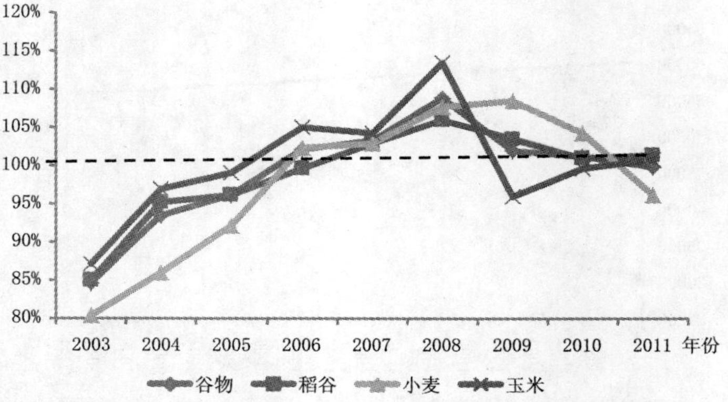

图 3－8 2003—2011 年我国谷物自给率变化情况

2012 年增长 15.8%，从而带动粗粮（主要是玉米）的饲料消费量以年均 2.7% 的速度增长，到 2021 年我国粗粮消费总量将增至 2.4 亿吨，自给率水平降至 95.6%，产需缺口接近 1040 万吨；由于产量增速下降而消费量保持 0.4%—0.5% 的刚性增长，2016 年以后我国小麦的自给率水平下降较快，并从 2018 年开始成为谷物中自给率水平最低的品种，到 2021 年小麦自给率约为 95.3%，产需缺口为 584 万吨（图 3－9）。

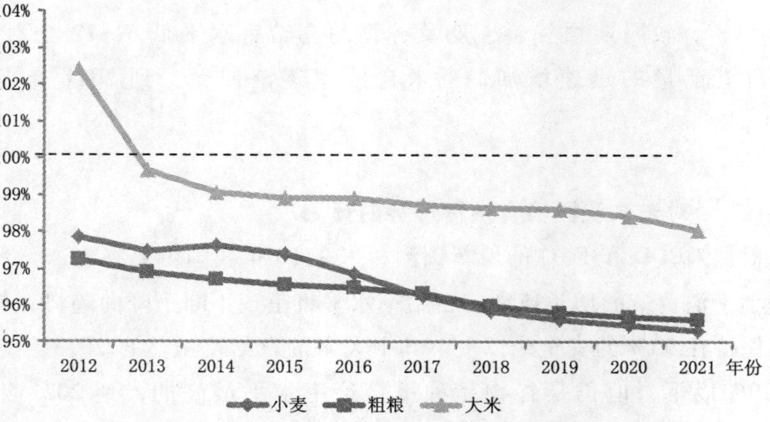

图 3－9 未来十年我国主要粮食品种自给率预测

数据来源：OECD－FAO：*Agriculture Outlook*，2012—2021.

由于产需缺口的扩大，未来10年我国主要谷物进口量整体将呈现上升趋势，到2021年小麦、粗粮、大米三个粮食品种的进口总量将突破1700万吨。其中，粗粮进口将保持年均6.6%速度增长，到2021年进口量超过1100万吨，占我国粗粮消费量的4.6%，约占世界粗粮贸易量的7.6%；小麦进口将呈现先降后升的态势，到2021年进口量约为532万吨，占我国小麦消费量的4.2%，约占世界小麦贸易量的3.5%，成为世界四大小麦进口国之一（另外三个为欧盟、印度尼西亚和伊朗）；而大米进口量占国内消费量的比重不超过1%，占世界贸易量的比重也将控制在2%以内（图3－10）。

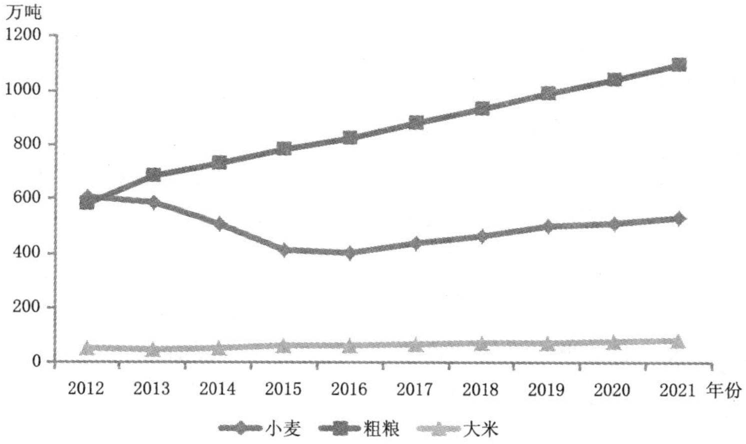

图3－10 未来十年我国主要粮食品种进口量预测

数据来源：OECD－FAO：*Agriculture Outlook*，2012—2021.

三、未来粮食的增产潜力和制约因素

未来我国粮食消费将在人口及经济增长、城镇化水平不断提高的推动下走上刚性上升甚至加速上升的轨道，因此保证粮食生产的稳定并进一步挖掘粮食增产潜力将是保证我国中长期粮食安全的重要措施。在国家政策和科技发展的共同作用下，我国粮食产量仍有进一步增长的空间，但也不能忽视诸多挑战和不确定因素的存在。

（一）粮食增产潜力

1. 耕地面积有望保持稳定

一个国家如果能够保持最低限度的耕地面积，也就是保持了粮食的潜在生产能力（邓大才，2003）。人多地少、耕地资源紧缺是我国的基本国情。目前，我国人均耕地面积仅为世界的40%，全国可开发为耕地的后备资源仅为667万公顷，且多分布于生态脆弱区，开发利用难度大（翟虎渠，2012）。为促进耕地保护，增加高产稳产基本农田和改善农村生产生活条件，近年来，国土资源部在全国重点划定的15.6亿亩基本农田范围内，有计划地对田、水、路、林、村进行土地综合整治。“十一五”期间，全国通过土地整治新增耕地150万公顷，超过同期建设占用耕地的面积，保持了耕地面积基本稳定，对坚守18亿亩耕地红线起到了至关重要的作用。2012年3月16日，由国土资源部会同有关部门编制的《全国土地整治规划（2011—2015年）》经国务院批准正式颁布实施。该规划提出，到2015年我国要补充耕地2400万亩，确保全国耕地保有量保持在18.18亿亩。而据2012年12月12日国土资源部发布的2011年度全国土地变更调查数据显示，截至2011年12月31日，全国耕地保有量为18.2476亿亩。自2009年全国耕地保有量连续3年保持在18.24亿亩以上，表明该规划中提到的耕地保有量目标有望实现（图3－11）。

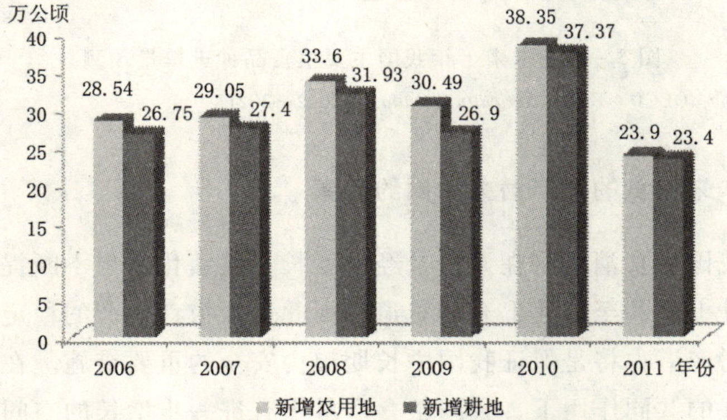

图3－11　2006—2011年我国新增农用地及耕地情况

数据来源：2011年《中国国土资源公报》。

2. 现有耕地生产力有望进一步提升

在我国现有耕地中，有高产田 54655.9 万亩，约占耕地总面积的 30%；中产田 69985.6 万亩，约占 38.5%；低产田 57394.5 万亩，约占 31.5%（翟虎渠，2012）。中低产田的面积之和约占我国耕地的 70%，因此推进中低产田改造，提高其粮食生产能力，是提高土地利用效率、确保国家粮食安全的重要途径。据专家测算，改造中低产田亩均可增产 80 公斤（增幅约 20%），而现有高产田通过设施更新完善也有亩增 30 公斤以上的潜力（农业部，2010）。高标准基本农田建设是近年来保证我国粮食稳产增产的重要举措之一。2001 年以来，全国建成了 2 亿多亩高产稳产基本农田，整治后的耕地质量平均提高 1—2 个等级，平均亩产提高 10%—20%，生产成本普遍降低 10%—15%。特别是“十一五”期间，我国建成高产稳产基本农田 1.6 亿多亩，平均每亩提高 1.5 个等级，也就是说亩产增加 150 公斤以上。“十二五”期间我国将进一步加大投资的力度，开展 4 亿亩高标准基本农田建设。整治后，基本农田将平均提高 1 个等级，粮食亩产增加 100 公斤以上，粮食安全保障能力将明显增强。

3. 复种指数有望进一步提高

由于耕地面积增长空间有限，今后我国粮食播种面积的提升将主要依靠复种指数的提高。据有关学者测算，复种指数每增加一个百分点，相当于增加 1500 万亩左右的粮食播种面积。如果全国耕地平均复种指数从 155% 提高到 160%，相当于扩种 1 亿亩，可增产近 250 亿公斤（陈洁，2011）。东南沿海和长江中下游等地区是我国复种潜力最高的地区，但由于经济的快速发展和人工成本的上升，南方水稻主产区“双改单”现象较为严重。1998—2006 年间，我国双季稻区至少有 174.4 万公顷的双季稻改为单季稻，由此造成的我国水稻播种面积减少 13%，水稻总产量减少 5.4%，粮食总产量减少 2%（辛良杰，2009）。近年来，湖南、江西、广西等水稻主产省积极推广早稻集中育秧，对促进水稻“单改双”成效显著。以水稻第一大省湖南省为例，2012 年全省 65 个示范县市区早稻集中育秧面积达到 501 万亩，有效地解决了农户分散育秧中缺劳力、缺技术等突出问题。扩大早稻面积 86.5 万亩，减少耕地抛荒 1.26 万亩，预计早稻总产增加 4 亿公斤以上。由于早稻收益较低，农户为保证全年收入必然再种一季晚稻，这就提高了复种指数，为粮食增产奠定了基础。

4. 单产水平有望进一步提升

近20年来我国粮食产量的提升主要依靠单产水平的提高，2004年至2012年粮食单产对增产的贡献率达到57.4%。而未来我国粮食单产将在科技的支撑下进一步提升。以小麦为例，未来我国小麦单产水平有望在区域、品种、技术等三方面潜力的挖掘下再度提升。首先从区域潜力看，通过加强农田基本建设和改进栽培技术，北纬31°—35°地区（小麦面积约1.3亿亩）、北纬35°—38°地区（面积约7000万亩）和西北、华北缺水麦区平均亩产分别可提高30公斤、20公斤和10公斤；其次从品种潜力看，近年主产省推广的主导品种区试产量与省实际平均产量的差距达107—189公斤/亩，挖掘现有品种增产潜力尚有较大空间。预计未来5—10年内，我国将会育成一批高产、超高产与肥水高效、多抗结合的新品种，实现新一轮品种更替和产量、效率的综合提升（王志敏，2011）；从技术潜力看，不仅现有的主导技术如冬小麦精播、半精播高产技术等将会持续发挥增产作用，不断解决现实生产中的技术问题也可提升产量，根据国家小麦产业技术体系专家的调查分析，仅仅通过全面实施规范化播种、严格抓好整地播种质量这一环节，全国农田平均产量就可再增加3%—7%。此外，新型耕作栽培技术，如机械化宽幅精播和窄行匀播技术、水肥一体化技术、稻茬麦新型机械化耕播技术等的发展和应用将会推动生产方式的变革，为小麦增产开阔空间。

（二）制约因素

1. 水资源匮乏

我国是严重缺水的国家。农业是用水大户，近年来农业用水平均占全国用水总量的62%左右，部分地区高达90%以上。随着我国粮食主产区的北移，水资源短缺的问题日益成为约束粮食生产的重要因素。2011年，华北（河北、河南、山东）和东北（黑龙江、吉林、辽宁、内蒙古）地区七个粮食主产省粮食总产占全国的46%，总供水量仅占全国总量的23.9%，其中地表水仅占14.5%。地表水供应的短缺导致地下水的大规模开采，造成部分地区地下水位的快速下降，如河北省东部平原深层地下水位目前普遍比几十年前下降了40—60米。2011年和2012年不断有媒体报道河北地区有大规模弃种小麦的现象，其主要原因之一就是河北小麦的排灌费用太高，2011年为70.6元/亩，是全国平均水平的两倍。水资源的匮乏已经成为我国北方农业可持续发展的瓶颈。

2. 自然灾害影响日益突出

旱涝灾害、冰冻灾害和病虫害一直是威胁我国粮食生产安全的三大障碍。近年来，旱灾发生频率有所增加，对粮食生产的影响也逐渐加大。据《中国水旱灾害公报》公布的数据，1950年至2011年，全国农业平均每年因旱受灾面积为2147.5万公顷，年均因旱损失粮食162亿公斤，占各种自然灾害造成粮食损失的60%以上。与此同时，全国年均因旱损失粮食由20世纪50年代的43.5亿公斤上升到90年代的206.5亿公斤，2000年以来高达324.4公斤。今后在气候变暖和水资源匮乏的背景下，干旱灾害将是影响我国粮食增产的重要因素之一。此外，病虫害对粮食生产的影响也不容忽视。据统计，由于各种病虫害的发生，我国每年损失小麦约30%—35%。如小麦条锈病自1999年大流行以来，已经由过去的偶发性病害转变为常发性病害。2000年以来，每年全国发生面积6000万—8000万亩左右，防治后仍损失小麦10亿公斤左右。2012年8月份，河北、内蒙古、吉林、黑龙江、辽宁、天津等地暴发大规模玉米粘虫危害，粘虫发生面积近5000万亩，严重发生面积650万亩，发生面积之大、危害程度之重是近10年最重的。同时，南方中晚稻和东北一季稻区稻飞虱、稻瘟病等病虫害发生程度也重于常年，已累计发生3亿亩次（图3-12）。今后如何加强病虫害防治，实现“虫口夺粮”，也是粮食生产面临的重大课题之一。

3. 比较效益偏低

虽然2004年以来，国家出台了一系列鼓励粮食生产的优惠政策，农民种粮收益得以大幅提升，但与其他经济作物相比，粮食单位面积的经济收益仍然偏低。2011年我国主要农产品收益最高的是苹果和大中城市的蔬菜，每亩净利润是其他农产品的三倍以上；其次是桑蚕茧、花生、甘蔗、甜菜，每亩净利润在500—1000元之间；由于稻谷和玉米的净利润保持持续上涨的态势，三种粮食平均的净利润也排在年度间收益波动较大的

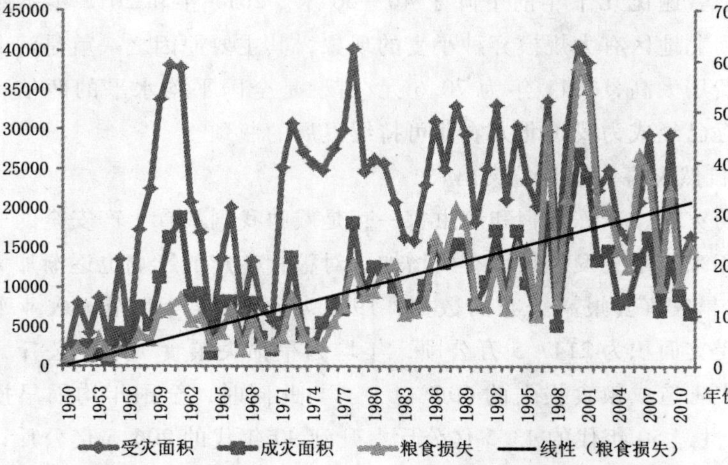

图 3－12　1950—2011 年全国干旱灾情统计（单位：千公顷、亿公斤）

数据来源：2011 年《中国水灾旱灾公报》。

棉花和大豆之前，而小麦的净利润在 2009 年以后出现了明显的下降态势，在主要农产品的收益排名中仅高于油菜籽。农民种粮比较效益低的主要原因是生产成本的增长速度大于粮食出售价格。2006 年至 2011 年，三种粮食每 50 公斤主产品平均出售价格上升了 60.4%，而生产总成本却增长了 64.2%，从而将净利润的增长幅度拉低至 49.4%。分品种看，只有稻谷平均出售价格的增幅高于总成本，其净利润的增幅也是三种粮食中最高的；小麦的平均出售价格增幅较总成本低 15 个百分点，是三种粮食中差距最大的，导致其净利润增幅成为负值。小麦种植收益的下降已经开始影响农民种植小麦的积极性，2011 年和 2012 年秋冬种期间，都出现了一些地区因小麦比较效益偏低而抛荒的现象，必须予以高度关注。

4. 劳动力老龄化及高成本化

随着我国工业化、城镇化速度的加快，大规模的农村青壮年劳动力涌向城市，使得留乡务农的以中老年人为主，农业生产老龄化问题十分突出。根据中国农业大学 2009—2010 年对我国 10 个省市 20 个村庄的调查发现，农村人口老龄化程度已高达 30%，农业劳动者的平均年龄为 57 岁。由于中老年人的知识构成与有知识、懂科技、会经营的现代农民相差太远，由此导致的农业粗放经营、复种指数降低和土地大面积撂荒现象，成为我国未来粮食生产的潜在威胁。由于农村青壮年劳动力稀缺以及外出务工收入上涨的拉动，我国粮食生产的人工成本不断上升。由图 3 - 13 可以看到，1978 年以来，三种粮食平均的劳动日工价与每亩用工数量走出了两条截然相反的趋势线。在农业机械化、服务社会化增强使得每亩用工数量持续下降的背景下，劳动力日工价不断上升，甚至在 2003 年以后出现了加速上升的趋势，年均增长率达到 8.3%，超过了同时期物质与服务费用的上涨幅度（7.5%）。同时，人工成本在粮食生产成本中的比重自 2009 年开始也出现了快速上涨的趋势，到 2011 年占生产成本的比重达到 44.1%，为 1985 年以来的最高值。劳动力的高成本化是农业生产成本上升的刚性推动力，已经成为衡量农民种粮收益不可忽略的重要因素。

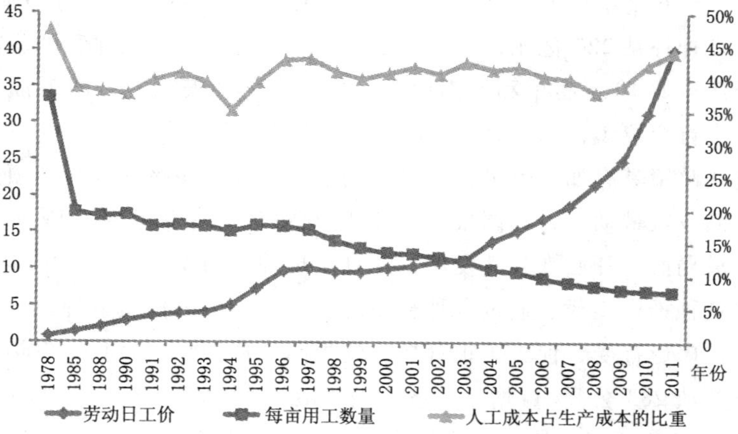

图 3 - 13　1978—2011 年三种粮食平均用工成本情况（单位：元、日）

数据来源：国家发展和改革委员会价格司：各年《全国农产品成本收益汇编》，中国统计出版社。

四、粮食市场主要调控政策及效果

为保护农民种粮收益，促进粮食生产，确保国家粮食安全，2004 年以来我国出台了多项补贴以及最低收购价等一系扶持粮食生产的政策，极大地调动了农民种粮积极性，保证了粮食生产的持续稳定发展。

（一）生产和收入补贴政策

从2004年开始，我国对种粮农民实施了种粮直补、良种补贴、农机具购置补贴，2006年又增加了柴油、化肥等农业生产资料预计增支综合直补，并不断加大补贴力度，补贴范围、补贴品种。其中，良种补贴、农机具购置补贴等农业投入品使用补贴，称为“农产品生产补贴”，粮食直补、农资综合直补已逐步由生产支持转变为对农民的直接收入支持，因此称之为“农民收入补贴”（程国强，2012）。到2012年，中央财政安排的粮食直补、良种补贴、农资综合直补、农机购置补贴等四项补贴之和达到1628亿元，较2004年增长11.4倍。其中，粮食直补151亿元、农资综合补贴1078亿元、农机具购置补贴200亿元。农机补贴种类由9大类扩大到12大类46个小类180个品目，在此基础上各地还可再自行增加30个品目；良种补贴220亿元，水稻、小麦、玉米、棉花、东北和内蒙古的大豆、长江流域10个省市和河南信阳、陕西汉中和安康地区的冬油菜、藏区青稞实行全覆盖，马铃薯、花生在主产区开展试点。

这些政策具有如下效果：一是调动了农民种粮积极性。在各项生产和收入补贴政策带动下，我国粮食生产从2004年就一举扭转了1998年以来持续下滑局面，开始恢复性发展，并且实现种植面积和产量双增加。二是加快了良种推广步伐。通过良种补贴的实施，一大批优质良种通过项目带动被农户广泛接受，促进了粮食单产的提高。从2004年到2012年，我国小麦单产从283公斤/亩增至333公斤/亩，增幅17.5%；玉米由341公斤/亩增至397公斤/亩，增幅为16.3%；稻谷由421公斤/亩增至450公斤/亩，增幅为6.9%。但现有的生产和收入补贴政策也存在需要进一步改进的地方，比如良种补贴标准偏低，大部分地区按种植面积而不是良种使用情况发放补贴，对良种推广作用有限。

（二）价格支持政策

主要包括小麦和稻谷的最低收购价政策，以及玉米的临时收储政策。2004年5月，国务院在《关于进一步深化粮食流通体制改革的意见》中明确提出，“要充分发挥价格的导向作用，当粮食供求发生重大变化时，为保证市场供应、保护农民利益，必要时可由国务院决定对短缺的重点粮食品种，在粮食主产区实行最低收购价格”。2004 年 3 月，国家公布了早籼稻、中晚籼稻和粳稻最低收购价，并于 2005 年首次启动早籼稻最低收购价执行预案。小麦的最低收购价政策是从 2006 年开始实行的，当年就启动了执行预案。到 2012 年为止，除了 2010 年市场价格高于最低收购价以外，其余年份均启动了小麦最低收购价执行预案。玉米的临时收储政策是从 2008 年开始的，主要是在东北地区实行。其政策实施的目的也是为了稳定市场，解决东北农民卖玉米难、价格下降问题，保护农民利益和种粮积极性。小麦和稻谷最低收购价政策以及玉米的临时收储政策，在刚开始实行的几年中政策收购价格均保持稳定，最低收购价自 2008 年以后，临时收储价自 2011 年以后开始呈现逐年上涨的态势（表 3－7、表 3－8）。

表 3－7　　我国小麦和稻谷最低收购价变化情况　　单位：元/斤①

年度	小麦		稻谷		
	白麦	红麦、混合麦	早籼稻	中晚籼稻	粳稻
2004			0.7	0.72	0.75
2005			0.7	0.72	0.75
2006	0.72	0.69	0.7	0.72	0.75
2007	0.72	0.69	0.7	0.72	0.75
2008	0.77	0.72	0.77	0.79	0.82
2009	0.87	0.83	0.9	0.92	0.95
2010	0.9	0.86	0.93	0.97	1.05
2011	0.95	0.93	1.02	1.07	1.28
2012	1.02	1.02	1.2	1.25	1.4
2013	1.12	1.12			

① 1 公斤（1 千克）等于 2 斤。下同。

表 3-8　　我国玉米临时收储政策变化情况

收购时间	执行区域	收购价格（元/斤）			
		内蒙古	辽宁	吉林	黑龙江
2008 年 10 月—2009 年 2 月	东北三省一区	0.76	0.76	0.75	0.74
2009 年 12 月 1 日—2010 年 4 月 30 日	同上	0.76	0.76	0.75	0.74
2011 年 12 月 14 日—2012 年 4 月 30 日	同上	1	1	0.99	0.98
2012 年 11 月 15 日—2013 年 4 月 31 日	同上	1.07	1.07	1.06	1.05

价格支持政策对稳定我国粮食市场起到了积极作用。2008 年的金融危机以及全球粮食增产使得国际粮食价格快速回落，连续丰收的国内粮食市场价格受到了较大的下行压力，但国家最低收购价政策和临时收储政策的实施使得国内粮食市场总体没有受到国际市场太多的冲击。此外，价格支持政策确保农民能够获得相对稳定和不断增长的收益，在很大程度上保障了农民的生产积极性，保障了我国粮食播种面积及产量的稳步提升。但是，价格支持政策也产生了一些值得关注的问题：一是国家收储数量较大，减少了市场的有效供给，导致销售旺季时，原粮价格上涨过快，加工企业生产成本显著增加；二是国家不断提高政策支持价格，形成了“只涨不跌”的价格预期，国内粮食市场“政策性”特征日益明显，市场化特征减弱。在国际价格大幅下降时，国内粮食价格依然保持高位，形成特殊的“价格高地”，刺激了进口的大量增加；三是价格支持政策的实施细则及收储网点的不完善使得政策效果受到影响。

（三）政策性临时储备及竞价销售政策

这是与价格支持政策相辅相成的两个政策措施。在粮食集中上市时期，当市场粮价低于国家最低收购价及临时收储价时，国家按照托市价格在市场上收购原粮，通过减少市场上粮食的流通量促进粮价合理回升，保护种粮农民利益，由此形成一定数量的政策性粮源。在粮食需求旺盛时期，国家根据市场需求将这部分粮源以竞价销售或者定向投放的方式投放市场，以稳定市场价格。以小麦为例，自 2006 年最低收购价政策颁布时起，除了 2011 年外，我国启动了 6 年小麦最低收购价执行预案。2006—2012 年 5 年间国家托市收购量分别为 4094 万吨、2895 万吨、4203 万吨、4004 万吨、2241 万吨和 2325.4 万吨，分别占当年小麦商品量的约 69%、45%、64%、59%、28% 和 26%。同时，本着顺价销售的原则，2006 年 11 月以来，国家基本每周在指定的粮食批发市场以竞价销售的方式，适时适量投放市场，满足加工企业需求（表 3－9）。

表 3－9　我国小麦托市收购政策执行情况　　单位：万吨

年度	托市收购量	小麦产量	商品率	商品量	托市占比
2006	4094.0	10847	54.7%	5933.1	69%
2007	2894.9	10930	58.6%	6404.9	45%
2008	4202.8	11246	63.1%	7096.5	59%
2009	4004.2	11512	65.8%	7575.7	53%
2010	2240.9	11518	70.4%	8112.2	28%
2012	2325.4	12030	73.9%	8890.2	26%

政策性临时储备的实施使得国家掌握了较多的商品粮源，为调控市场奠定了基础。虽然近年来国内粮食价格也出现了不同程度的上涨，但国家通过控制粮食竞价销售的拍卖节奏与投放量，保证了市场的基本稳定。例如 2012 年 12 月份，小麦市场粮源出现了阶段性的紧缺，为保证国内粮食市场价格稳定，国家加大政策性粮源投放力度，12 月 26 日国家有关部门安排最低收购价小麦拍卖量共计 457.66 万吨，为 2010 年 8 月中旬以来的最高投放量，为改善国内小麦市场供需状况，抑制市场价格过度上涨发挥了重要作用。该项政策的实施还有效地抵挡住了近年来国际粮价大幅波动的冲击，使国内粮食市场价格总体保持了相对独立的运行态势。但是目前我国粮食政策性临时储备及竞价销售政策还存在诸如收购主体目标与国家政策目标不一致、收购价格不断提高增加顺价销售难度、政府对收储和拍卖等环节监管不力等问题，需要今后进一步完善。

（四）进出口调节政策

自加入世界贸易组织以来，我国对小麦、稻谷和玉米进口均实行了配额管理，进口配额占到国内消费量的3%—7%，为国际市场波动冲击国内竖起了一道坚实的保护屏障。同时，还根据国内粮食生产情况，通过调整出口退税、出口暂定关税等措施，调节粮食及其加工品的出口数量。例如，2007年全球粮食减产，国际价格大幅上涨，为保证国内供给，我国采取了限制粮食出口的措施。2007年12月20日起取消了小麦、稻谷、大米、玉米、大豆等原粮及其制粉的出口退税，2008年1月1日起对上述粮食品种和制粉征收出口暂定关税。到2008年，我国粮食已连续5年增产，供给压力显现，为缓解这种局面，国家又采取了促进出口的措施。2008年12月1日起取消或下调部分钢材、粮食、化工等产品的出口关税，2009年7月1日起取消部分粮食产品以及硫酸、钢丝等工业品的出口暂定关税。

进出口调控政策使得国内粮食市场相对独立，减弱了国际市场波动对国内市场的影响，对保护我国粮食安全发挥了积极作用。但也应该看到，在特定时期我国的粮食出口调节政策过于频繁，不能把握国际市场发展的长期趋势，不利于实现我国利用国际市场调节国内供需的目标。总的来看，我国粮食产品是缺乏国际竞争力的，而且随着我国水、土、劳动力等资源约束日益明显，其国际竞争力可能进一步下降，发挥进出口贸易政策作用、调控好国内市场尤为重要。

五、确保国家粮食安全的政策建议

今后一个时期，应把提高粮食综合生产能力建设作为经济社会发展的重大战略任务，采取更有力、更直接、更有效的政策措施，全面提高我国的粮食综合生产能力。

（一）建立耕地严格保护和合理利用的有效机制

综合运用经济的、法律的和技术的手段，落实土地承包经营制度、严格基本农田保护制度、改革农村土地征用制度，确保耕地数量，提高耕地质量。要建立占地受约束的机制。明确土地产权关系，探索土地承包经营权“物权化”的有效形式，扩大农民承包经营权权能，增强农民对耕地的利益关切和保护能力，依靠农民保护好耕地；提高征占用农村土地的

“门槛”，提高耕地占用税税率，增加对农民的补偿，加大征占土地的成本，用经济的办法遏制多征多占土地多收益的利益驱动。

要形成违法受惩处的氛围。严格耕地占补平衡制度，明确补充耕地的质量要求，对达不到标准的要给予惩处；坚决执行《中华人民共和国刑法》第三百四十二条“违反土地管理法规，非法占用耕地、林地等农用地，改变被占用土地用途，数量较大，造成耕地、林地等农用地大量毁坏的，处五年以下有期徒刑或者拘役，并处或者单处罚金”的规定，用法律遏制违法乱占耕地的势头；对违法乱批耕地逾越“红线”的责任人一律就地免职，追究行政责任。

要制定养地受奖励的办法。大力推动耕地质量建设，在增加“沃土工程”的实施规模和范围、加快中低产田改造的基础上，建立耕地质量建设补偿制度。对农民种植绿肥、增施有机肥、秸秆还田、科学施用化肥及进行农田整理等保护和培肥地力行为给予奖励扶持，引导农民运用综合农艺、生物和工程措施提高耕地质量。

（二）加强节水改造为中心的农田水利建设

立足水资源的有效保护和高效利用，切实缓解不断加大的水资源压力。建设一批农田水利工程项目，增加各级政府的农田水利设施建设投入，加快大型灌区续建配套步伐，完善灌排体系；开展田间排灌、小型灌区和非灌区抗旱水源、丘陵山区和其他干旱缺水地区雨水集蓄利用等田间水利工程项目建设。对农民投工投劳兴修农田水利和购买田间节水设备给予奖励补贴，引导产业化经营的龙头企业等社会力量参与农田水利建设。

以贯彻《中国节水技术大纲》为重点，推广旱作节水技术。针对各地水资源状况，优化农业用水配置，调整粮食等农作物的布局和品种结构，减少高耗水作物，增加少耗水的耐旱作物，控制农作物的水资源利用总量。推广保护性耕作等田间节水技术，促进有限水资源的节约和高效利用。

以改革用水制度为契机，形成节约用水的机制。在一定水资源流域范围内，对水资源利用实行总量控制，定期核定用水指标和考核用水量，用经济手段等办法奖励少用水和节约用水，处罚浪费用水行为，促进用水权转让市场的形成。合理确定农业用水的价格，本着既有利于促进节约用水又不增加农民生产成本的原则，完善农业用水的价格形成机制，继续对农业用水实行优惠政策。

（三）大力推进优势粮食产业带建设

进一步优化粮食生产布局，引导粮食生产向主产区集中。加强东北地区、长江流域的一季稻区及长江流域双季稻区3个优质水稻产业带，黄淮海平原、长江下游平原和大兴安岭沿麓的3个优质专用小麦产业带，东北和黄淮海平原的2个专用玉米产业带，以及东北的高油大豆优势产业带等9个优势产业带建设，逐步形成布局合理，特点鲜明的粮食品种优势产业带。

有计划地安排一批带有全局性、战略性的重大工程项目，大力推进国家优质粮食产业工程，从生产条件、技术手段等各方面全面提升我国粮食产出能力。扩大工程实施范围。在现有484个县（场）基础上，根据粮食产业优势区域布局规划，从主产区的产粮大县拓展到产销平衡区和销区的重点产粮县。鼓励省级特别是销区省级政府从当地实际出发，选择一些有粮食增产潜力的农业大县组织实施区域性的优质粮食产业工程，充实工程建设内容。以优质专用良种育繁、病虫害防控、高标准基本农田建设、现代农机装备推进、促进粮食加工转化等项目为重点，完善配套工程项目建设。

增加政府对优势粮食产业带建设的投资规模。在整合现有资金项目的基础上，设立粮食产业带建设专项资金，根据建设规划的要求，逐步增加投资强度。广开建设资金来源，设立项目建设中长期贷款，积极引入金融资本、工商资本和社会资本。除中央安排投资外，地方也要增加粮食生产能力建设的配套投资。

（四）依靠科技进步努力提高粮食单产

以品种改良和繁育为核心，增强粮食生产科技创新和科技储备能力。加强农作物改良中心和重点实验室的建设，强化政府对农业科技投入的主体地位，建立以政府为主导、社会力量广泛参与的多元投入保障机制，改善实验条件，提高实验水平；组织开展生物技术、信息技术、遗传工程等基础性研究和重大科研项目攻关，建立适应市场经济要求的技术与成果评价与分配激励机制，加快粮食作物品种改良步伐；加强品质资源的保护和开发利用，建设一批高水平的种质资源库，强化知识产权保护，增强自主创新能力；制定研究开发规划，有计划、有步骤地不断推出一批像超级稻那样的高产优质粮食新品种。

以主推技术和主体培训为重点，形成新型粮食生产技术推广机制。围绕粮食生产目标，因地制宜地确定主推技术，不断提高实用技术的普及率。要引入市场机制加快新品种和新技术等科技成果的集成、转化和提高，用项目带动的办法引导资金、人才向重点区域、重点作物和重点技术倾斜，鼓励农业推广机构、科研单位、大专院校等投身农业生产主战场，推进粮食生产科技成果产业化。按照公益性职能和经营性业务分开的原则，合理设置国家基层农技推广机构，明确公益性推广机构的职责，国家财力支撑其正常运转；经营性推广机构走向市场，政府给予一定的政策扶持。支持农民专业合作组织和产业化经营的龙头企业开展多种形式的农技推广服务。组织实施农业科技入户工程，大力推广测土配方施肥等重大技术，加强农民粮食生产主体培训。设立粮食生产重大技术推广专项补贴，运用政策奖励的办法，引导和鼓励农民采用新品种和新技术。

（五）建立健全粮食生产扶持制度

在稳定强化“两减免、三补贴”政策的基础上，不断拓展补贴功能，既要发挥补贴对农民种粮的激励作用，又要发挥补贴对粮食产业发展的引导和调节作用。完善粮食生产扶持补贴制度。逐步增加对种粮农民直接补贴的规模，扩大补贴范围，提高补贴标准，引导农民多种粮种好粮。完善粮食生产投入品补贴制度。增加良种补贴和农机具购置补贴资金，扩大补贴范围，按照政府引导、市场运作、农民选择的思路完善补贴方式。针对农资价格波动对种粮农民收入影响大且调控困难的情况，探索粮食生产投入品补贴的有效方式，对化肥、农用柴油等对生产成本影响大的投入品发放直接补贴，控制种粮成本上升，引导农民提高农资利用效率，稳定农民种粮收益。抓紧研究出台“农业补贴条例”等法律法规，奠定种粮农民直接补贴的制度化和法律化基础。

在总结现行最低收购价政策经验的基础上，健全主要粮食品种的最低收购价制度。逐步扩大实行最低收购价的粮食品种和区域范围，从现有的稻谷、小麦扩展到包括玉米、大豆等主要粮食品种，执行范围从部分地区扩展到整个主产区。合理确定最低收购价标准，要以弥补生产成本并有适当收益为原则，兼顾市场粮价和粮经作物比较效益，制定有利于调动农民积极性的价格标准。最低收购价要在播种前向农民公布，发挥其引导生产、稳定农民种粮收入预期和影响市场粮价走势的功能。制定切实可行的收购预案，健全完善以中央和地方储备粮企业为主体的最低收购价操作体系，确保收购行为发生时能起到托市和稳定市场粮价的作用。

积极探索和建立粮食作物政策性保险的新路子。选择有条件的地方启动小麦、水稻、玉米等主要粮食作物品种政策性保险试点，先从国有农场、粮食生产基地和制种基地做起，摸索经验逐步推开。设立财政粮食保险补贴专项，逐步建立政府扶持、市场化运作、农民自愿投保、企业积极参与的粮食生产保险制度，减少自然灾害对粮食生产的影响，促进粮食生产稳定持续发展。

（六）妥善协调好产销区的利益平衡关系

千方百计扶持主产区发展粮食生产，保护和调动主产区重农抓粮的积极性。调整粮食风险基金中央与地方的配比，主产区的粮食风险基金全部由中央政府承担，地方政府不再承担配备比例。帮助主产区解决粮食历史挂账，在分清责任的基础上，按照历史挂账主要由中央财政承担的原则，合理制定中央与地方的分摊比例。增加主产区在中央一般性财政转移支付中的系数，进一步增加对产粮大县的财政转移支付，逐步减轻产粮大县的财政压力，鼓励产粮大县发挥粮食生产优势，加快发展畜牧业和粮食加工业，促进粮食转化增值，增强县域经济发展活力。

明确主销区更多的粮食安全责任。对非主产区特别是主销区的粮食生产能力建设提出明确要求，使其确保一定的播种面积和产量，控制粮食面积和产量的过度调减。核定主销区的粮食库存，建立有效的监督检查机制，把销区库存作为硬指标来落实，不再让产区来背销区的储存费用，对没有达到库存标准的销区，要拿出相应的储存费用，支付给主产区。在销区 15% 土地出让金中提取 5 个百分点，集中到中央建立粮食生产发展专项基金，主要用于产区粮食生产基地建设高标准农田。制定税收优惠和金融支持政策，鼓励销区到产区投资建设粮食生产基地、流通储运设施和加工企业。要积极研究用税收等经济杠杆调节粮食消费与粮食生产的利益关系。

（七）大力推进粮食过腹转化和加工转化

充分利用水域、草原、山地等非耕地资源，发展节粮型畜牧水产养殖业，促进饲养方式的转变，提高粮食类饲料的肉蛋奶转化率。有计划地发展饲用粮食作物，稳步推进作物种植由“二元”结构向“三元”结构转变。扶持养殖业比重大的地区发展青储玉米等饲用粮食作物，继续实行退耕还牧还草政策，鼓励发展非粮食饲料作物。以小额贷款、贴息补助、提供保险服务等形式，支持粮食主产区加快发展畜牧业，促进粮食过腹转化增值。

大力发展粮食加工业。在全面取消农业税的基础上实现农村税收制度转型，不再对粮食生产环节征税，并对粮食加工转化给予税收优惠。设立专项贷款和中长期贷款项目，通过财政贴息向种粮大户、农民合作组织和粮食加工企业提供优惠的生产投入、基本建设与流动资金贷款，增强粮食加工转化能力。用循环经济理念提升粮食产业，把粮食秸秆作为重要原料来对待，加强秸秆综合利用技术研究，制定相应的鼓励政策，不断开发粮食秸秆的新用途。

（八）充分发挥农垦企业的粮食生产优势

把农垦企业作为国家战略性商品粮基地来建设，充分发挥农垦企业在粮食产业发展中的安全保证作用、科技示范作用和产业带动作用。增加对农垦农机购置、更新的补贴力度，提高农垦粮食生产的机械化水平。增加农垦科技事业发展的投入，加大对农垦良种繁育、加工、检验等设施建设的支持，提高农垦良种辐射供应能力和种子质量水平。加强农垦水利设施建设，利用农垦丰富的自然资源，建设一批大型灌区、渠道工程和配套渠系，增加灌溉面积，扩大粮食生产能力。加快农垦粮食生产标准化进程，建设一批无公害农产品示范基地，建立质量追溯查询系统，普及质量标准，规范操作规程，实施节本增效措施，提高粮食生产水平。

加快农垦企业改革步伐，按照股份化、集团化、产业化的思路建立现代企业制度。尽快建立土地等资源的有效管理制度，明确国有资本出资人，授予国有资产经营权，确保国有资产保值增值。通过财政转移支付支持农垦税费改革，剥离企业办社会职能，切实减轻农垦企业和种粮职工的负担。

（九）建立粮食生产风险预警机制

建立健全粮食生产预警系统，密切关注粮食生产、消费、价格、库存、进出口等重要指标的变动情况，研究确立与中国国情相适应的预警理论和预警方法，找准影响粮食生产的相关因子，逐步建立高效统一、与国际接轨的监测预警系统。增加对粮食生产预警系统建设的投入，充分利用卫星遥感等先进技术，不断提高预测水平，掌握粮食生产主动权。

建立粮食生产防范重大自然灾害和病虫害的应急反应和处理机制。努力提高对自然灾害和病虫害的监测预报水平，做好防灾的各种物质储备工作，制定各种灾害的防范和救助预案，确保灾害发生时能够及时反应和有效救灾，把灾害损失降到最低水平。

（十）创造有利于粮食生产的市场环境

充分利用“两种资源”和“两个市场”平衡粮食供求，引导粮食生产。密切跟踪国际粮食市场变化，采取积极有效措施，控制好粮食进出口的数量和节奏，既要有利于国内粮食供求平衡，也要避免逆向调节，冲击国内市场、打压或哄抬粮价，引发粮食生产波动。针对当前不同的粮食品种需求状况，制定扶持政策，鼓励东北玉米出口。进一步加大对大豆生产的支持力度，发展国内大豆生产，逐步缓解大豆进口的压力。积极挖掘杂粮薯类生产潜力，不断增强出口优势。鼓励企业到国外投资建设粮食生产基地，开发利用国外资源，进一步拓展国内粮源。

建立健全粮食市场体系。完善现货市场，发展期货市场。全面放开粮食购销市场，促进购销主体多元化。加强粮食市场监管，促进粮食批发市场建设，努力形成全国统一、开放有序、公平竞争的粮食市场流通格局。逐步增加上市品种，充分利用期货市场积聚信息的优势，发挥期货市场的价格引导、套期保值、规避风险作用。完善粮食储备调节制度。做实中央和省两级储备，健全储备粮的新旧轮换和吞吐调节机制，有效利用储备粮的吞吐调节熨平市场粮价的非正常波动，稳定市场粮价，促进粮食发展。

第二节
油料及食用植物油供需现状与趋势分析

油料作物是我国重要的大宗农产品。当前，我国油料作物以草本油料作物为主，其他兼用型和木本油料为辅，其中大豆、花生、油菜籽三者的产量占到油料总量的91%。这三种作物的油料加上棕榈油也是我民居民主要消费的品种。

一、供需现状分析

（一）生产形势

1. 油料作物总产量增长缓慢

2000—2011年间，我国油料总产量稳步增长，总产量从4496万吨增长到4657万吨，年均增长0.3%。三大主要油料作物的产量变化各不相同。

（1）大豆产量“波动中递减”。特别是从2008年开始，由于玉米、水稻价格持续上涨，大豆比较效益下降明显，大豆播种面积连年下降，大豆产量也是连续下滑。2011年大豆播种面积降为最低的8204千公顷，产量降为1350万吨，比2008年产量下降约12%。

（2）油菜籽产量“剧烈波动，呈波浪型”。由于比较效益较低、机械化程度不高，从2000年开始，油菜播种面积持续下降，2007年降到最低点5642千公顷。2007年起，国家在长江流域“双低”油菜优势区实施油菜籽良种补贴，中央财政对农民种植油菜给予每亩10元的补贴，对油菜生产起到了积极的推动作用。从2008年开始，油菜播种面积持续上升，产量也不断增长，2009年达到历史最高的1366万吨。但由于近两年生产成本快速上升使补贴政策对农民种植油菜积极性的影响日益减弱，油菜播种面积又开始下降，产量也逐年递减，2011年产量降为1160万吨，比2009年减少15%。

（3）花生产量“先减后增”。2000—2011年间，花生平均播种面积为4582千公顷，花生平均产量为1438万吨，最高为2011年的1620万吨；最低为2006年的1289万吨（图3-14）。

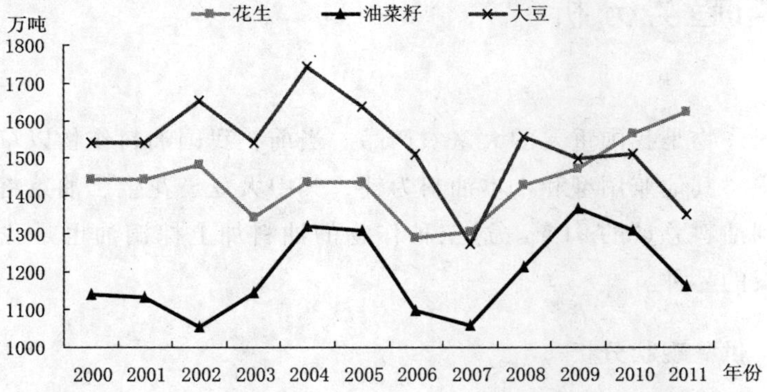

图3-14 2000—2011年三大油料作物产量变化

2. 油料作物单产变化基本不大

2000—2011年间，大豆平均单产为112公斤/亩，历年产量也基本维持平均产量上下波动，波动幅度较小，而且近年单产还呈下降的趋势，2011年单产与2000年单产基本持平；油菜籽平均单产为115公斤/亩，历年单产变化不大，单产年均增长1.2%；花生平均单产为210公斤/亩，年平均增长1.24%，单产从2003年开始逐年小幅提升，增速有所提高，2003—2011年年均增长2.95%（图3-15）。

3. 油料作物向优势区域集中

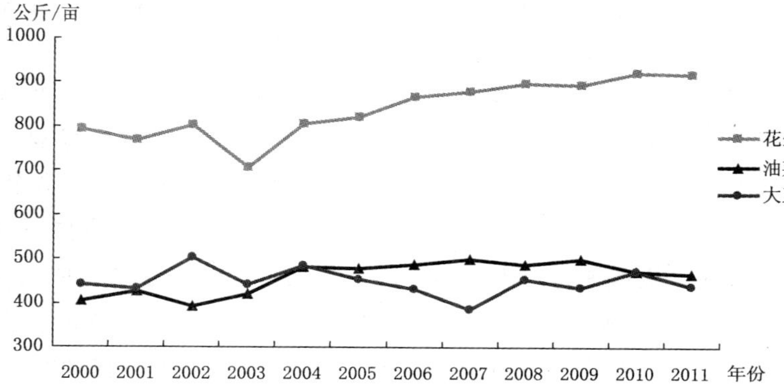

图 3－15　2000—2011 年三大油料作物单产变化

为应对加入世界贸易组织的挑战，推进农业结构战略性调整，2003 年，我国出台了《优势农产品区域布局规划（2003—2007 年）》，对油料作物生产布局作了科学规划，并大力推进。以大豆为例，2007 年优势区大豆面积占全国的比重达到 58.7%，总产占全国的 50.6%，分别比 2001 年提高 8 个和 4 个百分点。重点产区的黑龙江省，2007 年面积和总产分别占全国的 43.5% 和 33%，较 2001 年分别提高 10 个和 4 个百分点。为继续推进优势农产品区域布局，2008 年我国出台了《全国优势农产品区域布局规划（2008—2015 年）》。该规划指出，对于大豆作物，着力建设东北高油大豆、东北中南部兼用大豆和黄淮海高蛋白大豆 3 个优势区；对于油菜作物，着力建设长江上游、中游、下游和北方 4 个优势区，油料作物进一步向优势区域集中。以大豆为例，2011 年，黑龙江、吉林、辽宁、内蒙古四省区大豆播种面积约占全国的 60%，产量约占全国的 57%，比 2007 年分别提高了约 2 个和 7 个百分点。

（二）消费形势

1. 油料作物消费总量快速增长

2000—2011 年间，大豆、油菜籽和花生三大油料消费总量较快增长，2011 年达到 9776 万吨，年均增长 5.74%。从消费特征看，不同的油料作物用于消费的用途并不相同。

（1）大豆消费急剧上升，用途以压榨为主。2000年以来，国内大豆消费总量快速上升，2011/2012年度消费量为7165万吨，约是2000/2001年度的2.56倍，年度增长8.92%。从大豆消费结构来看，大致可以分为种用、压榨、食用消费和损耗四类。从2000年以来的消费形势看，大豆用种量基本稳定在80万吨左右，且用种量占总消费量的比重呈逐年下降的趋势，从2000/2001年度的3.15%下降到2011/2012年度的0.98%。大豆压榨量逐年大幅上升，从2000/2001年度的2015万吨增加到2011/2012年度的5950万吨，年均增长10.34%。大豆压榨一直是大豆消费的最主要用途，平均维持在总消费的75%，近年来基本维持在80%—85%之间。大豆食用消费包括大豆加工制品和直接食用，其中主要是大豆加工制品。大豆加工制品包括大豆蛋白、豆腐、豆皮、豆豉、酱油等产品，特别是我国的大豆蛋白在全球的竞争力非常强，目前出口数量约占全世界的50%。2011/2012年度，大豆的食用消费为1100万吨，约是2000/2001年度的1.7倍，年均增长4.9%。大豆损耗数量基本在45万吨左右，约占总消费量的1%（表3-10）。

表3-10　　2000—2012年我国大豆消费结构

年度	种用（万吨）	压榨量（万吨）	食用消费（万吨）	损耗（万吨）	总消费（万吨）
2000/2001	88.18 （3.15）	2015.1 （72.0）	648.3 （23.17）	46.24 （1.65）	2797.82
2001/2002	79.78 （2.98）	1853.4 （69.34）	693.6 （25.95）	46.2 （1.73）	2672.98
2002/2003	89.4 （2.49）	2709.5 （75.46）	742.2 （20.67）	49.52 （1.38）	3590.62
2003/2004	81.55 （2.47）	2381 （72.09）	794.2 （24.05）	46.2 （1.4）	3302.95
2004/2005	80.3 （1.98）	3110 （76.55）	820 （20.18）	52.2 （1.28）	4062.5
2005/2006	88.7 （2.04）	3368.6 （77.59）	835 （19.23）	49 （1.13）	4341.3

续表

年度	种用（万吨）	压榨量（万吨）	食用消费（万吨）	损耗（万吨）	总消费（万吨）
2006/2007	86.5 （1.95）	3470 （78.25）	830 （18.72）	47.9 （1.08）	4434.4
2007/2008	85 （1.82）	3695 （79.08）	840 （17.98）	52.5 （1.12）	4672.5
2008/2009	86 （1.5）	4750 （82.78）	860 （14.99）	42 （0.73）	5738
2009/2010	87 （1.44）	5000 （82.99）	895 （14.86）	42.5 （0.71）	6024.5
2010/2011	80.4 （1.24）	5400 （83.12）	972 （14.96）	44 （0.68）	6496.4
2011/2012	70 （0.98）	5950 （83.04）	1100 （15.35）	45.5 （0.63）	7165.5

数据来源：布瑞克农产品数据库。括号内的数据为消费量占总消费量的百分比。

（2）油菜籽消费平衡增长，基本全部用于压榨。从油菜籽消费总量看，2000 年以来油菜籽消费总量也是逐渐上升的，但与大豆相比仍较为缓慢，2011/2012 年度消费量为 1317 万吨，比 2000/2001 年度增长 15.3%，年均增长 1.3%。从油菜籽消费结构来看，与大豆有所不同，大致可以分为种用、压榨和损耗三类。从种用消费看，油菜籽种用量基本维持在 13 万吨左右，占总消费的比重也在 1%。压榨消费是油菜籽的最主要用途，油菜籽压榨量基本保持在 1000 万—1200 万吨之间，占总消费的比重在 96% 左右。从消费趋势看，油菜籽压榨消费逐年增加，2011/2012 年度压榨量达到 1270 万吨，比 2000/2001 年度增长了 15.98%，年均增长 1.36%。油菜籽损耗量基本在 35 万吨左右，损耗率为 3%（表 3－11）。

表 3－11　　2000—2012 年我国油菜籽消费结构

年度	种用（万吨）	种用消费比重（%）	压榨量（万吨）	压榨消费比重（%）	损耗（万吨）	损耗消费比重（%）	总消费（万吨）
2000/2001	12.8	1.12	1095	95.88	34.26	3	1142.1
2001/2002	13	1.13	1105	95.9	34.26	2.97	1152.3
2002/2003	14.5	1.37	1002	94.88	39.545	3.74	1056.1
2003/2004	14.8	1.3	1085	95.26	39.157	3.44	1139
2004/2005	13.5	1.04	1245	96.03	37.95	2.93	1296.5
2005/2006	14	1.06	1275	96.45	32.94	2.49	1321.9
2006/2007	12.5	1.14	1052	95.81	33.5	3.05	1098
2007/2008	12.3	1.16	1013	95.62	34.1	3.22	1059.4
2008/2009	13	1.07	1164	96	35.4	2.92	1212.4
2009/2010	13.5	1.06	1229	96.28	34	2.66	1276.5
2010/2011	13.2	1.04	1215.5	96.15	35.5	2.81	1264.2
2011/2012	12.8	0.97	1270	96.41	34.5	2.62	1317.3

数据来源：布瑞克农产品数据库。

（3）花生消费平稳波动，食用压榨基本各半。2000 年以来，我国花生消费总量基本在 1300 万吨左右波动，2011/2012 年度消费量为 1293.3 万吨。从花生消费结构来看，大致可以分为种用、压榨、食用和损耗四类。从种用消费来看，花生的消费量基本稳定在 95 万吨左右，约占总消费量的 7%；从压榨消费来看，花生压榨消费量基本在 600 万吨左右，平均约占总消费量的 45% 左右，近年来逐渐提高到 48% 左右。从食用消费来看，消费量基本在 650 万吨左右，平均约占总消费量的 45%。近年来花生食用消费量有所下降，2011/2012 年度为 600 万吨，比 2000/2001 年度减少 65 万吨，减幅为 9.78%，消费比重为 46.39%，比 2000/2001 年度下降约 3 个百分点。从损耗看，花生损耗基本在 15 万吨左右，占总消费量的比重约为 1%（表 3－12）。

表 3－12　　2000—2012 年花生消费结构

年度	种用（万吨）	压榨量（万吨）	食用消费（万吨）	损耗（万吨）	总消费（万吨）
2000/2001	88（6.5）	585（43.22）	665（49.13）	15.48（1.14）	1353.5
2001/2002	90（6.33）	615（43.28）	700（49.26）	15.89（1.12）	1420.9
2002/2003	95（7.25）	620（47.29）	580（44.24）	16（1.22）	1311
2003/2004	96（7）	570（41.55）	690（50.3）	15.68（1.14）	1371.7
2004/2005	94.5（6.61）	575（40.20）	745（52.08）	16（1.12）	1430.5
2005/2006	95.5（6.63）	590（40.94）	740（51.35）	15.6（1.08）	1441.1
2006/2007	96（6.85）	560（39.96）	730（52.09）	15.49（1.11）	1401.5
2007/2008	93.5（7.29）	580（45.22）	595（46.39）	13.98（1.09）	1282.5
2008/2009	94（7.44）	620（49.05）	535（42.33）	15（1.19）	1264
2009/2010	94.5（6.89）	665（48.5）	595（43.39）	16.67（1.22）	1371.2
2010/2011	94（6.84）	660（48.04）	605（44.04）	14.8（1.08）	1373.8
2011/2012	95（7.35）	585（45.23）	600（46.39）	13.33（1.03）	1293.3

数据来源：布瑞克农产品数据库。括号内的数据为消费量占总消费量的百分比。

2. 食用植物油消费稳步增长

2000 年以来，随着人口规模的增长和居民收入水平的提高，我国食用植物油消费总量稳步增长。2011 年，我国食用植物油消费总量达到最高值 2595 万吨，比 2000 年增长了 44.3%，年均增长 3.4%。从品种看，棕榈油和大豆油消费增长非常快，花生油和菜籽油消费增长较慢。2011 年，棕榈油消费总量达到最高值 595 万吨，是 2000 年消费量的 3.7 倍，年均增长 12.7%；大豆油消费总量达到最高值 1250 万吨，是 2000 年消费量的 3.2 倍，年均增长 11.2%；花生油消费总量达到历史最高值 230 万吨，比 2000 年增长 17.5%，年均增长 1.47%；菜籽油消费总量达到 520 万吨（最高值为 2010 年的 610 万吨），比 2000 年增长 14.36%，年均增长 1.23%。从消费结构看，大豆油是我国第一大消费植物油消费品种，2011 年消费量占总消费量的 48.2%；其次是菜籽油和棕榈油，2011 年两者的消费量之和占总消费量的 20% 左右；最后是花生油，2011 年消费量占总消费量的 8.9%。从变化趋势来看，2000 年以来，大豆油和棕榈油在总消费中的比重不断上升，大豆油从 2000 年的 32.5% 升至 48.5%，增长了约 16 个百分点，棕榈油从 13.3% 升至 22.9%，增长了约 9 个百分点；菜籽油和花生油在总消费中的比重不断下降，菜籽油从 37.9% 下降至 20%，减少了约 18 个百分点，花生油从 16.3% 下降至 8.9%，减少了约 8 个百分点（表 3－13）。

表 3－13　　2000—2012 年食用植物油消费量与结构

年度	大豆油（万吨）	菜籽油（万吨）	花生油（万吨）	棕榈油（万吨）	总消费（万吨）
2000/2001	389.3 （32.5）	454.7 （37.9）	195.8 （16.3）	159 （13.3）	1198.8
2001/2002	422.7 （35）	477 （39.5）	205.2 （17）	103.7 （8.6）	1208.6
2002/2003	565 （40.1）	460 （32.7）	207 （14.7）	176.5 （12.5）	1408.5
2003/2004	628 （39.7）	450 （28.5）	207.5 （13.1）	294.9 （18.7）	1580.4
2004/2005	725 （41.9）	468.2 （27.1）	201.5 （11.6）	335.5 （19.4）	1730.2

续表

年度	大豆油（万吨）	菜籽油（万吨）	花生油（万吨）	棕榈油（万吨）	总消费（万吨）
2005/2006	745（40.4）	463（25.1）	194.2（10.5）	443.5（24）	1845.7
2006/2007	855（43.7）	424（21.7）	198.7（10.1）	480.2（24.5）	1957.9
2007/2008	915（45.1）	445（21.9）	194（9.56）	474.9（23.4）	2028.9
2008/2009	1005（45.8）	458（20.9）	197.5（9.01）	531.8（24.3）	2192.3
2009/2010	1102（46.3）	480（20.2）	209（8.78）	588.6（24.74）	2379.6
2010/2011	1150（45.1）	610（23.9）	225.5（8.84）	564.9（22.1）	2550.4
2011/2012	1250（48.2）	520（20）	230（8.9）	595（22.9）	2595

数据来源：布瑞克农产品数据库。括号内的数据为消费量占总消费量的百分比。

（三）世界贸易格局与进出口形势

1. 世界贸易格局

（1）油料作物

①大豆。我国是世界上最大的大豆进口国。2005年以来，大豆进口量逐年增长，占世界大豆贸易量的比重也逐年上升，从2005年的41.5%上升到2011年的58.3%，其中2010年大豆进口达到最高值，为5480万吨，占世界大豆贸易量的比重也达到最高值为61.7%。从进口来源国看，大豆进口主要来自美国、巴西和阿根廷。2005年以来，我国从这三个国家的进口量占全部进口量的比重一直在96%以上（表3－14、表3－15）。

表 3－14　　2005 年以来我国大豆进口占世界贸易总量的变化

项　目	2005 年	2006 年	2007 年	2008 年	2009 年	2010 年	2011 年
进口量（万吨）	2659	2824	3082	3744	4255	5480	5264
世界大豆贸易量（万吨）	6409	6896	7834	7739	8683	8885	9022
比重（%）	41.5	40.9	40.5	48.4	49	61.7	58.3

注：表中进口数据源于国家海关总署，世界贸易量来自美国农业部。

表 3－15　　2005—2011 年我国大豆分国别进口量比变化

年份	项目	美国	巴西	阿根廷	总计
2005	数量（万吨）	1104.8	795	740	2639.8
	比例（%）	41.5	29.9	27.8	99.3
2006	数量（万吨）	988	1164	623	2775
	比例（%）	35	41.2	22.1	98.3
2007	数量（万吨）	1163	1058	821	3042
	比例（%）	37.7	34.3	26.6	98.7
2008	数量（万吨）	1543	1165	985	3693
	比例（%）	41.2	31.1	26.3	98.6
2009	数量（万吨）	2180.5	1599	374	4153.5
	比例（%）	51.2	37.6	8.8	97.6
2010	数量（万吨）	2359	1859	1119	5337
	比例（%）	43	33.9	20.4	97.4
2011	数量（万吨）	2235	2062	784	5081
	比例（%）	42.5	39.2	14.9	96.5

注：表中进口数据源于国家海关总署；世界贸易量来自美国农业部。各分项加总与总计项的差的原因是由于四舍五入的结果。

②油菜籽。2005—2011 年，我国油菜籽进口量也较快增长，特别是 2009 年进口大幅增加，但从近几年来看，油菜籽进口量也稳定在 150 万

吨左右，约是大豆进口量的3%。从我国进口量占世界贸易量的比重来看，也基本稳定在10%左右。从进口来源国来看，主要有加拿大、澳大利亚、阿拉伯联合酋长国、美国等，其中从加拿大进口的油菜籽量占总进口量的比重一般在96%以上（表3－16）。

表3－16 2005—2011年我国油菜籽进口占世界贸易总量的变化

项　目	2005年	2006年	2007年	2008年	2009年	2010年	2011年
进口量（万吨）	30	74	83	130.2	326.7	160	125
世界油菜籽贸易量（万吨）	665.7	698.7	753.7	1211.6	1072.9	1036.9	1183.9
比重（%）	4.5	10.6	11.9	10.7	30.5	15.4	10.6

注：表中进口数据源于国家海关总署，世界贸易量来自美国农业部。

③花生。我国是世界花生出口大国，近几年来，花生出口约占全球花生贸易量的50%，居花生出口国首位。但花生出口以食用花生为主，花生油出口较少，每年出口不到1万吨。

（2）食用植物油

①豆油。2005—2011年，我国豆油进口占世界总进口量的比重一直维持在14%以上，而且从趋势上来看经历了先增长后减少的倒U型。2007—2009年，我国进口量占世界贸易量的比重达到高峰，维持在27%—29%之间；最近两年比重有所下降，基本维持在15%左右。从进口来源国来看，豆油进口主要来自阿根廷、巴西和美国三个国家，从三个国家的进口量约占我国总进口量的95%以上。近年来，我国从阿根廷的进口量逐渐缩小，从美国和巴西的进口量在逐年上升（表3－17、表3－18）。

表3－17 2005—2011年我国豆油进口占世界贸易总量的变化

项　目	2005年	2006年	2007年	2008年	2009年	2010年	2011年
进口量（万吨）	169.4	154.3	282.2	258.6	239.1	134.1	114.3

续表

项　　目	2005 年	2006 年	2007 年	2008 年	2009 年	2010 年	2011 年
世界豆油贸易量（万吨）	911.1	992.8	1040.9	907.2	862.8	926.6	776.6
比重（%）	18.6	15.5	27.1	28.5	27.7	14.5	14.7

注：表中进口数据源于国家海关总署，世界贸易量来自美国农业部。

表 3－18　　2005—2011 年我国豆油分国别进口量比变化

年份	项目	美国	巴西	阿根廷	总计
2005	数量（万吨）	0.0798	26.5	136.7	163.3
	比例（%）	0	15.6	80.7	96.4
2006	数量（万吨）	2.4	24	124	150.4
	比例（%）	1.6	15.6	80.4	97.5
2007	数量（万吨）	15.2	40	225	280.2
	比例（%）	5.4	14.2	79.7	99.3
2008	数量（万吨）	14	68.9	172	254.9
	比例（%）	5.4	26.6	66.5	98.6
2009	数量（万吨）	5.4	49.9	183.5	238.8
	比例（%）	2.3	20.9	76.7	99.9
2010	数量（万吨）	28	89	13	130
	比例（%）	20.9	66.4	9.7	96.9
2011	数量（万吨）	22.8	50	41.3	114.1
	比例（%）	19.9	43.7	36.1	99.8

注：表中进口数据源于国家海关总署，世界贸易量来自美国农业部。

②棕榈油。2005—2011 年，我国棕榈油进口占世界总进口量的比重一直维持在 15%—20% 之间。2006 年，我国进口量占世界贸易量的比重达到高峰 19.4%，最近两年比重有所下降，基本维持在 15% 左右。从进口来源国来看，我国棕榈油进口主要来自马来西亚和印尼，从三个国家的

进口量约占我国总进口量比重基本在98%以上（表3－19、表3－20）。

表3－19　2005—2011年我国棕榈油进口占世界贸易总量的变化

项　目	2005年	2006年	2007年	2008年	2009年	2010年	2011年
进口量（万吨）	432	514	510	528	644	570	591
世界棕榈油贸易量（万吨）	2596	2643	3028	3406	3532	3588	3811
比重（%）	16.6	19.4	16.8	15.5	18.2	15.9	15.5

注：表中进口数据源于国家海关总署，世界贸易量来自美国农业部。

表3－20　2005—2011年我国棕榈油分国别进口变化

年份	项目	印尼	马来西亚	总计
2005	数量（万吨）	137.1	287.8	424.9
	比例（%）	31.7	66.6	98.4
2006	数量（万吨）	163.3	337.8	501.1
	比例（%）	31.8	65.7	97.5
2007	数量（万吨）	140.1	359.7	499.8
	比例（%）	27.5	70.5	98
2008	数量（万吨）	166	355.5	521.5
	比例（%）	31.4	67.3	98.8
2009	数量（万吨）	249.8	392.1	641.9
	比例（%）	38.8	60.9	99.7
2010	数量（万吨）	205.6	295.4	501
	比例（%）	36.1	51.8	87.9
2011	数量（万吨）	211.9	378	589.9
	比例（%）	35.9	64	99.8

注：表中进口数据源于国家海关总署，世界贸易量来自美国农业部。

③菜籽油。2005年以来，我国菜籽油进口占世界总进口量的比重波

动比较大，最低年份2006年，比重仅为2%；最高年份2010年比重达到29.8%。2011年菜籽油进口量占世界贸易总量的比重为14.8%。从进口来源国来看，我国菜籽油进口主要来自加拿大，从该国进口量约占我国总进口量比重基本在95%左右，2011年该比重为94.4%（表3－21）。

表3－21　2005—2011年我国菜籽油进口占世界贸易总量的变化

项　目	2005年	2006年	2007年	2008年	2009年	2010年	2011年
进口量（万吨）	17.8	4.4	37.5	27	46.7	98.5	55.1
世界菜籽油贸易量（万吨）	146.5	219.8	202	243	291.3	330	372
比重（%）	12.2	2	18.6	11.1	16	29.8	14.8

注：表中进口数据源于国家海关总署，世界贸易量来自美国农业部。

④花生油。2005—2011年，我国花生油出口占世界总出口量的比重逐年下降，近3年基本维持在5%左右。2011年，我国花生油出口量占世界总贸易量的比重为5.4%（表3－22）。

表3－22　2005—2011年我国花生油出口占世界贸易总量变化

项　目	2005年	2006年	2007年	2008年	2009年	2010年	2011年
出口量（万吨）	2.02	1.3	1.03	1.07	0.97	0.77	0.87
世界花生油贸易量（万吨）	18.4	17.5	16.4	19.6	18.7	17.4	16.1
比重（%）	11	7.4	6.3	5.5	5.2	4.4	5.4

注：表中进口数据源于国家海关总署，世界贸易量来自美国农业部。

2. 进出口形势

（1）油料作物。我国主要出口花生，进口大豆和油菜籽，大豆逐年快速增长，油菜籽先降后升。2000—2011年间，我国花生始终保持净出口，平均每年出口约63万吨；历年出口数量与平均值变化不大，最近两年进口数量略有增加，净出口略有减少。从 1996 年开始我国变为净进口国，并在短短几年内成为世界大豆第一大进口国。2011 年，我国大豆净进口达到 5243 万吨，约是 2000 年的 5.2 倍。从 1994 年开始我国成为油菜籽净进口国，2011 年油菜籽净进口量为 126 万吨（表 3－23）。

表 3－23　2000—2011 年三大油料作物净进口变化　单位：万吨

年份	花生	油菜籽	大豆
2000 年	－56	297	1021
2001 年	－71	172	1369
2002 年	－77	62	1103
2003 年	－76	16	2045
2004 年	－69	42	1988
2005 年	－77	30	2618
2006 年	－66	74	2785
2007 年	－63	83	3037
2008 年	－50	130	3696
2009 年	－56	328	4219
2010 年	－50	160	5463
2011 年	－43	126	5243
平均值	－63	127	2882

资料来源：农业部信息中心。

（2）植物食用油。我国主要进口产品以豆油、棕榈油、菜籽油为主，而且进口总体呈增长趋势。2000—2011 年间，我国豆油平均每年进口 154 万吨，进口最高峰在 2007—2009 年间，平均每年进口 250 万吨左右；菜籽油平均每年进口 27 万吨，进口最高峰集中在最近两年，特别是 2010 年进口达到 98 万吨；棕榈油平均每年进口在 418 万吨，近 5 年是进口的高峰值，特别是 2009 年进口量达到峰值 644 万吨；花生油进出口量都非常小，进口与出口基本保持平衡。从食用植物油进口结构来看，棕榈油是我国进口量最大的产品，进口量约占食用植物油进口总量的 70%，豆油次之，约占进口总量的25.7%。从历年变化来看，棕榈油呈现明显的逐年递增现象，年平均增长12.8%，豆油进口规律不明显，不过近年来也一直保持在100万吨以上（表3-24）。

表3-24　　2000—2011年食用植物油净进口变化　　单位：万吨

年份	豆油	菜籽油	棕榈油	花生油
2000	27	2	139	0
2001	1	0	152	0
2002	82	6	221	-1
2003	187	15	333	-2
2004	250	35	385	-1
2005	163	15	432	-2
2006	143	-10	514	-1
2007	276	35	510	0
2008	245	26	528	0
2009	232	46	644	1
2010	128	98	569	6
2011	109	55	591	5
平均值	154	27	418	0

资料来源：农业部信息中心。

二、油料及食用油供需变动趋势及前景

随着我国工业化、城镇化的深入推进、居民收入水平的不断提高、农业发展方式的转变等因素的影响，未来我国油料作物供需形势也将发生了较大变化。

（一）未来制约因素及增产潜力

1. 未来制约因素

（1）土地资源匮乏，难以扩大播种面积。据有关部门分析，近年来我国粮食种植面积的预警区间为1.0亿—1.1亿公顷，而2011年我国粮

食种植面积为1.11亿公顷，粮食种植面积接近预警红线。为保障国家粮食安全，我国70%的耕地面积必须种植粮食作物。我国油料作物除油菜为冬季作物外，其他均为夏季作物。如果通过扩大夏季粮油作物种植面积，填补我国食用油60%的缺口，需要增加占用耕地约700万公顷（以单产和出油率最高的花生计算），约占粮食播种面积的7%，在粮食安全的大背景下显然不可行。我国油菜籽播种的历史最高面积是2000年的749万公顷，与2011年油菜籽播种面积相比，扩大的面积也就10万公顷，空间也十分有限。

（2）科技成果转化低，难以大幅提高单产。我国油料作物科研成果较多，但大部分研究成果都没有转化应用，导致油料作物良种良法推广较慢，油料作物的单产难以大幅提高，与国外差距较大。其主要表现为突破性高产品种少，解决季节矛盾的早熟高产油菜品种急缺，大豆抗病性和丰产性还有待提高，花生抗病性和抗逆性急需改善等。2010年油菜单产为118.5公斤/亩，比2000年增长16.9%，年均增长1.57%；花生单产230.5公斤/亩，比2000年增长16.2%，年均增长1.51%；大豆单产126公斤/亩，比2000年增长14%，年均增长1.32%。其中油菜籽和大豆的产量要明显低于国外水平，如加拿大油菜籽平均单产为151.5公斤/亩，美国大豆平均单产为186公斤/亩。

（3）比较效益较低，农民缺乏种植积极性。以黑龙江为例，2008—2011年间，大豆平均每亩净利润为94.2元，远低于玉米的214.3元和水稻的307.9元；大豆每亩成本利润率为20.1%，低于玉米的33.1%和水稻的34.7%。由于大豆比较效益较低，农民纷纷改种玉米和水稻，从2008年开始黑龙江大豆种植面积开始逐年连续下滑，特别是2011年、2012年，大豆种植面积更是以20%的速度递减。除大豆外，我国其他油料作物的播种和移栽、施肥、收获等配套的机械设备和技术缺乏，劳动强度大，一般劳动力成本占生产成本的60%以上，大大降低了生产效益。如油菜用工达11.4个，比同季的小麦多3个工；花生用工为13.9个，比同季旱地作物玉米多3个工。在当前我国农村劳动力大量转移的情况下，现有留守的老弱劳动力无法承担繁重的劳动任务，对生产规模的扩大也造成限制。

2. 未来增产潜力

（1）利用冬闲田、盐碱地等土地增加播种面积。据测算，我国可以利用长江流域冬闲田、盐碱地、瘠薄、荒山荒坡等边际土地扩大油料生产面积639万公顷，使我国油料生产总面积达到2024万公顷。其中可利用南方冬闲田和滩涂，扩大410万公顷的油菜；通过合理轮作和间套复种等方式，东北、黄淮和南方大豆产区可扩大133万公顷的大豆；在主产区增加花生种植面积的可能性较小，但在西部发展还有一定空间；利用向日葵、胡麻等耐旱、耐贫瘠、抗盐碱等特性，可以在西北地区利用盐碱地、干旱贫瘠地发展约100万公顷的种植面积。此外，适合油茶生长的荒山荒坡资源丰富，可以扩大100万公顷；还可以利用我国南方热带和亚热带荒坡地等资源，发展扩大40万公顷以上油棕和油橄榄面积。

（2）加快新品种新技术研发推广，提高单产和品质。近年来，我国对油料产业技术改进与创新方面加大投入力度，在高产品种选育，高含油量资源发掘与创新，高产高效节本轻简栽培技术研究等方面积累了丰富的储备，为今后挖掘单产和品质潜力、扩大边际土地利用等提供了较好的基础。我国油菜杂交化率达60%以上，国家审定品种的产量达到2625—3000公斤/公顷，部分品种含油量超过44%（个别品种超过49%），抗病性、抗逆性显著提高；大豆获得了一批高油、高产大豆新品种，研制了窄行密植、垄上三行窄沟密植、行间覆膜、大型机械深松等高产技术，部分良种良法结合试验地区平均单产达2625公斤/公顷；花生审定新品种的单产达5250公斤/公顷，含油量达到55%，还研制成功了提高单产30%以上的地膜覆盖栽培技术。此外，向日葵、芝麻、油茶、油棕、油橄榄方面已取得突破。

（3）挖掘其他兼用型油源的潜力。我国是农业大国，水稻、玉米、棉花等产量均居世界前列，2011年我国年产稻谷2.01亿吨，可得米糠1200万吨（按6%折算）；玉米产量为1.9亿吨，加工可得玉米胚芽1900万吨（按10%折算）；棉花产量658.9亿吨，可得棉籽395.4万吨（按60%折算）。按米糠出油率17%、玉米胚芽出油率25%、棉籽出油率15%计算，2011年，分别可提供米糠油204万吨、玉米油475万吨、棉籽油59万吨，共提供738万吨，约占2011年食用植物消费的28%。因此，充分利用水稻、玉米、棉花的副产品，也可以减轻保障我国食用植物油供应的压力。

（二）未来需求影响因素和变化趋势

1. 未来我国油料需求将呈递增态势

根据美国农业部的预测，在人口规模不断扩大和人均油料需求量不断增加的背景下，未来我国油料需求将呈递增态势，到 2017 年将增加到 9795 万吨，比 2012 年增长 13.6%，年均增长 2.59%；其中大豆需求量将增加到 6783 万吨，比 2012 年增长 18.5%，年均增长 3.45%；油菜籽需求量将增加到 1478 万吨，比 2012 年增长 8.52%，年均增长 1.65%；花生需求量基本不变。

2. 未来我国食用油需求将呈增长趋势

根据美国农业部的预测，受收入增加、人口规模扩大、在外饮食消费习惯的形成等因素影响，我国食用植物油总体呈增长的趋势。到 2017 年，我国植物食用油消费量将达到 3370 万吨，比 2012 年增长 23.5%，年均增长 4.31%；其中豆油需求量将增加到 1450 万吨，比 2012 年增长 26.1%，年均增长 4.75%；菜籽油需求量将增加到 555 万吨，比 2012 年增长 7.77%，年均增长 1.51%；花生油需求将增加到 236 万吨，比 2012 年增长 8.76%，年均增长 1.69%；棕榈油需求将增加到 1083 万吨，比 2012 年增长 34.2%，年均增长 6.06%。

（三）供需平衡分析

1. 我国油料及食用油自给水平不高

从总体上看，我国油料及食用油产量是满足不了国内需求的，但从个别品种上看，不同的油料和食用油品种的自给率是有明显差别的。2011 年，在油料作物中，大豆、油菜籽、花生三种油料的平均自给率为 45.5%。其中花生的自给率最高，达到 100%，除了满足国内消费外，还向外出口；油菜籽的自给率次之，达到 90.4%；大豆的自给率最低，仅为 26.8%，绝大部分需要从国外进口。在食用植物油中，豆油、菜籽油、花生油和棕榈油的平均自给率为 30.9%，其中花生油的自给率最高，达到100%；菜籽油的自给率次之，达到69.4%；豆油的自给率第三，达到15.1%；棕榈油的自给率最低，仅为0.65%（表3-25）。

表3-25　　2011年我国油料及食用油自给水平

年份	消费量（万吨）	净进口量（万吨）	进口量/消费量（%）	进口油料折算成油（万吨）	自给率（%）
大豆	7165.5	5243	73.2	—	26.8
油菜籽	1317.3	126.2	9.6	—	90.4
花生	1293.3	-43	—	—	100
油料小计	9776.1	5326.2	54.5	—	45.5
豆油	1250	114.3	—	947.5	15.1
菜籽油	520	109.2	—	50	69.4
花生油	230	5.25	—	-24.4	108.3
棕榈油	595	591.1	—	0	0.65
植物油小计	2595	819.85	—	973.1	30.9

数据来源：布瑞克农产品数据库。自给率=1-进口量/消费量。花生出油率按50%折，油菜籽出油率按40%折，大豆出油率按18%折。

2. 主要油料及食用油未来供求平衡格局仍将保持

（1）大豆及豆油。我国大豆需求正处于不断扩张之中，大豆自给率已从2000年的99%下降到2011年的26.8%。未来我国大豆进口的持续增加将是大势所趋，但从近两年进口量看，未来进口增长速度将有所放缓。从豆油供求看，豆油需求的增速要远高于国内豆油供给的增速，未来豆油进口也将较快增长。如果美国、巴西、阿根廷三个国家中有一个国家的大豆供给出现下降，仅大豆一个品种就可以危及中国食物安全。因此，从源头上确保食用油供给安全，稳定的大豆供给已成为确保食物安全战略中的重要组成部分。大豆的供给量主要是生产、贸易和库存。从国内生产来看，短期难以恢复，因此确保贸易和库存这两个渠道非常重要。

（2）油菜籽及菜籽油。由于油菜生产比较效益低、劳动强度大等因素，而且短时间内这些因素难以改变，未来我国油菜籽产量将出现停滞，而根据美国农业部的预测，未来我国油菜籽和菜籽油的需求均将稳步增长，油菜籽或菜籽油进口增加将是必然，差别在于是进口油菜籽还是菜籽油。

（3）花生及花生油。2000—2011 年间，我国花生的最高产量为 2011 年的 1628 万吨，而且近 5 年产量以年均以 4.8% 的速度增长。据美国农业部预测，未来 5 年我国花生消费量基本稳定，花生油消费增加 21 万吨，折算成花生需 42 万吨。以目前的花生产量和以往的增长速度，未来我国花生和花生油的供给完全可以达到 100% 自给。

（4）棕榈油。根据美国农业部预测，未来我国棕榈油需求增长仍然非常强劲，是食用植物油消费中增长最快的品种，而国内棕榈油产量增长有限，估计 95% 以上仍然需要从国外大量进口。

三、对油料及植物油调控政策体系及效果

近年来，为了促进大豆以及油料作物的发展，保障市场供给，我国政府在生产、市场以及进出口方面出台了一些政策，对于促进生产发展、稳定市场价格起到了积极的作用。

（一）良种补贴政策

2002 年，为了促进国产大豆的发展，国家出台大豆良种补贴政策，在东北地区对农民采用优良品种给予每亩 10 元的补贴。2004 年这项补贴政策列入粮食良种补贴政策范围。2007 年，为促进油料生产发展，保障市场供给，国家设立油菜良种补贴项目，在长江流域“双低”油菜优势区，实施油菜良种补贴，中央财政对农民种植油菜给予每亩 10 元补贴，鼓励农民利用冬闲田扩大“双低”油菜种植面积。2010 年国家在部分地区试点花生良种补贴项目。

总的来看，良种补贴政策对于促进大豆和油菜籽生产的发展起到了积极作用。通过大豆良种补贴，在东北地区，推广了一批高油高蛋白品种，而且在部分项目实施区域实现了单一品种的成片种植，对于发挥高油高蛋白的品种优势起到了积极作用。油菜良种补贴对于提高农民种植油菜积极性起到了一定作用。2008 年我国扭转了油料面积和产量连续下滑的局面，

当年油菜籽产量恢复增长 14.5%，2009 年产量继续增长 7.4%。但目前我国良种补贴政策支持力度还很小。从补贴标准看，大豆和油菜籽都仅为 10 元，相对于种植其他品种上百元的收益差距，良种补贴明显过低，对农民生产行为的影响十分有限。从补贴方式看，尽管是良种补贴，但目前大多按照种植面积发放现金，实际上与良种采用已经没有关系，已经不能起到推广优良品种的作用。

（二）临时收储政策

针对 2008 年下半年以来大豆和油菜籽价格连续下跌的局面，为了稳定大豆和油菜籽价格，促进产业的平稳发展，国家在 2008 年第四季度，出台了大豆和油菜籽的临时收储政策。在大豆主产区，按照 3700 元/吨的价格收储大豆 725 万吨，在油菜主产区按 4400 元/吨的价格向农民收购油菜籽 135 万吨（折菜油 46 万吨）；2009 年国家继续对大豆和油菜籽实施临时收储政策，在油菜籽主产区按照 3700 元/吨的价格对油菜籽实行临时收储，同时对部分压榨企业按照国家收储价格收购油菜籽给予 200 元/吨的补贴。在大豆主产区按照每吨 3750 元的价格进行临时收储，并对于压榨企业按照临时收储价格收购给予 160 元/吨的补贴；2010 年国家在油菜籽主产区按照 3900 元/吨的价格对油菜籽实行临时收储，在大豆主产区按照每吨 3800 元的价格进行临时收储；2011 年国家在油菜籽主产区按照 4600 元/吨的价格对油菜籽实行临时收储，在大豆主产区按照每吨 4000 元的价格进行临时收储。

临时收储政策的出台，对于完善国家的油脂油料市场调控政策体系有非常积极的作用。这项政策的出台，稳定了大豆和油菜籽的价格，对于保护农民利益起到了重要作用。但这项政策也带来一些负面效果，主要表现在对国内压榨企业造成了较为严重的打击。在收储政策的支持下，国内大豆和油菜籽价格明显高于国际市场价格，产区以国产大豆和国产油菜籽为原料的油脂企业在市场竞争中明显处于劣势，以进口大豆和油菜籽为原料的产品抢占国内市场，甚至进入产区市场，导致主产区大批中小型压榨企业停产倒闭，而这部分企业正是加工国产大豆和油菜籽的主要客户。产区压榨企业的倒闭可能对国产大豆和油菜籽产业未来发展带来十分不利的影响。

（三）对进口的调控政策

为了对大豆和油菜籽进口数量和质量进行有效调控，防止有害物种和病虫害传入，近年来我国加强了对进口大豆和油菜籽的规范化管理。2002年我国出台了《转基因管理条例》和相应管理细则，对转基因大豆进口实施了认证和许可管理。近年来，我国又加强了对进口大豆和油菜籽的检验检疫，陆续对进口的问题产品采取了措施。如国家质检总局2009年11月起对加拿大和澳大利亚进口油菜籽加强检疫，防止有害生物传入。2010年4月1日开始，来自阿根廷豆油进口许可证的发放工作由原来各地省级商务机关统一收归商务部，同时将严格按照国家标准对进口自阿根廷的豆油进行检验检疫。

这些进口技术措施的实施，对于有效防止有害物种和病虫害传入起到了重要作用。同时，也在一定程度上实现了进口大豆和油菜籽的数量和节奏的调控，为稳定国内市场起到积极作用。如2009年11月后，中国采购和装运进口油菜籽数量急剧减少，2010年进口量为169万吨，同比下降51.3%，减小了国内新增菜油供给压力，大大减轻了低价进口油菜籽对国内油菜籽和菜油市场的冲击。但目前转基因管理对于油脂油料进口调控已经失去了实质性作用，目前进口调控主要依赖检验检疫措施，临时性比较强，缺乏一个具有系统有效的调控政策工具。

（四）食用油储备政策

为了加强对食用油市场的调控，国家加强了对植物油储备政策手段的运用。特别是2008年以来，随着国家收储力度的加大，掌握的资源增多，对价格调控能力加强，市场的供给和稳定得到进一步保障。截至2009年年底，中国储备粮管理总公司宣布在内蒙古等17个油菜籽主产省区累计收购临时储备油菜籽403.9万吨，已加工成油136.6万吨。中国储备粮管理总公司还握有以前收购尚未销售出去的约500万吨临时收储大豆，可压榨成油约100万吨。有关部门还委托中国储备粮管理总公司等单位从国外进口部分食用油进行储备。因此国家现在掌握的食用油储备资源比较丰富，对国内食用油市场具有较强的调控能力。

四、政策建议

从供需变动及前景看，未来我国油料生产的制约因素和潜力因素并存。针对当前油料行业发展出现的变化和未来发展趋势，我国必须及时完善产业发展支持政策，建立健全调控机制，促进国内油料行业的健康发展。

（一）加大对国内油料作物的财政补贴和奖励制度，调动农民和地方政府的种植积极性

一是加强对油料作物良种培育和使用的支持。要设立专项资金，对大豆、油菜籽、花生的育种产业进行重点扶持，加快品种的更新换代。提高良种补贴的标准和范围，改进补贴方式，进一步发挥良种补贴引导农民采用优良品种的作用。二是加强补贴和奖励力度，提高政府和农民种植积极性。加大对产油大县的资金奖励力度，扩大产油大县奖励范围，提高地方政府生产积极性，增强他们支持和服务油料生产的综合能力。在油料主产区，逐步把相应的油料作物列入粮食直接补贴和农资综合直补的范围，提高农民种植油料作物的积极性。三是加快油料作物机械化发展，缓解劳动力资源约束。把油菜、花生等油料作物生产涉及的直播机、移栽机、收获机等机械尽快全部列入农机具购置补贴目录，提高油料作物的机械化水平。四是支持木本油料和其他兼用型油源的发展。利用我国林业资源优势，充分利用山地、丘陵等非农用地，大力支持开发油茶、油橄榄、文冠果、核桃等木本食用油料。重视发展棉籽、米糠、玉米胚产业，有效利用兼用型油源生产棉籽油、玉米油和米糠油，增加食用油供应。

（二）实施农业“走出去”战略，建立海外油料基地

从国际油料资源分布看，巴西、阿根廷、东南亚、非洲等地的油料资源非常丰富，土地开发费用和种植成本都较低，进行油料种植、加工投资或直接贸易的潜力非常大。因此，要将南美的大豆和东南亚的棕榈油作为开拓海外油料来源的重点，制订发展规划，支持企业建立稳定可靠的进口

油料保障体系。鼓励我国企业在这些国家购买或租用土地，自建加工厂或参股这些国家的油料生产、加工或流通企业，兴建或租用仓库、港口、码头和运输系统，建立完善的海外油料产业链。开拓与巴西、阿根廷等主要油料进口国的直接贸易渠道。这些国家与我国的关系较好，开展经济领域合作，可以较好地回避政治和外交风险。

（三）支持国内油脂产业发展，支持本土油脂加工企业做大做强

一是在优势产区，支持压榨企业建设储藏、运输等物流设施和加工设备的更新改造。对于进口的成套加工设备，包括离心机等关键单机设备专项用于食用植物油加工的，实行免征关税。二是支持压榨企业在周边地区建设优质原料基地，建立生产、加工、流通一体化企业，提高企业抗风险竞争力。三是支持优势产区的压榨企业进行产品的展销展示，打造国内油脂行业的知名品牌，提高国产油脂企业的市场竞争力。四是加大对加工企业收购资金不足的信贷支持。积极发展中小企业信贷担保，对油菜籽加工企业收购资金贷款给予担保；鼓励农业发展银行等金融机构向油菜籽加工企业发放收购资金贷款，同时由政府给予适当的风险补偿金。五是鼓励企业兼并重组，扶持一批规模相对较大的地方油脂加工企业，以保证当地食用植物油供应，抑制外资企业的兼并收购。

（四）加强反垄断调查和对技术贸易措施的运用，保护国内油料产业

要紧密跟踪压榨产业的调查，加强对部分大型外资企业的反垄断调查，避免这些跨国企业利用企业垄断地位，谋取高额利润。在总结以往成功经验的基础上，丰富技术壁垒政策体系，并建立科学合理的启动机制，从而实现对进口油料和食用油数量的调控。同时，要加大对国内产业损害等方面的调查，积累运用贸易救济、反补贴反倾销等政策的经验，防止进口产品对国内市场的冲击。

（五）加大对传统食用油的宣传，引导居民科学适量消费

加强食用油营养与食用知识的市场宣传，提高我国居民对油脂认识，宣传国产食用油的品质，为国产食用油拓展发展空间。尽快出台相关的法

律法规，要求转基因食用油需在特定的位置、用特定的字码明确标识。引导居民合理消费，避免油脂过度摄入。据调查显示，北京、上海等城市人均每天食用油都超过了80克，远远超过了合理膳食标准25克。因此，还需要正确引导居民科学、适量地消费食用油，鼓励居民改变传统膳食结构，合理摄入油脂。

第三节 棉花供需现状及趋势分析

棉花是我国第一大经济作物，同时也是纺织品工业最重要的原料，作为人民生活重要的战略物资，棉花产业的健康发展对我国经济的发展起着举足轻重的作用。

一、我国棉花供需形势分析

（一）生产形势

1. 进入21世纪以来，我国棉花的总产量、单产水平和种植面积均呈波动上升走势

受国内棉花市场的彻底放开、加入世界贸易组织后棉花贸易自由化程度的快速提高以及纺织需求的快速增长等因素影响，2000年至今，我国棉花生产呈现一种波动中增长的特点，棉花的总产、单产和种植面积均呈现出波动上升的走势，个别年份的波动幅度甚至超过了30%。

从产量来看，2011年我国棉花产量比2000年增加了217.3万吨，增幅达49.2%。自2000年以来，我国棉花产量波动幅度较大，其中，年际间波动幅度超过10%的有6次，涨幅最大的为2004年，比上年上涨30.1%，跌幅最大的为2009年，比上年下跌14.9%（图3-16）。

从单产水平来看，2011年我国棉花单产达到87.2公斤/亩，比2000年上升19.7%。自2000年以来，我国棉花单产水平波动幅度超过10%的

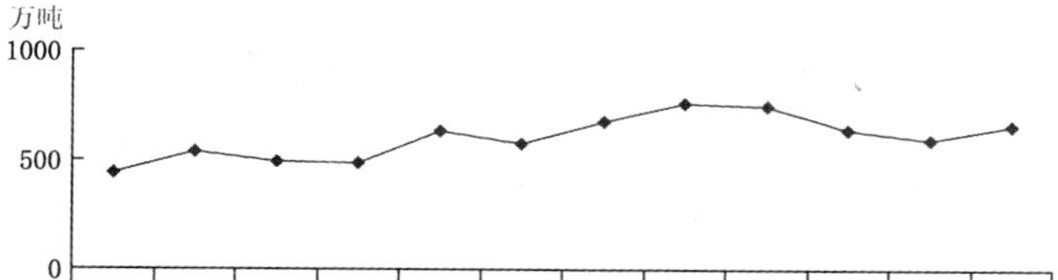

	2000	2001	2002	2003	2004	2005	2006	2007	2008	2009	2010	2011
产量	441.7	532.4	491.6	486	632.4	571.4	674.6	762.4	749.2	637.7	596	659

图 3－16　2000—2011 年中国棉花产量走势图

数据来源：国家统计局。

有 4 次，其中，上涨幅度最大的是 2004 年，涨幅达 16.8%，下跌幅度最大的是 2003 年，跌幅达 19.1%（图 3－17）。

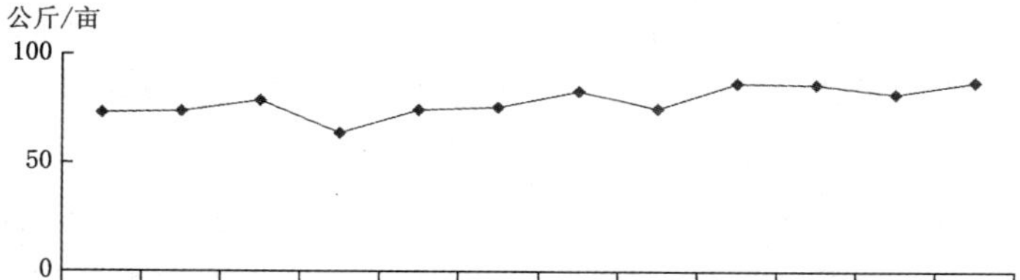

	2000	2001	2002	2003	2004	2005	2006	2007	2008	2009	2010	2011
单产	72.87	73.79	78.33	63.39	74.06	75.26	83.14	74.93	86.8	85.85	81.95	87.2

图 3－17　2000—2011 年我国棉花单产走势图

数据来源：国家统计局。

从种植面积来看，2011 年我国棉花种植面积达到 7560 万亩，比 2000 年增加 1499 万亩，增幅达 24.7%。2000 年以来，我国棉花种植面积波动幅度超过 10% 的有 6 次，其中，上涨幅度最大的是 2003 年，涨幅达 22.1%，下跌幅度最大的是 2009 年，跌幅达 13.9%（图 3－18）。

2. 进入 21 世纪以来，我国西北棉区的棉花种植持续扩张，而黄河棉区和长江棉区出现萎缩

我国棉花生产区域布局的变化情况用生产规模指数（Production Scale Index）来表示，即某时期的棉花生产规模指数是某省份 t 时期棉花播种面积占同期全国棉花播种面积的比重。我国 95% 以上的棉花生产都集中在新疆、河南、山东、湖北、安徽、河北、江苏、湖南、四川、江西等

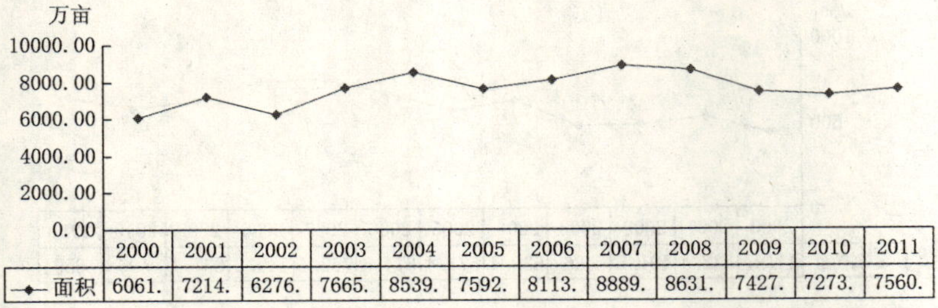

图 3－18　2000—2011 年我国棉花种植面积走势图

数据来源：国家统计局。

10 个省（区）。从数据变化可以看出，从 2000 年到 2011 年，我国棉花生产的区域布局主要呈现以下几个特点：一是西北棉区是我国棉花种植的主要产区，且棉花种植面积持续扩大，例如 2011 年新疆地区的棉花种植面积占全国的比重达到 30.12%，居全国第一；二是黄河棉区特别是河南省的棉花种植面积开始萎缩，其占全国棉花生产面积的比重由 2000 年的 19.28% 下降至 2011 年的 9.64%；三是长江棉区如四川、江西、安徽、江苏等省份的棉花种植面积持续萎缩，南方地区棉花种植面积占全国的比重进一步下降（表 3－26）。

表 3－26 2000 年及 2011 年我国棉花生产规模指数变化情况表（%）

年份	2000	2011
新疆	25.05	30.12
河南	19.28	9.64
山东	14.07	15.81
湖北	7.87	9.90
安徽	7.63	7.10
河北	7.61	11.99
江苏	7.31	4.86
湖南	3.61	3.61
四川	1.73	0.33
江西	1.71	1.64
合计	95.88	95.01

注：根据国家统计局数据整理。

（二）消费形势

新中国成立以后，由于庞大的国内需求、出口创汇的要求以及投资少劳动密集型的特点，棉纺业迅速成为中国工业化过程中的先导产业，获得了大量的国家投资，产业规模迅速扩大。随着棉纺织业的快速发展，中国棉花消费也快速增长。至20世纪70年代，中国就已经成为世界上最大的棉花消费国。中国加入世界贸易组织以后，中国的纺织产能进一步释放，棉花消费量又上了一个台阶，进一步巩固了中国世界纺织大国的地位。目前中国不仅是世界上最大的棉花生产国、进口国，还是最大的消费国。

在我国，棉花的应用主要包括纺织工业用棉、军需民用絮棉、损耗及其他用途。其中，纺织用棉比例达到94%左右，军需民用为2.5%左右，损耗占2.85%左右（杜珉，2006）。军需民用棉比重较小，每年棉花的损耗量基本是固定的，因此纺织工业用棉是决定棉花需求总量的主要因素（图3－19）。

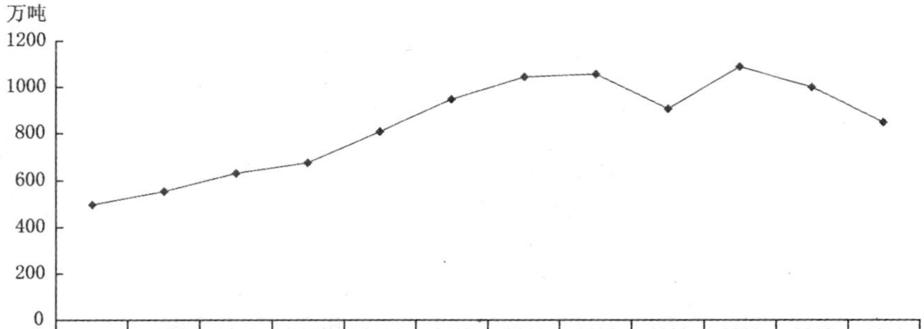

	2000	2001	2002	2003	2004	2005	2006	2007	2008	2009	2010	2011
—◆— 消费量	494.779	553.02	630.312	673.857	811.023	947.101	1045.08	1055.96	908.999	1088.62	1001.53	849.125

图3－19　2000—2011年我国棉花国内消费走势图

数据来源：Foreign Agricultural Service, *Official USDA Estimates.*

2000—2007年，随着中国加入世界贸易组织，我国纺织工业的发展潜力得到迅速释放，棉花消费量迅速增长，从494.78万吨一路猛增到2007年的1055.96万吨，增幅达113.4%。2008年下半年国际金融危机爆发，对服装的需求下降，中国棉花消费量也有所下降，降幅达13.9%。2009年以后随着世界经济形势的好转，棉花的消费量也有所恢复。2010

年以来，由于棉价高企和低廉化学纤维的竞争削弱了棉厂对棉花原料的需求，从而导致棉花消费又出现了下降的趋势，从2009年的1088.6万吨下降至2011年的849.1万吨，降幅达22.0%。

（三）世界贸易格局及我国进出口形势

自2001年开始，我国棉花进口量开始超过出口量，并呈现出进口量大幅增加，贸易逆差逐步增大的态势，贸易逆差从2001年的2906.48吨逐渐增加到2011年的3338206.11吨，增长了1148倍。进出口金额方面，2000年我国棉花进口金额为7410.88万美元，到2011年达到946887.75万美元，增长了128倍。出口金额从2000年的30518.30万美元下降至2011年的7873.27万美元，降幅达74.2%（图3-20）。

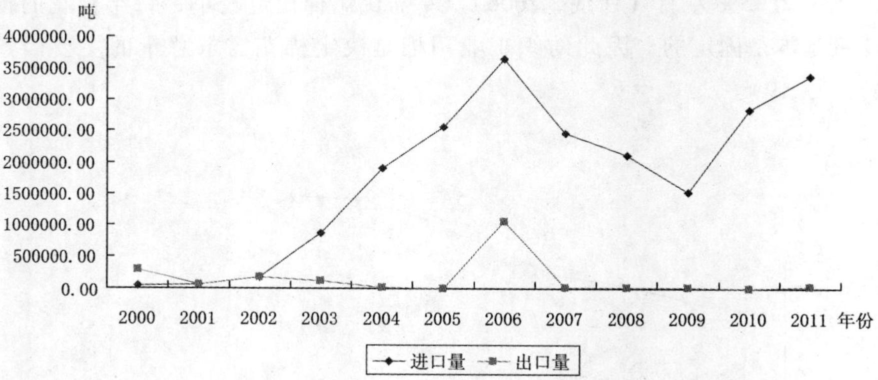

图3-20　2000—2011年我国棉花进出口走势图

数据来源：中国海关。

我国棉花进口来源较为集中。美国是世界上棉花出口第一大国，也是我国棉花进口的第一大来源国，我国50%以上的棉花来源于美国。据全球纺织网数据显示，2011年4月我国从美国进口棉花10.3万吨，占当月全部进口量的72.1%，其次为乌兹贝克斯坦，占6.8%，位列第三位的为印度，仅为4.1%。第二、第三大来源过进口额度均不超过1万吨。

我国对美国棉花的高依存度使我国棉花市场易受美国棉花产量波动的影响，国际市场风险很容易转嫁到国内，进口风险加大，市场风险提升。

如果美国凭政府补贴低价进入中国市场，中国棉花产业将面临崩盘的危险。近年来，印度棉花因改进技术、引进抗虫棉，产量崛起，出口量大幅增加，成为我国新的棉花进口的潜在大国。

二、棉花供需变动趋势及前景

（一）棉花生产发展面临的制约因素

1. 比较效益逐渐走低

随着我国粮食补贴的增加，粮棉比价出现下降，农户作为理性经济人，出于个体经济利益的考虑，易舍弃棉花种植粮食。我国大多数情况下以1∶8的粮棉比价作为农民安排粮棉茬口的基点。近年来，因为粮食安全问题，国家日益重视大米、小麦、玉米等粮食作物，大量增加粮食补贴，而种棉补贴力度较小，加之农资、劳动力等成本持续上涨，导致种棉比较利益下降，棉花种植面积出现波动。

2. 棉花生产的机械化程度较低

目前，棉花种植基础设施薄弱的局面没有发生根本性改变。棉花的结构特点决定了其较难实现耕种收的机械化，不像水稻、小麦等，可以用大型收割机进行采摘，而棉花的采摘环节是耗费劳力最多的环节，现在我国大部分地区仍然主要靠人工采摘，每亩的用工数量达到23—30个，是小麦、玉米、水稻等作物用工数量的3—4倍（翟雪玲，2010）。随着我国工业化、城市化进程的推进，农村劳动力逐渐减少，棉花种植的机械化程度低对生产发展的制约影响日益显现。

3. 价格变动大导致种植风险加大

棉花价格的变动受到诸多因素影响，根据发散性蛛网理论，作为一年生农作物，棉花生产周期较长，供给调整的时滞不可避免。农户作出生产决策主要根据上一年的棉花价格。上一年棉花价格高，则本年种植意愿强烈，种植面积相应增加。这种决策机制常常导致棉花过剩或短缺，加剧了棉花价格的波动。棉花价格的大幅波动，使农民的收入预期不稳定，加大了农民植棉的风险，影响农民植棉的积极性（图3－21）。

4. 国家支持力度有限

目前我国对棉花生产的扶持政策主要是良种补贴政策。由于补贴金额

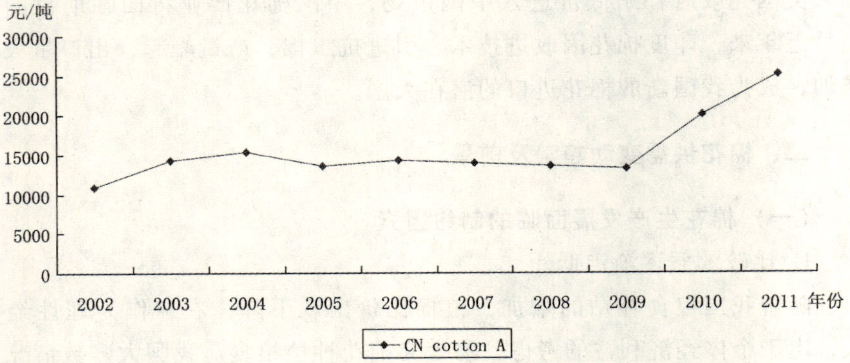

图 3－21 2002—2011 年国内棉花销售价格

数据来源：中国棉花网。

有限，无法冲抵农资价格上涨对农民生产的负面影响，加之农业投入成本持续增加，当前棉花良种补贴的激励作用正呈现出明显的边际效益递减趋势。据了解，农民对现有补贴的感受大多是“心里高兴”、“但不影响积极性”，说明“感恩充分、激励不足”。

综合上述影响棉花增产的制约因素，在我国土地资源十分稀缺的情况下，未来通过提高棉花种植面积来实现增产的目标显得不太现实。而我国棉花单产在世界已经位居前列，单产提高虽有空间，但也十分有限。所以，未来我国棉花增产潜力在着眼于努力提高单产的同时，应重点提高棉花质量。具体来说，要大力推广优良品种，加快推广膜下滴灌等节水灌溉技术，平整改良土壤，提升棉花采摘机械化水平，改善品质，提高棉田综合生产能力。

（二）未来需求影响因素及变化趋势

1. 棉花未来需求的影响因素

我国棉花消费中纺织用棉占 90% 的比例，因此未来棉花消费量主要取决于纺织用棉的需求状况。由于我国纺织工业庞大，面向国内外市场，从全球范围采购原料，加上原料间的替代选择，因此纺织用棉的需求受到国内外多种因素的影响。具体来说，主要受到国内纺织品消费增长潜力、出口增长潜力和纺织用棉比例变化的影响。

（1）国内纺织品消费增长潜力。进入21世纪以来，我国国内纺纱量从2000年的657.68万吨增长到2011年的2894.47万吨，增幅达340.1%。棉布产量从2000年的98.7亿米增长到2011年的363.39亿米，增幅达268.2%。其次，家用纺织品的消费需求将随着城市化进程的不断加快而不断扩大。据测算，城市化水平每提高一个百分点，新增城市人口约为1500万人，这些新增人口将对纺织品消费产生巨大的需求。再次，我国汽车、建筑、卫生、水利、农业、交通、能源等相关产业的发展，也将带动纺织品消费的不断增长。

（2）纺织品的出口增长潜力。经济全球化速度的加快为纺织工业的发展提供了空间，但是中国纺织品出口将面临全球纺织产业结构和布局调整带来的激烈竞争，贸易保护和贸易摩擦也将为纺织产业的进出口贸易带来不确定性因素。目前，国际纺织业的竞争正由“价格和质量”竞争转向“以高新技术为主导，以品牌竞争为焦点”的综合经济实力竞争。广大发展中国家的纺织服装制造业快速发展，亚洲的印度、巴基斯坦、印度尼西亚等国以及北非一些国家和地区，凭借更加低廉的劳动力成本和欧美区域性贸易保护等有利条件，在中低端产品市场上发挥着后发优势，正成为我国纺织品在国际市场的有力竞争者。区域经济同盟和经济多边协议在全球范围内的广泛兴起，促使纺织服装业生产格局在全球范围内发生战略转移，如北美自由贸易区的墨西哥、加勒比国家，欧盟内部具有纺织工业基础的部分新入盟成员国已成为美、欧纺织产业转移重点，欧盟还制定了扶持其新成员国发展纺织工业的产业政策。

（3）纺织用棉比例的变化。这主要由两方面的因素决定，一是纺织品产品结构的变化。尽管发达国家引领着回归自然、绿色环保的消费偏好，但广大发展中国家包括中国农村地区的纺织品需求还是主要受到价格因素的影响，同时随着化纤工业的发展以及加工工艺的提高，棉纺织品的增长空间还比较有限。二是棉花相对价格因素的影响。棉花的相对价格取决于棉花的供给状况和替代作物的价格。前几年，石油价格成为通过影响化纤价格进而影响纺织用棉比例的重要因素。近年来，石油价格总体趋稳，但仍然受到国际政治经济形势的影响，间接影响棉花的价格和消费。

2. 未来棉花需求的变化趋势

我国棉花以直接供应棉纺工业为主。棉农自用部分一般局限于絮棉，用量较为稳定，因而棉花的商品率很高，棉纺工业的发展状况构成了棉花需求的基本格局。自2000年以来，我国的纺纱量一直保持较为稳定的增长势头，与进入21世纪后的前几年相比，近几年的增长速度还有所加快。从我国纺纱量拟合的趋势线来看，预计未来我国棉花的消费量还将呈现出刚性增长的势头。据中国农业科学院棉花研究所预测，未来5—10年我国棉花消费需求还将继续增长100—150万吨（图3-22）。

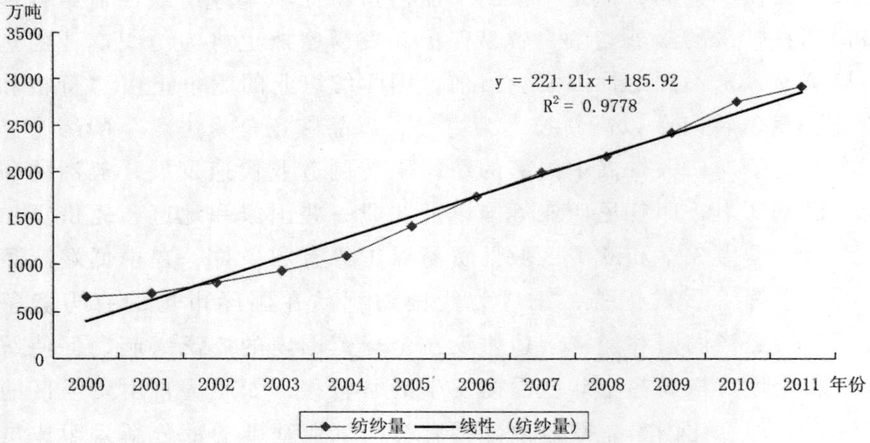

图3-22 2000—2011年中国纺纱量走势图

数据来源：《中国纺织工业年鉴》历年。

此外，从国际贸易方面来看，我国是纺织品出口大国，纺织品的劳动密集型特点使我国纺织品质优价廉，在国际上具有较强的竞争力。我国加入WTO以后，世界市场对我国纺织品的需求进一步增加，世界上大部分发达国家都大量进口中国服装，其中美国1/3的服装是从中国进口的，日本80%的服装来自于中国。所以，从纺织工业对棉花的需求量来看，未来我国对棉花的需求量仍将非常旺盛。

（三）供需平衡现状及趋势

进入21世纪以来，我国棉花国内的供需平衡一直呈现出供不应求的局面，我国国内棉花的供需缺口一直是负值，平均值为-235.4万吨，说明国内棉花的消费数量要大于供给数量。从供需缺口的走势来看，呈现出波动性趋势，且近几年的波动幅度较之21世纪初有所加大，说明影响棉花供需变动的众多不确定性因素，如价格、种植风险、比较效益等对棉花供需的影响也在加大。我国棉花的国内自给率水平也呈现出波动性趋势，从2000年至今，平均自给率为74.07%，说明我国目前仍然有1/4的棉花需要依靠国外进口来解决（图3-23、图3-24）。

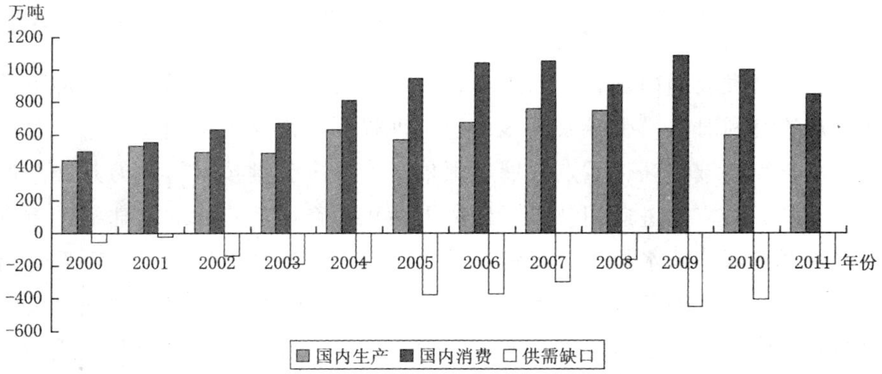

注：供需缺口=国内产量-国内消费

图3-23　2000—2011年我国棉花国内供需平衡情况

数据来源：根据相关数据。

1. 未来我国棉花增产的空间十分有限

直到2020年前，我国棉花生产发展趋势很可能是多数年份总产在700万—750万吨，个别年份接近800万吨。在我国土地资源十分稀缺的情况下，通过扩大棉花种植面积来实现增产的目标不太现实，未来我国棉花种植面积将主要在7000万—8000万亩之间波动，最多在8500万亩；而我国棉花单产在世界已经位居前列，单产提高虽有空间也十分有限。如果没有重大技术突破，依照现有生产条件的常规改善，估计到2020年棉

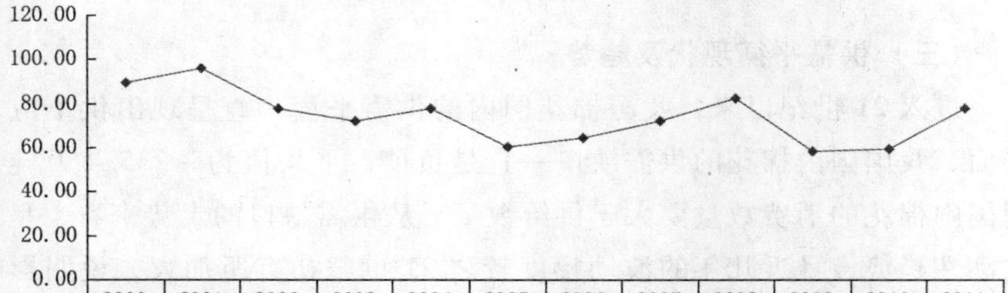

	2000	2001	2002	2003	2004	2005	2006	2007	2008	2009	2010	2011
—◆—自给率	89.28	96.26	78.00	72.12	77.98	60.33	64.55	72.20	82.42	58.58	59.51	77.61

—◆—自给率

图 3－24　2000—2011 年我国棉花国内自给率水平（单位:%）

数据来源：根据相关数据。

花单产将提高到 90—95 公斤水平。

从恢复发展国内棉花生产来看，关键是要抓住棉花价格上涨、种植效益提升的有利时机，引导农民多种棉、种好棉。恢复种植面积，稳定黄河流域和长江流域棉区，重点发展新疆棉区。推广关键技术，大力开展高产创建，集成推广先进适用技术，促进大面积均衡增产。西北内陆棉区重点推广膜下滴灌等节水技术，黄河流域棉区重点开发盐碱地和推广麦后育苗移栽、高效间套种等栽培技术，长江流域棉区重点推广高效多熟栽培模式和无土育苗移栽等轻简栽培技术。因地制宜推广转基因抗虫棉和优质杂交棉品种，合理增加种植密度，提高单产水平。积极推进棉花生产机械作业，提高劳动生产率。

2. 我国棉花消费仍将保持稳定增长态势

2000 年以来，我国的纺纱量一直保持较为稳定的增长势头，近几年的增长速度进一步加快。从国际需求看，我国是世界纺织品服装出口第一大国，2011 年纺织品服装出口额达 2479.5 亿美元，比 2001 年增长 3.6 倍，年均增长 15.0%。未来 10 年我国仍将保持头号出口大国的地位，从而拉动棉花需求量持续增长。从国内需求看，随着我国经济社会进入全面快速发展的新阶段，城乡居民收入将实现倍增，特别是农村居民收入增长将较大幅度增加对纺织品消费需求。到 2020 年，估计居民纺织品消费水平将增加到约 18 公斤/人，按全国 14.3 亿人口，纺织纤维消费总量接近

2600万吨，用棉比例按照30%，居民棉花消费总需求接近780万吨，人均消费用棉5.5公斤。综合国内外因素来看，未来我国对棉花的需求量仍将非常旺盛，估计2020年我国棉花需求总量约1500万吨，比2010年增长50%，年均增加50万吨。

3. 未来我国棉花将维持“大进大出”格局，对外依存度接近50%

从前面对棉花生产和需求的预测结果看，到2020年，我国棉花生产将保持在700万—750万吨的水平，而国内居民棉花消费总量将接近780万吨，说明国产棉花基本可以满足我国城乡居民的消费需求。剩余720万吨的棉花需求量属于国际需求部分，仍将依靠进口来解决。虽然综合算来，未来我国棉花的贸易依存度接近50%，但棉花进口主要是为了出口，是我国纺织业发展的需要。在这一发展趋势下，预计未来我国纺织行业进口将呈“既进口棉花，也进口棉纱，同时棉花进口总量将维持在一定规模”的格局。今后通过国际市场调节余缺保障未来我国棉花总量平衡将成为一种常态。

三、棉花调控政策体系及效果评价

近年来，为了稳定棉花市场，促进棉花生产，保护棉农收入，国家在生产扶持、市场调控及进出口等方面出台了一系列政策。

（一）良种补贴政策

2007年，在对大豆、小麦、玉米、水稻进行良种补贴取得较好效果的情况下，为了解决棉花普遍存在的品种“多、乱、杂”、商品棉一致性差的问题，中央财政首次安排5亿元，按照每亩补贴15元的标准实行棉花良种补贴。2008年棉花良种推广补贴项目继续实施，补贴金额、标准、范围均不变。2009年国家决定将原有的良种补贴，从部分享受的特惠制改为全覆盖的普惠制补贴政策。2007年、2008年两年棉花良种补贴普遍的做法是通过招投标确定供种单位，将优质棉种以优惠价格提供给农户，再由地方政府对供种单位进行补贴。2009年棉花良种补贴操作方式发生变化，良种补贴资金原则上直接发给购买良种的农民，具体补贴办法由棉花省区决定实施。

棉花良种推广补贴政策抓住了棉花生产的关键要素，项目区实现了良种良法配套，初步解决了品种“多乱杂”问题，改善了种子市场环境，降低了棉农购种成本，调动了农民植棉积极性，实现了“一补多效”。对推进全国棉花优势区域布局规划、提高棉花产量、改善棉花品质、增强中国棉花国际竞争力、保障国家棉花产业安全、增加棉农收入等方面都发挥了积极的作用。但是目前由于补贴方式是根据种植面积发放现金，和是否使用良种没有挂钩，已经演变为一种收入补贴政策，对于改善品种“多乱杂”现象作用不大。

（二）高产创建政策

2009 年，在棉花生产遇到较大困难的情况下，农业部将棉花纳入高产创建范围中，在全国 200 个棉花主产县实施棉花高产创建活动，对全国 200 个棉花主产县、兵团团场的 200 万亩棉田予以 4000 万元的资金扶持。2010 年继续实行高产创建。

尽管高产创建活动开始时间不长，但从各地棉花分析报告来看，高产创建对于提高棉花单产，增强生产能力已经初见成效。根据农业部的要求，开展高产创建的地区必须“统一规划布局、统一土地整理、统一良种供应、统一肥水管理、统一技术培训、统一病虫防治、统一质量标准”的“七统一”要求，并且很多地方在生产中集成高产技术、加强病虫防控、开展测土配方施肥、提高机械化程度、加强技术宣传、培训和指导。因此，从 2009 年来看，高产创建地块的棉花产量明显高于普通棉田，增加了棉农效益，增强了农民种棉信心，充分调动了植棉积极性，对于地方重视棉花生产、维持棉花面积具有重要作用。调查显示，2010 年高产创建示范县植棉面积与上年相比都有不同程度增加。

（三）1∶1 配套措施

针对 2005 年度新疆棉花出现销售进度缓慢、库存积压严重的问题，2006 年 6 月 16 日，新疆自治区人民政府给国务院上报了《关于解决新疆棉花滞销问题的请示》（新政发〔2006〕44 号）。国家发展和改革委员会在充分调研的基础上，针对当时新疆棉花销售存在困难和库存积压严重的问题，提出了临时性的解决办法和措施。具体解决办法是对纺织企业申领使用进口棉花配额，采取与购买新疆棉进行挂钩的办法，对纺织企业按实际使用新疆棉数量同比例发放进口配额；使用中国农业发展银行贷款的纺织企业购买使用新疆棉花，由中国农业发展银行按优惠贷款利率提供购棉资金。

在当时棉花市场形势下，这些措施的出台，对加快新疆棉的销售，缓解库存压力，归还中国农业发展银行的贷款，促进新年度棉花购销工作顺利开展起到了一定的作用。但是由于采取了差别化对待的措施，对内地棉花购销企业造成了事实上的不平等竞争，而且具有明显的临时性特征。

（四）新疆棉花出疆运费补贴政策

2008 年后半期世界经济增速放缓，棉花需求不旺，供需矛盾较为突出。由于新疆远离内地销区，运输成本高，价格竞争力低，棉花销售困难。为帮助解决新疆棉花远离内地销区移库成本较高问题，促进新疆棉花销售，保护新疆发展棉花产业的积极性，财政部研究制定了《出疆棉移库费用补贴管理暂行办法》，规定符合国家标准的出疆棉，不分品级和长度，中央财政每吨定额补贴 400 元，补贴期限暂定为 2008 年度至 2010 年度。

新疆棉花外运补贴的实施，对解决长期以来由于运输瓶颈导致的新疆棉价格较高、竞争力低的问题起到了一定的作用，增强了新疆棉在内地市场的竞争力，提高了内地纺织企业使用新疆棉的积极性。

（五）临时收储政策

2008 年以来，由于全球金融危机导致世界经济发展速度放缓，纺织品服装出口下降，棉花需求大幅萎缩，国内棉花市场销售不畅，企业收购风险加大，收购信心不足，棉花价格持续低迷，很多地方还出现了卖棉难现象。为了稳定棉花市场，确保棉农收益，国家出台了棉花临时收储政策。分别在 2008 年 10—12 月，三次出台棉花收储政策，收储总规模为 272 万吨，收储标准级（328 级）每吨按照 12600 元作为最高到库价格，其他等级棉花的收储价格按照 3% 的品级差率、1% 的长度差率计算。

2008年国家大规模的收储政策对于稳定棉花市场、稳定棉花价格起到了相当好的作用。在国家收储托市的影响下，2008年12月以后，国内棉花的销售价格和收购价格都明显回升。但是由于执行方式方法存在问题及出台的滞后性，收储对棉农收入的支持作用有限，收储政策最大的获益方是加工企业，棉农获得的利益非常有限。根据国家的收储12600元/吨的价格，折合籽棉价格为2.65—2.75元/0.5公斤，但是2008年10月、11月、12月国内平均的棉花收购价都在2.3元/0.5公斤左右，2009年3月以后尽管收购价格回升到2.7元/0.5公斤，但这时农户销售籽棉的高峰期已过，90%以上的农户在春节前就已经将棉花售罄。根据对河南的调研，农户出售价格基本在2.25—2.4元/0.5公斤左右。此外，政策的宣传力度不够，在调研中发现，如此大规模的收储计划，直接关系到农户的切身利益，但农户基本上不知道。

（六）进出口调控政策

加入世界贸易组织后，我国对棉花进口实行关税配额管理。为了满足国内旺盛的棉花需求，我国从2005年补充实施滑准关税制度。（1）关税配额制度。我国向世界贸易组织承诺的棉花进口关税配额制度的主要内容是：一是配额内进口实行低关税为1%，配额外进口关税按76%计征，在2004年配额外进口关税税率减少至40%。二是配额量逐步扩大。加入世界贸易组织后我国棉花进口配额增加到81.85万吨，到2004年扩大到89.4万吨。三是限制国营贸易。我国承诺，每年棉花进口配额中为国营贸易的比重为33%，非国营贸易占67%。（2）对配额外进口征收滑准税。滑准税是根据进口货物的不同价格征收不同税率的关税，一般是价格越低关税率越高，将进口价格控制在某一水平之上。2005年中国海关开始对于一定数量的关税配额外报关进口的棉花，按“关税配额外暂定优惠关税税率”征收进口关税。税率以滑准税方式征收，滑动范围为5%—40%。2006年至今继续实行滑准关税，但提高了征税临界点。滑准税进口的棉花也实行配额管理，由国家发展和改革委员会负责统一安排。

加入世界贸易组织后，我国纺织工业迅猛发展，对原料需求急剧膨胀，滑准税制度将进口棉价格调整到一定范围内，避免了对国内棉价的过度冲击，避免了进口棉数量大起大落，达到了政策设计的预期效果。问题主要出在配额上：一是每年按期发放的1%低关税配额。由于加入世界贸易组织以来的绝大部分时间国际价格低于国内价格，这就意味着谁拿到配额谁就获得利益，容易诱发寻租现象。二是增发配额。按照我国目前的配额管理体制，任何一个市场参与者都无法对增发配额政策进行预测，包括无法预测年度内是否增发配额、增发多少配额、什么时候增发、年度内是否多次发放配额等，只能在猜测中进行销售、收购或者购买的决策。政策本身给市场带来了极大的不确定性。

四、政策建议

鉴于棉花产业“两头在外”的发展格局，今后一味地通过扩大国内种植面积满足国内纺织业原料需求既不科学也不现实。应客观看待我国棉花“贸易依存度高”的现象，统筹考虑我国重要农产品战略发展优先序。

（一）加大生产扶持力度，切实稳定国内棉花生产

从历史经验看，棉花生产一旦滑坡，3—5年都恢复不上来。我们必须深刻汲取历史经验教训，切实保护和稳定棉农生产积极性。一是继续实行棉花高产创建工作。建议进一步扩大棉花高产创建的范围和投入力度，通过高产创建发挥示范带动作用，稳定棉花生产。特别是在棉花优势产区建议加大支持力度，扩大支持范围。二是实行棉花农资综合补贴，同时完善棉花良种补贴操作方式。建议比照粮食生产，对种棉普遍实行农资综合补贴，补贴标准高于现行粮食农资综合补贴水平的50%为宜。针对目前棉花良种补贴“多、乱、杂”现象有所抬头的情况，要进一步研究补贴方式和补贴方法，完善棉花良种补贴政策。三是加强棉区基础设施建设。加大对棉田质量改良的投资力度，特别是对新疆等常年连续只种植棉花的地区要有所倾斜。改善水利设施，推行节水灌溉。从未来看，稳定我国棉花生产的关键在新疆棉区。建议对新疆棉花采取的膜下滴灌、机械化采摘等新型生产技术给予适当补贴，鼓励增加生产，以弥补其他棉区的减产。

（二）完善棉花国内供需调控体系

一要建立权威的信息发布平台和棉花预警机制。设立专门的官方网站，及时发布棉花国内、国际市场的供求等信息，为棉农和棉纺织企业提供可靠、权威的决策依据。设立专门的机构和专业人员，对棉花国际、国内市场进行全面、系统、动态的分析，建立棉花预警机制，进行有效的产前预测和价格预测，有效地稳定棉花产量，从而稳定棉花供给，避免棉花大幅、剧烈的价格波动。二要继续棉花市场化改革，建立现代棉花市场体系。尽快完善棉花期货市场，充分发挥期货市场价格发现、规避风险的功能，从而有效地缓解价格放开后的交易风险。健全棉花收储、抛储机制，在棉花供求失衡时政府能快速、准确地对市场进行反应，减少反应的滞后性和无效性，有效调节棉花市场总量，稳定棉花价格，降低市场风险。三要完善和推广棉花政策保险。完善棉花主产区自然灾害和生物灾害的应急反应机制，健全防灾减灾体系。认真总结棉花生产性保险试点的经验，积极探索建立农业保险的方案，并在一些灾害频繁地区进行试点，政府给予一定的扶持和监管。

（三）充分利用国际市场调剂余缺

一要加强与产棉国的多双边合作，扩大我国棉花的进口来源。目前我国棉花进口国较为集中，进口依赖性较强，应该与美国以外的其他产棉国加强交流和合作，如印度、乌兹别克斯坦、澳大利亚以及非洲一些国家等，扩展和开发新的棉花进口渠道，保障供给来源的稳定，分散进口市场风险。在多双边协定中，我国应积极参与农业贸易谈判和规则制定，努力争取我国棉花的合法权益，维护公平的贸易环境。二要改进棉花进口管理政策。坚持实行滑准税，每年根据国内植棉成本和棉花价格确定征税临界点；公开明确进口配额的数量和发放时间，建议每年 9 月至下年 2 月新棉上市期间不增发棉花进口配额，每年 3 月明确本年度的滑准税配额数量和发放时间；对于超出配额的进口可采取公开拍卖方式，拍卖规模和时间由国家发展和改革委员会、财政部和农业部根据国内供求缺口的变化联合制定。

第四节

糖料供需现状及趋势分析

随着人们生活水平的提高，我国食糖消费稳步增长。但是，近年来我国糖料生产起伏波动，造成食糖价格的大起大落，食糖市场稳定性较弱。急需国家出台相关政策，扶持糖料产业发展，增加市场供给。

一、糖料产业发展现状分析

（一）糖料生产现状与趋势

1. 种植面积逐年增长，甘蔗已成为糖料的主要组成部分

加入 WTO 之后，我国糖料和甘蔗播种面积波动较大，但总体呈现上升趋势。据中国糖业协会统计，2003/2004 榨季我国糖料种植面积 2080.7 万亩，其中甘蔗 1760.7 万亩、甜菜 320 万亩，至 2009/2010 榨季，糖料面积增至 2412.76 万亩，其中甘蔗 2200.22 万亩，甜菜 212.54 万亩，分别增长了 16%、25% 和 -34%。从甘蔗和甜菜占糖料种植面积的比例来看，由于近年来甜菜面积变化不大，部分年份甚至有所下降，而甘蔗种植面积不断增长，因此导致甘蔗占糖料种植面积的比重提高，甘蔗已经成为中国糖料的主要组成部分。从 2003/2004 榨季至 2009/2010 榨季，甘蔗面积占糖料种植面积的比重从 84.6% 提高至 91.2%，而甜菜占糖料种植面积的比重则从 15.4% 降至 8.8%（图 3-25）。

2. 单产、总产、含糖分在波动中提高

近年来，我国甘蔗单产水平不断提高。新中国成立之初我国甘蔗单产水平仅 1.6 吨/亩，至 2000 年，已达到 3.8 吨/亩的水平。进入 21 世纪以来，单产水平的提高速度明显加快，但由于受到旱灾、冻灾频发等因素的影响，甘蔗单产呈现较大幅度波动。在甘蔗种植面积快速增长和单产、含糖分水平提高的推动下，我国甘蔗总产量也呈现快速增长的态势，不断创

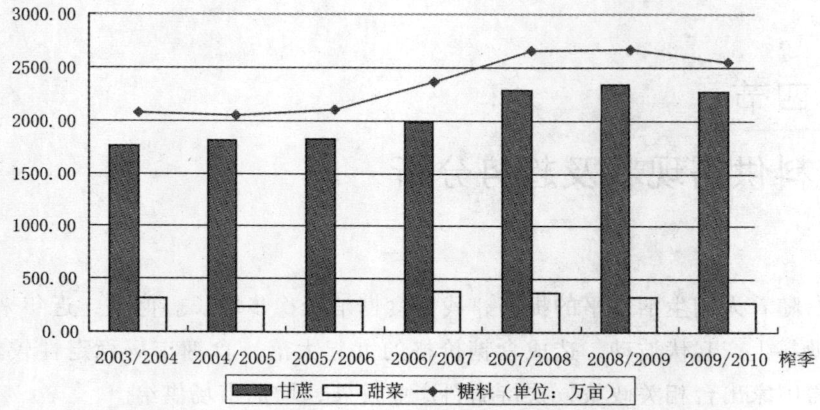

图 3－25　2003/2004 至 2009/2010 榨季我国糖料种植面积情况

资料来源：中国糖业协会。

历史新高。改革开放之初的 1978 年，全国甘蔗总产量仅有 2111 万吨，此后经过 20 多年的发展，到 2000 年时已增长到 6828 万吨。进入 21 世纪以来，全国甘蔗总产接近翻了一番，2008 年全国甘蔗总产达到 12415 万吨，比 2000 年增长了 81.8%，达到了我国历年来甘蔗总产量的最高水平，2009 年甘蔗总产仍然达到 11558.7 万吨。我国甘蔗平均含糖分有所提高，但波动也较大。从 2003/2004 榨季至 2008/2009 榨季，含糖分从 13.56% 提高至 14.15%，增幅为 4.3%（图 3－26、图 3－27）。

3. 糖料生产向广西、云南等优势区域集中

随着传统种蔗大省广东、福建劳动力、土地成本不断提高，甘蔗的竞争优势逐渐下降，甘蔗生产已通过"东蔗西移"完成向西南优势区域的集中，区域布局得到优化。自 1992 年广西甘蔗面积、蔗糖产量超越广东位居全国第一开始，就确立了广西在我国甘蔗生产中的地位。截至 2009/2010 榨季，广西的甘蔗种植面积、食糖产量已连续 18 个榨季位居全国首位，甘蔗种植业已经成为广西当地各级政府财政收入和农民收入的主要来源之一。与此同时，西南地区另外一个优势区域——云南省的蔗糖生产也得到了迅速的发展。云南甘蔗种植面积和产糖量于 1998 年超过广东，跃居中国第二甘蔗大省，随后稳定发展，并一直保持全国第二的位置。东南

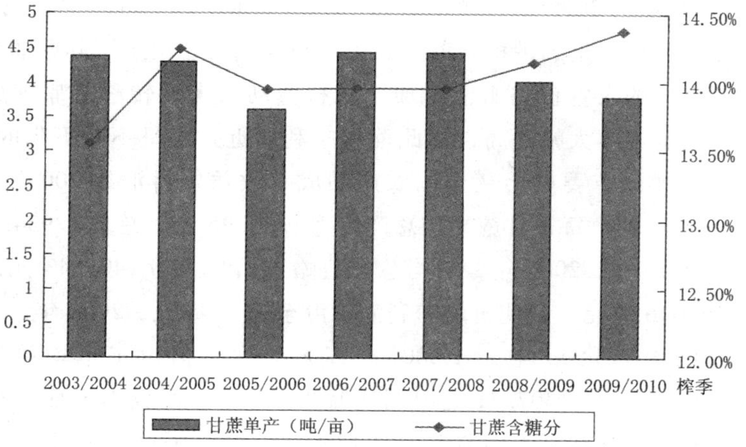

图 3－26　2003/2004 至 2009/2010 榨季我国甘蔗单产、含糖分

资料来源：中国糖业协会。

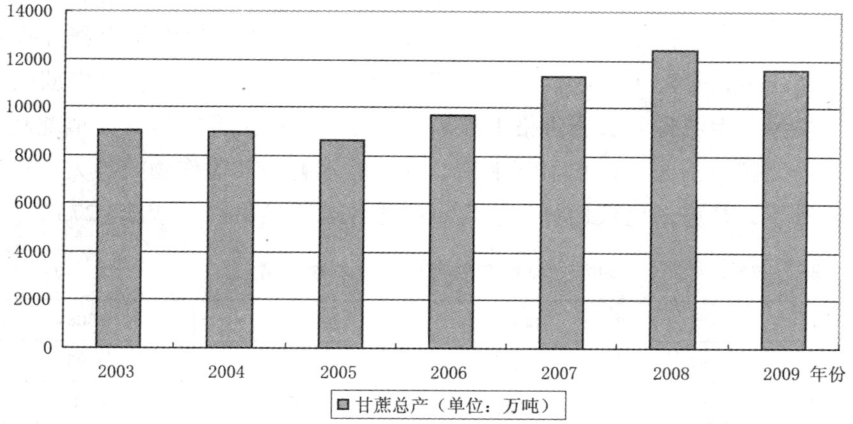

图 3－27　2003—2009 年我国甘蔗总产变化情况

资料来源：国家统计局。

沿海地区的广东、福建和海南等产区的产业结构升级速度逐步加快，农业结构也迅速发生调整和改善，甘蔗种植和蔗糖产量在全国的比重中逐年下降。2009/2010 榨季广西、云南产糖量已分别占全国的 66%、16.5%。

4. 农民种植利润波动较大，比较效益未见明显提高从2006年至2008年，由于我国甘蔗、食糖连年增产，糖价持续走低，这也部分传导至了种植甘蔗的农民。与此同时，由于国际原油价格持续上涨所带来的农资价格上涨，加之农村劳动力大量转移后雇工成本增加，使得植蔗成本大幅提高，因此蔗农净利润近几年呈不断下降的趋势。据国家发展和改革委员会《全国农产品成本收益资料汇编2009》统计，2006年，农户种植每亩甘蔗平均总产值为1334.25元，总成本934.77元，净利润399.48元；2007年，亩均总产值略有增长，为1405.43元，但成本已增至1046.5元，因此亩均净利润下滑至358.93元；2008年，全国甘蔗平均收购价261元/吨，与2007年基本持平，但由于平均单产减少6.8%，亩均产值仅1307.31元，同比减少了7%。而成本方面，2008年亩均物质成本同比增长11.4%，人工成本同比增长0.8%，亩均总成本同比增长6.2%，至1046.5元。因此，2008年蔗农每亩净利润下滑至195.82元，同比减少了45.4%。据调查，2009/2010榨季甘蔗平均收购价达到344元/吨，蔗农收益将在蔗价上涨、农资价格下跌等因素的带动下出现一定程度的恢复性增长；2010/2011榨季，由于糖价大幅上涨并在高位保持稳定，甘蔗平均收购价格已攀升至400元/吨左右，农户售蔗收入大幅增长，但考虑到农资价格上涨、人工成本大幅上升等因素，植蔗利润上升幅度相对不大。在水稻、水果、蚕桑、木薯等其他作物效益大幅提高的背景下，甘蔗的比较优势与前几年相比并未明显提高（表3-27）。

表3-27　　2006—2008年甘蔗生产成本收益情况

年　份	2006	2007	2008
单产（吨/亩）	5.02	5.29	4.93
收购价格（元/吨）	261	262	261
总产值（元/亩）	1334.25	1405.43	1307.31
总成本（元/亩）	934.77	1046.5	1111.49
其中：物质成本	424.15	460.4	513.04
人工成本	405.62	467.17	470.97
净利润（元/亩）	399.48	358.93	195.82

资料来源：国家发展和改革委员会价格司：《全国农产品成本收益资料汇编2009》，中国统计出版社2009年版。

（二）我国食糖生产、流通、消费、贸易发展现状与趋势

1. 食糖产量大起大落，消费稳步增长，价格呈现周期性波动

我国绝大多数甘蔗用于加工成蔗糖。近几年来，受甘蔗种植面积波动较大的影响，虽然我国蔗糖总体上呈现产量快速增长趋势，但也呈现较大波动。而随着我国居民消费水平的提高和食品工业的发展，人们对食糖的消费需求越来越大，消费量保持了稳定的增长态势。因此，一旦产量大减的年份，糖价就会大涨，而一旦产量大增的年份，又会导致糖价大跌，从而造成了食糖价格的周期性波动。

从2003/2004榨季至2009/2010榨季的7个年份间，出现了食糖产量“减产——增产——减产”的周期性变化，2003/2004榨季实现食糖产量1002.3万吨，之后连续两年减产，于2005/2006榨季达到低点881.5万吨，此后又连续两年增产，并于2007/2008榨季期间达到历史最高产量1484万吨。2008/2009榨季和2009/2010榨季，食糖又进入新一轮减产周期，产糖量仅为1243.12万吨和1073.83万吨。随着人们生活水平的提高，食糖消费量却呈稳定增长。因此，在食糖减产与增产的波动中，由于消费量的刚性约束，食糖价格也呈现“上涨——下跌——上涨”周期性波动。2003/2004榨季，全国食糖综合平均价为2700元/吨，2005/2006榨季价格达到4523元/吨的高点，2007/2008榨季价格跌至3449元/吨，2008/2009榨季回升至3664元/吨，2009/2010榨季提高至5161元/吨左右（图3－28）。

2. 制糖工业发展较快，产业集中度进一步提高

2000年以来，我国糖业加快结构调整，以发展规模制糖为重点，通过兼并联合、股份制改造、中外合资等方式，引导大型制糖企业实行强强联合，组建糖业大型集团，提高产业集中度，大大加快了制糖工业的发展。一是制糖企业数量减少，规模有所扩大。截至2008/2009榨季，全国共有制糖生产企业（集团）49家，所属糖厂共292家，其中甘蔗糖生产企业（集团）44家，糖厂247家，企业（集团）数量远少于2000年。二是生产能力扩容，销售收入增长。以广西为例，所有糖厂的甘蔗日榨能力已从2000/2001榨季的27.6万吨增加到2008/2009榨季的61.87万吨，

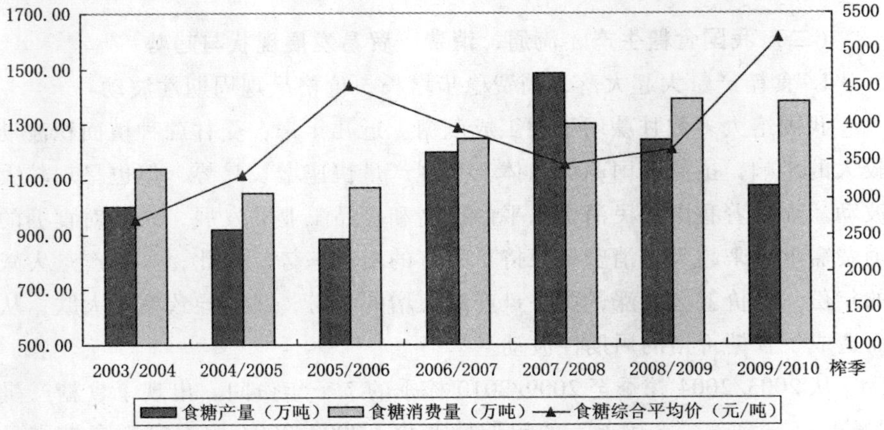

图 3－28　2003/2004 榨季至 2009/2010 榨季
我国食糖产量、消费量与价格变化

资料来源：中国糖业协会。

全行业销售收入也增至 270 亿元。三是市场集中度进一步提高。经过几年的改组和改造，海南和广东制糖企业已完成了改制，8 家制糖企业（集团）完全控制了占广东产量 80% 的湛江食糖生产；广西制糖企业由原来单一的国有企业体制变成国有、民营、外资等多种经济成分、多元投资主体的产权结构。已组建成 17 家大型企业（集团），其中国有企业 4 家，民营企业 9 家，多元投资企业 2 家，外资企业 2 家，控股的糖厂 80 多家，这些大型企业（集团）生产的食糖占广西全区产糖量的 90% 以上。

3. 食糖流通较为顺畅，对外贸易平稳发展

进入 21 世纪以来，随着食糖流通领域市场化程度的不断提高，多元、开放、顺畅的食糖流通新格局已经形成。一是食糖流通主体实现多元化。许多社会投资纷纷介入食糖流通，食糖流通领域产生了大量的有限公司和个体、私营企业。据统计，目前国有食糖流通企业的比例下降到 5% 左右，而非国有食糖流通企业的比例则上升到 95%。二是食糖流通渠道日益丰富，已形成食糖现货市场、电子商务市场、期货市场三者相互促进、相互补充的市场体系。“广西糖网”、“昆商糖网”、“中国食糖网”等食糖电子批发市场逐步建立健全，白糖期货交易于 2006 年在郑州商品交易

所上市并成功运行，这些流通渠道在我国食糖流通中发挥着重要的作用。三是建立了中央和地方政府食糖储备制度。1991 年开始，食糖国家储备糖制度正式建立，2005 年 11 月起，广西壮族自治区地方食糖储备办法颁布施行。储备糖管理部门可通过收储或放储的方式，影响市场的即期供求关系，调节食糖价格变化，从而避免和减轻价格大幅波动给经济与行业发展造成的负面影响。近年来，中央和地方储备糖对于稳定食糖市场价格、促进供需平衡发挥了一定的作用。

我国尽管甘蔗与食糖产量增长很快，但依然需要通过进口贸易来调剂余缺。然而由于我国食糖生产成本过高，其他国家进口关税又较高，食糖出口一直处于微量水平，因此，我国食糖贸易处于净进口和逆差状态。我国食糖进口量与国内供需状况和价格走势紧密相关。随着 2003/2004、2004/2005 两个榨季国内食糖减产，2003—2005 年我国食糖进口量逐年递增。而从 2006/2007 至 2007/2008 榨季，由于持续增产，食糖进口量又开始递减。2009 年以来，在国内供需连续两年出现缺口的形势下，进口量较快增长，2009 年净进口量达 100 万吨，2010 年净进口量则高达 167.2 万吨，创下 21 世纪以来的最高纪录（图 3－29）。

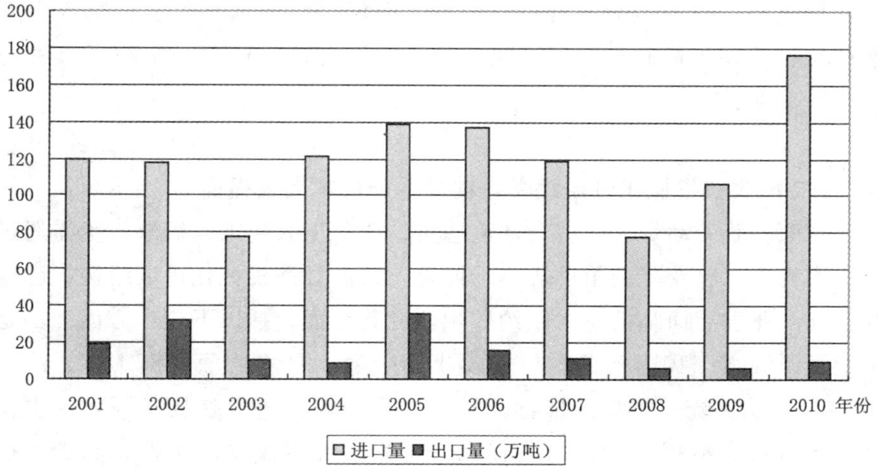

图 3－29　2001—2010 年我国食糖进出口变化

资料来源：海关总署。

二、制约中国糖料产业稳定发展的问题及其深层次原因

（一）基础设施建设和产业技术水平滞后，自然风险抵御能力较弱

我国甘蔗种植立地条件差，蔗区地处桂、滇、粤丘陵红壤旱地、土壤贫瘠、雨量不均、大片蔗田难以实现机械化生产，并且，蔗区极端天气状况频发。雨量分布不均，春旱、秋旱现象普遍，时有冻灾、风灾的影响。此外，病虫害严重，黑穗病、花叶病、宿根矮化病和黄叶病每年造成20%的经济损失。我国糖料产业技术综合水平较低，这也制约了单产和综合效益的提高。

导致上述问题的主要原因包括：第一，中央和地方财政对于蔗区农田基础设施建设投入总量不足，且投入相对较为分散，不能集中力量整村、整乡推进基础设施改造；第二，部分基础设施建设项目缺乏严密规划，未能因地制宜地进行建设，项目实施效果较差，未能对大范围的蔗田改造形成示范带动作用；第三，种质资源保护基地和甘蔗花穗杂交基地建设仍然滞后，制约了育种材料的丰富性和多样性；第四，育种资源与人才较为分散，部分育种单位仍然存在各自为政现象，广大科研人员在育种思路、技术路线、材料选择等方面仍存在低水平重复；第五，新品种的有效评价机制与知识产权保护机制没有有效建立，制约了品种的推广与产业化。

（二）收获机械化进展缓慢，糖料生产成本大幅提高

甘蔗收获劳动量大、劳动环境恶劣，砍蔗工人越来越短缺，亟需通过机械代替人工收获降低植蔗成本，但是，目前甘蔗机械化进展缓慢，已成为甘蔗产业发展面临的一大制约瓶颈。究其原因包括以下三个方面：一是土地资源因素，我国植蔗单位规模小而分散，户均植蔗规模4亩，产蔗18吨，且缺乏统一规划，推行机械化的难度较大；二是技术因素，主要是农艺与农机不相配套，如适宜机械化的品种不仅要求丰产、高糖、抗逆、强宿根，还特别强调抗倒伏、易脱叶、芽形、分蘖成茎及均匀度、蔗糖分耐转化能力等，而在这些方面的研究近两年才开始得到重视；从种植方式上，蔗区普遍行距在0.7米至1米，未能达到机收适宜行距在1.3米

以上的要求；三是组织和管理因素，土地流转、集中规模化整治缺乏组织引领，实施机械化生产下生产者、制糖企业、管理部门之间的协调机制还有待进一步健全完善。

（三）糖料收购环节利益分配机制不合理，制约农民种植积极性

2002 年以来，广西全区及云南部分州市采取了“糖蔗联动、二次结算”的产业化经营机制，这一模式的发展取得了一定的效果。但目前的利益分配格局仍然不利于蔗农增收，主要表现在糖价上涨时农民获益较少，糖厂对原料蔗的含杂率克扣现象严重。2009 年上半年，糖价上涨了 1000 元/吨左右，但因为达不到 3800 元/吨的挂钩价，蔗农享受不到除保底收购价之外的二次分配。2009/2010 榨季，虽然甘蔗收购价格平均每吨上涨 81 元，全国糖农增收 50.16 亿元，但考虑到地租、农资、劳动力成本上升因素，糖农纯利润增长幅度不超过 30%，而同期全国制糖业实现利税总额 122.82 亿元，同比增加 81.72 亿元，增幅高达 200%。造成这一问题的主要原因是蔗农生产规模较小，甘蔗合作经济组织发展滞后，蔗农没有话语权和定价权，缺乏谈判能力，特别是在各地政府制定糖料蔗收购保底价与挂钩糖价、联动系数标准时，蔗农的利益表达渠道相对缺乏。

（四）市场调控政策出台时机滞后，目标价格不合理

政府储备糖制度是食糖市场价格宏观调控的主要手段，但国家储备政策存在着政策出台时机滞后、收（放）储价格与数量随意性大等问题，在一些情况下尚不能给予市场主体稳定预期，影响了宏观调控效果。以 2009 年以来的本轮糖价上涨的宏观调控为例，国家储备糖投放虽然从一定程度上缓解了供需偏紧的局面，但由于中央食糖储备量仍然不足、地方储备机制不完善、储备糖投放过于分散、部分投放时机欠妥、每次投放量过小等问题，未能从根本上通过储备调节抑制糖价过快上涨，反而给予了投机资金借宣称政府储备不足进行炒作的空间。另外，食糖调控的目标价格确定随意性较大，缺乏科学合理的目标价格确定程序，未与农资价格形成联动机制，农民获得的实惠相对较小。

三、促进中国糖料产业持续稳定发展的政策建议

针对上述突出问题，政府应从以下几方面入手加大产业支持与调控力度，防止食糖价格大起大落，促进产业持续稳定发展。

（一）大力支持基础设施建设、品种创新与收获机械化，构建糖料自然风险防范体系

在优势主产区继续加大糖料基地县建设，把建设重点放在提灌取水防旱等环节；扩大高产创建活动的规模与范围，促进甘蔗产业技术体系专家队伍与高产创建活动的有机结合；大力实施甘蔗脱毒健康种苗示范项目，探索良种补贴有效形式；整合现有育种资源，采取集中杂交、分区选种的方式，积极鼓励科研单位在遗传设计、育种方法、亲本选配等方面大联合、大协作，避免盲目重复，加快优良新品种研发速度；继续开展全程机械化示范试点，使之成为甘蔗收获机械化推广和示范平台。大规模引进国外甘蔗收获机型并改造成为适合我国甘蔗经营规模的机械，重点解决好农机与农艺相结合、收获机械配套等问题。积极培育甘蔗机收专业户和专业公司，将优秀的国外引进机型和国产机型列入农机具购置补贴，引导蔗农采取机械化收获方式，鼓励糖厂在收购时将机收甘蔗与人工砍收甘蔗同等对待。

（二）完善糖料产业利益分配机制，保障蔗农合理收益

推广和改进广西“糖蔗联动、二次结算”的产业化经营模式，降低甘蔗收购价所挂钩的糖价标准，稳定二次结算联动系数，促进蔗农收入的稳定与提高。可在广西探索实行甘蔗收购价400元/吨与糖价5400元/吨挂钩，将二次结算联动系数稳定在6%左右。促进蔗区土地流转，引导鼓励蔗农成立合作经济组织，进行规模化生产、专业化经营，吸纳蔗农合作经济组织代表参与政府每榨季糖料收购价格政策制定过程，提高蔗农的话语权。

（三）制定并颁布《防止食糖价格过度波动调控预案》，提高食糖市场调控水平

尽快制定并公布《防止食糖价格过度波动调控预案》，在保障消费者

和工农生产者基本利益的原则下，通过利益各方协商，参考与粮食等农产品的比价关系，确定国内食糖销售的“基础价格”，并允许市场以“基础价格”为基准，根据市场供求状况，在一定范围内上下浮动，设置“基础价格＋浮动限额”为“触顶价格”，“基础价格－浮动限额”为“触底价格”，并以此为原则开展食糖市场调控，给予产业链各环节相对稳定的价格预期。

（四）加强市场调控政策与货币政策、期货市场监管政策的协同性

适当增加国家食糖储备规模，提高食糖收储、放储等市场调控政策的针对性与有效性；将食糖市场调控政策与货币政策统筹考虑，增强两者之间在时机和力度上的协同效应，形成政策合力。加强对食糖中远期电子批发市场、期货市场交易异动的监控与监管，在市场投机氛围较浓的时候及时采取调整保证金标准、涨跌停板幅度等手段限制投机资金过度炒作。

（五）坚持以保护国内产业为基本导向的食糖进口贸易政策

大多数食糖进口国都采取高度贸易保护政策，世界贸易组织 135 个成员国中食糖平均进口关税是 97%，其中发达国家为 122%，发展中国家为 55%，欠发达国家 167%，我国配额内关税 15%，配额外关税 50%，是各食糖进口国中关税最低的。建议在中国—澳大利亚自由贸易区谈判中，将食糖划归特殊敏感产品，坚持目前的关税水平，切实加以保护。

第五节

种业发展及相关法律问题

种业作为农业产业链中的源头，是保证中国粮食安全和农业持续发展的基础产业。经过 10 多年的发展，中国种业的市场化进程取得一定的进

展，但同时也存在一些问题，需要进一步完善发展。

一、中国种业发展现状

（一）中国种业市场潜力巨大

中国作为世界上最大的种子消费和种子生产国，市场有着很大的发展潜力。2010 年，我国种业市场总量达 1125 亿公斤，居世界第二位，种子市场的价值 500 亿元，潜在价值为 900 亿元[①]。目前，国内种子市场集中在以玉米、水稻、油菜、小麦、棉花为代表的大田作物上。其中玉米种子商品化率达到 98%，水稻种子 65%；两类种子播种面积大、产销量大，且杂交种子易得到保护，商品化率较高，故成为大田作物中种子企业争夺的焦点。棉花与油菜种子虽然商品率高，但是因为播种面积较小、产销量少，较难形成有效规模。另外，对于小麦种子，农民有使用自留种的习惯，很少到市场购买，所以商品化低，只有 40%。

（二）种业市场主体趋于多元化

经过 10 多年的发展，我国已培育了多元化的种业市场主体。2000 年时，全国县级以上种子公司有 2700 多家，委托代销公司 55000 多家[②]。到 2010 年年底，全国农业技术推广服务中心统计显示：全国现有持证种子经营企业 8093 家，种子零售商近 18 万家。其中，农业部发证的企业 250 家，占 3.08%。包括了 91 家育繁推企业，100 家具有种子进出口权的企业，98 家具有转基因棉花种子经营权企业。省级发证的 2913 家，地级发证的 2522 家，县级发证的 2408 家[③]。种子市场主体日益多元化，既有改制的股份制种子公司，又有新兴的民营种子公司，还有科研院所开设的种子公司。其中一些公司建立并逐步完善了现代企业管理制度和法人治理结构。继合肥丰乐种业成为“中国种业第一股”之后，隆平种业、敦煌种业、登海种业、万向德农等企业成功地进入资本市场，一批具有战略眼

---

① 郑风田：“我国种业发展方向走得太偏了”，《农家参谋（种业大观）》2011 年第 5 期。

② 佟屏亚：“中国种业形势及发展趋势”，《农业科技通讯》2009 年第 10 期。

③ 马志强：“我国种业发展问题探讨”，2011 年 2 月 20 日，三亚网。

光、资金优势、拥有产权品种和品牌又具有市场运作技巧的种业公司快速成长，行业聚集度不断提高。

（三）高产优质新品种审定数量增长迅速

近30年来，国家设立26种农作物100家的育种中心和分中心，36种农作物产业技术体系，培育了超级杂交稻、紧凑型玉米、优质小麦、转基因抗虫棉、双低油菜等一批优良品种，通过国家审定的主要农作物品种2000多个。累计推广应用良种4000多个，进行了3次大规模品种更新换代（年更新率12%—13%），良种覆盖率达到了96%。商品种子供应率由20世纪90年代的30%提高到目前的60%，其中杂交玉米和杂交水稻的商品率为100%、小麦为66%。中国主要农产品供给实现由长期短缺到总量基本平衡、丰年有余的历史性跨越，与种子改良和良种推广密不可分。

《中华人民共和国植物新品种保护条例》的颁布，有效地维护了品种权人的合法权益，有力地推动了植物新品种的培育，促进了种业科技创新和新品种权有偿转让以及企业自主开发新品种的积极性，种子企业育、繁、推、销一体化的能力进一步增强。截至2010年12月31日，农业部植物新品种保护办公室共受理品种权申请7761件，授权3473件。授权总量占申请总数的44.7%；全年新品种申请量同比增长了21.6%。连续第7年居UPOV成员国第4位。

（四）基因技术应用于育种领域

以转基因为主的生物技术已应用到育种过程中。生物技术的巨大进步，增强了人类应对粮食短缺、能源匮乏、环境污染等一系列全球挑战的能力。转基因生物技术的发展是20世纪90年代以来全球新一轮农业技术变革的重大成果。尽管国际上对转基因技术争论不休，各国对待转基因技术的政策也不尽相同，但我们注意到，得益于转基因技术带来的显著的社会经济效益，许多国家正加快转基因技术发展的步伐。

（五）健全政策法规框架和管理服务体系

从2000年种子法颁布实施以来，国家针对种子行业出台的政策和措施，规范种子行业，为种子行业的发展创造了良好的政策环境，引导种子行业更好地走上市场化的发展轨道。从发布的法律法规内容来看，国家对种子产业发展的着眼点主要集中在体制改革、市场规范及加强保护等几个方面，体制改革改革了原有的政企不分。在市场规范方面，一是规范了种子产业的准入条件；二是规范了种子作为商品的表现形式；三是规范了品种审定程度和条件；四是约束和规范了转基因作物种子产业市场。在保护权益方面，一是保护品种所有人的权益；二是保护种子企业的合法经营行为；三是加强对品种资源的保护，促进品种资源的交流利用。另外，国家还对良种进行政策性补贴以促进良种推广来推动种子产业的发展。

在品种区域评价体系上，国家、省（区、市）、两级品种试验和审定体系以及不同生态类型试验点1000多个。种子质量检验体系方面，国家、省（区、市）、地（市）种子检测中心180个，以及经各省（区、市）农业主管部门考核的检测中心300多家。在种子执法监管体系方面，国家、省（区、市）、地（市）、县管机构2500多家。

（六）跨国种业公司增势迅猛

在全球种子市场上，一些发达国家的企业通过不断拓展业务、提高市场占有率、有选择性地并购活动组建成若干大型跨国种子集团，其业务范围已遍及全球。目前，国际种业市场已演进到寡头垄断阶段[①]，根据ETC Group的数据，1996年全球前10大的种子公司占销售额占全球商品种子市场的37%，而到2007年已提升至67%。其中，孟山都、杜邦—先锋、先正达、利马格兰4家公司占全球商品种子的53%。中国种子市场巨大的潜力一直吸引着国际种业公司。随着种子市场的大门在逐渐开放，世界种业巨头积极布局中国市场。跨国种业公司的进入，可以

① 陈健鹏：“转基因作物商业化：影响、挑战和应对——整体战略研究框架的构建和初步分析”，《中国软科学》2010年第6期。

为我国带来先进的管理经验和技术，同时也给我国国内的种子企业带来了一定的压力。

二、我国种子法律制度框架和问题

（一）我国种子法律制度发展

整体上看，我们可以将种子法律制度的发展分为三个阶段。第一个阶段处于改革开放前（1978年以前），此时国家对农业生产主要是以政策为调整手段。第二阶段为1978年改革开放至2000年颁布《中华人民共和国种子法》，国家开始重视运用法律手段调整农业，出台了《种子管理条例》等来规范种子市场，但法律仍只是政策的辅助手段。第三阶段，2000年至今，法律调控为主导的时期，2000年《中华人民共和国种子法》颁布之后，种子法律制度的建设走上了快速发展的轨道，形成了种质资源保护制度、品种审定制度、新品种保护制度、种子生产经营许可制度、种子进口审批制度、外商投资种子企业审批管理制度、种子生产经营档案制度、种子标签真实性制度、种子检疫制度、种子质量监督制度、种子贮备制度等一系列具体的制度。

（二）当前种子法律制度中存在的问题

当前种子法律制度在实施中也遇到了各种各样的问题，主要集中在以下几个方面。

1. 主要农作物品种审定制度

品种审定程序存在如下问题：一是程序设置不合理。国家级、省级品种审定委员会没有设定严格的回避程序，易形成一个利益共同体。二是品种审定委员会的成员结构单一，多是育种专家组成，基层农技推广人员和农民代表缺乏，利益各方的诉求无法全面反映。三是品种审定制度存在地方保护主义。一些省份对于本地种子公司的品种保护严重，如果外地种子公司想参与这些省份的区试，基本没有办法进去。四是参与品种审定的专家权责不一致，出了问题责任不明确。对于品种审定机构这一特殊的权力机构，目前没有建立完善的监督管理机制加以约束，参与品种审定的专家只有权利，没有义务，没有监督。五是审定过程缺乏透明。审定过程中的专家意见、测定的数据和工作程序都没有监督机制，产品区域试验中的“跑点”[①] 现象愈演愈烈，试验中途换种、更改试验数据等弄虚作假行为时有发生。

审定标准存在如下问题：一是国家审定标准与省审标准不衔接、不一致。目前我国实行的是国家审定和省级审定制度，两级审定在某些方面衔接不够，如某品种通过了省级审定，在申请国家审定时，在已审定通过区域内仍要做3—5年的区域试验和生产试验，不仅浪费了资源而且延长了品种审定时间，对品种推广也不利。二是以行政区划来进行审定不科学。我国品种审定区域划分是以行政区划为单位来划分的，业内人士反映，作物都是在一定生态区域中生长的，有的相邻省份均为一个生态区域，在品种审定工作中人为划开是不科学的。三是评价体系不完善，不统一。比如被称为玉米“癌症”的粗缩病，并没有纳入鉴定指标；品种的抗逆、抗病性在实验室获得鉴定结果，与田间表现不一致，导致有些审定的高抗品种在生产中却不抗病害。四是品种审定标准评价指标过于单一，品种审定委员会专家完全根据区域试验的数据来评定品种，而区域试验的管理方式与农民的栽培方式已不相适应，能够通过区域试验的新品种不一定适合农民的栽培方式，且品种审定的标准有些要求不合理，如要求增产或品质、抗性优，有些新品种既不增产，品质也未有明显改善，因而被淘汰。但在目前育种条件下，除了水稻品质易改善外，产量和抗性较难有大幅度提高。部分被淘汰的品种虽然没有突出优点，但适应性、稳定性表现好，因而也具有推广应用的潜力。

此外，审定时间过长，造成品种生命周期缩短。品种从选育到审定推广步骤多，程序繁杂，时间长，如主要农作物新品种从选系到组配一般需要三四年时间，亲本材料的遗传性状才能稳定，育种单位内部进行初比试、品比试验需要一二年，而按当前审定办法，每一个品种试验时间不少于二年生产周期，绝大多数品种需要参加国家、省种子管理部门组织的区域试验二年、生产试验一年；有些品种因区域试验容量有限还需要预试一

---

① 佟屏亚：“品种审定一台戏”，http://blog.sina.com.cn/s/blog_6a99e8230100uykt.html，访问日期2011年12月1日。

年，个别品种每一年区域试验表现优良，第二年再试并破格进入生产试验，最快也要二年。如此，经过六年到八年时间才能通过审定，且申请办理生产许可证还需要时间。

2. 品种保护与品种管理衔接机制

目前，我国农作物新品种的审定与植物品种权的保护基本上属于平行开展，由此就产生了一系列问题：（1）在新品种命名方面，通过品种审定的农作物名称可能不符合《种子管理条例》及其实施细则对新品种命名的要求，造成种业市场上同物异名现象普遍，使用者无所适从，也给监管工作带来了困难。（2）在审查条件方面，品种审定制度以农艺性状为主要考察指标，对一致性和稳定性关注不足；植物新品种保护则以植物的生物学性状测试为主，主要关注新品种的新颖性、显著性、一致性和稳定性，几乎不关注植物的产量性状，这对于以观赏性为主的植物是适合的，而对于以收获产量为主的农作物则不能正确评价。同时，植物新品种的测试多集中在一个地区进行，对品种的适应性考察不够充分，这也增加了授权品种推向市场的风险性。

3. 生产经营准入制度

新颁布的两证办法中，对于申请杂交稻、杂交玉米种子及其亲本种子经营许可证，规定注册资本不少于3000万元，且固定资产不少于1000万元。对固定资产所占的最低比例问题，所调查的企业认为存在以下问题：一是如果是企业注册要求固定资产占一定比例，且有最低限制，不利企业经营，因为固定资产有贬值和折旧，这些因素对固定资产的实际价值影响巨大。对种子企业注册、年检的持续最低限制，会严重限制甚而损害种子企业的经营能力，固定资产每年折旧后，其账面价值持续降低，如果要持续符合固定资产在企业总资产的比例要求，则企业必须持续追加投资而无论企业是否具备这样的能力和是否有这样的投资经营需求，这更有利于跨国大公司进入民族种业。二是这将极大增加监管成本。三是如果是从产品责任承担能力要求出发对固定资产投资作出限制，并不能有效保证相关企业的偿债能力。因为从财务角度看，固定资产是变现能力最差的资产种类，尤其是与种子行业直接相关的专用设备等固定资产，在因偿债而需拍卖固定资产的场合，对于非种子行业的买主来讲，这些专用设备根本不具使用价值，种子行业内的买主又可趁机压价，故其变现能力十分有限。四是放眼世界，从固定资产对企业注册进行限制的规定，在各国公司制度中极少。

虽然从2008年起种子管理与经营已经脱钩，但一些地方农业部门或种子管理机构的有关人员却以参股或者入暗股的形式参与种子生产经营，以行政手段垄断当地市场，违规审批，由于市场准入把关不严，导致大量小规模企业进入种子市场，降低了企业的实力和市场集中度，管理部门对这些企业的违法行为采取地方保护主义，严重损害了农民的利益，扰乱了市场秩序。

4. 种子质量控制制度

《中华人民共和国种子法》中对种子质量如何进行监督管理规定得不够详尽，在农业部已经颁布的种子法配套规章中，只有农作物种子标签管理办法是进行种子质量监督管理的专门法规，且内容仅限于标签的制作、标注与管理。在两证管理办法中，只对申请农作物种子生产经营企业应具备的种子质量检验与管理的人员、设备和场所进行了规定；作为种子质量监督管理的技术性法规的产品质量标准，涉及作物仅占农业生产所用作物的一部分，还有相当一部分作物没有产品质量标准。

监督抽查覆盖面不够宽、不够及时。种子质量监督抽查的作物种类仅限于杂交水稻、杂交玉米、棉花、小麦、油菜、部分蔬菜，还有相当一部分作物种子没有抽查；监督抽查主要集中在部省两级，作为种子质量监督管理的重要组成部分的地市级种子管理部门，由于经费和条件的限制，监督抽查很少进行，且监督抽查的主体仅限于具有一定规模的种子企业；监督抽查的环节大多集中在种子企业的仓库，对市场流通领域的监督抽查尚未大范围开展；在进行监督抽查时关于种子纯度的鉴定，基于目前的标准要求，主要采用田间小区种植鉴定，使抽查结果严重滞后，影响监督抽查的效力发挥。

5. 外资进入种业的制度

现行对于外资进入种业进行规范的主要依据是1997年农业部会同商务部、国家计划委员会和国家工商行政管理总局制定的《外商投资农作物种子企业审批和登记管理规定》（简称四部委文件），这一规定只是笼统地规定外资进入大田作物种业不得控股，持股比例不得超过49%，但这对于外资间接进入我国种业、以代理人等方式进入中资种业公司已经不能起到规范的作用。国家发展和改革委员会联合商务部制定的《外商投资产业指导目录（2007年）》，只对转基因种子进行了禁止进入的规定等，这些规定已不适应现代种业发展的需要，已难以有效阻止和规范外资特别是跨国种业进入。同时，国外种子进口虽然实行审批管理，但只是对从事商品种子进口的主体资格进行规定，对进口品种和数量没有设限。按照我国加入世界贸易组织承诺和行政许可规定，只要申请符合规定要件，不能对种子进口设置贸易壁垒，因此缺乏有效的调控手段。

三、建立现代种业的政策建议

（一）改革科研管理体制

1. 推进种子产业研发体系与管理体制改革

政府研究部门应定位在种质资源等公益性和共性技术研究，应将育种研发投资的重点放在知识产权难以保护的常规品种选育；要分阶段、逐渐地剥除其商业育种工作，彻底剥离依托于政府研究部门的种子公司；促进公共科研部门育种科技人才的流动，提升私人部门企业育种力量；免费向企业提供公共性质的种质资源。对种子产业，政府应鼓励人才流动和育种人员加入种子公司，促进种子企业自身科研能力的建设。

2. 继续加大财政投入，同时引导私人资本进入研发领域

调整政府财政育种经费投入方向，培育私人部门育种创新能力。继续增加政府研究部门的育种经费，促进其转向基础研究和应用基础研究；对政府研究部门的育种研发投资重点放在知识产权难以保护的常规品种选育和企业近期难以进入的公益性技术研究领域；开展政府支持大型企业商业育种项目试点，培育私人部门育种创新能力，使企业逐渐在商业育种中起主导作用。

（二）加强转基因生物安全管理

1. 加快推进转基因生物安全立法工作

协调相关部门加快立法工作。农业部、环境保护部、科技部等部门在

转基因生物安全立法中要加强协调，加快制定和出台“转基因生物安全管理法”。对现有的条例和办法进行全面清理、修订，提高立法档次。加快制定和完善转基因生物安全标准。抓紧制定和完善一批转基因生物安全管理所需的技术标准和指南。加强国际交流与合作，借鉴转基因生物安全管理的国际标准，积极参与相关领域国际标准的制定。

2. 建立健全转基因生物安全管理体制

在转基因生物安全多部门管理的现行体制下，通过法律进一步界定和明晰各职能部门在转基因生物安全管理全过程中的地位和职能。进一步明确生物安全管理有关部门的职责，明确各部门的管理内容和管理过程，形成有效的、相互衔接的协调管理机制。加强国家农业转基因生物安全委员会的工作，完善工作制度，切实发挥转基因生物安全管理部级联席会议的作用。建立和完善转基因生物市场监控体系，加强对转基因作物研发、生产、流通和消费全过程的监管，在全国范围内建立转基因食品监控监测网络体系。逐步建立和完善若干国家级转基因生物安全重点试验室和若干区域性转基因生物安全检测机构，适度扩大检测机构的编制和数量。

3. 建立和完善转基因生物安全制度

完善生物安全预防和控制制度。完善实验室生物安全制度、生物风险评估制度、环境影响评价制度等生物安全预防制度。完善生物安全许可制度、生物安全报告制度、生物安全现场检查制度、生物安全检验检疫制度、生物安全损害和应急处理制度等生物安全控制制度。此外，当前要重点建立和完善各项制度。强化转基因生物标识制度。以预防原则为指导，对转基因生物及其产品实施从严的强制标识制度。进一步明确转基因食品标识的管辖主体，增加标识产品目录，增加转基因成分的含量、安全等级及适用用途等内容，采用明确、通俗、易懂的语言或图标等，确保公众对转基因食品的知情权。建立转基因食品追踪制度。对于转基因食品的生产、运输、销售全过程进行有效监控，实行分流管理，确保消费者知情，确保制成的食品（饲料）在投放市场的各个阶段，包括从生产到流通的全过程都能被追查到。建立和完善转基因作物品种退出制度。实行转基因作物品种退出制度，做到审定品种有进有出、动态管理，完善转基因作物品种管理制度。

4. 建立生物安全公众参与制度

建立公众参与生物安全管理的固定渠道，加强生物安全信息发布和公众宣传。在制定转基因食品标识政策、法规等方面允许公众决策参与，在转基因食品的生产、销售等环节允许消费者监督性参与，在转基因食品及标识的宣传、教育等方面允许公众参与。

（三）强化种业领域知识产权保护

1. 继续完善种业知识产权的制度、机制与措施

第一，探索建立实质性派生品种制度。通过提高审查测试标准，逐步建立实质性派生品种制度，有力杜绝“模仿育种”、“克隆育种”、“贼选育种”、“装饰性育种”等不良行为，促进我国育种的原始创新。第二，研究建立农业遗传资源权属登记制度。尝试对传统品种、育种材料等各类遗传资源进行权利登记，严格执行遗传资源的来源信息披露制度，推动资源提供者和利用者建立标准的材料转移机制。第三，讨论建立利益平衡激励机制。协调资源提供者与开发利用者、基础研究与应用研究、国家研究单位与企业等的利益关系，充分调动遗传资源保护、育种材料和育种方法创新等公益性活动的积极性，使得整个育种创新链有机协调，功能健全。

2. 提高种业企业的自主知识产权创造能力

以“育、繁、推一体化”种子企业为主体整合农作物种业资源，建立健全现代企业制度，通过政策引导带动企业和社会资金投入，充分发挥企业在商业化育种、成果转化与应用等方面的主导作用。首先，中央财政增加对企业育种投入，支持引进国内外先进育种技术、装备和高端人才，并购优势科研单位或种子企业，促进“育、繁、推一体化”种子企业发展壮大。其次，强化公益性科研成果对企业商业育种的科技支撑作用，鼓励教学科研机构的品种权、育种材料等资源以知识产权转化的形式向企业合理流动。支持从事商业化育种的科研单位或人员进入种子企业开展育种研发，发挥市场机制作用，鼓励科技资源合理流动。最后，落实对种业企业的政策优惠。加强与科技、税务等部门的沟通协调，争取植物新品种权在高新技术企业资格认定过程与发明专利享有同等地位，完善落实对种业企业自主创新投入的所得税前抵扣和减免政策。

（四）强化种业市场监管

1. 完善政策法规，加强种子产业与市场的管理

在深化政府科研部门改革的同时，建立政府部门新育成品种和各种技术的公共拍卖平台，对拍卖成果的收益，要建立国家、单位和个人合理的分配和激励机制，通过市场手段，促进政府研究部门的成果转化和国家公共部门与企业的高效结合。转变国家对种子质量的监管思路，完善品种审定制度，提高审定品种的总体质量。加大知识产权保护力度，尝试建立新品种区试与DUS测试的一体化程序与机构，创造一个使套牌品种难以存在的外部环境。

2. 提高企业进入种子市场的门槛

对2001年颁发的《农作物种子生产经营许可证管理办法》进行修订，从技术与注册资本两方面大幅度提高企业进入种子市场的门槛。在研发能力上，要特别强调育种科研和标准种子生产的能力。对缺研发和标准生产能力的企业，逐渐使其成为种子公司的经销代理机构。与此同时，严格种子公司代理机构的注册管理，规范种子公司及其代理机构的经营活动。

3. 提高种业监管能力

提升种子管理部门的种子市场监管和执法能力。中央和省级政府应在确保各县足额落实种子管理部门经费的同时，加强各县级种子管理站的执法条件建设，使其基本具备品种和种子质量管理的条件和设备。建议国家建立基层种子专项基金，对已完成职能定位的企业，均给予投资。同时，加强种子管理人员的人才队伍建设，增加培训种子管理人员的投入，使其具备执法能力。

4. 加强转基因生物安全监管能力建设

加强国家转基因生物安全委员会、标准委员会及检测机构的能力建设，为相关法规实施提供可靠保障。加大财政投入，加强检测机构硬件建设，配置转基因成分检测所需仪器设备。加强偏远地区进出口检验检疫机构转基因检测能力建设。加快建立生物安全信息系统和数据库。鼓励和支持相关领域的科研和人才培养。加大财政投入，设立专项基金，增加相关

科研项目，鼓励和支持转基因生物环境和健康安全影响的基础研究，加强生物安全评价、检测、控制等技术的研究。加强与生物技术发达国家的有关机构开展转基因生物风险评估和风险管理的合作研究。加强对监管人员的培训，培养转基因生物安全技术和管理人才队伍。

四、完善种子法律制度的具体建议

（一）修改品种审定制度

改相对封闭式审定为开放式审定。建立“谁推广谁负责”的机制，建立品种审定绿色通道，让种子企业独立承担新品种上市所带来的全部利益和责任。完善品种审定的标准，从程序上对标准进行完善，改变只依赖区试结果进行审定的局面，改“一审制”为“二审制”，制定《主要农作物品种区试办法》，进一步严格种子市场、品种区试准入的条件，规范种子生产行为、品种区试管理，统一两级区试、审定的标准，推进品种试验规范化管理。完善审定流程，缩短区域试验时间。建立品种审定和品种保护有机衔接机制，将品种审定与品种保护工作合二为一，试验合并进行。加强品种审定信息平台建设，加强信息管理，提高宏观指导能力。加强非审定农作物品种的管理，可以尝试实行品种登记（或备案）制度，成立品种登记办公室，对所有非审定农作物品种先申请登记，后进入市场销售，规范品种用名，便于市场管理。完善品种退出制度，尽快出台品种退出的管理办法。应建立品种时效的设定机制。根据作物种类的不同，结合品种推广的一般规律，为品种设定一个合理的推广有效期，在此期限内如品种未出现重大缺点，则品种可以合法地进行推广。运用转基因成分检测技术对参加区域试验的农作物新品种进行品种真实性鉴定和转基因成分检测。

（二）完善生产经营准入、种子标签、质量控制等制度

将有关注册资本、固定资产比重、设施设备配置、人员资质等许可条件上升为法律规定，或者在《中华人民共和国种子法》中授权农业部规定准入的具体条件。取消地、县两级农业主管部门的种子生产经营许可证核发权限，改由省级以上农业主管部门核发。改革种子生产经营许可制

度，将种子加工、包装等活动放到生产环节，从事相关活动应当取得生产许可证；将种子经营许可证改为单纯的销售许可。取消允许农民将自繁、自用后剩余的常规种子在集贸市场出售、串换的规定。

考虑借鉴欧美种子立法，修改《中华人民共和国种子法》第三十五条，进一步细化种子标签管理内容；修改第六十二条，凡种子标签不符合法律、行政法规和国务院农业行政主管部门规定的，都应当追究法律责任。对种子标签增加条目：种子生产许可证编号、种子适宜种植区域、种子保险、保质期、检验员编号。标签后面应该写上该品种的生育期、特征、特性、公顷产量及抗性。

培育规范的种子市场，适时推动第三方认证制度。完善种子质量标准，建立与我国现阶段发展相适应的质量标准，尽量多对各类种子都制定质量标准。

（三）强化执法力度

增加执法手段，对假劣种子规定封存扣押的手段，将品种退出制度明确列入未审先推的情形予以处罚，对于引种进行规范，规定罚则。加大种子违法行为的处罚力度，对违法情节严重的种子企业，在吊销其生产经营许可证的同时，规定其主要责任人和直接责任人10年内不得从事种子生产经营，将以违法所得为计罚标准改为以货值金额为计罚标准等。综合利用刑事、民事等多种手段。完善执法机制，建立执法的信息公开和信息共享机制，对执法活动的各项检查和清理结果，应及时在报刊、网络等媒体上公布。建立信息共享机制，种子标签标注了种子生产、经营许可证、检疫证明（证书）、审定编号、审定名称、转基因生物安全证书等多项行政审批事项，需要在农业系统内部建立信息共享机制和系统，统一录入标准、统一汇总整理、统一查询接口，实现数据的集中处理和集成查询。建立开展种子市场专项检查机制。建立部省联合督办机制。完善执法支撑保障体系，强化基层种子管理机构的体系建设，重点提高其种子检验和品种试验能力，调整种子专项经费的使用结构，加大种子检测与执法经费数量。建立执法支撑体系，主要是健全种子高效检验检测机制，在重点种子执法区域应购买先进的执法检测检验设备，根据情况配置分子技术实验室，同时立项研发适合基层种子执法人员初筛的速测设备，降低基层执法成本、提高执法效率。实行打扶结合。把国家政策实施与监管行动结合起来，优惠政策扶持与企业守法诚信行为结合起来，注重政策向遵纪守法、诚信自律企业倾斜。

（四）合理监管外资并购种业

应按照分类引导、疏堵结合原则，一方面加强对外资进入的引导、规范和控制；另一方面加快提升我国种业竞争能力，主要可采取以下措施：

第一，会同有关部委修订《外商投资农作物种子企业审批和登记管理规定》，细化其中对粮食作物种子企业中方控股的具体规定，不仅是从股权比例上作要求，而是从实质控制角度来进行规定，防止因中方股东分散而造成外资相对控股的局面出现或是外资通过间接控股或是利用人才、技术、资源等优势间接控制企业。修改《外商投资产业指导目录》，禁止投资杂交水稻种子领域等内容。

第二，结合 2011 年 3 月国务院办公厅颁发的《关于建立外国投资者并购境内企业安全审查制度的通知》和商务部的《实施外国投资者并购境内企业安全审查制度有关事项的暂行规定》，明确将“外国投资者并购境内关系国家安全的重要农产品、重要资源等企业，且实际控制权可能被外国投资者取得”这一情形纳入并购安全审查的范围，并规定了安全审查的内容、工作机制和审查程序。今后，可以考虑借鉴国外的做法，通过安全审查机制规范外资并购境内种业的行为，建立种业安全审查的规则。确立部际联席会议制度。

第三，强化外商投资种业研发合作管理，制定种业领域国际合作研究与交流管理办法等，联合国家安全部等部委开展联合执法，对于泄密的科研人员予以处罚。

第四，加强外商投资种业监管。对新申请设立外资种子企业，健全审查机制和程序，加强中外股份、权利义务、知识产权、遗传资源等内容审查；对已批准设立外资种子企业，加强企业管理、重大变更、生产经营等情况监督检查，建立报告和跟踪检查制度，确保外资合同履行和规范运行，提高外资引进质量。依法规范外资企业与我国科研单位合作行为，加大对违法违规行为的查处力度。

第五，加强进口种子管理。进一步完善进口种子质量追溯和植物检疫制度，强化进口种子检疫审批和检疫措施落实，一旦发现带有检疫性有害生物立即采取禁止或限制进口措施。组织各地农业部门做好对进口种子质量跟踪检查和种植风险评估。进口主要农作物种子，要严格执行品种审定标准，对存在明显缺陷的国外品种，应该限制或禁止其进口销售，降低国内农业生产风险。鼓励企业进口亲本种子，在国内生产种子。

第六，考虑到现有规范外商投资我国种业的法律规定仅针对种子生产经营行为，对外资以科研合作形式染指我国特有品种或先进育种技术或优质种质资源，缺乏必要规范，也可以参考《中华人民共和国畜牧法》的规定，在修改《中华人民共和国种子法》时增加有关内容。

第四章

加强农产品贸易与区域合作

农产品贸易是中国农业发挥优势、参与国际竞争的主渠道，对于带动农村就业、增加农民收入、优化农业产业结构、加快现代农业建设，发挥了重要作用。

第一节

后金融危机时期农产品出口促进对策研究

2007 年美国发生的“次贷危机”很快恶化为一场全面性的“金融危机”，在世界范围内对实体经济造成了严重冲击。从 2007 年开始，我国的农产品出口贸易，尤其是重点农产品的出口贸易环境恶化，贸易增长步履维艰。自 2009 年年底开始，世界经济显现出复苏的苗头，由此开始进入了“后金融危机时期”，我国农产品出口也呈现出逐步回暖的迹象。但整体来看，国际农产品市场上还存在诸多不确定性因素。

一、后金融危机时期国际农产品贸易环境分析

（一）本轮金融危机对世界农业的影响

与前几次危机相比，随着经济全球化的深入发展，本轮国际金融危机对世界农业发展的影响更全面、更剧烈。金融危机对国际农产品市场产生影响的主要途径：

1. 通过经济景气变化影响农产品消费需求

全球金融危机在不同程度上对世界各国的实体经济造成冲击，引起失业增加、收入下降和消费减少。与其他商品相比，食品的收入弹性和价格弹性一般较低，因而经济景气变化不会引起食品需求急剧增减。过去的经验表明，当收入降低时，消费者对价格的敏感程度会有所提高，因而在目前的经济衰退中，有能力提供质优价廉食品的生产者会受益。与食品相比，用做工业原料的农产品需求更有可能受到经济景气变化的影响。

2. 通过利率波动影响农业信贷和投资

发达国家的农业企业负债率普遍相当高，其经营活动需要大量使用信贷资金，相当数量的农产品通过远期合同或期货市场交易，因而对利率变化非常敏感。金融危机发生后，农产品价格大幅下跌引起农业企业的资产价值缩水，金融机构收紧信贷增大了农业生产企业和加工企业融资难度，这些变化可能使农业企业陷入财务困难，对农业生产投入和投资造成短期性不利影响。然而，发达国家的金融市场较为健全，受冲击后恢复的能力较强。而发展中国家可能会面临国际援助资金和外国直接投资减少带来的问题。

3. 通过农产品供应链限制贸易活动

目前由大型涉农企业主导的农产品供应链已经在全球范围广泛推进。金融危机首先影响到信贷、融资、投资、保险等环节，供应链中的一些企业会由于资金短缺而陷入困境，进而使上下游企业的生产经营活动受到影响，形成连锁反应。当供应链的某些环节波及欠稳定国家时，经营活动面临的潜在风险更大，这是由于这样的国家在经济危机中内部矛盾更容易激化，影响到正常的农业生产和贸易活动。农业外向性程度高的国家和企业更容易由于供应链断裂而受到冲击。

4. 通过农业国内支持政策和贸易政策调整影响国际贸易环境

为了缓解经济危机，很多国家实施了扩大财政支出的政策，中国、美国等还实施了专门针对农业和农村的财政措施，政策目的既包括刺激短期需求，也包括改善农业的长期发展环境。也有一些国家由于政府财政面临困难，不得不缩减用于农业的财政支出，特别是具有长期效应的农业基础建设和科研投资，影响到今后农业生产力的提高。此外，经济衰退常常引起贸易保护主义回潮，近期美国和欧盟开始恢复乳制品补贴出口。今后一段时期，农产品出口国试图用补贴方式扩大出口，农产品进口国利用关税和非关税措施限制敏感产品进口，可能成为趋势。

5. 通过能源价格传导影响农产品贸易规模和流向

全球金融危机导致国际市场能源价格大起大落。现代农业已经成为能源密集型产业，生产中需要大量使用燃料、化肥、灌溉水等高耗能投入。发达国家的农业生产机械化程度高，能源价格变化会显著改变其产品的价格竞争力。燃料成本是运输成本中最大的构成部分，能源价格变化对农产品贸易规模和流向也会产生重要影响。此外，生物能源发展与能源价格存在密切的联系，能源价格上升会诱使生物能源产业的发展，从而改变粮油的供求平衡。当前的经济衰退一方面会减少能源消费，另一方面也使作为生物能源生产原料的玉米、油籽和油脂价格出现较大幅度下跌，两者从不同方向影响生物能源的发展。

6. 通过汇率波动影响和加大世界农业风险

全球金融危机加大了汇率波动风险，进而影响到农产品生产、贸易和外国直接投资。金融危机发生后，高度依赖原料出口的一些国家出口收入急剧下降，这使外国投资者面临收益减少的局面，从而引起撤资行为，两者都会使国际收支恶化，形成本国货币贬值压力。近期阿根廷、巴西和墨西哥等拉美国家就面临这种局面。本国货币贬值会提高进口成本，降低出口成本，引起农产品贸易格局的变化。过去的经验表明，低收入国家的食品进口对汇率变化较为敏感，而高收入国家的食品进口对汇率波动反应较小。

（二）各国应对危机的政策措施和特点

1. 各国应对危机的政策措施

全球性金融危机对于农业的影响主要体现在世界农产品需求疲软、农产品的价格显著回落、农民收入下降等，这是各国农业在金融危机中面临的普遍问题。欧盟、美国和印度等三个具有代表性的国家和地区农业，由于资源禀赋、农业发展特点各不相同，因此在金融危机中也受到不同程度的影响。为应对危机，这些国家根据本国实际情况，出台了不近相同的应对措施。归纳起来，主要有：

（1）启动短期应急措施。美国的短期应急措施主要用于乳制品和牛肉。对乳制品采取国家托市收购、恢复出口补贴、实施消费促进及出台稳定乳品价格法案等措施。欧盟的短期应急措施主要用于乳制品出口补贴、乳制品干预收购和橄榄油私人储备援助方面。2009 年 1 月，欧盟重新启动乳制品出口补贴，3 月在乳制品价格下降到低限时又启动了“干预收购”程序，通过政府公共收储减少市场剩余产品，抬升价格，同时维持强制性私人储备收购作为公共收储的补充。

（2）实施出口促进和进口限制措施。在市场需求萎缩的形势下，各国通过营销促销、提升本国农产品质量、提高关税水平等多种途径促进出口、限制进口。通过积极开展海外营销，促进出口。欧盟以高质量、高标准、多样化为宣传点发掘传统和新兴市场潜力，打出“美味欧洲”口号向全球推销欧洲农产品。美国采取向政府施压的办法以恢复向日本、中国大陆及港台等市场出口所有年龄肉牛的牛肉；改善农产品质量、增强出口竞争优势。欧盟通过推行有机农产品地理标识和原产地标识，继续强化农产品质量安全措施，增强产品竞争优势。美国提出了完善食品安全标准的配套农业发展政策。发达国家如欧盟、美国对乳制品均启动出口补贴增强其国际市场价格竞争力。发展中国家则采取提高关税，提高进口门槛的办法保护国内市场。印度对进口豆油开征 20% 进口税以确保国内油料价格稳定。

（3）加强农业综合生产能力建设。为提高农业抵御危机的能力，做好长期作战准备，欧盟、美国、印度等国家和地区均加大力度进行农业生产能力建设。欧盟决定投资10亿欧元，用于农村宽带网络建设、水资源管理、乳制品部门结构调整及可再生能源建设等。美国于2009年3月出台了《2009美国经济恢复和修改投资法》，将新增280亿美元投资用于支持农用设备饲料、种子购置、病虫害防治、水资源利用、紧急食品援助及农村住房等项目。印度通过《国家粮食安全计划》，准备五年内向国家重要粮食生产基地投入488亿卢比用于粮食增产，同时设立2500亿卢比专项资金扶助各邦农业生产，并增加对种子、化肥的购置补贴。

（4）加大农业信贷规模和引资力度。危机使得发展中国家及欠发达国家农业信贷资金缺乏，政府加大了贷款扶助力度，有些国家还着眼于增加引资力度。巴西在2008/2009农业季放贷320亿美元基础上，增加60多亿美元以稳定农业生产，同时政府还将通过加强农业合作社间的合作解决贷款不足问题。印度通过减免农民债务、投入150亿美元用于小农户贷款减免计划。刚果（金）为家庭、小型企业和手工业者提供小额贷款以刺激生产和消费。非洲最大的南非标准银行未来3年将向加纳等四国从事小规模经营农民提供1亿美元贷款帮助其提高产量。

（5）增加对农民收入和就业的扶持。无论发达国家还是发展中国家，均出台了一些稳定生产者收入、增加就业和提高福利的措施。美国出台了保障小农户收入水平，提高蔬菜、坚果和特种作物等小品种产品种植者收入水平的政策措施。澳大利亚出台三年经济刺激一揽子方案，其中104亿澳元用以保障农场主和农村居民福利。韩国公布“下乡综合对策”，制订从有意下乡务农到成功定居的全程扶持政策，每名下乡者最多可获得2亿韩元（约合100万元人民币）的创业贷款和2000万韩元的购房贷款。印度投资40亿美元用于实施“国家农村就业保障计划”，通过贫困农户以工代赈修建完善农村基础设施而换取食品，前一财政年度该计划为3080万农村剩余劳动力提供了就业机会。

（6）关注贫困人口利益，加强扶助。危机威胁到贫困人口的生存引起国际组织的广泛关注。2010年6月世界粮食安全高级别会议在罗马召开，与会有关国家承诺捐助约200亿美元帮助贫困国家应对粮食危机。一些国际机构呼呼各国加强粮食生产，提高农业投入。世界银行和国际货币基金组织表示将发挥危机领导作用，携手帮助发展中国家采取措施应对危机，并呼吁各方承诺援助兑现并做出更多努力。

2. 各国应对措施的特点

（1）应急措施多通过政府调控对受冲击大的产品进行重点扶持。美欧均通过托市收购和增加补贴、价格支持等调控手段对乳制品业等冲击大的产业大力扶持，缓解相关产业的价格下滑压力，实现稳定价格的目标。

（2）长期措施以强化农业发展基础为主。各国的经济刺激计划中都涵盖了强化农业薄弱环节的措施，通过加大资金投入、提高补贴标准、开展农业保险等措施，强化农业灌溉系统设施建设、农产品质量安全和农业科技等方面支持，提高农业可持续发展能力。

（3）注重政策措施的综合配套。综合运用财政、金融、保险、贸易等政策，发挥立体功效。

（4）加强贸易调控，促进国内产业特别是进口冲击产业的发展。充分利用 WTO 允许的规则保护本国农业是各国普遍采取的措施，其中发展中国家中更多采用贸易关税限制措施，发达国家则利用其保护手段多、政策空间大等条件进行全方位保护。

总体来看，各国的经济刺激政策和补贴政策对稳定国内农业生产和生产者收入起到了重要作用，对世界农业的长期稳定发展具有积极意义。但应对政策措施的实施也暴露出一些问题，突出表现为，许多国家农业补贴措施中规定的购买、投资、借贷、雇佣仅限本国及本地区的政策以及禁止和限制进口等措施是以损害进口国利益为代价的，破坏了国际农业发展环境和程序。这些措施的实施引起他国一连串的效仿，同时也引发了一些报复性措施。如 2010 年美国为生物柴油生产商提供每吨 300 美元出口补贴后，欧盟决定对美国生产的生物柴油征收进口关税；欧盟对美国鸡肉和牛肉实施进口限令后，美国宣布对意大利饮用水和法国奶酪征收报复性关税等，从长期看都将影响世界农产品生产和贸易。

二、金融危机爆发前后制约我国农产品出口的主要因素分析

金融危机爆发前后，世界农产品市场和农产品贸易的宏观经济环境发生了剧烈的变化，我国农产品的出口环境因之而出现了巨大变化，并对贸易结构和贸易规模产生了全面而深刻的影响。

（一）金融危机影响我国农产品贸易的传导机制

1. 国际农产品需求下降影响我国农产品出口

金融危机对世界各国的实体经济造成了不同程度的冲击，引起失业人数增加、收入下降、消费者信心不足和消费减少，使得农产品整体需求疲软，外需下降抑制了我国优势农产品特别是高价值农产品的出口。整体来看，优势出口产品受到的影响较大，金融危机对优势出口产品蔬菜、水产品和水果的影响明显，出口量和出口额明显下降；从贸易的地理方向来看，受影响的差异性也很大，出口市场受影响较大的依次为韩国、欧盟、美国和日本，主要是金融危机的发源地和受影响较大的区域。

2. 国际贸易保护主义抬头限制我国农产品出口

部分国家试图强化贸易保护措施来解决自身的经济衰退，贸易保护主义抬头，农产品贸易壁垒增加，表现为包括对敏感商品进口实行限制、增加出口补贴、滥用反补贴和反倾销措施、技术性贸易措施的增加等。贸易保护主义重新抬头不仅对国际贸易造成不利影响，而且也加大了价格的波动性，使我国出口贸易的外部环境呈现出恶化趋势，对抑制贸易起到了推波助澜的作用。

3. 国际农产品价格下降削弱了我国优势农产品的市场竞争力

金融危机导致国际主要农产品价格大幅度下降，对市场开放程度较高的产品形成进口压力，并影响到我国国内市场与生产者收益。主要农产品的国际市场价格大幅度下降，向国内市场的价格传导使得我国主要出口产品的价格竞争力下降，国内生产者收益低下，国内供给和出口能力不足。

4. 通过产业链影响我国的农产品出口

金融危机通过产业链向农产品传导，工业品出口下降抑制了工业原料的贸易需求，一方面，我国作为原料的资源型农产品贸易受到经济状况变化的冲击较大；另一方面，我国包括农产品加工在内的加工制造企业的产品出口难度增加，出口订单减少，出口价格下降，交易环境变差，出口风险增大，这些负面影响直接波及农产品原料市场和出口贸易。

5. 人民币升值压力抑制我国农产品出口

金融危机在一定程度上加大了汇率风险，人民币面临着升值压力，农产品出口的增长受到抑制。一方面，汇率变动加大了农产品出口相关企业的经营风险；另一方面，人民币升值降低了农产品的进口成本，削弱了我国优势产品的出口竞争力，挤压了农产品出口企业的利润空间。

（二）我国农产品出口贸易的主要变化特征

整体来看，我国农产品出口贸易受金融危机影响较大。金融危机时期，各国经济普遍出现衰退，在市场价格下降和需求萎缩的双重压力下，我国的主要优势农产品出口都面临着挑战，甚至是长期保持着竞争优势的蔬菜、水果和水产品等产品。然而，后金融危机时期，尤其2009年10月开始，随世界经济的复苏和需求回升，我国农产品出口贸易总体表现出显著的恢复性增长态势，也从侧面反映出我国农产品对外贸易对世界市场的依赖程度和关联程度。具体来看，农产品贸易表现出以下几个方面的特点：

1. 我国农产品贸易出现先下降后增长的趋势，但出口和进口变化程度不同

从2008年10月开始，金融危机对我国农产品贸易的影响迅速显现，农产品贸易额急剧下滑。2009年上半年，我国农产品进出口总额为418.8亿美元，同比下降13.6%；其中，出口179.9亿美元，同比下降7.8%；进口238.9亿美元，同比下降17.5%；贸易逆差达到58.9亿美元，同比下降37.6%。其中，农产品出口额的大幅度下滑出现在2009年的1—2月，最大同比降幅为16.2%；进口额的大幅度下滑始于2009年1月并持续到4月，最大同比降幅达到35.6%。从2009年下半年起，我国农产品贸易开始复苏，2010年上半年开始出现恢复性增长（图4-1）。

2. 从产品流向来看，贸易规模变化较大的区域是金融危机的发源地和受影响较大的区域

我国的主要出口市场中，受影响最大的是韩国，其次是欧盟、美国和日本，对中国香港地区出口的影响不大，对东盟出口略有增加；在我国的主要进口来源地当中，从美国、欧盟和东盟的进口都有相当程度的下降，

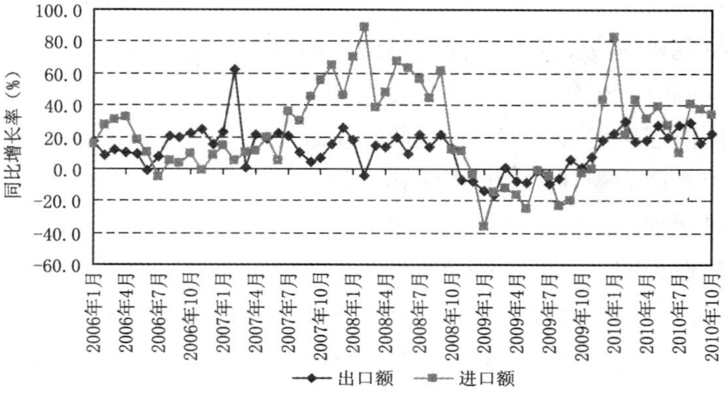

图 4－1　我国农产品进出口贸易的月度同比增长率
（2006 年 1 月—2010 年 10 月）

资料来源：中国海关统计。

对巴西市场的变化不大。这种格局与世界各地受金融危机影响的程度密切相关。

我国农产品出口的主要市场是日本、欧盟、美国、东盟、中国香港和韩国，2008 年对这些贸易伙伴的出口分别占我国农产品出口总额的比重分别为 19.0%、15.5%、12.7%、11.3%、9.0% 和 7.8%，超过了我国农产品出口总额的四分之三。在这些国家和地区中，美国和欧盟是金融危机产生的源头，韩国和日本对国际市场依赖程度很高，所受到的冲击也非常严重，它们的经济放缓势必会减少需求，使得我国对这些贸易伙伴的出口受到限制。另外，我国对日本的农产品出口从 2007 年就开始下降，金融危机使这一过程延续。

3. 从产品结构来看，对主要出口产品的影响较大且成因比较明确，而主要进口品受影响的情况较为复杂

金融危机发生后，我国的优势产品蔬菜、水果、水产品、花卉和茶叶的出口受影响明显，出口量增速趋缓甚至略有下降，蔬菜、水产品和水果的出口额明显下降。2009 年上半年，蔬菜出口量同比下降 2.7%，出口额下降 6.7%，贸易顺差同比缩小 5.9%；水果出口量同比增长 6.1%，出口额下降 15.7%，贸易顺差同比缩小 36.9%；水产品出口额同比下

降0.9%。

金融危机对主要进口产品贸易的影响略有不同，国内供求状况与政策调整因素同时产生作用。其中，食用油籽和粮食的进口量上升，进口额下降，是国内需求增长、国内最低收购价政策和临时收储政策共同作用的结果，但粮食产品受到的综合影响相对较小；食糖、乳制品的进口量和进口额都明显增加，国内供给问题也很突出；棉花的进口量大幅度减少，进口额的下降更为剧烈，除了金融危机的影响沿着产业链向原料农产品的传导效应，低价进口时滑准税起到了抑制作用；羊毛和天然橡胶的进口量有小幅度上升，但进口额大幅度下降，金融危机影响向原料的传导是主要原因。

4. 金融危机发生后，我国农产品贸易条件处于历史低位，从金融危机的恢复期开始，我国农产品贸易条件逐步得到改善

农产品对外贸易条件是出口价格水平与进口价格水平之比，它反映我国与世界其他国家或者某一特定贸易伙伴的农产品贸易交换关系。从2007年发生粮食危机开始，我国农产品对外贸易条件逐步恶化，以中欧贸易较为突出。到金融危机出现，我国农产品对外贸易条件降低到历史最低点，出口农产品价格下降的幅度大于进口品是其主要原因。进入2009年下半年，随着世界经济从金融危机的影响中逐步恢复，我国的农产品贸易条件得到了改善，对美国、欧盟两个主要贸易伙伴的贸易情况呈现出相同的变化规律（图4－2）。

5. 金融危机对企业实体所产生的影响是多方面的且较为深远，对企业的经营和生存提出了挑战。相对而言，对小企业和外向型企业的影响大一些

金融危机给我国的农产品贸易和生产加工企业带来的影响表现在3个方面：一是国外需求锐减，农产品出口企业订单明显减少，一些外国进口商压级压价，加之一些国家和地区贸易保护主义抬头，贸易壁垒增加，加大了出口企业的经营难度；二是金融危机引发的不确定性，国外进口企业的信用等级降低，违约率提高，使得交易风险增加，交易环境变差；三是金融危机引发了出口价格下降、企业资金回笼困难、大量库存积压占用资金等实际问题，一些企业面临着资金筹措和经营困难，无法维持正常的生

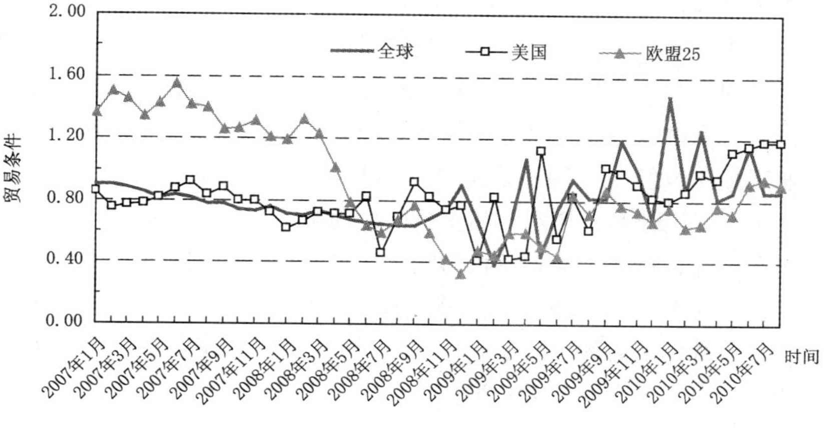

图 4－2　我国农产品对外贸易条件的变化

（2007 年 1 月—2010 年 9 月）

资料来源：商务部农产品贸易统计，由作者整理。

产和经营。

金融危机确实给我国农产品出口企业带来了严峻的挑战。根据实地调查，许多企业表示自从金融危机发生后就很少出货，即使有了订单，价格也大不如从前，有许多企业因此产生库存积压，致使企业资金链紧张。出口市场萎缩引发了订单减少、效益下降、增速回落等一系列问题，农产品出口企业分化加剧。一方面，由于出口难度加大，门槛提高，部分中小企业被迫转产或倒闭。据农业部的初步统计，受金融危机和产业政策调整影响，2008 年年底全国有 15 万家企业关停，有 14 万多个体户关闭；在长江三角洲和珠江三角洲等乡镇企业发达地区，有 4 万多家乡镇企业停产或倒闭。另一方面，出口市场空间缩小和开拓新出口市场的高成本使得出口主体向大企业集中。有资料显示，2008 年山东省有出口业绩的农产品加工企业和贸易公司 3767 家，同比减少了 115 家，其中出口 1000 万美元以上的企业 240 家，同比增加 17 家。

从实地调研的结果来看，金融危机对小企业带来的影响要大于大中型企业，对单纯的外贸企业带来的影响要大于生产加工型企业和一体化企业；主要承接出口订单的外向型企业更容易受国际市场左右，外需下降带来的影响更大，对外向型基地的影响则非常大。

以广西壮族自治区钦州市的竹藤芒编产业为例，当地出口企业多年来具有良好的商誉，20 多家企业每年都通过参加广交会接到不少新客户的出口订单。金融危机发生后，不仅接到的订单数大幅度减少，而且由于国外企业现金支付能力下降，加上外商压价，这些出口企业不得不谨慎接单，也出现了国外客户推迟产品交货时间而被迫压库的现象。

山东果汁行业是受金融危机影响较为显著的另一实例。山东是果汁出口大省，金融危机之前外销的浓缩果汁出口价格平均每吨 1700—1800 美元，金融危机发生后的价格是每吨 800—900 美元甚至更低，对企业出口打击严重，出口量下降了近一半。

三、后金融危机时期促进我国农产品出口的政策建议

（一）应对思路

农产品贸易是金融危机影响我国外向型农业发展的重要渠道，加强农产品进出口的宏观调控是应对危机的关键环节。金融危机源于经济结构的不平衡，对于世界农产品贸易具有长期的影响，必须按照科学发展观的要求，注重两个结合，一是政府加强宏观调控与坚持企业市场化经营相结合；二是短期应急措施与长效根本举措相结合。

短期应急措施的主要思路是从受金融危机直接影响的信贷、融资、投资、保险、外汇等环节入手，通过积极的财政政策和宽松的货币政策手段，改善外向型农业企业出口的市场环境，缓解和降低金融危机的破坏力。长期来看，促进我国农产品出口措施的思路是从农业发展的根本出发，进一步加快农业产业结构调整和技术进步，不断完善农产品贸易支持保护体系，逐步提高我国农业综合发展能力和国际竞争力。

与此同时，金融危机将带来世界农产品贸易格局的变化，蕴藏着机遇，主动调整农产品对外贸易发展的模式，是积极应对危机的重要举措。

（二）应对危机的紧急措施建议

1. 增强农产品外贸企业资金融通能力

一是考虑提高农产品出口退税率，由 13% 上调至 17%，减少企业成

本，改变中央和地方对农产品增值税分配不合理的状况。二是参考发达国家的普遍做法，由当地政府承担或减免农产品的检验检疫费用。对农产品出口生产企业进口生产加工检测检验设备及企业自用的通用设备，按照国家有关规定，在关税减免等方面给予适当优惠。三是扩大中央外贸发展基金中农产品出口企业支持份额，重点支持出口能力强、带动作用明显的产业化龙头企业对其建立健全农产品质量标准体系，通过国际标准认证、建立或整改出口基地、建立农产品种养殖业履历和质量可追溯体系、开展技术研发和技术改造。四是加大政策性金融的支持力度，考虑提高进出口银行对农产品出口信贷的支持力度，降低农业外贸企业融资贷款的门槛。

2. 增强农产品外贸企业抵御市场风险能力

要用足已有的农产品出口保险品种，对保费进行补贴，继续完善农产品出口政策性保险制度，扩大农产品出口保险的险种，探索出口信用保险与农业保险相结合的风险防范机制，扩大农产品出口信用保险的承保范围，提高服务水平，有效提高企业投保比率，增强农产品出口企业的风险防范能力。

完善贸易信息披露制度，加强价格监测。及时通报重点国家的农业、贸易政策法规、疫病疫情、质量卫生标准、检验检疫措施、贸易摩擦、农业谈判等动态信息，对于园艺、畜禽、水海等重点产品的期货、现货价格行情进行监测。

加大反垄断力度，开展对重点外资外贸企业监控。农产品贸易是近年来国际贸易摩擦的高发领域，也是金融危机后各种基金投机的重点。在国内做好“二反一保”贸易救济的同时，要加大对部分不法企业利用国内外农产品价差进行投机炒作、违法走私等案件的打击力度。

3. 提高农产品贸易便利化水平

加快开通整车运输鲜活农产品的绿色通道，改善出口农产品的物流条件，减免农产品运输车辆的通行费用，降低出口成本。简化农产品管理程序，实行出口企业分类检验，对通过 HACCP、GMP、GAP、欧盟注册认证、ISO9000、ISO14000 系列等质量体系和环境认证，对质量好、守信誉的农产品出口企业简化检验检疫程序；对符合条件的企业，经有关部门批准，给予免检或委托自检；加快农产品特别是鲜活产品出口的通关速度。

改进农产品出口检验检疫和通关服务。对通过ISO9000、HACCP质量体系认证的企业，要简化申办出口质量许可证、分类管理考核程序。对鲜活农产品出口，实行通关工作日承诺制及预约通关，提高通关速度。进一步加强检验检疫标准化，推进农产品出口。通过加强农产品检验检疫标准化，为检验检疫合格评定程序提供依据，体现检验检疫合格评定活动的行政性、科学性、先进性、可操作性和经济性，对加工过程进行整体控制，达到控制最终产品的安全卫生质量的目的，达到有的放矢、提高工作效率、减少无效劳动的目的，缩短检验检疫周期，提高了通关速度。

4. 加强对重点农产品的检验检疫

改善农产品出口检验检疫设施条件，增加出口检测点。改进检验检疫办法，关口前移，逐步从对产品检测监管向对生产过程监管转变，由主要依靠每批检验向加强基地监管转变，尽可能减少检查批次。

加强农产品安全检测力度，帮助重点农产品加工企业建立质量检测室，加大对大豆、棉花、禽杂等重点进口农产品的质量监控改进检测方法，提高检测能力。鼓励中介服务机构积极开展咨询服务，帮助企业做好人员培训及质量文件的编写和实施，进行质量体系内部审核，促使企业顺利通过质量体系认证。

5. 加强金融支持的应急措施

为企业收结汇创造便利条件，确保企业资金链正常运转。后金融危机时期，由于各国货币贬值趋势持续，为避免企业因汇率变动而产生的损失，凡中方对别国出口企业以他国货币计价收汇的，建议外汇局应进一步微调政策。如明确规定对以受金融危机影响汇率变动较大的币种计价收汇的，暂不进入待核查账户，可给予外汇指定银行在企业收汇的第一时间直接为企业结汇的权限，结汇后，由外汇指定银行于业务发生日向当地外汇局进行报备，当地外汇分局要对其结汇情况进行事后核查，对核查后公认的贸易背景真实并符合要求的贸易收结汇，给予事后核准，再允许企业使用此笔款项。

强化和完善银行本币结算业务，使其既有利于企业发展，又有利于推进人民币国际化进程。建议外汇局统一协调各大银行人民币结算业务，必要时由中国人民银行牵头制定规则，规范市场行为。同时，各家外汇指定银行总行要注重研究对一些国家人民币本币结算业务的投入和业务流程的开发，以便利企业利用金融危机背景下人民币币值稳定的良好表现，进一步加快农产品贸易的人民币结算步伐。

在外汇管理上，鼓励企业在金融危机中寻求“走出去”的机遇。积极为已在国外实现对外投资办厂但没有办理审批手续的中国境外企业补办企业境外投资手续；为准备对境外投资的企业，尽量简便办理手续；适当引导企业利用人民币进行境外投资，为企业开展人民币境外投资创造宽松的外汇政策环境，以加快人民币国际化的步伐；鼓励企业大胆开拓海外市场，包括通过沿江、沿海口岸以江海运输方式出口或通过其他口岸转口海外。

6. 加大农产品出口企业的营销力度

鼓励和组织农业企业参加国际博览会、交易会，支持企业和行业组织开展市场调查、广告促销、营销策划、产品推介以及其他市场营销活动；强化对中国农产品进行整体宣传，提高我国产品的国际知名度；积极开展出口企业国际网络营销，企业要充分利用农业对外合作网等对外信息平台和通道，大力实施农产品的电子商务，通过网络媒介以较低的成本、较高的信息传播效率扩大企业的产品出口，减轻危机对出口企业造成的库存压力，以提高企业应对危机的能力。

7. 加强贸易救济措施的应对

应该参照重要贸易伙伴使用贸易救济措施的经验，加强贸易救济措施的基础工作，积极运用反倾销和反补贴等措施。同时，中国也应该积极加强技术性贸易措施的研究工作，在农产品贸易中用好技术性贸易措施。

（三）应对危机的长期措施建议

1. 建立与农产品市场开放水平相适应的农业支持保护体系

（1）创新扩大农产品出口的政策支持体系。参照 WTO 规则，借鉴国外经验，结合我国农产品出口的特点，探索建立扩大优势农产品出口的财政、税收、金融、保险机制，完善支持农产品出口的政策体系。一是加大政策性金融的支持力度，研究制订对农产品出口提供政策性金融扶持的具体办法，加大对农产品出口的信贷支持力度。二是继续完善农产品出口政策性保险制度，探索出口信用保险与农业保险相结合的风险防范机制，扩大农产品出口信用保险的承保范围，有效提高企业投保比率，增强农产品出口企业的风险防范能力。三是完善税收支持政策，研究规范统一农产加工品的商品代码，积极推进农产品原产地标记注册制度，调整农产品出口退税率结构，鼓励企业出口深加工农产品。四是改善农产品出口检验检疫设施条件，改进检验检疫办法，逐步从对产品检测监管向对生产过程监管转变，由主要依靠每批检验向加强基地监管转变。五是改善出口农产品的物流条件，加快建设以冷藏和低温仓储运输为主的农产品冷链系统，加快开通整车运输鲜活农产品的绿色通道，提高通关速度。建立农产品市场风险保险机制和出口保护与救助机制。六是积极探索行业协会救助、商业保险和政府支持相结合的救助机制，帮助农产品出口企业积极应对技术壁垒、贸易摩擦等突发事件。

（2）完善农产品进口的保护体系。一方面要发挥进口对国内市场供需的调剂作用；另一方面，针对外商与国内勾结从事走私、投机、倾销、串谋、垄断等违反市场经营秩序的行为，有针对性地开展调查研究，相应地加大反倾销、反补贴、反垄断等工作力度。特别是金融危机和经济危机爆发后，国际上一些投机基金为了保值和增值，转而大量投向了农产品、矿产品等具有升值潜力的初级产品，导致这些产品价格大幅波动，因而加强宏观调控，维护农产品进出口的正常秩序，确保国内市场的稳定显得尤为重要。

（3）加强农业信息服务体系。整合信息资源，加强对外协作和部门间沟通，加强对重点市场、重点品种的跟踪和监测，为企业提供指南、月报等公共信息产品。同时，鼓励有条件的地方和行业组织、专业机构，开展区域性、专业性的农产品咨询服务，逐步构建多层次、一体化的农产品出口信息服务体系。构建对外信息平台和通道，建立农业对外合作网，及时、准确地为企业及有关单位提供主要农产品进出口数据、国外政策法规和市场供求变化等信息。要健全农产品出口信用保险制度，增强农产品出口企业的风险防范能力。

2. 提高在国际贸易规则制定中的话语权

加大农业贸易谈判参与力度，发挥中国作为发展中大国的优势，在对外谈判和磋商中，制订对我国农产品贸易和农业发展有利的规则，提高中国优势农产品市场准入机会，同时，利用国际贸易规则做好贸易救济等保护工作。在WTO多边谈判中，加强与G20和G33以及立场相近成员的联合，积极争取有利于我方的关税减让公式，力争我国农产品特别是关系国计民生的大宗重要农产品不作减让或只作象征性减让，其他产品适用较小幅度减让；通过支持G33力争较多数量的特殊产品和较大的灵活性待遇；争取切实有效的新成员特殊灵活性，争取蓝箱的使用空间，最大可能利用SSM。在自贸区谈判中，根据中国的基本国情和双方的贸易增长潜力，确定自贸区谈判重点国家和区域，有选择地开展自贸区谈判。借鉴其他国家自贸区谈判中把农业作为特例处理的做法和经验，寻求特殊、灵活的解决办法。

3. 提高农产品出口竞争力

优化农产品出口结构，培育新的出口竞争优势。要在继续发挥中国劳动密集型农产品出口优势的基础上，进一步加大科技投入，提高农产品出口的技术含量；对农产品进行深加工以提高其附加值；进一步优化中国农产品出口结构，培育农产品新的出口竞争优势。培育具有区域特色的农产品出口基地，提高农产品竞争力。重点发展具有较强优势和特色农产品的基地建设，积极支持农产品出口企业建立自有原料生产基地，特别是西部地区着力发展特色农产品、有机农产品和原产地标记注册农产品的出口，培育我国农产品出口的新增长点。

4. 积极开展农产品贸易促进

建立以“市场多元化”为特征的全球农产品出口市场体系。在稳定和扩大日韩、东盟等传统市场同时，深度开拓欧盟、美国等潜力巨大的市场，积极发展中东、独联体等新兴市场。努力发展拉美、非洲和大洋洲市场，优化出口市场结构，分散生产经营和贸易风险。鼓励产业化龙头企业制订品牌农产品的海外营销计划。利用“出口品牌发展资金”优先支持农产品出口品牌建设。对名优农产品出口企业在境外开展自主品牌知识产权保护的费用、对为扩大国际市场影响而开展的广告宣传、展览展销和推广活动予以资助；支持品牌出口企业通过进口国（地区）要求的认证、聘请专业机构制订品牌发展战略，开展研发设计活动；帮助品牌企业产品建立国际营销渠道，率先进入跨国采购供应链。

5. 加强农产品质量安全体系建设

要积极实施“从田间到餐桌”的农产品质量全程控制，打破国际农产品贸易的技术壁垒。加强出口农产品质量安全建设，打破农产品出口技术壁垒，提高我国农产品在国际市场美誉度。重点抓好农产品质量标准体系、农产品质量检验体系和农产品质量安全监管体系这三大体系建设。

第二节 基于优势产业布局的海峡两岸农业合作

海峡两岸关系发展中，农业交流一直处于十分重要的位置，不管两岸关系如何变化，农业始终是两岸最有共识和最具合作基础的领域。特别是在两岸相继加入世界贸易组织以后，相似的小农经营体制都面临巨大的竞争压力，加强两岸农业经贸的交流与合作成为两岸农业界和学术界的普遍共识。如此形势下，较为系统、全面地对两岸经贸关系的发展变化进行分析和研究，提出相应的促进策略与措施，成为当前两岸农业发展研究的重点之一。

一、两岸农业合作的需求分析

两岸农业虽然发展阶段不同，但是农业在社会经济中都处于弱势地位。特别是在两岸先后加入世界贸易组织以后，受经济自由化的冲击加剧，两岸农业升级转型、提升竞争力的压力也越来越大。因此，从两岸农业资源优势互补的角度出发，加强农业合作成为两岸农业共同发展的客观需要。

（一）农业技术合作需求

两岸农业技术合作主要体现在大陆对台湾农业技术的引进和吸收，即台湾农业技术与大陆劳动力、土地等生产要素结合，实现合作双赢的目的。

首先，两岸农业的相似性和互补性为大陆引进台湾农业技术提供了前提和基础。两岸农业都属于小农经营形态，分散的小农面对有限的土地资源，均有对高产高效、土地节约型农业技术的需求；台湾与大陆许多省份具有相似的农业自然生产条件、相似的产品结构类型，在技术需求与应用方面必然有许多相似之处；两岸农业发展阶段不同，加上农业技术的发展重点有所差异，台湾农业技术的实用化程度较高。如上所述的相似性与互补性，形成了大陆引进台湾农业技术的需求基础。

其次，台湾农业技术进步相当快，已经成为支撑台湾农业技术转型、升级、可持续发展的最根本动力。然而，台湾有限的土地资源、高昂的劳动力成本、狭小的市场空间限制了技术效用的发挥，产生了显著的“木桶效应”。祖国大陆丰富的土地和劳动力资源，广阔的市场空间，恰恰可以弥补这些不足，如果将台湾先进的农业技术引入大陆，不仅可以为大陆农业的发展增添动力，而且也为台湾农业技术提供了发挥所长的空间。

（二）市场资源共享需求

市场资源共享必然会对两岸农业和农产品销售形成合作双赢的利好局面。首先，大陆市场消费容量和潜力巨大，相对于台湾有限的农产品生产和供给，无疑会提供广阔的销售空间；其次，台湾相对于大陆具有明显的国际行销优势，两岸合作对大陆农产品外销国际市场也会有积极的帮助。

（三）经营方式的交流与合作需求

两岸农业经营方式的差异突出表现在农民的组织化程度上，即农民专业合作组织的建设与发展水平存在较大差异。农民专业合作组织最基本的功能就是将分散、弱势的农民有效地组织起来，共同应对外部市场。在此过程中，农民通过专业合作组织，能够直接或间接地参与到农业生产、加工、销售的各个环节，同时也能够以集聚的规模效益、标准化的生产方式推动农业产业化发展。两岸在合作组织的建设理念上是一致的，但大陆才处于刚刚发展起步阶段，而台湾农业合作组织经过曲折的发展历程，已经成为中国台湾农业重要的经营组织模式，积累了宝贵的发展经验。因此，中国台湾农民专业合作组织有许多先进的经验和做法值得大陆学习借鉴。

中国台湾农业合作组织主要有农会系统和专业合作社场两种类型，都有相当长的发展历程，中国台湾农业合作社的历史可追溯到日本占领时期，农会则有100多年的历史。中国台湾农业合作组织不仅在农产运销方面发挥重要作用，而且在农业金融、保险、农技推广等方面都担当重要角色。相比较而言，大陆农民专业合作组织发展起步晚，功能发挥也非常有限。从目前的发展现状来看，目前大陆农民专业合作组织的发展势头良好，但存在的问题也比较多，需要在发展过程中及时借鉴先进、成熟的经验和做法，并加以修正和规范，才能少走弯路，真正发挥合作经济对农业产业化、农业现代化的支持和推动作用。

鼓励和推动农民专业合作组织的发展已成为大陆当前农业生产关系调整的一个关键，是市场经济发展到一定阶段，应农业生产力发展的需要，有效组织农业生产要素的一种迫切需求。因此，在农业合作组织建设及功能发挥方面，两岸加强交流与合作的空间很大。

二、大陆台资农业的产业类型及投资发展分析

自从祖国大陆改革开放以来，伴随两岸关系的起伏变化与不断发展，台资农业在大陆从无到有、从小到大，在不断摸索中日益发展壮大。在此过程中，台资农业在投资产业类型和投资区域分布上逐渐地演进和变迁，形成了自己较为鲜明的特点。

（一）大陆台资农业的产业类型与结构特征

1. 台资农业投资项目以食品加工业为主

早期进入大陆进行农业领域投资的企业数量少、规模普遍较小，而且食品企业占据很大比例，这与台湾当局对农业投资大陆的政策限制有很大关系。另外，台湾“经济部投资审议委员会”报备登记的农业投资项目

与大陆的统计数据相比，无论是项目数或是投资金额上都明显偏小，而且绝大多数的项目为食品加工业项目。其中一个重要的原因是很多规模小，直接从事农、林、牧、渔生产的投资，并没有向台湾“经济部投资审议委员会”报备①。根据中国台湾地区当局1993年颁布实施的《在大陆地区从事投资或技术合作许可办法》，准许到大陆投资的农业项目类型为222项，约占当时台资对外农业投资项目类型总数的30%左右。准许类投资项目中，涉及商品名称及编码协调制度税则下14章的农产品，但从项目投资性质而言，主要是食品加工制造业（表4－1）。

表4－1　　台湾准许台商赴大陆投资的农业项目类别统计

税则号	类　别	货　名	小计
01	活动物；动物产品	牛、猪、羊、鸡纯种繁殖用；蛙、蛙苗、鳖等	8
02	肉及食用杂碎	生鲜、冷藏或冷冻屠体等	39
03	鱼类、甲壳类、软体类及其他水产无脊椎动物	观赏用鱼、活鳗、活鲟鱼、虾苗、牡蛎、冷冻鱼浆等	30
04	乳制品；禽蛋；天然蜜；未列名食用动物产品	饲料用乳粉、乳及乳油等	14
05	未列名动物产品	羽毛粉、介壳废料、填充用羽毛及羽绒等	4
06	活树及其他植物；球茎、根及类似品	鳞茎、块茎、块根、球茎、冠芽及匍匐茎无论休眠、生长或开花中；梨、山楂等	13
07	食用蔬菜及部分根菜与块茎菜类	南瓜、豌豆种子、菜豆种子、其他干豆类蔬菜种子等	41
08	食用果实及坚果；柑橘或甜瓜之外皮	巴西栗、腰果、无花果、樱桃、山楂等	22

① “至1996年年底，就台商投资的行业来看，台资在大陆的投资以制造业为主，投资的制造业中，又以电子及电器制造业居首，占16.87%，食品制造业居次，为11.28%。在核准的台商农业投资中，食品业占94%。”引自田君美著：“台商在中国大陆农业投资之研究（1991—1996)”，台湾“中华经济研究院”，1998年，第90—93页。

续表

税则号	类别	货名	小计
09	咖啡、茶、马黛茶及香料	咖啡、丁香、肉豆蔻、砂仁等	16
10	谷类	硬粒小麦、玉蜀黍种子、高粱等	5
11	制粉工业产品	玉米粉、面筋等	2
12	油料种子及含油质果实；杂项谷粒、种子及果实	棉籽、蓖麻子、大豆粉、甜菜籽、苜蓿种子、海带、紫菜等	20
19	谷类、粉、淀粉或奶之调制食品	调制奶粉、鱼溶浆、其他调制奶品等	5
23	食品工业产制过程之残渣及废品；调制动物饲料	猫狗食品、鱼溶浆及其他调制动物饲料等	3
合计			222 项

资料来源：台湾“经济部投资审议委员会”公告资料，引自田君美著：“台商在中国大陆农业投资之研究（1991—1996）”，台湾“中华经济研究院”，1998 年，第 94 页。

大陆台资农业投资中食品行业占据主要地位，这从两岸众多的文献和统计数据资料中都能得到反映。海峡交流基金会 1997 年出版的《大陆地区台商协会会员名录》中，以食品制造业为主的企业占了近八成。另外，从台湾“经济部投资审议委员会”的统计数据来看，1991—2007 年的 17 年间，台资对大陆农业领域的投资中，无论是投资项目的件数或是投资金额都是最多的。其中，食品加工业占台湾对大陆农业累计投资项目件数约 50%，投资金额占涉农累计投资金额的 60% 左右（表 4－2）。

表 4－2　1991—2007 年台商对大陆农业累计投资的项目件数和金额

单位：件、万美元

产业类型	农牧渔业	食品加工业	其他涉农行业
件数	544	2524	2076
金额	24234	215768	122419

资料来源：台湾“经济部投资审议委员会”：《2007 年华侨及外国人投资、对外投资、对大陆投资统计年报》。

2. 台资农业投资项目的规模在逐渐加大

20 世纪 90 年代中期以后，随着台湾大型食品企业进入大陆投资，大大带动了台湾食品行业在大陆的投资，同时也带动了其他农业领域的投资增长（表4－3）。

表4－3　大陆台商涉农投资累计金额及单项金额统计整理　单位：件、万美元

行业	1991—2003年			1991—2007年		
	投资件数累计	投资总额累计	单项投资平均金额	投资件数累计	投资总额累计	单项投资平均金额
农林牧渔业	528	20515	38.9	544	24234	44.5
食品加工业	2433	184430	75.8	2524	215768	85.5
其他涉农行业	1658	109639	66.1	2076	122419	59.0
涉农行业合计	4619	314585	68.1	5144	362421	70.5

资料来源：台湾“经济部投资审议委员会”，1991—2003年累计数据来自《2003年华侨及外国人投资、对外投资、对大陆投资统计年报》；1991—2007年累计数据来自《2007年华侨及外国人投资、对外投资、对大陆投资统计年报》。

由表4－3数据可以明显看出，无论是在2003年以前的累积统计，还是直到2007年的累积统计，台商在大陆的涉农领域投资始终以食品加工业所占比重最大，而且，单个项目投资的平均金额也明显高于其他涉农行业。从两个不同阶段的对比来看，1991—2007年期间，食品加工业投资的平均单项金额不仅高于其他涉农行业投资，而且高于1991—2003年期间食品加工业投资的平均单项金额。显然可以判断，2003年以后的近几年，台资食品企业单项投资金额在进一步增大，明显高于2003年之前阶段的单项投资规模。

（二）台资农业发展的成效与问题

1. 台资农业对大陆农业发展的促进作用

（1）技术带动作用。从二十多年的两岸农业交流与合作历程来看，台商农业投资是台湾农业技术引进大陆最主要的一条途径。通过台商的投资与合作，大陆在工厂化育苗技术、畜产品综合深加工、速冻保鲜、包装技术、生物防治技术等领域取得了较大进展。其中最为典型的是台商在大陆投资农业，带动了台湾优良品种向大陆的引进和扩散。仅就福建省的统

计显示，福建省从台湾引进种植业良种累计达2500多个[①]。另外，台商农业投资对大陆种养业的生产经营方式、产销管理技术都有明显的示范带动作用。通过台商、台农的项目投资，大陆许多地区都引进了生物菌肥、喷灌、套袋、草生栽培等台湾农业先进技术，以及产销一体化、产品分级包装等先进理念，对大陆农业由传统农业向现代高效农业发展起到了积极的影响和带动作用。

（2）产业化带动作用。台商农业投资对大陆农业发展的影响还表现在产业化带动方面。一是台商通过“企业+基地+农户”的投资方式，带动了上游产业的规模化、标准化生产；二是通过引入先进的经营理念，加速了与国际市场的接轨；三是通过市场的竞争与整合，形成产业龙头，引领产业的发展方向；四是通过台商农业投资引入了台湾产销合作组织的运作经营模式，带动了大陆本地农民专业合作组织的发展，促进了小农户与大市场的对接。

2. 台资农业发展中存在的问题

（1）土地问题。在20世纪80年代末至90年代，台商赴大陆进行农业投资的早期阶段，农业投资并未显现突出的土地供给紧张问题。随着大陆经济发展速度的不断加快，外商投资的密度也在不断加大，在台资农业投资密集的东部沿海地区用地紧张的矛盾首先凸显出来。近年来，随着国家一系列惠农政策的出台，特别是党的十七届三中全会作出了《中共中央关于推进农村改革发展若干重大问题的决定》，农业大发展、农村现代化、农民奔小康建设正式进入快车道。在这一背景下，农业用地持续升温，国家为确保粮食安全采取了严格措施控制建设用地挤占农业用地。

对于台资农业发展中所面临的土地问题，主要表现在建设用地紧张，农业用地的获取也不如从前容易。未来合理的发展途径应当是在保障18亿亩耕地的基础上，按照土地资源的稀缺程度以及产业投资的结构分布，引导台资农业企业在省内或跨省区向土地供应有保障、成本相对较低的区域转移，避免盲目的招商引资行为，引导其有利于区域产业结构的合理分

① 资料来源：福建农林大学党委宣传部网站，http：//xcb. fjau. edu. cn/，2008年11月7日。

配和投资企业的长远可持续发展。以目前台商农业投资较为密集的“长三角”和“珠三角”地区为例，各类投资、各产业投资密度已经很高，每年每亩单位土地上的产出已经达到几十万元甚至上百万元，这些地区已经不再适宜继续吸引以食品加工或种养业投资为主的台资农业进入。因此，合理的资源配置途径应当是给予中西部地区或省内不发达地区更多的优惠措施，吸引新增项目或发达地区台资农业项目转移进入，实现新的产业聚集与合理的产业布局。对于发达地区而言，应当将有限的建设用地指标用于高科技含量、高产出效益的建设项目，即使对新增的台资或外资农业项目也应采取“选择性招商”，而不是通过挤占耕地实现招商引资的目的。

近些年来，随着大陆对农地保护力度的大不断加大，包括台资在内的设施农业发展遇到了新的土地使用问题。根据2008年对广东湛江等地台资设施农业的调查，不少企业反映在发展设施农业过程中，因为土地硬化和配套设施建设有悖国家耕地保护政策被国土部门限制施工。类似新问题的出现需要政府部门和投资企业相互配合，在有利于国家农业产业健康发展的原则下，通过适度掌握政策尺度和合理引导产业布局等途径加以解决。

（2）融资问题。2008年5月，课题组对福建省和山东省共60家台资农业企业做了问卷调查，其中53家是采取独资形式投资，占调查对象的90%左右。经营中得到银行贷款的企业只有9家，其中7家是农产品加工贸易企业，只有2家从事种植业。贷款融资困难是台资农业普遍反映的问题之一（表4-4）。

表4-4　　台资农业企业贷款情况调查统计

<table>
<tr><th>调查</th><th>反馈</th><th>企业数</th><th>行业类别</th><th>贷款来源</th></tr>
<tr><td rowspan="6">是否获得银行贷款</td><td rowspan="3">是</td><td rowspan="3">9个</td><td rowspan="2">食品加工业　6个</td><td>大陆银行6个</td></tr>
<tr><td>台湾岛内银行2个</td></tr>
<tr><td>种植业　3个</td><td>第三地银行1个</td></tr>
<tr><td rowspan="3">否</td><td rowspan="3">51个</td><td>种养殖业　39个</td><td rowspan="3">—</td></tr>
<tr><td>食品加工业　4个</td></tr>
<tr><td>其他　7个</td></tr>
</table>

数据来源：2008年5月对福建省和山东省台资农业企业问卷调查获得。

贷款难一直是农业企业共同面对的现实困难之一，因为大多数的农业企业固定资产投资规模较小，特别是以种养业为主的企业往往因缺少抵押，难以获得贷款，台资农业企业也不例外。进入大陆投资的台资农业企业大部分是中小企业，投资大陆后失去了台湾金融体系的支持，而大陆银行对台商在台湾的资产无法进行现场核对，不少台资中小企业在大陆缺乏土地、厂房、设备等足够的抵押物，加之对大陆金融界的运行政策、制度不够熟悉，这些台资企业遇到的贷款难问题就更为突出。

针对台资农业企业贷款难的问题，部分省市已经出台相应措施予以帮助解决，值得其他地区学习借鉴。如 2006 年福建省农村信用社专门贷款近 9000 万元重点帮助花卉养植、水产养殖及农副产品加工等三大类台资农业项目解决资金困难；厦门市财政部门对成长型中小台资企业融资给予 30%—50% 贷款贴息。另外，政府应当鼓励民间金融担保机构的设立和成长，针对台资农业企业的发展特点和发展需要，提供小额信贷支持。

（3）市场问题。台商在大陆的农业投资中，除了部分食品加工企业规模较大、走集团化发展道路以外，大部分的台资农业企业呈现小而分散的局面，特别是在种养殖业领域这种特点更为突出。如此经营特点下，台资农业企业在发展中普遍遇到两类市场问题：一是台资农业投资长期以来分散独立投资多，组织化、规模化的投资少，小而分散的经营难以形成有市场影响力的品牌效应；二是大多数中小规模的台资农业企业对大陆内销市场通路不熟悉，开拓能力有限，营销方面往往利用台湾原有的销售渠道将目标市场瞄准海外，没有充分挖掘大陆内销市场潜力，市场通路的培育不够。

以热带水果种植为例，自 20 世纪 80 年代末以来陆续有大批的台商、台农到大陆从事水果种植和销售，但迄今为止市场上还没有形成一个有市场影响力的台湾品种热带水果品牌。相反地，由 36 家台资个体企业在福建漳平永福镇集中投资的台湾软枝乌龙茶生产基地，一致开创共同品牌，虽然发展时间短，但已经在两岸甚至国际市场上具有一定的影响力。

在食品加工业领域走品牌化发展道路的成功台资农业企业不胜枚举，而且基本上都是以大陆内销市场为主要目标市场，如统一企业、顶新集团、旺旺集团、大成长城集团公司等。其中，顶新集团康师傅品牌的方便面和饮料在祖国大陆各地拥有55万个销售网点，其中发货仓库131个，营业所231个；大成长城集团在北京、大连、天津等22个城市设立了分公司或营销点。2000年顶新和统一两大企业在祖国大陆方便面市场上的占有率就已经超过64%。随着祖国大陆经济实力的不断提升，市场消费潜力也已逐渐显现，许多台资农业企业到大陆投资发展也正是看好这一点，因此拓展内销渠道、挖掘内销市场潜力对每个台资农业企业的长远发展而言都非常重要。

（4）合作化问题。反映这类问题的群体主要是到大陆投资从事水果、茶叶等作物种植的台湾中小业者和农民。在台湾，从事种植业的农民只需要专注于田间作业即可，对于农资供应和产品销售均有农会系统或合作社来帮助完成。换言之，台湾农民已经习惯于比较细化的专业分工，并且对农民专业合作组织的依赖程度较高。在大陆，农民专业合作组织的发展还处于起步阶段，大量协会、专业合作社都还有待规范化，真正能对农民专业合作起到实质作用的数量还比较少。

福建、海南、广东等地与台湾有相似的气候地理条件，因此成为台商进行种植业投资最集中的区域。根据在这些区域的走访调查了解到，许多中小业者和台农到大陆投资发展，由于缺乏农民合作化生产和专业合作组织的共同运销服务，自身往往又缺乏长链条经营的经验和渠道，因此普遍认为创业经营的难度较大，甚至有些失败的案例将原因归结于此。甚至认为，目前在大陆投资创业的台湾小农数量不多，其中一个重要的原因就是不少台农担心离开台湾专业分工细致的合作化生产体系，独立承担完成从产到销的全部过程，经营风险较大。事实上，专业合作化程度低也是大陆农民面临的突出问题之一，越来越得到中央和地方政府的重视。2007年7月1日开始实施的《中华人民共和国农民专业合作社法》，对我国大陆农民专业合作组织的规范化发展起到了有力的推动和保障作用。

为了鼓励台资农业在大陆的健康发展，吸引更多的台商和台农到大陆投资创业，有必要在现有的海峡两岸农业合作试验区和台湾农民创业园内，加快推动规范化专业合作社的发展。特别是依托台商农业投资聚集的优势，积极吸收台湾农民专业合作组织的成功经验和做法，成立共同生产和共同运销的规范化专业合作组织，允许在大陆从事农业投资的台湾农民或个体工商业者直接加入到本地的合作组织中来。在此基础上，由企业和专业合作社联合，实现生产与销售的有效衔接，减少农民的生产经营负担和经营风险。

（5）规模化问题。到大陆进行农业生产投资的台资企业或个体所遇到的规模化问题，主要表现在两个方面：一方面，台资企业进入大陆进行农业投资，特别是种养殖业的投资，其规模普遍是原来在台湾从事生产的10倍以上，有的甚至是几百倍，因此从个体自身而言已经实现了规模化生产；然而另一方面，到大陆进行种养殖业投资的台资企业或个体，普遍采取租地自营的独资经营方式，凭借掌握优良种苗和先进生产技术的优势，追求短时期的超额利润回报，很少与其他企业或个体进行契约合作或合作化经营，因此自20世纪80年代台商开始进入大陆投资种养殖业以来，经营规模普遍较小，少有规模化经营的大型企业。

对于第一方面的规模化问题，由于农业产业化的配套服务体系不及台湾发展完善，从产前农资准备到产中田间管理及产后包装运销的一系列问题都需要生产企业自己面对解决，因此导致不少台资企业或个体出现经营困难的局面；对于第二方面的规模化问题，由于企业之间以及企业与本地农民之间的产业合作较少，因此大大限制了台资农业企业发展过程中的产业化带动作用。

（三）两岸农业合作园区的分布及重点产业类型

自20世纪80年代末，海峡两岸经贸关系逐渐恢复发展以来，通过两岸各界的不懈努力，特别是在祖国大陆的积极推动下，一直朝着日益紧密、日益扩大的方向发展。在此期间，海峡两岸农业合作试验区和台湾农民创业园作为祖国大陆对台农业交流与合作的创新模式，发挥了不可替代的作用，成为两岸农业交流与合作最直接、最具影响力的平台。

1997年和1999年，国务院台湾事务办公室、农业部和原对外经济贸易部（现商务部）先后批准在福建、海南、山东、黑龙江、陕西等省的部分区域设立“海峡两岸农业合作试验区”，为两岸农业合作提供了新的平台。为了针对台湾农民和个体经营者投资规模小、承担风险能力弱的特点，在试验区创办基础上，国务院台湾事务办公室和农业部自2006年开始先后在适宜地区批准设立台湾农民创业园，为台湾农民和企业提供更多到大陆投资创业的机会。截至 2010 年 5 月，祖国大陆已分别在 16 个省市建立 9 个海峡两岸农业合作试验区、25 个台湾农民创业园。

据有关部门统计，目前进入园区发展的台资农业企业已达 5000 多家，占在大陆台资农业企业总数的 82% 左右，实际利用台资 58 亿美元，占台资投资大陆农业实际金额的 81% 左右，试验区和创业园已逐步成为两岸农业高效能的合作平台。

对比分析两岸农业合作试验园区的区域分布和产业类型，具有两方面显著特征：首先，区域分布较为广泛，基本形成了以东南沿海区域为中心的梯度辐射架构；其次，产业类型的相似度较高，区域优势特点不突出，存在较大的优化布局空间。

三、基于优势产业布局的两岸农业合作发展建议

（一）发挥两岸市场资源互补优势，充分利用好国内、国际两个市场

农产品贸易是两岸农业经贸合作的重要内容之一，从两岸农业目前农产品贸易现状来看，虽然近几年在大陆惠台农产品贸易政策的推动下有一定程度的增长，但总体而言规模还比较小。大陆从台湾进口农产品的规模不足大陆农产品进口总额的 1%，占台湾农产品出口总额的比例也只有 10% 左右。然而，随着大陆经济的快速发展，居民收入和消费水平不断提高，市场消费潜力受到世界瞩目，进一步扩大台湾农产品进口是促进两岸建立更紧密经贸关系的重要途径。另外，台湾市场与国际市场的联系紧密，对外贸易的经营业者具备丰富的国际行销经验和较为成熟的行销通路，通过加强两岸合作有利于实现“大陆生产、行销国际”的双赢局面。

（二）发挥两岸农业技术的互补优势，促进台湾农业先进生产技术的引进与推广

两岸在农业技术方面具有显著的互补性特征，特别是台湾先进、实用的农业生产技术对大陆现时的农业发展而言具有很强学习借鉴价值。据调研了解，长期以来，台湾方面限制大陆资金和技术进入岛内的同时，也限制农业技术交流到大陆，因此在两岸农业交流与合作过程中农业科研单位

很少有正式的技术项目合作，台商农业投资成为农业技术、优良种苗、先进管理技术进入大陆的最主要的载体。鉴于目前两岸形势的良好局面，应当从两岸共赢的角度加大力度推动农业技术的交流与合作，特别是引进和推广台湾先进的农业生产技术，助推大陆现代农业的快速发展。

（三）学习和借鉴台湾农业合作组织发展以及产业化管理的先进经验，扩展海峡两岸农业合作领域

海峡两岸农业合作经过20多年的发展，无论在贸易或是在投资方面都取得了显著成效，但纵观大陆对台资农业投资项目的引进，大多集中在种养殖业和加工业领域，即农业第一、第二产业，海峡两岸农业合作中较少涉及农业第三产业（即农业服务业）的产业类型。然而，农业生产的组织、经营、管理以及配套服务技术正是台湾农业的突出特点和优势。推动两岸农业合作，应考虑到大陆现代农业发展的需要，拓展两岸在整个产业链条上的合作领域向纵深发展。只有这样，才能充分发挥两岸农业资源条件的优势，实现农业合作的可持续发展。

（四）按区域优势布局规划对台资农业项目进行规划、引导和布局

根据目前台商农业投资项目的区域分布现况，对符合大陆优势农产品区域布局规划的产品及产业类型进行有计划的引导，加强优势产业的集聚效应；对未列入总体规划的产品类型及相关产业可按照所属地区优势农产品及产业规划，引导存量投资和增量投资项目向规模化、产业化的方向发展。引导台资农业投资项目优化布局的目的，一是使台资农业符合大陆整体农业发展需要，使之成为整体发展的重要组成和推动力量之一；二是通过产业聚集和区域布局的引导，给台资农业提供更广阔的发展平台，创造更具潜力的发展空间。

（五）在现有的海峡两岸农业合作试验区及台湾农民创业园范围内，做好优势产业布局

从目前9个海峡两岸农业合作试验区和25个台湾农民创业园的产业投资及规划情况来看，重点投资产业的结构相似性很高甚至雷同，不利于形成集中连片的产业带，也不利于形成延伸产业链的产业化发展模式。有必要在现有园区范围内，对已有项目类型及规划引进发展的项目类型进行统筹规划，引导优势产业集聚效应的形成，发挥园区联动、辐射带动的功能。

第三节

CAFTA 条件下中国热带果蔬产业发展研究

东盟各国均是热带果蔬生产和贸易的重要国家，中国—东盟自由贸易区建成后对中国热带果蔬产业发展形成严峻挑战，研究中国热带果蔬贸易的生产现状及其产业发展对策具有十分重要的现实意义。

一、中国与东盟热带果蔬竞争力比较

结合热带果蔬自身特点与可得数据来构建热带果蔬国际竞争力的指标体系，运用国际市场占有率、贸易竞争力指数、显示性比较优势指数以及价格竞争力方面运用出口价格比指数、质量升级指数，对我国和东盟的热带果蔬竞争力进行比较分析。

（一）国际市场占有率

东盟地区热带果蔬产品的国际市场占有率在近几年基本维持在 10% 到 12% 左右，其整体的竞争力水平远远高于中国。如 2008 年东盟地区的热带果蔬产品市场占有率高达 12.16%，而中国仅 0.94%，东盟地区为中国的 13 倍左右。

从其成员国来看，其热带果蔬产品国际市场占有率较高的主要有菲律宾、泰国与印度尼西亚，而中国的热带果蔬的国际市场占有率至排名第四，尤其与菲律宾还有泰国，相差甚远。如 2008 年菲律宾的热带果蔬产

品的国际市场占有率为6.74%，泰国为3.94%，而中国仅为0.94%。可见，中国近几年其热带果蔬产品在出口上不仅与整个东盟地区相差甚远，还与东盟地区主要的热带果蔬生产国也存在着较大的差距。可以说，从这一方面看，中国虽然在东盟成员国中位居第四位，但在国际市场上的竞争力仍旧是十分微弱的。

这种差距不仅表现在热带果蔬总体水平上，从分类上看，许多产品也存在着类似的差距。如比较2008年中国、菲律宾、泰国三国在主要热带果蔬产品的国际市场占有率情况。中国的热带果蔬产品，除了柠檬在2008年的国际市场占有率上超过菲律宾外，其他的大多数热带果蔬产品的国际市场占有率都与其相差甚远，就连中国产量较多的香蕉，2008年的国际市场占有率也仅为0.2566%，而菲律宾却高达12.7496%。与泰国相比，也只有香蕉、柠檬等少量热带果蔬产品的国际市场占有率略高一点，其他热带果蔬产品都表现出相对的弱势，尤其是菠萝罐头，2008年中国菠萝罐头的国际市场占有率为5.2106%，而泰国却高达46.7651%。

（二）显示性比较优势

东盟整体上热带果蔬产品的显示性指数都在15到35之间，具有很强的国际竞争力。如菲律宾2008年其热带果蔬产品的显示性指数为16.88，是排名第二的泰国的10倍左右，更是中国的56倍。中国的热带果蔬产品的显示性指数虽然在东盟成员国中排名第四，也表现出不断上升的趋势，但是绝对数值还是很低，无论是在国际上还是在中国—东盟自由贸易区里，都缺乏竞争力。

从主要的热带果蔬产品上来看，中国与东盟主要热带果蔬生产国的菲律宾还有泰国相比，这种差距显得更加突出。2008年，中国也只有在柠檬产品上的显示性指数超过菲律宾、泰国，香蕉的显示性优势超过泰国外，其他都与两国的差距甚大，尤其是与菲律宾相比。

（三）贸易竞争力指数

从贸易竞争力指数上看，东盟整体上该指数都接近于1，表示东盟的热带果蔬产业整体上属于出口导向型产业，竞争力较强。而中国热带果蔬的贸易竞争力指数皆为负数，表明中国的热带果蔬产业整体上倾向于进口导向型产业。

在其成员国中，大多数国家的热带果蔬产业都属于出口导向型产业，如菲律宾、泰国、印度尼西亚、马来西亚，而越南和缅甸则是完全的热带果蔬出口导向型国家，只出口热带果蔬产品，不进口热带果蔬产品。而中国热带果蔬产品的贸易竞争力指数基本上都接近 -1，这意味着中国的热带果蔬产业属于进口导向型国家，进口的多，出口的少。类似的进口导向型国家还有新加坡、柬埔寨、文莱，老挝属于纯粹的热带果蔬进口导向型国家，只进口热带果蔬产品。在东盟成员国中，中国的热带果蔬贸易竞争力指数基本上维持在第八的位置，表明从这一方面看，中国热带果蔬产业是缺乏竞争力的。

但从一些热带水果产品来看，中国某些热带果蔬产品的贸易竞争力指数也接近于1。如2008年中国芒果的竞争力指数为0.7092，菠萝汁的竞争力指数为0.8538，还有菠萝罐头的竞争力指数为0.6902，表明中国的这些热带水果产品的出口较多，具有较强的竞争力。而菲律宾的柠檬基本上靠进口，2008年其贸易竞争指数基本接近 -1。泰国的热带水果产品基本上都是出口大于进口。

（四）出口价格比指数

从出口的价格比指数可以看出，中国在近几年的热带水果产品的出口价格比指数比东盟的整体水平高，与东盟相比，缺乏竞争力。

从其成员国上看，还有菲律宾、文莱、马来西亚、缅甸、越南的热带果蔬出口价格比指数都来得比中国低，而柬埔寨、新加坡、泰国、印度尼西亚的热带果蔬的出口价格比指数比中国高，即从该指数上看，中国热带果蔬产业在东盟及其成员国中的竞争力也是较弱的。

从分类上看，许多产品也存在着类似的差距。如比较2008年中国、菲律宾、泰国三国在主要热带果蔬产品的出口价格比指数率情况。中国的热带果蔬产品，除了柠檬在2008年的出口价格比指数上低于菲律宾外，其他的大多数热带果蔬产品的出口价格比指数都比菲律宾高很多，就连中国产量较多的香蕉，2008年的出口价格比指数高达1.9247，也比菲律宾和泰国来的高。与泰国相比，也只有菠萝罐头等少量热带果蔬产品的出口价格比指数稍低一些，其他热带果蔬产品都表现出相对的弱势。

（五）质量升级指数

以 2002 年为基期，不难看出中国与东盟地区的热带果蔬的质量升级指数相差不多，两个地区都基本维持在 1 的水平左右，期间略有波动，但浮动不大。东盟地区在 2007 年，这一指数达到最高值，为 1. 52。中国在 2008 年热带果蔬的质量升级指数 1. 3551，为历史最高。

从其成员国来看，热带果蔬质量升级指数普遍都有增长的趋势。以 2008 年的数据来看，排名前三的国家为菲律宾、新加坡、越南。中国在东盟的成员国内排名第四，东盟的整体水平次之。而马来西亚、文莱的相关数据则显示，这两个国家的热带果蔬的质量在近几年并没有变化，而缅甸在 2008 年，热带果蔬的质量却有所下降。

从热带果蔬的主要产品上看，以 2002 年的数据为基期，则可以发现中国的香蕉、芒果、菠萝、菠萝汁、菠萝罐头的产品质量有所提升，其中提升较快的主要有香蕉和芒果，而柠檬的质量却有所下降。泰国的香蕉和菠萝和菠萝在 2008 年的质量升级较高，达 3. 1 左右，说明产品质量有着明显的提高。而对于泰国，产品质量有所提高的主要有菠萝、芒果和菠萝罐头。

二、中国热带果蔬出口影响因素分析

中国是世界上主要的热带果蔬生产大国，但是热带果蔬的竞争力却十分弱小。影响中国热带果蔬出口的影响因素，主要有以下方面：

（一）贸易协定

利用 1997—2008 年中国对其主要热带果蔬出口国之间的贸易流量数据，通过建立贸易引力模型测算中国果蔬出口贸易的影响因素，研究发现：中国热带果蔬产品出口与中国热带果蔬生产总值、热带水果产品进口国家（或地区）的国民生产总值正相关，与进口国家（地区）首都与中国首都北京距离负相关；亚太经合组织（APEC）对其成员国的热带果蔬产品贸易起到了一定促进作用。细化引力模型，定量分析中国与东盟签订自由贸易协定对中国果蔬出口东盟的影响发现，东盟 GDP 每增长1%，中国对东盟热带果蔬产品出口额增长 1.45%；中国热带果蔬产值每增长1%，中国对东盟热带果蔬出口增长 1.51%；在中国对东盟的热带果蔬出口中，距离因素起到阻碍作用，距离每增加 1%，中国对东盟的水果出口额减少 2.57%；中国与东盟自由贸易协定的签订促进了中国对东盟的热带果蔬出口，使得中国对东盟水果出口增长 101.4%。

（二）价格竞争力因素

价格是影响我国热带水果国际竞争力最基本的要素。2002 年至 2007 年间，中国热带果蔬的平均出口单价都处在世界平均水平之下，直到 2008 年略高于世界的平均水平，且两者都呈现出整体上升的趋势。由此可以看出中国的热带水果出口在整体上还是具有价格竞争优势。但部分热带果蔬产品如香蕉、鳄梨、木瓜等的出口价格却也保持在较高的水平。如何降低我国热带果蔬相关的生产成本，减少流通成本和相关的税费是提高我国热带果蔬出口的主要手段。

（三）非价格竞争力因素

非价格竞争主要是指厂商运用价格以外的其他策略，强调本厂商在产品质量、结构、功能、颜色、款式、品种、商标、包装、服务等方面的不完全替代性，形成与同类产品的差别优势，以吸引消费者的竞争方式。这里重点探讨质量与营销两个方面。

1. 热带水果的质量状况

目前我国总体产品的质量状况都不容乐观。就拿水果来说，水果的外观质量差、整齐度差、果个偏小、果形不端正，包装水平低而且农药残留物质比较严重。我国热带果蔬产品在出口方面还受到果蔬安全标准方面的限制与阻碍，尤其是在日本和美国两个国家。据国家质检局相关部门统计，近两年，我国果蔬出口日本和美国共被扣留 196 批次，其中热带果蔬占总扣留批次的 50% 以上，大多热带果蔬出口的被扣，除了进口国的标准过于苛刻外，主要还是由于我国果蔬质量整体水平不高造成的。

2. 热带果蔬产品的品牌营销

现阶段我国热带果蔬的品牌营销意识还不够普遍，已建立的具有国际品牌的热带果蔬也非常有限。目前，我国采用最普遍的方法就是设立地理标志。我国热带水果地方标志产品主要有宁夏的香山压砂西瓜、新疆哈密瓜、重庆的奉节脐橙、江西的南康甜柚、海南绿橙、广西的阳金桔、广东的惠来荔枝等。但是我国热带果蔬品牌营销仍存在着诸多不足之处，一是由于政府对我国热带果蔬的生产经营缺乏宏观指导、投资、调控和咨询或者是力度不够；二是我国热带果蔬的生产主要为小规模分散经营，科研知识普及不足，国内外市场信息不对称等；另外，还存在地方支持力度不平衡的局面。例如我国海南岛具有独特的热带资源优势和地理优势，一些地方品牌也得到了不少推崇，如海南香蕉、芒果等，但是取得国家地方标志的产品却很少，如2002年到2007年只有海南琼中绿橙获得标志。在蔬菜方面，取得地方标志的产品更是少之又少。因此，在取得些许进步的同时，我们更应该关注到海南岛在我国热带水果生产及其经营方面的潜力还大大未被开发。

（四）贸易壁垒

关税是目前世界上最基本的贸易政策。由于果蔬对于许多国家而言，都属于“敏感品种”，因此关税在各国的果蔬进出口中依然发挥着重要作用。例如欧盟对果蔬进口仍然设置季节性关税，即对欧盟国内生产的果蔬，在生产季节，对进口果蔬征收较高关税；而在其他时间征收较低关税。对欧盟国内不生产的果蔬，则征收较低关税。欧盟还按照果蔬进口来源国的不同，设置区别性的关税。欧盟除了对进口果蔬征收季节性关税和区别性关税外，还对果蔬进口国制定了最低进口价格。我国许多果蔬被欧盟设置“入市价格”之后都成为欧盟的“敏感性”产品，如苹果、柑橘、梨等。如果某国的进口价格低于欧盟“入世价格”的8%以下，欧盟就对该进口国征收最大关税等量。日本对我国热带果蔬征收的关税在0和32%间浮动，其中也存在着季节性关税和区别性关税。对于最不发达国家进口的果蔬征收最低的关税，甚至是零关税，对于发展中国家进口的果蔬则征收低于发达国家的关税，对发达国家征收的关税最高。

技术性贸易壁垒是当前国际贸易中最为隐蔽、最难对付的非关税壁垒。如我国深圳南山“妃子笑”荔枝，曾两年没有销往美国，主要是因为我国的荔枝出口受到了美国严格的条件限制。据透析，美国对我国荔枝进口的标准几近苛刻，如冷藏集装箱必须是美国农业部指定的，运输过程中集装箱内必须安装温度探针，并有电脑做好集装箱内温度变化的详细记录。在运输过程中还制定了严格的规定，如要求荔枝在1.39℃以下不得少于18天，在负1℃以下不得少于15天，误差不得超过0.3℃等，否则即使我国出口的荔枝没有任何质量问题，也有可能被美国当局判定为不合格产品被拒入境。除了先进而又严格的技术标准外，发达国家还制定了许多产品合格认证体系和植物检疫措施。如ISO9000质量体系、ISO14000环境管理系列、IFC（国际食品标准）、BRC（英国零售业审核标准）、HACCP（危害分析和关键控制点）以及欧盟良好操作规范等。为了防止进口的水果带有有害生物，许多国家还制定了严厉的检疫措施，如目前世界上通用的ISPM（国际植物检疫措施标准）等。这些标准和措施的存在，已成为了目前国际贸易中最主要的障碍了。

反倾销等其他贸易壁垒也对热带果蔬出口造成影响。前几年我国苹果汁遭遇美国提起的反倾销案。2002年6月，发生了我国加入世界贸易组织后第一起“特保”调查案件，即西班牙向欧盟委员会提出了对我国出口柑橘罐头实行特殊保障措施。其理由是西班牙认为我国橘子罐头出口价格过低，造成了对其国内橘子产业的严重威胁、大部分橘农面临失业困境。通过相关调查，欧盟委员会否决了这一提议，但在2003年4月，西班牙重新向欧盟委员会提出对我国出口柑橘罐头进行“特保”调查。2003年7月30日，欧盟委员会以中国柑橘出口的价格比西班牙同类产品的价格低20%，对西班牙国内柑橘产业造成严重威胁，1.5万名农民面临失业危险为由，对我国柑橘罐头实施“特保”调查，为期9个月。此事后果非常严重，一旦欧盟委员会确定实施“特保”措施，我国柑橘罐头的出口将在未来10年内任何时段内面对高关税和配额限制。经过我国相关部门及柑橘罐头行业的努力，2003年10月，欧盟委员会再次否决西班牙的提议，西班牙政府改为申请一般保障措施，但不排除未来再次提议特殊保障立案的可能性。尽管中国应对柑橘罐头的“特保”调查初战告捷，但这意味着“特保条款”已经成为中国水果扩大出口的一个阻碍因素。

三、CAFTA条件下中国热带果蔬产业发展对策

（一）提升中国热带水果国际竞争力

1. 加大开发力度，优化种植品种结构

调整热带果蔬品种结构，加紧创建一批名牌果蔬种植基地，促进热带果蔬向最适宜种植的地区集中，从而扩大各种热带果蔬的市场占有率，增强国际竞争力。调整应该以能充分发挥各热带果蔬竞争力的品种为目标，以我国现有的热带果蔬基地与新开发的种植区为试点；结构调整的重点是优化果树和蔬菜的品种结构，巩固及提高传统的优势品种，适当地扩大淡季时令果蔬的比例，能让早、中、晚熟品种比例适当搭配，来满足更加多元化的满足消费市场需求。同时要加紧改造或淘汰部分产量、质量都不高的老化品种，合理引进国外及中国台湾地区的优质热带果蔬品种来优化种植业内部结构，从而提高生产品质。

2. 提高贮运保鲜技术，完善冷链物流体系

（1）政府应当鼓励种植面积达到一定规模的种植园建立中小型冷库，这对荔枝等易腐水果具有很好的预冷保护作用。规划好种植园冷库建设，尽量避免出现盲目建设的问题，同时当地政府应积极引导，鼓励大规模的种植园企业及大型果蔬销售企业投资。对于出口较多的种植园，政府可以通过与相关部门沟通，让大型种植园冷库中心与海关、检验检疫、税务等部门积极配合，实现热带果蔬物流快速通关。

（2）在销售市场，可以利用现有的企业冷库来进行热带水果的存储和销售。但是重要的是要先对现有简易的果蔬批发市场进行改造，同时加紧建设适合热带水果产品冷流通的设施，可以借鉴广州江南果蔬批发市场的经验，建立集规划集散中心、价格形成中心、信息中心、检测中心、现代物流中心于一体的大型冷链物流中心。

（3）要大力发展大型热带果蔬运输企业。要进行专业运输企业资质认证，这样的运输企业应购置冷藏运输车辆与冷藏集装箱，并且完善运输网络，从而实现热带水果种植园、产地物流中心预冷包装之后的冷链衔接。各级政府要提供积极的政策和财政引导，鼓励大型冷藏水果运输企业

的发展。

3. 延长产业链，发展热带果蔬加工业

应该加强热带果蔬加工品的生产发展。在热带果蔬加工方面，要积极引进国外先进技术及设备，同时增加科研投入，增强自主创新能力，着力发展加工业，提高热带果蔬深加工比重，根据市场需求开发果汁、果酒、加工蔬菜等有出口竞争力的产品。

4. 加大政府支持力度，提高热带水果产业组织化程度

应当积极引导热带果蔬主产区农民逐步联合起来，发展专业性合作经济组织，从而提高热带果蔬产业的竞争力，实现集约化发展。同时，大力扶持产销一体化经营的龙头企业的发展。利用热带果蔬产业现有资源及设施，通过合并重组集中建设较大型的加工企业及专业的物流运输队伍，以有利于企业积累资金及提高技术，然后借助政府力量，通过招商引资，逐步创建同时具备科研、生产、加工和销售能力的特大型热带果蔬企业集团。政府可以通过协调银行对企业的信贷支持，工商税务部门对热带果蔬大型企业给予税费优惠，农技部门给予技术扶持等，以此来给予热带水果企业各种政策方面的支持。

5. 加紧建立与国际接轨的标准体系，以质量和品牌谋发展

建立与国际接轨的热带果蔬标准体系，发展绿色果品。加强热带果蔬质量安全的风险评估研究，为标准的制定提供依据，为有效应对国外技术性贸易壁垒奠定基础。必须树立创名牌热带果蔬产品的意识。相关企业必须转变现有的落后观念，增强名牌意识，采取一系列措施提高我国热带水果质量，培育名牌产品，同时加强“名牌”水果的宣传力度以提高产品知名度。

（二）加强中国东盟热带果蔬双边贸易互补的对策建议

中国作为率先抢占先机的国家，应积极应对可能到来的各种问题，以促进经济发展作为处理和解决争端的最基本的准则，必须加强和东盟国家之间的优势互补，增强新鲜蔬菜产业在国际上的竞争力。

1. 开拓新的市场，优化蔬菜出口的市场结构

中国热带果蔬产品的主要出口市场为日本、中国香港、马来西亚和韩

国、美国等地，东盟的主要出口市场除了中国以外，也大都是销往这些地区。因此，解决相互之间的矛盾分歧的重要措施还包括在保持原有热带果蔬销售市场的同时，开拓出新的市场，如拉丁美洲、非洲、中东地区以及中东欧地区等新兴市场。通过开拓新的国际市场空间，才能分散中国热带果蔬产品出口过度集中在少数几个国家的风险，减少对外部市场的依赖性，逐步形成一个布局合理的多元化的市场结构，促进整个新鲜蔬菜贸易的均衡化发展。

2. 加强技术交流

自由贸易区建成之后，随着国家与国家之间联系的加强，我国应当向泰国和马来西亚等国学习先进的技术，加强经验交流，努力提升我国热带果蔬生产的技术水平和国际竞争力。

3. 发展特色热带果蔬产品以及高附加值的加工型产品

对于国内生产方面处于劣势的果蔬产品，可以通过进口其他成员国的同类产品，然后在中国国内进行加工，提升产品的附加值，再将加工品作为我国的优势产品出口。这样，既避免了其他成员国产品的相对优势对我国产品的冲击，又增加了各国之间的互补性，同时也推动了我国的果蔬加工产业的发展。

4. 建立统一的检验检疫标准

在当前国际贸易保护主义不断升温的前提下，政府应该加大对农业发展的政策支持和相关科技投入，大力发展以绿色热带果蔬和有机热带果蔬为主的新型产品结构，争取可以以质取胜。与此同时，中国与东盟各国的相关部门必须协商建立相关的合作磋商机制，推动尽快出台统一的热带果蔬产品进出口检验检疫标准的体系，保障中国与东盟各国的热带果蔬产品贸易能够顺利开展。根据国外热带果蔬市场需求动态和贸易政策的变动及时地发布热带果蔬出口贸易壁垒信息，及时对中国的热带果蔬生产技术、检验检疫技术和相关标准作出调整，克服贸易保护主义对中国热带果蔬出口的不利影响。

第五章

完善农业支持政策及宏观调控

第一节

中国农业政策的效果评价

一、财政支农政策的效果分析

（一）财政支农政策的作用表现

公共财政理论和实践表明，财政支农政策是推动一国农业发展的重要支持力。财政支农政策的推动作用具体体现在：一是财政支农政策是国家调控农业生产进而影响农民收入的一个基本工具；二是财政支持能有效地解决促进农业增长所必需的众多公共产品的外部性问题。成功的大国农业国家，均通过国家的巨额财政投入，对其农业生产起到了明显的支持作用。在美国、加拿大、英国等国家中，政府对农业提供的财政支持相当于农业本身GDP的25%以上，日本农业财政支出相当于农业GDP的45%—95%。即使印度这样的发展中国家，国家财政支农支出也相当于农业GDP的10%（朱钢等，2000）。在中国这样一个农民收入不高、私人农业投资有限的发展中国家，财政支农政策对促进大国农业增长具有更为特别的意义，它不仅构成农业投入的主要来源，而且对一些公共农业基础建设来说，甚至是唯一的来源。

（二）财政支农支出与农业的格兰杰（Granger）关系

中国财政支农支出波动与农业特别是粮食生产波动明显同步。这种同步性体现在三个方面：其一，财政支农支出增长推动农业产出增长；其二，农业产出增长推动财政支农支出增长；其三，财政支农支出增长与农业产出增长之间不存在相关关系，存在另一因素同时影响两者。运用格兰杰因果检验法验证财政支农支出增长与农业产出增长之间的变化影响关系。结果表明：财政支农支出增长与农业产出增长之间存在着互为因果的关系，财政支农支出增长推动了农业产出的增长，农业产出的持续增长又进一步加大了政府增加财政支农的力度。

（三）财政支农政策的 GDP 产出效果

笔者选取 1990—2010 年各年的农业 GDP（Y）为因变量，财政支农资金（X）为自变量，建立双对数回归模型，分析后者对前者的影响程度，运用 Stata 统计软件进行分析，在分析过程中发现存在序列相关，为此，模型中加入 AR 项。建立模型：

$$LnY = 14.31 + 0.14LnX + 0.76AR$$

$$(7.405)\quad(0.945)\quad(11.457)$$

$\overline{R}^2 = 0.95$，$F = 118.9$，$DW = 1.6$

从回归结果看出，农业总产值与农业财政总支出之间高度相关，说明农业财政支出的水平直接影响到农业 GDP 的提高。从回归系数看，财政支农支出的弹性系数为 0.14，表明财政支农支出每增加 1%，推动农业 GDP 增加 0.14%。继续对财政投入中所占比例较大的农业基本建设投资、支援农村生产支出以及农林水利气象等部门的事业经费支出与农业 GDP 的关系进行分析，得到的结果为：农业基本建设投资、支援农村生产支出和农林水利气象等部门事业费支出等各项农业投入对农业经济的增长有显著的促进作用，其中，农业基本建设投资的作用尤为突出，对农业 GDP 的产出弹性系数为 0.70，即农业基本建设投资每增加 1%，农业 GDP 增加0.7%，说明在现阶段，增加农业基本建设投资是促进农业生产的最有效途径；支援农村生产支出，弹性值为0.49，与农业GDP也呈很强的正相关关系；农林水利气象等部门事业费支出与农业GDP的相关关系较弱，其弹性值仅为0.30。

（四）财政支农政策的粮食产出效果

采用依次放入变量的逐步回归方法，以此来考核不同的财政支农支出对粮食产量的影响程度，最后再综合比较各种支出的影响程度大小（表5-1）。

表5-1　　财政支农支出对粮食产量的回归分析

变量	粮食产量（Y）				
	$Y = C + \alpha M * \theta + \beta K * \theta + \eta S * \theta + \mu J * \theta$，$\theta = \{0, 1\}$				
粮食作物播种面积（M）	0.07 （0.09）	—	—	—	0.037 （0.093）
农业科研投入（K）	—	0.10 （3.39）	—	—	0.005 （0.074）
农业水利投入（S）	—	—	1.095 （3.36）	—	3.220 （4.112）
农业基本建设投入（J）	—	—	—	0.05 （1.40）	-0.172 （-5.739）
常数C	7.18 （1.07）	7.04 （31.8）	3.24 （2.40）	7.29 （20.2）	4.185 （0.977）
$\bar{R}^2$	0.001	0.451	0.446	0.131	0.893
DW	0.32	0.492	0.540	0.464	2.36
F	0.008	11.51	11.27	1.931	20.88

从回归结果看，粮食作物播种面积、农业科研投入、农业水利投入对粮食产量都有促进作用。在这些影响因素中，对粮食产量影响程度最大的因素是农业水利投入，弹性系数达到3.220，即每增加1万元的水利投入，推动粮食增产3.220万吨；粮食播种面积的弹性系数为0.037，农业

科研投入的回归系数为 0.005，t 值较小，影响不是很显著。农业基本建设投入的弹性系数为 -0.172，这个指标值与经验不相吻合的原因可从以下几方面得到解释：第一，粮食产量为实物向量，而电力、通讯、道路等基础设施更多影响的是农产品的价值实现，在模型中很难体现农业基本建设对粮食产量的贡献；第二，由于基本建设投入势必在农业劳动力、土地等生产要素的利用上产生机会成本，而基本建设的投入效益存在着滞后性，在短时间内难以体现出对当期粮食产量的贡献。

（五）财政支农政策的农产品竞争力效果

财政投入对区域内农产品竞争力的影响主要是通过改变私人生产者的成本水平实现的。本书用经过变换的边际技术替代率（即百分比表示的边际技术替代率）来测算农业科研投入、农业水利投入、农业基本建设投入对私人物质生产要素的替换作用。公式表示为：$MRTS_{cj} = E_j/E_C$，E_j 和 E_C 分别为财政支农支出和私人投入的产出弹性系数。

本书分别计算我国种植业、林业、畜牧业、渔业的农业科研投入，农业基本建设投入和农业水利投入的边际技术替代率，如表 5-2 所示。

表 5-2　种植业、林业、畜牧业、渔业的边际技术替代率

财政投入	种植业	林业	畜牧业	渔业
农业科研投入	0.09	0.06	0.08	0.09
农业水利投入	0.71	6.59	3.21	1.27
农业基本建设投入	—	0.13	—	0.08

表 5-2 计算结果显示，对于我国种植业而言，财政农业科研投入、财政农业水利投入每增加 1%，在产值不变的约束条件下，私人生产者的生产成本将分别降低 0.09% 和 0.71%，其中，农业水利投入对于私人生产者生产成本的替代效果最为明显。对于林业来说，农业科研投入、农业水利投入、农业基本建设投入等三项每增加 1%，私人生产者生产成本将分别降低 0.06%、6.59%、0.13%，其中，农业水利投入对于私人生产者生产成本的替代效果最为明显，农业基本建设投入次之，农业科研投入最小；对于畜牧业和渔业来说，农业水利投入对于私人投入成本的边际替

代作用较为明显，农业科研投入次之。因此，如果只从提高农产品竞争力考虑，本部分所得结论对于确定财政支农支出的优先顺序具有一定的指导意义。

（六）财政支农政策的重点领域选择

在选择财政支持农业的重点领域时，应根据政策目标，结合财政支持农业政策的基本原则要求，充分考虑到国际和国内两种资源、两个市场，突出解决现实中影响农业发展的主要矛盾。现阶段，财政支持农业政策的重点应围绕以下几个方面：

1. 农业基本建设

农业基本建设财政资金投入主要用于农业、林业、水利、气象等行业的重大基础设施项目建设，是国家支持农业和农村经济发展的重要途径之一。多年来，农业基本建设投入在改善我国农业生产条件，增强农业抵御水灾、旱灾等自然灾害的能力，提高我国农业综合生产水平，促进农业科技进步等方面发挥了重要作用。在农业基本建设中，要特别强调农田水利建设，大力支持土地治理、抗旱、排涝、节水灌溉等措施，用以提高农田标准、改善水利条件。同时，要加快我国农业基础设施财政投融资建设，利用财政资金与金融资金相结合的方式，建立财政投融资机制，同时采取积极的政策措施，引导社会资金投入。

2. 农业科研和农业技术推广

这方面的投入主要用于支持农业科学研究和农业新技术推广工作。现有的农业科技三项费用、优质高效农产品的开发试验、良种繁育、农业技术推广支出就属于此类。支持农业技术进步能够提高农产品的产量和质量，降低农产品生产成本。可以说，农业科研和技术推广的进步是农业生产增长、农民收入提高和减轻贫困的主要动力。但目前农业科技投入还存在投入总量不足，投资强度过低，投入结构失衡等问题，为此，必须切实落实“中央一号”文件精神，强化农业科研和农业技术推广。

3. 农村基础教育

农村教育在全面建设小康社会中具有基础性、全面性的作用，普及农村基础教育意义重大。然而，农村基础教育却是当前我国教育领域最为薄弱的环节。从全国的范围来看，基础教育投资的来源大致由政府的财政支出、社会办学、个人捐助以及受教育者个人投资几部分组成，其中，财政支出占十分重要的地位、而财政以外的投资只能起到补充作用。因此，单纯靠地方财政显然不能解决落后地区的教育投资不足的问题，中央政府的财政支出政策要向农村倾斜，通过大幅度加强转移支付力度来促进这类地区农村基础教育的发展。

4. 农业补贴项目

我国农业的补贴项目主要包括涉及环境保护的农村开荒补助费、草场改良保护补助费、造林补助费、林木病虫害防治补助费、退耕还林补助费等；涉及降低农产品成本，提高农民收入的畜禽疫病防治补助费、粮棉等农产品流通补贴、救灾补贴、生产资料补贴、农机补贴、良种补贴、粮食直补、农业保险等；涉及金融领域的贷款贴息补贴等。实践证明，这些惠农政策起到了促进粮食增产和农民增收的作用，但同时，补贴的资金总量不足、补贴范围小、补贴结构不尽合理、补贴效率不高等问题仍然突出。今后，调整农业补贴资金是提高补贴效率的关键环节。

5. 农产品商品化和市场化建设

综合起来看，财政在农产品商品化和市场化建设方面的支持包括以下几方面：第一是农业产业化，包括现有农业财政支出中的农业产业化资金、社会化服务体系建设资金、农业综合开发资金中的多种经营及龙头项目等；第二是结构调整，包括现有的农业结构调整资金、优质粮生产示范基地建设、优质农产品示范基地、菜篮子工程等财政支出；第三是农产品质量监测体系建设，包括现有农业财政支出中的质量标准体系建设、动植物检疫检测等方面的财政支出；第四是农产品市场信息体系建设，指包括现有农业财政支出中的各种农业信息网络和交易市场建设等财政支出；第五是农业专业协会支持，指对农民发展农业生产所需要的专业协会和中介组织进行适当支持的农业财政政策。总体上看，这些财政支持农业政策都属于“绿箱政策”，通过这些政策的实施，可以提高我国农产品市场化的程度，增强农产品的国际竞争力。

6. 生态建设

这主要是支持生态恶化的重点地区改善生态环境，支持农业可持续发展的农业财政政策。用于这方面的财政支农资金包括退耕还林资金、天然林保护资金、森林生态效益补偿资金、草原生态治理资金、水土保持资金等。大部分以专项资金的形式投入，包括现有农业财政支出中的生态农业建设、天然林保护工程、防沙治沙等政策措施。随着国家对生态环境的日益重视，我国财政支农政策将增加以支持农业基础设施建设、生态环境建设和农业科技进步为重点，加大这部分投资在财政支持农业支出中的比重。

二、中国农业政策的实施效果评价

（一）评估标准

政策效果评估活动实质上是一种价值判断，价值尺度必不可少，这个价值尺度即评估标准。根据实际情况，我国农业产业政策效果评估可以基于以下五个标准：

1. 农业生产力标准

生产力标准是评估农业产业政策的根本标准。农业生产力标准体现在多个方面，包含了农业综合生产力、农业劳动生产率、农民收入和生活水平及国家实力等。

2. 政策成本标准

任何政策的制定、执行和运行都要花费成本，它是衡量政策效率高低的重要指标。农业产业政策过程中各种投入的货币表现，就是农业产业政策成本。一般认为，如果农业产业政策运行成本等于或大于政策效益，则表明该项农业政策无效。

3. 政策效益标准

在农业政策实施效果评估中，农业产业政策目标的实现程度就是农业产业政策效益。政策产出表现为政策实施后所取得的现实成果。这些成果往往既有直接效益，又有间接效益；既有正效益，又有负效益；既有内部效益，又有外部效益。

4. 政策效率标准

农业产业政策效率是指农业产业政策效应与政策成本之间的对比关系。可以用单位成本所能获得的效应来表示，也可以用单位效应所花费的成本来表示。

5. 社会满足程度标准

某项农业产业政策的实施总会使不同利益集体的要求在一定程度上得到满足，这种满足程度，称为政策的社会回应程度。政策回应程度主要是通过人们的态度、情绪、积极性以及对农业产业政策的支持和响应情况来表现的。确定政策满足程度标准的目的，就是要从总体上衡量政策对社会的宏观影响。

（二）评估模式

从政策的实质结果入手，评估模式可分为三大类：效果模式（effectiveness models）、经济模式（economic models）和职业化模式（professional models）。这里选用政策效果评估的目标达成模式和附带效果模式对改革开放后我国农业产业政策实施效果进行评估。目标达成模式是探讨评估问题的传统方法，由目标达成评价和影响评价两个部分组成。目标达成评价关注的是结果与政策目标是否一致；影响评价关注结果是不是由政策所造成。附带效果模式是指政策目标范围之外的影响，与主要效果政策制定者有意识地想要得到的主要实质影响相区别。重视附带效果是因为附带效果不管是有害或有利的，都是综合评价政策执行的关键因素。因此，除了刻画出主要效果并与既定目标比较外，还要明确附带效果，由其他评估的使用者评价它们的价值。

（三）效果评估

1. 应用目标达成模式评估

农业产业政策的制定和实施，都有其作用的对象和实现的不同目标，但是通过仔细研究不同的农业产业政策，可以发现政策的最终目标主要体现在三个方面，即农业发展目标、农民收入目标和农业竞争力目标。根据目标达成模式，需要探求的关键问题有两个：一是结果与目标是否一致；二是结果是否由政策导致。

（1）农业发展目标评估。生产力水平是评定农业发展的重要指标，决定了农业发展的现代化程度。10 年来，我国农业取得了巨大进步，农村发生了深刻变化，粮食连年增产、农民连年增收、农村和谐稳定，为经济社会发展作出了突出贡献。一是粮食生产实现“九连增”，主要农产品供给充足。特别是党的十七大以来的5年，粮食总产都已达到5000亿公斤以上。二是农民增收将实现“九连快”，收入渠道不断拓宽，农民分享到经济快速发展成果。农民人均纯收入从2003年的2622元增加到2011年的6977元，年均实际增长8.6%。三是农业现代化建设取得重大进展，农业生产力水平明显提高，农业生产方式发生了阶段性变化。10年来我国农业设施装备条件、良种良法推广应用、生产经营管理等方面都取得了长足进步。主要粮食品种良种覆盖率达到96%以上，单产提高对粮食增产的贡献率超过80%。四是随着社会主义新农村建设的积极推进，农村基础设施建设成效显著，新型农村合作医疗制度、农村最低生活保障制度、新型农村社会养老保险制度等基本实现对农村人口的全覆盖。

但是，我国农业科技含量低，技术进步贡献率不高却还是一个不争的事实。农业科技研发与推广与农业生产脱节，农业的科技支持非常乏力，与农业发展新阶段的要求极不适应。目前，国农业科技的发展主要滞后于两方面：一是，仍以追求高产量为目标的技术支持系统落后于当前经济发展中对农产品品质追求的需要；二是“四多、四少”的总体发展水平落后于新阶段农业发展的需要，即常规技术多，重大关键技术和高新技术少；产量技术多，品质技术少；生产技术多，加工技术少；知识形态技术多，转化为现实生产力的技术少。

关于第二个问题，我国农业发展和农民收入的现状是否完全是由农业产业政策导致。对此，国内学者也开始反思这个问题，并提出了诸多非政策性因素，包括国家投资的增加、农民自身文化素质的提高、科学技术的发展、城市经济发展水平的提高等等。但笔者认为，这些非政策性因素只是起一个补充、促进的作用，主要的作用来自于不断调整和完善的农业产业政策的执行。这是相对于产业政策而言，非政策因素往往处于微观层面的作用上，宏观方面的作用仍然依靠政策措施。因此，现阶段农业产业政策在促进农业发展和农民增收方面起着不可替代的作用。

（2）农业收入目标评估。改革开放三十多年来，伴随我国农村改革的逐步深入，农民收入得到了极大增长。这一增长，主要经历了五个阶段：第一阶段，1978—1984年农民收入超常规增长。主要在于农村普遍实行家庭联产承包责任制，实现了生产制度的变迁，极大地解放了长期受到压抑的农村生产力。第二阶段1985—1996年，农民收入在波动中缓慢增长。在此期间，政府部门连续两次提高农产品收购价格，加上国家宏观经济形势有利于农村劳动力流动和就业，农民收入继续增长。第三阶段1997—2000年，受1997年东南亚金融危机影响，农产品供给出现了阶段性、结构性和地区性过剩，农产品价格持续低迷，致使农民收入增幅连续四年下降。第四阶段2001—2008年是稳定增长阶段。这一阶段，农民收入大幅增长的动力主要是政策和市场的“双轮驱动”。第五阶段是2008年以后，我国农民收入增速连续3年超过城镇居民收入增速，农业“四项补贴”已成为农民增收的重要来源。

但是，目前农民增收也存在一些问题，诸如农民的纯收入少且不稳定，各区域及城乡收入不平衡，国内粮食、棉花等主要农产品价格下行压力较大，致使农民靠务农增收的形势严峻等等。

（3）农业竞争力目标评估。

第一，农产品贸易规模不断扩大，贸易逆差呈现增长趋势。2002—2011年，中国农产品贸易总额、农产品出口额和农产品进口额均呈现增长态势，2011年三者分别达1556.2亿元、607.5亿元和948.7亿元，增速依次为411.40%、237.13%和664.46%。尽管农产品的进出口贸易都大幅增长，但进口的增速明显快于出口。从2004年开始，中国农产品贸易由顺差转变为逆差，中国由农产品净出口国大国成为农产品净进口大国。并且，进口额度更是在2008年、2010年以及2011年三次大幅度增长，使2011年的农产品进口总额达到948.7亿美元，出口总额为607.5亿美元，逆差额达到341.2亿美元，创下历史新高（表5－3）。

表5－3　2002—2011年我国农产品贸易情况

年度	贸易总额（亿美元）	贸易总额比2002年增加%	出口额（亿美元）	出口额比2002年增加%	进口额（亿美元）	进口额比2002年增加%
2002	304.3	—	180.2	—	124.1	—
2003	401.3	31.88	212.4	17.87	188.9	52.22
2004	510.6	67.79	230.9	28.14	279.7	125.38

续表

年度	贸易总额（亿美元）	贸易总额比2002年增加%	出口额（亿美元）	出口额比2002年增加%	进口额（亿美元）	进口额比2002年增加%
2005	558.3	83.47	271.8	50.83	286.5	130.86
2006	630.1	107.07	310.3	72.20	319.8	157.70
2007	775.9	154.98	366.2	103.22	409.7	230.14
2008	985.5	223.86	402.2	123.20	583.3	370.02
2009	913.8	200.30	392.1	117.59	521.7	320.39
2010	1207.9	296.94	488.8	171.25	719.1	479.45
2011	1556.2	411.40	607.5	237.13	948.7	664.46

资料来源：根据相关资料整理。

第二，产业发展基础薄弱，逆差以大宗农产品为主。2005 年，我国农产品出口企业中，年出口金额 1000 万美元以上有 523 家，到 2010 年达到了 1102 家，增长了 1.1 倍。但与美国、巴西等农业强国相比，我国农业产业化发展水平还存在很大差距。年出口额 100 万美元以下的企业仍占出口企业总数的 70% 以上。同时，近年来，中国农产品进口总额超过 50% 都是土地密集型的粮油产品，排在前几位的产品包括大豆、豆油、棕榈油、棉花、小麦等。这也造成了中国粮油自给率的明显下降，中国粮食供给对进口的依赖程度已经上升到 10% 左右。食用植物油进口的数量更多，现今已达到国内规模以上企业加工植物食用油产量的 20%。农产品出口方面，谷物的变化最为显著，从 2002 年的 1484 万吨下降到了 2011 年的 121.5 万吨，降幅巨大。

第三，市场结构多元化，出口集中度下降。如前所述，目前中国五大出口国的国或地区依次是日本、美国、中国香港、韩国、印度尼西亚等。日本一直是中国最大的出口市场，但中国自加入世界贸易组织后，向日本出口的农产品所占的比重开始逐年下降。2002—2010 年，中国对日本出口农产品年平均增长率只有 5.4%，低于中国对全球农产品出口年均增速 6.3 个百分点。中国对日农产品出口占中国对全球农产品出口总额的比重从 1995 年的 1/3 降低到 2010 年的 18.7%。加入世界贸易组织前，中国香港一直是内地农产品第二大出口去向地，但其在中国农产品总出口额所占比重快速下降，由1995年的24%下降到2010年的8.7%。但是，韩国在中国农产品总出口额所占比重由1995年的4.8%上升到2010年的7.2%。中国对美国的农产品出口额一直在增长，由1995年的4.9%上升到2010年的11.8%，仅次于日本。

第四，国际市场准入条件苛刻，严重制约农产品出口。农产品是各国实行贸易保护最严重的领域，世界农产品平均关税约束水平高达62%，非关税壁垒也严重影响了我国优势农产品出口。受国外技术性贸易壁垒影响，我国农产品出口企业每年损失约90亿美元。发达国家的技术壁垒趋向制度化、法律化，极大增加了行业应对的难度。

第五，农产品出口的社会效益明显。农产品出口对带动农村就业、增加农民收入、优化农业产业结构发挥着重要作用。据商务部测算，每1万美元的农产品出口，能直接和间接创造约20个就业岗位。此外，农产品进口还为我国节约了宝贵的耕地。

2. 应用附带效果模式评估

附带效果关注的是政策目标范围之外的影响，附带效果有预期与非预期、有利与有害之分。用附带效果模式评估我国农业产业政策，即关注除农业发展和农民增收之外的所带来的其他效果。由于农业产业政策附带效果的产生机制比较复杂，根据研究的需要，我们选取了生产力布局的变化、生态环境的改变两个方面进行研究。

（1）农业生产力布局。农业生产力布局的变化是农业结构调整的必然结果，是农业产业政策的一个重要附带效果。总结《优势农产品区域布局规划（2003—2007年）》（以下简称《规划》）的成果，可以看到，《规划》在农业基础设施建设、农业科技成果应用开发和重大农业项目安排等方面发挥了重要的基础性导向作用，促进了我国优势农产品在空间布局、品种结构、品质结构等方面不断优化，强化了资源合理利用，明显提升了优势区域的规模化、专业化、市场化和产业化水平，有效减缓了中国加入世界贸易组织对我国农业的冲击，使得优势农产品区域化生产格局初步形成，优势区域综合生产能力稳步提升，优势农产品产业化水平明显提高，优势农产品竞争力不断增强，优势区域农民收入快速增长。与此同时，经国务院同意，农业部又进一步发布了《全国优势农产品区域布局规划（2008—2015 年)》，提出未来 8 年 16 个优势品种，58 个优势区域的布局设想。这些都有力地推动着中国农业生产力的合理化和科学化布局。

（2）农业生态环境。农业生态环境的改变是农业发展的伴随结果，农业要能够得到长足发展，也离不开农业生态环境的建设。目前，中国农业生态环境的形势还相当严峻，农业的可持续发展仍然受到生态环境的严峻挑战。这主要表现在以下几方面：一是水资源紧缺、污染严重。水资源紧缺我国淡水资源紧缺，农业用水量占整个用水总量的 70% 左右。据水利部统计，我国人均水资源拥有量仅为世界平均水平的 1/4，排名第 110 位，被列为人均水资源贫乏的国家之一。二是土地荒漠化严重。我国是世界上荒漠化面积较大、分布较广、危害最严重的国家之一。目前，荒漠化面积扩大加快，受其影响的范围约占国土面积的 50%，涉及 18 个省、市、自治区。三是农田受污染面积大。我国的土壤污染形势相当严峻，土壤深度酸化，农药等有机污染物残留严重，固体废弃物的大量堆放，化学肥料的大量使用等问题尤为突出。四是生物多样性锐减。由于受生物资源过度开发、环境污染、全球气候变化以及工农业的影响，生物种类正在急剧减少。生物多样性的降低，使农业生态系统的生物种类减少，食物链结构变短，系统的自我稳定性下降。

第二节

农产品价格波动与调控

近年来，一些重要农产品价格波动频繁，幅度大，不仅冲击农业生产，给广大人民群众日常生活带来诸多不便，也影响宏观经济稳定运行。分析当前我国农产品价格波动特征及其原因，进一步完善现行政策，对于稳定农业生产经营者和居民生活、改善市场环境具有重要意义。

一、近年来我国农产品价格波动特征分析

（一）农产品总体价格高位波动，供给不稳定加剧

1. 国内农产品总体价格呈现高频短周期波浪型上涨态势

2007 年初到 2008 年初，农产品总体价格表现为一轮快速上涨行情，随后价格连续下探。2008 年年底又进入新的快速上升通道，并保持至今。从波动成分来看，高频波动特征明显。国内农产品总体价格可划分为 5 个周期，平均为 13 个月。在 2008 年出现了一次较大波动之后，随后价格波动幅度虽然变小，但波动周期明显缩短，价格高位波动频率加大。根据最新的 2012 年 8 月份数据可知，2012 年 7 月份是一个谷底，农产品批发价格指数已触底反弹，8 月份成为新一轮周期中的上升阶段（图 5－1）。

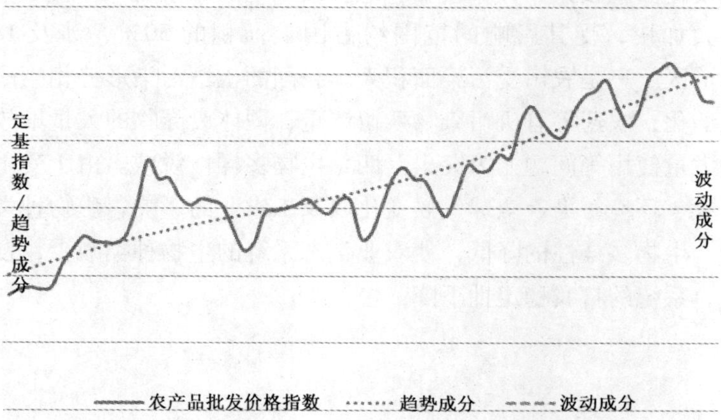

图 5－1　国内农产品总体价格定基指数及分解

注：为了准确把握农产品价格的变化特征，我们对农产品总体价格指数先消除季节性因素的干扰，然后进行 H—P 滤波处理，从价格数据中分离出趋势成分和波动成分。

数据来源：根据农业部全国农产品批发市场价格指数计算而得。

2. 国外农产品总体价格明显比国内稳定

国内外农产品总体价格在大的波动周期方面具有一定的联动性，表现为国外农产品总体价格也呈波浪形上涨态势，不同的是国外农产品价格波动具有低频长周期特征。一方面，2008 年年底至 2011 年年初，国外农产

品价格进入上升期，随后保持下降态势至今，这与该时期我国农产品价格持续波动上升不同。另一方面，我国农产品价格波动更为频繁。从波动成分看，国外农产品总体价格只有 3 个周期，平均为 22 个月，比国内波动周期平均长近 70%。因此，与国内农产品总体价格相比，国外农产品总体价格比较稳定（图 5－2）。

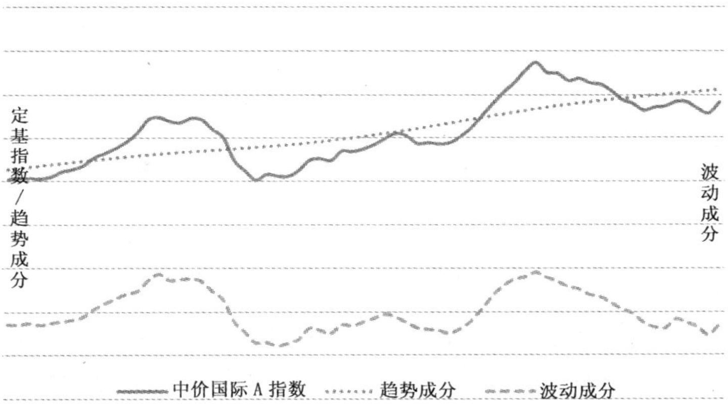

图 5－2　国外农产品总体价格定基指数及分解

数据来源：根据中价国际 A 指数（现货）—农产品类指数计算而得。

3. 粮食价格趋于平稳，畜牧产品价格成为主要扰动因素

本节选取《中国农产品价格调查年鉴》的全国农产品生产价格指数（以 1978 年为 100），考察大的波动周期中具有一定联动性的不同农产品大类之间的关系。与农产品总体价格相比，我国粮食价格总体相对平稳。根据 2001 年 1 月以来数据计算可知，实施最低收购价前后，在同期国外粮食价格波动幅度保持大体相当的情况下，我国早籼米和晚籼米价格的变异系数分别下降了 21.8% 和 18.5%，小麦价格的变异系数下降 23.7%。两大主粮价格趋于平稳成为稳定我国农产品总体价格波动的重要因素（图 5－3）。

与粮食价格趋于平稳相反，畜牧产品价格波动幅度变大，成为农产品总体价格波动的主要扰动因素。2004 年之后，畜牧业产品价格波动加剧，尤其是最近 5 年，波动幅度达到了历史最高水平。

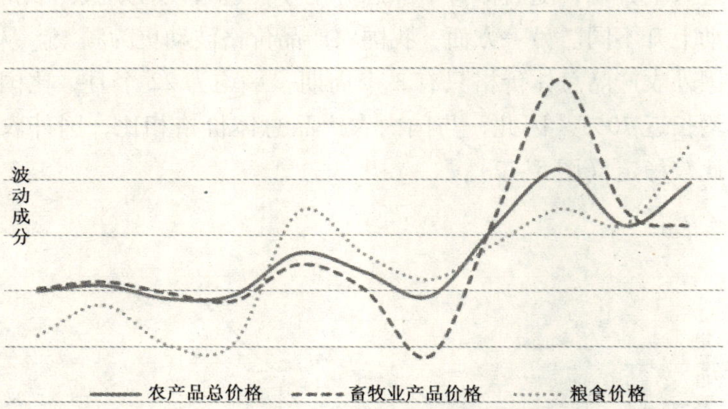

图 5-3　农产品生产价格指数波动成分

数据来源：根据《中国农产品价格调查年鉴 2011》中相关数据计算而得。

4. 供给不稳定决定农产品总体价格波动，国外价格传导不可忽视

农产品需求相对稳定，供给波动频繁成为近年来农产品价格波动的主要影响因素。自 2004 年至 2011 年，粮食产量实现了“八连增”，年均增速为 2.8%，成为粮食价格相对平稳的重要支撑因素。然而，其他农产品供给，尤其是畜牧产品和蔬菜生产，受制于市场机制不健全、规模结构调整步伐加快、极端天气增多、抗灾能力不强、农业生产区域集中等因素拖累，供给大起大落现象时有发生，导致价格波动加剧。

与此同时，随着我国不断融入世界农产品贸易体系，进口农产品数量迅速攀升，已成为玉米净进口国，大豆对外依存度超过了 80%，棉花和白糖也高度依赖国外供给。2007 年 1 月至 2012 年 7 月，全国农产品批发价格指数与中价国际 A 指数的相关系数高达 0.85。国外农产品价格变化已成为国内农产品价格波动的重要因素之一。

（二）玉米价格高位调整，自然灾害等多因素加剧波动

1. 玉米价格呈现连续快速上涨，处于历史高位调整期

2007 年 1 月以来，玉米价格总体呈上涨趋势，尤其是 2009 年 1 月份以来，国内玉米价格进入快速上升通道。从 2009 年 1 月份的 1400.38 元/

吨，快速攀升至2012年7月的2345.36元/吨，月均涨幅达到1.23%，2012年7月比1月上涨6.1%。进入2012年8月份以来，玉米价格进一步上涨，环比上涨1%，同比上涨3%，达到历史高位（图5-4）。

图5-4　国内外玉米价格变化

数据来源：郑州粮食批发市场月度报告和联合国FAO数据库。

从2007年开始，我国陆续从国外进口玉米，2009年后成为玉米净进口国。2012年上半年，我国玉米进口量已达到240.5万吨，比上年同期增长65.6倍，比上年全年进口量还多65.2万吨（高出37.2%）。虽然2011年玉米全年进口量占全国玉米产量的比重不足1%，但今后随着进口量的持续增加，国外玉米价格将对国内玉米价格产生越来越大的影响。样本期内，国内外玉米价格变化较为接近，两者相关系数高达0.75。略有不同的是，在新一轮玉米价格上涨期中，国外玉米增长速度更快，从2010年6月的173.24美元/吨急剧上涨至2012年7月的332.95美元/吨，上涨92.2%。

2. 自然灾害、成本上升与玉米非食用加工“三碰头”，推高玉米价格

2009年以来，玉米价格持续上扬主要受到国内需求快速扩张的影响，玉米非食品用途需求过快扩张是主因。其中玉米深加工需求增长尤其迅速，2008年玉米深加工用粮3500万吨，2010年就高达5000万吨，两年年均增幅达19.5%。同时，玉米种植成本快速上升不可忽视，2007—

2010年，玉米种植总成本年均增长11.4%，2010年同比增长达14.8%。

（三）大白菜价格周期性波动加剧，供给波动是主因

1. 大白菜价格周期性波动加剧

近年来大白菜价格起伏巨大，成为备受关注的蔬菜品种。2007年1月以来，大白菜价格呈现趋势上涨，从低于1元/公斤，到最高价突破2元/公斤，趋势线也接近1.5元/公斤。近年来，大白菜价格最为显著的变化是波动加剧，以衡量价格波动程度的变异系数为例，2007—2012年，变异系数分别为0.23、0.14、0.19、0.24、0.3和0.24。最近3年的变异系数均高于0.2，考虑到2012年的数据截至8月份，所以后续价格波动可能会进一步推高2012年的变异系数。所以，大白菜价格周期性波动加剧成为其最显著特征（图5－5）。

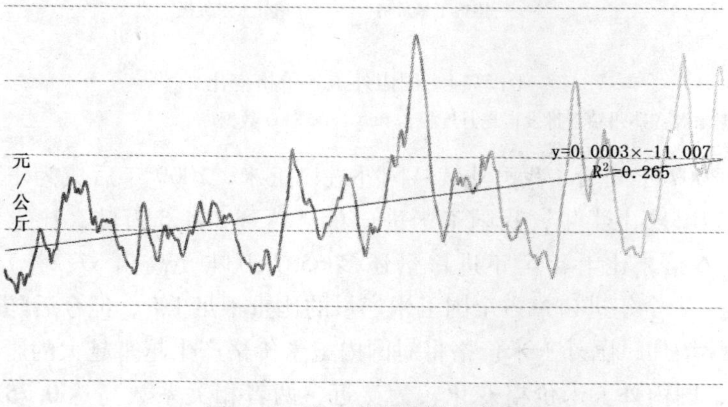

图5－5　大白菜周价格变化图

数据来源：商务部商务预报。

2. 供给波动是导致大白菜价格变化的主要原因

蔬菜价格变化主要受蔬菜生产供应变化影响，大白菜也不例外。2012年大白菜价格升至近年来峰值，主要是因为产销信息不对称，导致种植面积大幅萎缩，供需缺口加大。2010年大白菜价格高涨，达到了历史高位，同年4月份大白菜价格达到最高价2.32元/公斤。种植大白菜的成本利润率达到了162.8%，诱发菜农大面积种植大白菜。但到了2011年，大白

菜供给量大规模增加，造成2011年4月份大白菜价格月均价格只有0.8元/公斤，同比下降62.6%。大白菜种植户损失惨重，种植意愿急剧下降，致使2012年大白菜播种面积大幅减少，市场供不应求局面再次出现。大白菜种植规模的循环性周期大调整是造成其价格“过山车”式波动的根本原因。此外，低温虫害和油价波动也助推大白菜价格波动。根据估算，油价每上涨4%，蔬菜种植的成本就要增加3%。

（四）牛羊肉与猪肉价差趋大，养殖成本诱发肉类价格走高

1. 肉类价格变化内部分化严重，牛羊肉与猪肉价差不断扩大

从趋势上看，猪、牛、羊肉三大肉类价格均呈上涨趋势，其中牛肉和羊肉的价格涨幅最为明显。猪肉价格从2007年1月5日的13.7元/公斤，上涨为2012年8月17日的20.1元/公斤，周均涨幅0.13%，最高价格出现在2011年9月16日，为26.44元/公斤。牛肉和羊肉价格分别从2007年1月5日的18.54元/公斤和20.96元/公斤不断上涨，分别在2012年7月20日和2011年7月22日突破了40元/公斤，到2012年8月31日达到最高水平，分别为41.72元/公斤和48.15元/公斤，周均涨幅均达0.28%（图5－6、表5－4）。

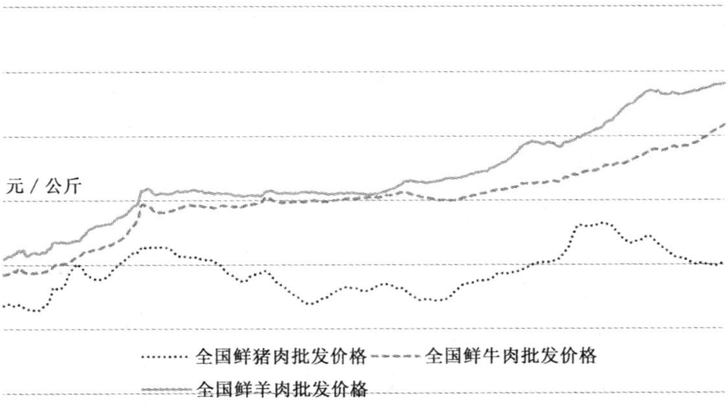

图5－6　全国肉类批发价格变化图

数据来源：商务部商务预报。

表5-4　　牛肉、羊肉与猪肉价差及价格变异系数

年份	牛猪肉价差（元/公斤）	羊猪肉价差（元/公斤）	猪肉价格变异系数	牛肉价格变异系数	羊肉价格变异系数
2007年	4.19	3.11	0.16	0.09	0.09
2008年	8.04	2.29	0.08	0.03	0.02
2009年	13.94	1.09	0.08	0.01	0.01
2010年	14.42	2.83	0.09	0.02	0.04
2011年	11.12	6.45	0.12	0.04	0.06
2012年	17.14	8.3	0.07	0.03	0.01

注：该年份数据是根据商务预报周数据计算而得，其中2012年数据截至8月31日。

与猪肉价格变化相比，牛羊肉价格除了增长更为迅速之外，还存在两方面的差异：一是牛羊肉与猪肉价差不断扩大。2007年牛肉与猪肉价差仅为4.19元/公斤，到了2012年就高达17.37元/公斤，价差扩大了3.2倍，年均增幅40.5%。2007—2012年，羊肉与猪肉价格之差也增长了2.5倍，年均增幅29.9%；二是猪肉价格波动更为频繁剧烈。猪肉价格具有典型的周期性变化特征，俗称“猪周期”，一个波动周期大致在3年左右。相比之下，牛肉和羊肉的周期性波动并不明显。2007—2012年，猪肉价格的变异系数均显著大于同期牛肉和羊肉价格的变异系数，从2007年猪肉价格变异系数高出同期牛肉和羊肉价格变异系数的72.9%和81.3%，到2012年的119%和535.4%，表明猪肉价格波动程度远高于牛羊肉。

2. 消费需求和养殖成本持续增加推高肉价，供给波动诱发“猪周期”

随着居民收入水平的提高，对于肉类消费需求趋于稳定增长，再加上畜牧业养殖成本逐年提高，造成肉类价格出现上涨趋势。2001—2010年，城乡居民对猪、牛、羊肉消费量的年均增长率分别为2.7%、6.0%和2.8%。2006—2010年，猪、牛、羊养殖总成本的年均增长率更高，分别达到13.8%、22.2%和23.8%，其中猪、牛、羊养殖中的物质和服务费用增长最快，分别为15.8%、26.6%和29.3%。因此，牛羊肉不管是在居民消费需求增长率方面，还是在养殖成本增长率方面均高于猪肉。另

外，2006—2010 年，猪、牛、羊的平均饲养天数分别为 169 天、225 天和 206 天，牛羊养殖周期更长，进一步制约牛羊肉供给，这使得牛羊肉与猪肉价差不断扩大。

造成“猪周期”的主要供给性因素包括猪价预期、养殖成本（饲料、仔猪等）和资本炒作等。其中，生猪养殖中最主要的成本是饲料，玉米占生猪养殖成本的 50% 左右，因此玉米价格的波动会直接传导到猪肉价格。同时，近年来，生猪养殖规模出现重大结构性变化。2006—2010 年，规模生猪养殖年平均成本利润率为 19.5%，高出同期散养生猪年平均成本利润率 2.7 个百分点，且最近几年规模生猪养殖的成本利润率均高于散养生猪 4 个百分点。规模养殖逐渐挤压传统的散养模式，虽然生猪规模养殖具有稳定猪肉供给的作用，但在其达到某一临界值之前可能由于散户养殖大规模退出造成生猪供给波动加剧。

（五）鸡蛋价格高位大幅波动，养殖规模结构变化放大价格波动

1. 鸡蛋价格高位波动明显，涨跌周期延长

2007 年以来，鸡蛋价格经历了一轮明显的上涨行情。从起初维持在 8 元/公斤以下，上涨到 2011 年 9 月 23 日的最高价 10.47 元/公斤。2011 年 9 月之后又出现连续下跌，价格波动幅度之大十分罕见。2007—2009 年，鸡蛋价格的变异系数仅为 0.04，平均连续下跌周数为 5.8 周，平均连续上涨周数为 5.4 周；2010—2012 年，鸡蛋价格的变异系数则高达 0.1，波动程度增加了 150%，平均连续下跌和上涨周数均达 9.4 周。波动幅度变大，涨跌周期拉长（图 5 -7）。

2. 养殖成本推动鸡蛋价格上涨，养殖规模结构变化诱发价格波动

鸡蛋价格自 2009 年之后出现的一轮快速上涨行情主要根源在于养殖成本的不断上升。最主要的蛋鸡养殖成本——饲料价格自 2009 年 5 月之后持续上涨，月均上涨 0.59%。2012 年第一季度，蛋鸡饲料价格比上年同期上涨 6.3%（图 5 -8）。

随着养殖成本的不断攀升，对不同规模养殖户产生了不同的影响。其中 2010 年小规模蛋鸡成本利润率降至 5 年（2006—2010 年）来的最低水平 7%，而中规模蛋鸡和大规模蛋鸡的成本利润率分别高出小规模蛋鸡成

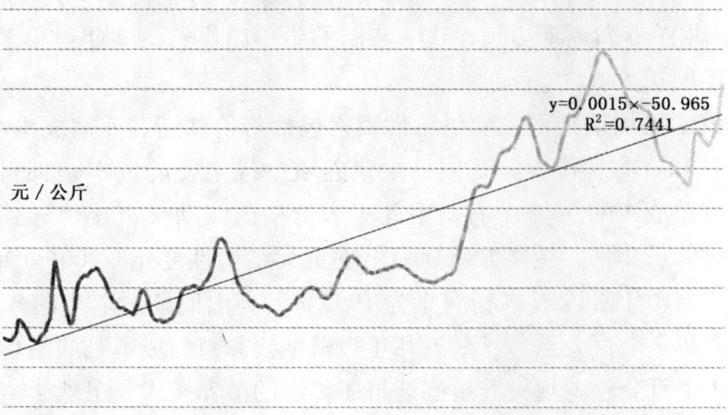

图 5－7　鸡蛋周价格变化图

数据来源：商务部商务预报。

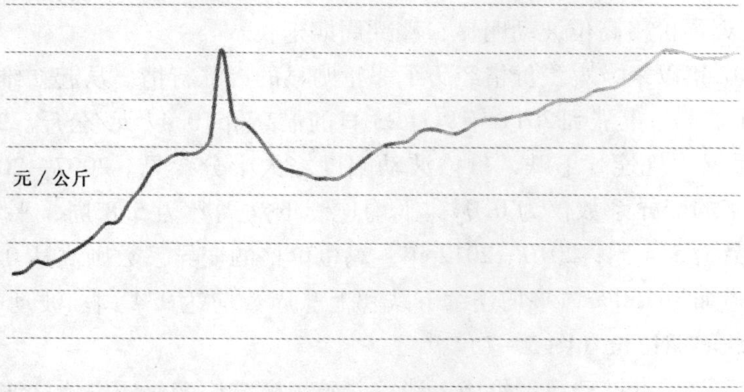

图 5－8　蛋鸡配合饲料价格走势

数据来源：中国畜牧业信息网。

本利润率 5.5 个百分点和 2.4 个百分点，并达到 3 年（2008—2010 年）来最高水平。因此，小规模蛋鸡养殖逐渐被市场淘汰，一旦鸡蛋价格出现波动，不同规模主体养殖收益差异进一步扩大，蛋鸡养殖结构的加快调整会引发鸡蛋供给大幅波动，进而放大鸡蛋价格波动。

二、当前我国农产品价格波动特点及原因

（一）农产品价格增幅下降，宏观经济收缩抑制价格涨势

1. 农产品总体价格增幅趋缓，波动加剧

2012 年年初全国农产品批发价格保持了较快上涨，前 5 个月同比增速平均达 8.4%，6 月份开始增幅大幅回落，7 月、9 月、10 月甚至出现同比下降。与 2011 年相比，2012 年农产品价格增幅明显减缓，仅在 4 月份同比增速高于去年同期。农产品价格增幅下滑的同时，却保持了急剧震荡态势，全国农产品批发价格同比指数变异系数为 115.7%，比去年同期高 226.1%，波动明显高于去年。

2. 国内外农产品价格波动态势大体相似，国外比国内农产品价格变化快

2012 年 1 月以来，国外农产品总体价格也呈先涨后跌再涨再跌的态势。1—10 月份，国内外农产品总体价格定基指数相关系数为 0.48，两者表现出了较高的关联度。不同的是国外农产品价格在 2012 年 7 月份时先于国内农产品价格上涨，并于 8 月份先于国内农产品价格下降。如果将考察时间段向前延伸到 2008 年，可以发现 2008 年年底至 2011 年年初，国外农产品价格进入上升期，随后保持下降态势至今，这与该时期我国农产品价格持续波动上升不同。另外，我国农产品价格波动呈现为周期规律不明朗的高频短周期波动，而国外农产品价格则是周期规律明显的低频长周期波动。这一结果表明当前我国农产品价格波动处于相对频繁期，还无法呈现出国外市场上表现出的规律性波动特征。

3. 宏观经济形势抑制农产品需求，引发农产品价格涨幅下降

此轮国际金融危机和主权债务危机持续发酵，导致我国惯常倚重的外需市场长期得不到根本性改善，在内需市场启动尚需时日和投资减缓的情形下，国内经济进入调整时期。在此大背景下，通货膨胀预期基本消失，虽然居民农产品需求较为稳定，但大宗农产品的工业需求受到制约。同时，农业生产条件持续改进，2012 年粮食实现“九连增”，从粮食等农产品供给层面进一步增加了农产品价格下行压力。

（二）口粮与棉花价格走势有别，价格支持政策保证粮棉价格大体稳定

1. 口粮价格呈上涨趋势

早籼稻价格在2011年9月突破2400元/吨之后，进入缓慢上涨期，于2012年10月时达2599.23元/吨。1—11月份，早籼稻价格同比上升11.3%，11月份价格比1月份高5.8%。小麦价格在2012年上半年一直较为稳定，8月份开始出现明显上涨，8—11月份平均价格比1—7月份平均价格上涨3.9%。这一轮上涨直接导致1—11月份小麦价格同比上升3.8%。

2. 棉花价格稳中略降

棉花价格自2011年3月达至历史高位的30732元/吨之后，就一路下滑。进入2012年之后，棉花价格维持了稳定行情。2012年1—11月份，棉花价格同比下降22.1%，但2012年11月份仅比1月份略降2.3%，月均降幅为0.13%。2012年棉花价格整体保持平稳，1—11月份变异系数仅为2.5%，远远小于去年同期的18.7%（图5-9）。

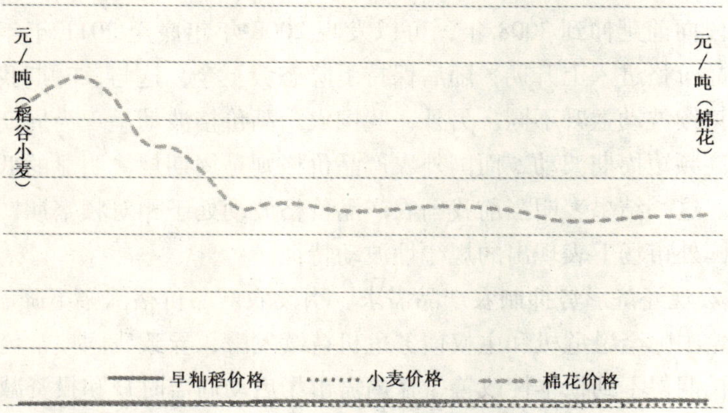

图5-9 2012年1—11月份稻谷、小麦与棉花价格变化

数据来源：中华粮网和中国棉花协会。

3. 最低收购价抬高粮价，政府收储维持棉价稳定

2012年早籼稻的价格上涨幅度最大的月份是3月和8月，2月份时，

国家公布早籼米最低收购价格比2011年提高18元/50公斤，直接推高市场价和上涨预期。8月份之后小麦价格一改平稳行情的快速上涨，主要受国家大量托市收储的影响所致。此外，棉花价格表现出弱势下探行情，与棉纺织企业需求不足密切相关。目前国内由于棉花价格较高，棉纱价格相对偏低，纺织企业基本处于亏损状态，再加上纺织企业普遍存在棉价下跌预期，对棉花需求不强，但中国储蓄棉管理总公司大量收储稳定了国内棉花价格。

（三）玉米和大豆价格走势有所不同，主产国自然灾害影响显著

1. 玉米价格由升转降，大豆价格持续走高

2012年上半年玉米价格延续了此前的上涨行情，从1月份的2193.39元/吨一路攀升至8月份的历史新高2368.88元/吨。2012年1—8月份，累计涨幅达8%。8月份之后，玉米价格出现大幅下挫，10月、11月份玉米价格环比分别下降3.7%和1.6%。同期，大豆价格一改之前相对平稳的价格行情，出现了价格高位上涨。从2012年1月份的4020.71元/吨，持续上涨至11月份的4631.36元/吨，出现了连续11个月上涨。2012年1—11月份，大豆价格累计涨幅达15.2%，前11个月平均价格与去年同期相比上涨7.3%，大豆价格变异系数为4.9%，同比剧增494.1%（图5－10）。

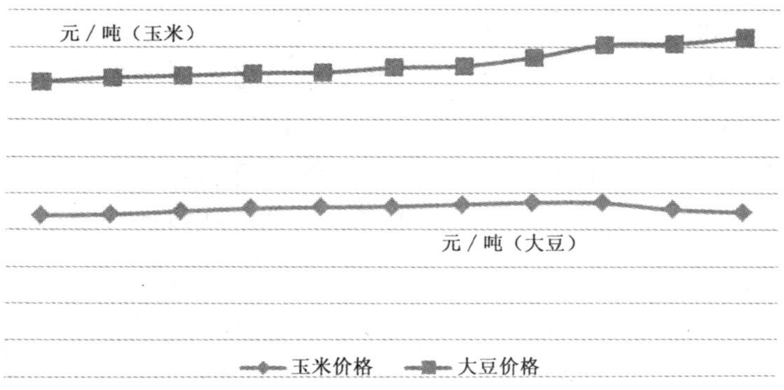

图5－10　2012年1—11月份玉米和大豆价格变化

数据来源：中华粮网。

2. 主产国自然灾害诱发玉米大豆价格上涨，9月之后供需差异导致玉米大豆价格走势分化

2012年9月份之前，全球秋粮作物受到严重自然灾害侵袭，全球最大的玉米和大豆出口国美国2012年遭受了自1956年以来最严重干旱天气，美国农业部预计玉米和大豆产量比2011年减少13%和12%①。干旱天气也直接影响了俄罗斯、阿根廷、印度等农业大国，引发了市场恐慌情绪和粮食投机，造成玉米和大豆价格上涨。9月份之后，美国玉米减产的市场预期消化殆尽，而中国新产玉米大规模上市，再加上经济调整期玉米深加工需求萎缩，生猪价格低迷减少了玉米饲料需求，供需扭转直接拉低玉米价格。与此不同的是，我国大豆严重依赖进口，对外依存度高达80%以上，9月之后南美大豆减产预期再次带动大豆价格继续上扬。

（四）蔬菜价格周期性波动加剧，产销信息衔接矛盾突出

1. 蔬菜价格总体同比上涨，不同品种之间差异显著

2012年1—11月份居民消费价格指数鲜菜比去年同期上涨16%，而去年前11个月同比下跌0.4%②。2012年前11个月的居民消费价格指数—鲜菜变异系数为8.3%，比去年同期上涨24.7%，价格波动性明显增强。对具体的蔬菜品种而言③，大白菜和西红柿的价格均同比出现了大幅上涨，同比分别上涨29.2%和24.7%，但是土豆和蒜头的价格同比分别下跌12.9%和15%。同时，同比出现上涨的大白菜和西红柿，其环比变动情况则正好相反。从4月份开始，西红柿价格开始出现大幅下降，11月底西红柿价格比4月底时下跌39.2%。8月份以来大白菜价格下跌尤为明显，11月底价格比8月份累计下降51.2%。在价格波动幅度上，大白菜、土豆和蒜头价格波动均出现了下降，但是西红柿价格波动幅度上升（表5-5）。

---

① 数据来源于美国农业部网站。

② 数据来源于凤凰网。

③ 选择这几种蔬菜的依据是作者2012年7—8月份对全国21个省市的243位居民进行了问卷调查，发现大白菜、土豆、蒜和西红柿是受访者认为最需要政府关注和调控的蔬菜品种。

表5－5　2012年1—11月部分蔬菜批发价及其波动变化情况

类别	品种	大白菜	土豆	蒜头	西红柿
平均价格（元/公斤）	2011年	1.21	2.3	7.07	3.09
	2012年	1.46	2	6	3.77
	同比	21.2	－12.9	－15	22.2
变异系数（%）	2011年	29.7	17.6	44.8	15.1
	2012年	27.5	8.8	25.8	20.6

注：（1）根据商务部商务预报周数据计算而得；（2）为了增强对比性，2011年的平均价格和变异系数均按前11个月数据计算。

2. 信息不对称和极端天气等多重因素导致菜价波动

根据2012年居民调查问卷可知，引起蔬菜价格波动的主要因素包括蔬菜市场信息平台建设相对滞后、极端天气频繁、小生产与大市场矛盾、流通不畅和费用高等。这些因素常常通过影响蔬菜生产供应变化而造成蔬菜价格波动。以大白菜价格波动为例。近年来大白菜价格波动频繁，主要是因为产销信息不对称，导致供需关系无常所致。2012年5月份大白菜出现2.2元/公斤的高价，在高价激励下，即便去年大白菜滞销也无法阻挡2012年秋季大白菜大规模种植，随着2012年大白菜单产的提高，秋季新菜上市导致供大于求，局部主产区发生严重滞销，菜价急速下跌。

（五）牛羊肉与猪肉价差不断增加，养殖成本和生长周期差别大

1. 牛羊肉延续上涨行情，猪肉价格表现低迷

2012年1—11月份，牛羊肉价格延续以往的上涨行情，牛肉和羊肉价格累计涨幅分别达25%和10.5%，而猪肉价格则表现为下降趋势，累计降幅11.9%，牛羊肉和猪肉的价差屡创新高。1—11月份，牛肉超过猪肉平均价格达历史高位的19元/公斤，比2011年前11个月平均差价高73.4%，羊肉超过猪肉平均价格高达26.4元/公斤，比2011年前11个月平均差价高54.1%（图5－11）。

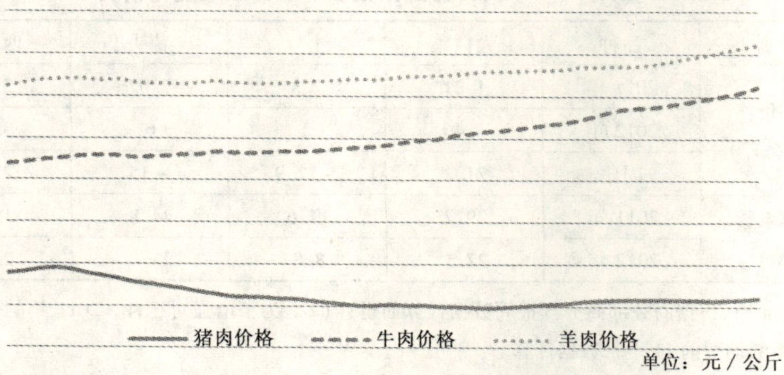

图5－11　2012年1—11月份全国猪、牛、羊肉批发价格变化

数据来源：商务部商务预报。

2. 养殖成本和生长周期不同拉大猪肉与牛羊肉价格差距

2007—2010年，牛、羊养殖总成本的年均增长率分别达到22.2%和23.8%，其中牛、羊养殖中的物质和服务费用增长最快，分别为26.6%和29.3%①。2011年牛、羊养殖总成本同比增长18.6%和27.3%。同时，消费需求也出现了较快增长，进一步推动牛羊肉价格上涨。2006—2011年，牛、羊肉的居民消费量年均增长13.4%和3.8%，远高于同期供给量的年均增长率（2.2%和2%）。比较而言，生猪的养殖成本增长率低于牛羊肉，2007—2011年，生猪养殖总成本年均增长率16.3%，比牛、羊养殖总成本年均增长率低31.9%和50.3%，且同期猪肉消费量年均增长率仅为0.7%，不仅远低于牛、羊肉消费量的年均增长率，也低于其年均供应量的增长率1.9%。因此，牛羊肉不管是在居民消费需求增长率方面，还是在养殖成本增长率方面均高于猪肉，引发牛羊肉和猪肉价差不断扩大。同时，2006—2011年，猪、牛、羊的平均饲养天数分别为168天、220天和204天，牛羊养殖周期更长，从而进一步制约了牛羊肉供给，使得牛羊肉与猪肉价差更易扩大。

① 牛羊猪肉和鸡蛋养殖成本数据和饲养天数均来自于历年《全国农产品成本收益资料汇编》。

（六）鸡蛋价格前跌后升，产量波动成主因

1. 鸡蛋价格同比下降，环比先降后升

与去年“火箭蛋”相比，2012 年鸡蛋价格整体趋于下降，前 11 个月同比降幅为 1.6%，但出现了前跌后升的情况。第二季度是个转折点，到第三季度时鸡蛋价格连续上涨 10 周，9 月底时价格比年初上涨 5.3%，比 5 月底时的价格最低点高 17.3%。在价格波动方面，2012 年鸡蛋价格处于高位震荡调整期，第一和第三季度价格波动同比增长 88.2% 和 36.7%，第二季度与去年同期波动幅度相当，前 11 个月波动幅度略增加 6.8%（表 5－6）。

表 5－6　　2012 年 1—3 季度鸡蛋批发价及其波动变化情况

类别	时间	第一季度	第二季度	第三季度	前 11 个月
平均价格（元/公斤）	2011 年	9.45	9.26	10.09	9.72
	2012 年	9.42	9.07	9.75	9.56
	同比（%）	－0.4	－2.0	－3.3	－1.6
变异系数（%）	2011 年	1.7	2.8	3.0	4.8
	2012 年	3.2	2.8	4.1	5.1

数据来源：根据商务部商务预报周数据计算而得。

2. 养殖成本增加背景下的产量波动导致鸡蛋价格波动增大

最主要的蛋鸡养殖成本——饲料价格自 2009 年 5 月之后持续上涨，截至 2012 年 6 月，周均涨幅 0.6%。2012 年第一季度和第二季度，蛋鸡饲料价格分别比去年同期上涨 6.3% 和 6.5%[①]。在 2011 年鸡蛋价格处于历史高位时，蛋鸡养殖的成本利润率为 11.5%，比 2010 年高 63.9%，所以高价的鸡蛋能很好地消化上涨的养殖成本，并吸引大批养殖户进入蛋鸡养殖业，造成 2012 年年初鸡蛋供应相对充足，价格因此也大幅回落。由于我国蛋鸡养殖门槛较低，散户及小规模养殖依然是主流，在鸡蛋价格不断下降时又会“杀鸡退市”，容易造成鸡蛋价格大幅波动。

---

① 数据来源：中国畜牧业信息网。

三、当前应对农产品价格波动的政策措施

（一）“多管齐下”稳定农产品价格总体水平

2012 年以来，针对当前农产品价格波动情况，国家不断落实和完善相关的 16 条措施。具体包括在 2012 年 1 月印发的《全国现代农业发展规划》中，从建立农业投入稳定增长机制、加大农业支持保护力度等方面落实稳定农业生产和稳定农副产品供应。2012 年 6 月国务院提出《关于大力推进信息化发展和切实保障信息安全的若干意见》，对推进农业农村信息化建设给出了具体的指导意见，有力地促进了农产品信息发布制度的完善。2012 年 8 月发布《国务院关于深化流通体制改革加快流通产业发展的意见》，进一步提出降低流通环节费用。继而，商务部从降低税费、强化产销对接、完善监测体系和调控体系等四个方面加快推进了农副产品流通成本降低步伐。8 月，国家发展和改革委员会印发了《全国农村经济发展“十二五”规划》，要求健全农产品价格保护制度，继续完善最低收购价政策和农产品价格形成机制，建立以目标价格为核心的反周期补贴制度，充实农产品储备，优化农产品进出口和储备吞吐调节机制。

（二）最低收购价和临时收储政策支撑粮棉市场价格

为落实好粮食最低收购价政策，保护农民种粮积极性，2012 年国家先后出台了《2012 年中晚稻最低收购价执行预案》（2012 年 8 月），提高了 2013 年小麦最低收购价格（2012 年 9 月），使得 2013 年小麦（三等）最低收购价提高到每 50 公斤 112 元，比 2012 年高 10 元/50 公斤。据国家粮食局数据显示，截至 9 月 15 日，国家在 11 个小麦主产区共收购 2012 年新产小麦 5565. 6 万吨，同比增加 341. 1 万吨。在 8 个早籼稻主产区累计收购新产早籼稻 813. 3 万吨，同比增加 19 万吨。截至 11 月 25 日，国家在 14 个中晚籼稻主产区累计收购新产中晚籼稻 1266. 5 万吨，同比减少 30. 3 万吨，国家在 6 个粳稻主产区累计收购新产粳稻 558. 8 万吨，同比增加 108. 2 万吨。收储扭转了 6—7 月份小麦和早籼稻价格出现的下降行情，使小麦和早籼稻价格自 8 月份之后重新开始出现上涨，保证了种粮农民收益。

适用于2012年的玉米和大豆临时收储政策于2011年12月和11月发布，国家粮食局于11月会同有关部门印发了有关玉米和大豆临时收储的通知。截至11月25日，国家在11个玉米主产区累计收购新产玉米1217.6万吨，在5个大豆主产区累计收购新产大豆48万吨。玉米和大豆临时收储执行时机恰当，起到了较好的托市效果。同时，2012年2月国家公布了《2012年度棉花临时收储预案》，中储棉公司于9月启动棉花临时收储，储价定为20400元/吨，比上年提高600元/吨。棉花收储启动之后，抑制了棉花价格持续走低，促进了棉价回升。

（三）“菜篮子”工程全力保障肉、蛋、菜等产品市场平稳

鲜活农产品供给的稳定是保障其价格稳定的基础。为此，2012年7月，农业部和财政部联合印发了《2012年扶持“菜篮子”产品生产项目实施指导意见》的通知，进一步完善和落实了“菜篮子”工程建设。

各地政府因地制宜，推进了“菜篮子”工程的地方化。北京建立了菜田最低保有量制度，该制度目标是到2015年，北京市蔬菜自给率将由目前的年均28%提高到35%。上海建立了蔬菜价格保险制度，该政策性保险主要有蔬菜种植保险、蔬菜制种保险、设施大棚保险、蔬菜价格保险等四大类条款。广东于2012年5月加强蔬菜大棚、冷链设施和平价商店等“三项建设”工作力度。

（四）临时收储和养殖补贴维持生猪价格稳定

为了抑制猪肉价格频繁波动，国家先后出台了众多措施稳定生猪生产，平抑猪价波动，最具代表性的是生猪调控预案。2012年5月，国家发展和改革委员会会同多个部门联合发布了《缓解生猪市场价格周期性波动调控预案》，提出预警指标和调控目标，设立预警区域和响应机制，完善配套措施和组织体系。新预案将2009年的生猪调控预案目标仅限于防止生猪价格过度下跌这一单一调控目标，调整为双向调控目标，即既要防止生猪价格过度下跌，还要防止生猪价格过快上涨。同时，维护利益主体更加多元化，从2009年的只关注生猪养殖户利益，变更为维护生产者、消费者和经营者的合法权益（表5-7）。

表 5-7　　2009 年与 2012 年生猪调控预案对比分析

调控预案	主要目标	主要差异
2009 年：防止生猪价格过度下跌调控预案（暂行）现已废止	防止生猪价格过度下跌，稳定生猪生产，保护生猪养殖户的利益。	1. 调控目标是猪粮比价不低于 5.5：1；辅助目标是仔猪与白条肉价格之比不低于 0.7：1；生猪存栏不低于 4.1 亿头；能繁母猪存栏不低于 4100 万头。 2. 预警区域仅考虑价格过度下跌的预警点，没有价格过快上涨的预警点。 3. 响应机制仅包括价格过快下跌时的三级响应。 4. 仅提出防止加快过度下跌时，较大幅度增加中央冻肉储备规模。
2012 年：缓解生猪市场价格周期性波动调控预案	缓解生猪生产的周期性波动，促进生猪生产平稳健康发展，有效维护生产者、消费者和经营者的合法权益。	1. 调控目标是猪粮比价处于绿色区域（6：1—8.5：1），辅助目标是能繁母猪月存栏量同比变化率在 -5%—5%。 2. 预警区域既有价格过度下跌的预警点，也有价格过快上涨的预警点。 3. 响应机制不但包括价格过快下跌时的三级响应，也包括价格过快上涨时的三级响应机制。 4. 大幅增强了政府储备吞吐调节的能力，包括明确了正常情况下的政府冻猪肉储备规模，增强了应对生猪价格过快上涨的能力；提高了政府冻猪肉收储规模上限，增强了防止生猪价格过度下跌的能力。

资料来源：王为农：《国家发展和改革委员会宏观院 2012 年重点课题专题报告三〈完善我国粮食、生猪等重要农产品价格调控机制研究〉》。

除了生猪调控预案之外，国家在促进生猪生产平稳健康发展，防止市场供应和价格大幅波动方面还采取了许多补充措施。2012 年 1 月，财政部印发《生猪调出大县奖励资金管理办法》，落实国务院关于进一步扶持生猪生产发展、稳定市场供应的有关政策要求，有利于充分调动地方发展生猪生产的积极性。2012 年 8 月，农业部和财政部联合发布《2012 年能繁母猪饲养补贴实施指导意见》，对补贴对象、补贴标准、发放方式以及实施程序作出了明确规定，有助于调动养殖户饲养能繁母猪的积极性，促进生猪生产持续健康发展。

四、当前我国重要农产品价格调控中存在的突出问题

在国际大宗农产品市场波动较大的背景下，2012 年我国重要农产品价格调控政策体系实施效果总体较好，能够基本保证农产品市场正常运行，避免了大多数农产品价格的剧烈波动，较好地稳定了农业生产和农产品消费。但是，当前重要农产品价格调控政策依然存在一些突出问题。

（一）价格调控主体单一，信息服务比较滞后

1. 价格调控主体不健全，市场组织未得到重视

由于缺少制度性安排，价格调控政策制定和出台不够透明，部分利益集团掌握话语权，导致价格调控利益部门化，政府管理的少数国有企业掌握了大量价格调控资源，一定程度上垄断了重要农产品价格调控的执行权。广大民营企业、农民专业合作社等在重要农产品价格调控中的作用被忽视，造成了当前价格调控主体过于单一的局面。

2. 缺乏统一协调的价格信息平台，降低各方决策效率

以蔬菜价格信息的监测和发布为例，全国有发展和改革委员会、商务、农业、统计等多个管理部门，每个部门都有自身的信息获取渠道、信息采集标准、信息处理方法和信息发布途径。这些信息虽然对各个部门经济决策提供了参考依据，但这些信息在部门之间缺乏共享和交流。结果是同一时期同一种农产品，不同部门发布的价格信息可能存在差异，导致农产品价格信息多、杂、乱，农户和生产经营企业往往无所适从。

3. 世界头号大米出口国越南稻谷相关数据残缺，严重影响调控决策

根据商务部统计显示，2012 年 1—10 月，越南出口大米 590 万吨，成为世界第一大大米出口国，且越南出口大米很大一部分流入中国，2012 年中国进口大米中的越南大米占比高达 74%[①]。目前我国以及世界银行等国际组织主要公布泰国大米的价格等相关数据，严重缺乏越南大米产量、成本和价格等历史和现状数据。中越南海争端由来已久，双边关系忽冷忽

① “越南米异军突起，成为世界第一大大米出口国”，《国际商报》，2012 年 11 月 6 日。

热，越南又是美国重返亚太的重要棋子，越南将长期成为我国中低端大米的主要竞争国家，对我国最敏感的稻谷口粮安全威胁不容小觑。对越南大米的相关数据情况缺乏足够关注和跟踪研究，将对国家粮食安全留下长期隐患。

（二）最低收购价和临时收储政策执行方式不当，产生诸多弊端

1. 直接收储抬高国内粮棉价格，净进口猛增冲击国内粮棉市场

截至2012年9月15日，中国储备粮管理总公司按最低收购价累计收购小麦2335万吨，占收购总量42%。在国内小麦大量压库的同时，2012年1—10月小麦净进口（几乎无出口）同比猛增246.7%[①]，对国产小麦市场的影响增大。此外，2012年早稻最低收购价提高17.6%，加大了国内外稻谷价差，导致越南等国籼米大量涌入我国。2012年1—10月，我国稻谷和大米净进口175.2万吨，同比增加906.5%。根据海关及相关机构调查，2012年1—4月份，我国进口越南大米超过100万吨，越南大米运至江西的售价低于当地标一籼米0.15—0.2元/0.5公斤[②]。同时，2012年棉花收储规模继续攀升，而受国内外棉花价差大影响，1—10月我国净进口棉花430.4万吨，同比增加98.9%，占全年产量的61.6%。粮棉临时库存迅速增加的同时，净进口却大幅上升，根本原因在于逐年提高、缺乏弹性的粮食最低收购价和大规模棉花收储直接推高国内市场粮棉价格，遇到波动较大的国外低价粮棉竞争，容易导致粮棉进口大幅上升，冲击国内市场。

若延续当前粮食价格支持政策，今后国内粮价高于国际将渐成常态。2005—2012年，稻谷最低收购价年均提高约7.2%，推动籼米批发市场成交价年均提高6.8%，高于2005—2011年人民币计价的国际大米价格年均增幅（6.7%）。2012年，美麦到岸完税价整体虽然高于郑州中等小麦成交价，但两者价差在上半年持续减小，1—6月份，价差同比减小72.7%，1—11月份，两者价差同比减小22.5%。2000—2012年，中美

① 进出口数据如无特别注明，均来自于中经网统计数据库。

② 资料来源："进口大米，冲击我国稻米市场"，《期货日报》，2012年6月19日。

玉米价差年均增长5.9%。按此趋势，2020年国内玉米价格比美国玉米每吨高出680.7元，价差占2012年玉米价格的29.7%[①]。工业化、城镇化快速推进阶段，我国将走上日韩高粮价道路，但缺乏日韩实施的高关税等边境保护手段，小麦和稻谷进口将日趋增多，口粮走私进口也将愈演愈烈，谷物类粮食进口突破关税配额上限为期不远，将直接威胁今后国家粮食安全。

2. 直接收储粮棉的价格补贴负担沉重，补贴效率低

如果2012年小麦临时收储存放一年，中央财政收储补贴将接近30亿元，存放越长，补贴越多。2012年仍以拍卖2008年、2009年、2010年的托市麦为主，自5月份以来，小麦拍卖实际成交量只占周度投放量300万吨的0.3%—1.3%，安徽市场小麦甚至出现几次流拍[②]。三四年前的小麦还压在收储库中待拍卖，表明顺价拍卖机制逐渐失灵。随着当前最低收购价方式推高的国内粮价经常高于国际粮价，中国储备粮管理总公司顺价拍卖难以实现，中央财政收储费用补贴和亏损补贴负担将呈加重趋势。此外，截至2012年12月7日，棉花收储381.5万吨，比去年全年312万吨的收储量高2.2%，按收储单价20400元/吨计算，棉花收储贷款资金高达778.3亿元。[③] 再加上2011年的棉花贷款资金617.8亿元[④]，两年共计贷款1396.1亿元。假定按4.5%的一年期优惠贷款利率计算，中储棉如果存储一年后全部依次拍卖完两年收储的棉花，需支付农发行利息成本高达62.8亿元[⑤]。据有关专家介绍，2011年国家收储的棉花到2012年只能按每吨18500元左右拍卖，每吨亏损补贴1300元左右。如果2011年收储的棉花全部按此价拍卖，财政需补贴40.5亿元。即使拍卖一半，也需要补贴20亿元以上。2012年收储的棉花明年顺价拍卖的部分也不会高，亏损补贴难以避免，再加上大量的仓储补贴，中央财政负担更加沉重。特别

---

① 粮食价差数据根据中华粮网数据整理计算而得。

② 佚名，"新麦上涨明显，托市收购量将超过2010年"，中华粮网，2012年8月15日。

③ 根据中储棉网站数据计算而得。

④ 2011年312万吨收储棉花按19800元/吨的临时收储价收购计算而得。

⑤ 中国储备棉管理总公司从中国农业发展银行贷款的利率无法得到公开数据，只得假定低于商业贷款利率，2012年商业银行1—3年贷款利率为6.65%。2011年政府收储的棉花一年后全部拍卖完的可能性很小，如果储备棉超过一年以上，占用的资金利息成本比该数据更高。

是通过农产品储备公司间接补贴农民收入的效率很低，发达国家大概只有15%的价格补贴资金会惠及农民，其他补贴则沉淀于流通和储备等中间环节，我国借助中国储备粮管理总公司和中国储备棉管理总公司间接补贴农民的效率同样很低。

3. 托市收储抬高加工原料成本，粮棉加工企业利益受损

粮棉收储采取直接收储方式，抬高市场价格，既增加粮棉加工企业原料成本，又通过进口间接补贴国外农民，纳税人补贴福利外溢。此外，巨大的国内外棉花差价，使得有限的进口配额很快被用完，关税配额倒卖盛行，稀缺的配额一度被炒至3800元/吨，额外加大了棉纺企业的成本负担。

（三）“菜篮子”工程缺乏全局协调能力，难以稳定蔬菜价格

目前蔬菜生产和销售出现了较大变化，主要表现为蔬菜生产区域集中化和跨区域运输和销售。冬季生鲜蔬菜的生产和供应更是体现出了蔬菜物流中的“长运距、大运量”特点。与此同时，近年来我国城镇化的快速推进使得城市用地和人口数量不断扩大，城郊蔬菜种植一再远离市区，居民蔬菜消费的持续提高造成不少地区蔬菜严重依赖外区域供应。以市长负责制为特点的“菜篮子”工程显然无法很好地协调和应对跨区域蔬菜生产和流通，在京、津、沪等蔬菜主销区更是如此，庞大的城市人口和周边相对有限的蔬菜供应能力矛盾突出。在蔬菜冷链储存设施尚不完善的情况下，一旦遇到极端天气阻塞道路，城市蔬菜供给必然大幅下滑，引起蔬菜价格大起大落。

五、完善我国农产品价格调控政策的建议

（一）培育多元化市场调控主体，健全信息支持体系

1. 支持骨干企业和农民专业合作社参与重要农产品价格调控

切实落实国家发展和改革委员会等部委出台的《关于发挥骨干企业积极作用　健全和完善政府对大宗农产品市场调控体系和机制的通知》（发改经贸〔2010〕1610号），充分吸纳实力强、经营规范的骨干民营加工和流通企业参与粮棉油糖等重要农产品价格调控，鼓励社会媒体监督政

策的实施，对政策执行不力的环节严格追究责任。同时，中央财政采取奖补等形式鼓励和支持地方各级政府补助规范的农民专业合作经济组织建立内部价格风险基金，稳定农业生产经营者队伍，降低重要农产品价格波动幅度。

2. 强化信息资源共享

加强物价调控部门统一协调职能，整合社会信息资源，加快建立信息资源共享机制，逐步统一农产品市场信息采集、发布和监测，形成一体化的信息发布平台。

3. 尽快将越南稻米列入重点监测对象

针对我国稻米进口对象国发生的重要趋势性变化，建议商务部门会同农业部门尽快安排相关机构，将越南稻米列为重要监测对象，对该国稻米的种植、加工、销售、价格、出口及各项支持政策等方面的历史与现状情况加以长期跟踪研究，对越南稻米对我国稻谷安全的中长期影响进行前瞻性战略研究，并提出应对策略。

（二）探索“差价直补+定量收储”机制，完善价格支持措施

1. 尝试粮棉差价直补措施

借鉴美国等发达国家的价格支持大多采取差价补贴的经验，在小麦、稻谷、玉米、大豆和棉花等主产区选择不同类型的地点，最低收购价和临时收储价实施差价直补试点，既有利于降低加工业原料成本，增加消费者福利，减轻财政负担，又有利于遏阻国外低价农产品冲击，维护国家粮食安全，保证重要工业原料稳定供给，提高农民收入补贴效率。托市期内的平均市场价低于最低收购价或临时收储价部分，按当年平均亩产折算为每亩补贴，通过现有直补渠道直接发给种植户。同时，参照粮食直补办法，研究建立棉农直补渠道，将差价补贴直接发放给棉农。为了降低政策运行成本和鼓励规模经营，也可只对达到一定种植规模（5—20 亩）的农户给予差价补贴。

2. 实行定量收购

日本政府考虑财政承受能力、库存量对市场价格的影响、自然灾害等因素确定大米储备规模以 150 万吨为基础，在加减 50 万吨范围内变化，

占2012年政府预定产量目标793万吨的12.6%—25.2%。借鉴日本经验，研究粮棉等重要农产品政府收储的合理规模。少数粮食和棉花主产县最低收购价或临时收储价可试点定量直接收购，不实行差价补贴，以不明显扭曲市场价格为限。收储的粮食和棉花可用于抛售，以防止市场价格大幅上涨。

3. 提高价格支持定价机制的灵活性

尝试建立粮棉等价格支持农产品当年需求量（产量+政府收储量+净进口量）与次年最低收购价（或临时收储价）水平反向联动机制。如果当年需求量增幅高，则次年最低收购价（或临时收储价）增幅就低，甚至可以不增或略降①；相反，则提高最低收购价（或临时收储价）增幅。

（三）加强蔬菜生产和流通能力建设，建立跨区域蔬菜协调机制

1. 支持蔬菜产销能力建设

采取奖补和项目倾斜，支持规范化蔬菜专业合作社快速发展。各城市根据周边耕地面积、城市人口规模和居民蔬菜消费习惯，合理调整蔬菜生产布局，在城市周边建立规模化蔬菜生产基地，确定本地区最常消费蔬菜品种的自给率。支持城市周边农民大力发展蔬菜种植专业合作社，对组织化程度高、规模大的蔬菜生产经营主体在融资、基础设施、农业保险、销售渠道、行政审批、技术服务等多个方面予以支持。同时，加强本地区蔬菜仓储设施建设，进一步提高冷库建设补贴标准，在蔬菜销售集中地改扩建仓储能力，在田头建设预冷设施。对消费量大、耐储存的蔬菜进行一定量的应急储备，提高应对自然灾害和突发事件的能力。大力支持蔬菜深加工发展，建设一批脱水蔬菜、腌制蔬菜加工企业，将生鲜蔬菜加工成便于存储和运输的高附加值蔬菜产品。

2. 设立蔬菜跨区域协调机构

根据蔬菜跨区域流通的特点，商务和农业主管部门加强协作，加快蔬

① 2008年油菜籽临时收储价定得偏高（4400元/吨），2009年临时收储价下调700元/吨，降幅15.9%。

菜产地和销地物流网络建设，形成国家级、省级产地、销地蔬菜批发市场互联互通的市场体系，实现市场信息共享、物流设施共建、政策措施互动。

第三节 农产品资本化对农产品价格的影响及应对

一、农产品资本化概念及形成机理

（一）农产品资本化概念

农产品资本化是指农产品成为资本市场上各种金融产品的挂钩商品，从以往单纯的消费属性向兼具资本属性和消费属性转变，其产品价格形成机制发生重大变化，不仅受自身供给和需求因素的影响，更多地受经济增长、货币政策等宏观经济因素的影响。农产品资本化主要表现是农产品成为众多投资资金追逐的对象，其价格影响因素增多，波动周期缩短，波动幅度加大，复杂性、不确定、不稳定性明显增加。

（二）农产品资本化趋势的形成机理

1. 各种金融市场和农业金融衍生品的发展为农产品资本化提供了平台

期货市场或中远期电子交易市场的形成为资本进入农产品市场创造了条件。从期货市场看，我国主要有农产品期货上市的是郑州商品交易所和大连商品交易所，交易品种包括小麦、玉米、大豆、稻米、棉花、白糖、豆粕、菜籽油、棕榈油、豆油等大宗农产品。除了期货市场外，各种中远期电子批发市场也取得了较快发展。据商务部统计，全国目前有200多家大宗商品电子批发市场（全部为中远期市场），其中，农产品电子批发市场约100家左右。与此同时，越来越多的金融资本开始进入以农产品为基础构建的金融衍生商品等金融产品交易市场，针对农产品金融商品的金融创新不断出现。在我国银行理财产品市场上，与农产品挂钩的各种理财产品、信托投资工具和基金品种不断出现，多家银行推出了挂钩农产品价格的理财新品种。交通银行推出了“浓青2号—五谷丰登”系列美元产品，该系列产品包括德银小麦收益优化指数、德银玉米收益优化指数、德银食糖收益优化指数。招商银行推出了“金葵花”高盛农产品指数联动产品，指数涉及的农产品期货的品种包括大豆、玉米、小麦、堪萨斯小麦、咖啡、棉花、可可和糖。“农产品里有金砖”成为一些机构投资者的共识。

2. 农产品工业用途尤其是生物质能源的快速发展助推了农产品资本化

国际能源价格连续多年高企的背景下，全球对可持续发展战略日益重视，生物质能源技术快速发展，全世界对生物能源的需求日益增多。2010/2011年度，世界玉米消费中用于生物质能源的数量达到1.44亿吨，比2000/2001年度增长1.7倍。生物能源的发展打通了能源市场与农产品市场之间的屏障，改变了能源仅通过成本影响农产品价格的局面，进一步强化了农产品的工业化特征，为农产品资本化奠定了基础。此外，随着人民生活水平的提高和各种农产品加工技术的快速发展，用于人们消费的日化用品、食品保健等的农产品需求量大增，也进一步强化了农产品资本化特征。

3. 国际市场的开放为农产品资本化趋势开拓了空间

农产品国际贸易由于涉及一国粮食安全、社会稳定、产业结构和就业等原因，一直进展缓慢，但自乌拉圭回合谈判以来，农产品国际贸易取得了重大进展。在乌拉圭回合后达成了《农业协议》，极大促进了农产品国际贸易的发展和农产品国际市场的扩大。当前我国已经成为世界第三大农产品贸易国，食用油籽、植物油、棉花和动物生毛皮进口多年维持在世界第一①，水产品、干豆、水果、蔬菜、茶叶等出口位居世界前五位，在国

---

① 近些年我国大豆常年进口量占国内需求量的60%以上，棉花常年进口量占国内产量的30%左右。

际市场上占有重要地位。国际市场通过贸易、汇率、期货市场等多种方式影响国内农产品市场，国际农产品价格对我国农产品价格的影响显著增强。国际市场农产品价格波动虽有一定规律，却比国内市场更为复杂多变，从而也间接导致我国农产品价格波动因素更加复杂和多变。

4. 宽松的货币政策为农产品资本化提供了金融基础

农产品资本化归根结底是过多的钱追逐少量的农产品。宽松的货币政策、超量的货币供给为炒作农产品提供了资金支持。从我国农产品市场看，农产品价格历次大涨都与流动性过剩有关。2003 年我国货币供应量（M_2）为 36215.8 亿元，增长率达到 19.6%，超过 GDP 增速 9.6 个百分点，推动农产品价格大幅上涨。2003 年下半年，我国农产品价格出现了自 1996 年以来的首次全面大幅上涨，到 2003 年年底，粮油等主要农产品在部分地区的价格涨幅甚至超过 50%。此后各年，货币超量供给现象一直存在，货币供应增长率一直超过 GDP 增速。2008 年我国货币供应量（M_2）为 71724.4 亿元，增长率达到 17.8%，超过 GDP 增速 8.17 个百分点。2009 年，为应对金融危机，推出两年新增 4 万亿元投资，货币供应量更是猛增。2009 年我国货币供应量（M_2）为 131058.4 亿元，增长率达到 27.6%，超过 GDP 增速 18.49 个百分点。长期累积的超量货币在农产品价格大幅波动的过程中发挥着催化剂的作用。

在具备了开放的国际市场、包括生物质能源技术在内的各种农产品工业技术的发展、期货市场、农产品金融衍生品的快速发展以及宽松的货币环境的背景下，农产品资本化的特征越来越明显。

从我国近几年农产品价格变化来看，农产品资本化的具体过程是：宽松的货币政策为农产品资本化提供了资金积累；期货市场、电子交易市场以及各种农产品金融衍生品的发展为资金流入农产品市场提供了平台；原油价格的不断上涨促进了生物能源技术的发展，扩大了农产品需求；部分农产品出现供求缺口；游资进入期货市场放大产品供需缺口，提高消费者的心理价格预期，部分农产品价格出现超常规波动。

二、农产品资本化的主要影响因素

农产品资本化是新世纪以来农产品领域的新现象，其影响因素是纷繁复杂的，作用机理是相互联系的，需要从宏观的角度进行系统分析。

（一）货币政策

货币政策因素主要包括货币流动性过剩和汇率变动两个方面。从国外货币流动性看，国外量化宽松的货币政策为热钱流入我国创造了条件。从2008年9月雷曼兄弟公司破产危机开始，美国逐步实施定量宽松货币政策，其主要内容：一是将联邦基准利率从危机前的5.25%降低到接近零，并持续比较长时间；二是联邦储备银行创新各种金融工具，向市场提供流动性。如通过招标方式向财务健康的存款银行提供贷款。从一级交易商手中收购两房和联邦住房贷款银行发行的贴现票据，从符合条件的商业票据发行者手中直接购买无担保和资产支持的商业票据，为货币市场投资者提供融资便利（货币基金投资便利），设立资产支持证券贷款工具，便利家庭和小企业所需要的信贷。这些创新的货币政策工具目的是向市场直接提供流动性。三是联邦储备银行大量购买中长期证券，如购买机构债券和抵押贷款支持的证券，购买国债等。美国定量宽松货币政策已从2009年3月前的重点解决流动性不足转变为购买金融资产。2009年3月5日，美联储购买的抵押支持债券（MBS）资产只有689亿美元，到2010年11月4日为10510亿美元，同期，购买的国债从4747亿美元增加到8420亿美元，联邦机构债务证券资产从382亿美元增加到1497亿美元，合计增加的长期金融资产达到14609亿美元。美元泛滥导致了国际原材料价格飞涨，而我国又是世界第二大进口国，导致国内农产品价格大幅上涨。

从国内流动性来看，国内货币的超量供给导致了农产品资本化的进一步加剧，农产品价格历次大涨都与其有关。2003年我国货币供应量（M_2）为36215.8亿元，增长率达到19.6%，超过GDP增速9.6个百分点，推动农产品价格大幅上涨。2003年下半年，我国农产品价格出现了自1996年以来的首次全面大幅上涨，到2003年年底，粮油等主要农产品在部分地区的价格涨幅甚至超过50%。此后各年，货币超量供给现象一直存在，货币供应增长率一直超过GDP增速。2008年我国货币供应量（M_2）为71724.4亿元，增长率达到17.8%，超过GDP增速8.17个百分点；2009年，我国为应对金融危机，推出两年新增4万亿元投资，货币供应量更是猛增。2009年我国货币供应量（M_2）为131058.4亿元，增长率达到27.6%，超过GDP增速18.49个百分点。面对货币发行速度快和食品供给增长速度慢的格局，食品篮子和货币篮子的比例关系必然发生变化，因为货币的超量供给，通过溢出效应，首先分摊到生活必需品特别是食品上来，然后再向各个产业领域传递（方松海等，2008）。长期累积的超量货币在农产品价格大幅波动的过程中发挥着催化剂的作用（表5－8）。

表5－8　　　　广义货币量与GDP比较

年份	年绝对增量（亿元）			增长率（%）		
	M_2	GDP	差额	M_2	GDP	差额
2002	26705.1	10677.5	16027.6	16.9	9.1	7.8
2003	36215.8	15490.1	20725.7	19.6	10.0	9.6
2004	32884.2	24055.6	8828.6	14.9	10.1	4.8
2005	44648.7	25059.0	19589.7	17.6	11.31	6.29
2006	46847.9	31377.1	15470.8	15.7	12.68	3.02
2007	57838.6	49495.9	8342.7	16.7	14.16	2.54
2008	71724.4	48235.1	23489.3	17.8	9.63	8.17
2009	131058.4	26461.4	104597	27.6	9.11	18.49
2010	119627.0	57476.4	62150.6	19.7	10.3	9.4

资料来源：根据《中国统计年鉴2011》整理。

从汇率变化来看，在开放经济下，汇率是影响一国价格水平的重要因素，汇率的变动会导致农产品进出口价格的变动，进而导致国内利率的变化，从而对国内农产品价格产生重要影响。汇率水平上升会使得本国非农产品变得相对便宜，国外需求提高，导致非农产品的价格上涨。在其他条件不变的情况下，将造成农产品与非农产品的相对价格下降，由此造成的农产品的超额需求增加称为价格效应。为维持货币市场均衡，国家将会提高利率。而利率上升会造成农产品的超额需求减少，此称为利率效应。若价格效应大于利率效应，则农产品价格上涨才会维持农产品市场均衡；若价格效应小于利率效应，则农产品价格下跌才能维持农产品市场均衡。因此，在开放经济下实行浮动汇率制时，汇率对农产品价格的影响同农产品价格效应与利率效应的相对大小相关。若价格效应大于利率效应，则汇率与农产品价格成正方向变动；若价格效应小于利率效应，则汇率与农产品价格成反方向变动（刘艺卓、吕剑，2009）。2005 年 7 月 21 日起，我国开始稳步推进人民币汇率改革，实行以市场供求为基础、参考一篮子货币进行调节、有管理的浮动汇率制度。从 2000 年开始，特别是 2005 年以后，人民币兑美元保持较长时间、较大幅度的升值态势，人民币汇率中间价对美元从 2005 年的 8.19 升值到 2010 年的 6.77。从众多学者的实证研究看，人民币汇率变动与农产品价格变化存在显著正相关关系。

（二）期货市场及农产品金融衍生品的发展

目前，农产品市场主要有现货市场、中远期市场、期货市场三种市场。现货市场的产品既有大宗产品也有小宗产品，市场形态包括集贸市场、传统批发市场等，游资炒作手法单一，包括所谓恶意囤货、串通涨价、通过虚假消息传播制造市场恐慌等，但是炒作并没有杠杆效应。中远期市场以小宗和鲜活农产品为主，如大蒜、花生、蔬菜、脐橙等，市场形态是大宗农产品电子批发市场，炒作手法灵活，包括对敲、逼仓、市场主办者操纵等，具有杠杆效应。据商务部统计，全国目前有 200 多家大宗商品电子批发市场（全部为中远期市场），涉及金属、能源化工产品、农产品等。其中，农产品电子批发市场约 100 家左右。期货市场以大宗农产品为主，包括粮棉油糖的大多数品种，市场形态是郑商所和大商所，炒作手法灵活，包括对敲、逼仓、坐庄等，炒作的杠杆效应很强。由于全球房地产和证券市场衰退，国际资本为追逐利润通过期货市场、中远期电子交易市场等各种衍生金融市场加大了对农产品的渗透，造成了农产品价格的剧烈波动，农产品价格的波动又会吸引大量的投机行为，使市场价格陷入动荡的恶性循环。2010 年，主要农产品期货品种成交额猛增，同时价格快速上涨，表明大量资金在期货市场买入，推动价格猛涨。如 2010 年棉花的成交量为 17391 万手（1 手 =50 吨），约是 2009 年的 10 倍、2006 年的 34 倍，成交金额 205952 亿元，约是 2009 年的 18 倍，2006 年的 70 倍，推动棉花价格大幅上涨。2010 年棉花价格为 19380 元/吨，是 2009 年的

1.5 倍。2010 年白糖的成交量为 61061 万手（1 手 = 10 吨），约是 2009 年的 3 倍、2006 年的 8 倍，成交金额 335962 亿元，约是 2009 年的 3 倍，2006 年的 15 倍，推动白糖价格大幅上涨。2010 年白糖价格为 5612 元/吨，是 2009 年的 1.5 倍（图 5－12、图 5－13）。

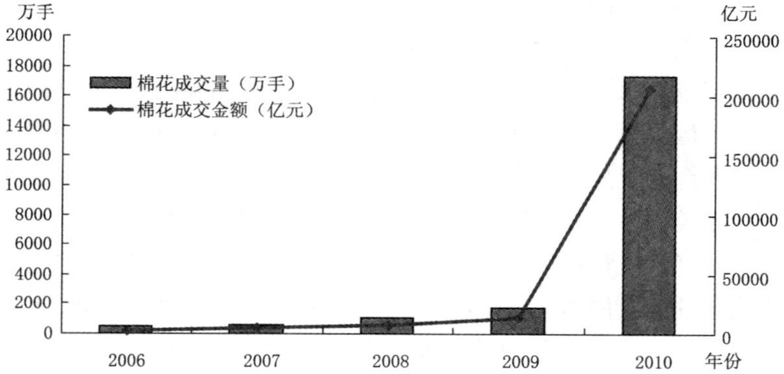

图 5－12　2006—2010 年棉花成交量和成交金额变化

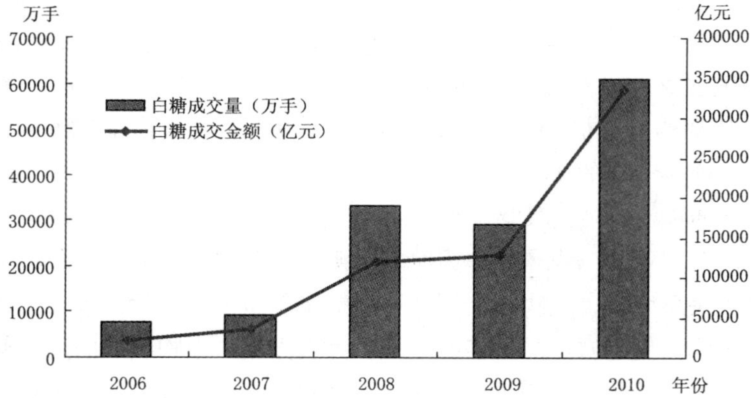

图 5－13　2006—2010 年白糖成交量和成交金额变化

（三）生物质能源及农产品加工技术的发展

生物质能源技术打通了能源市场与农产品市场的通道，为资本通过发展能源工业进入农产品市场创造了条件。生物质能源技术就是把生物质转化为能源并加以利用的技术，按照生物质的特点及转化方式可分为固体燃料生产技术、液体燃料生产技术、气体燃料生产技术。其中，液体生物燃料包括燃料乙醇、生物柴油等，对农产品价格形成的影响最大。近年来，随着国际原油价格的持续攀升和资源的日渐趋紧，石油供给压力空前增大，生物质能源产业的经济性和环保意义日渐显现。

同样，近年来生物柴油发展也较为迅速，也耗用了大量豆油。2004年出台的美国就业和增长减税协调法案规定，对精炼商以毛豆油或动物油脂为原料生产的每加仑生物柴油补贴1美元。受益于补贴政策和原油持续高价，同年美国生物柴油的产量也达到历史最高数值6.78亿加仑。2009年由于全球经济危机爆发，原油价格大幅下跌至最低每桶40美元，直接导致生物柴油产量同比大幅下降至5.06亿加仑，仅略高于2007年《能源独立与安全法》的强制使用量要求。2009年12月31日，补贴政策到期，并且未能在2010年得到延续。2010年美国生物柴油产量进一步下滑至3.51亿加仑。2010年12月17日，美国总统奥巴马签署了包括生物柴油补贴在内的一系列税收减免法案，2009年年底失效的补贴政策于2011年再度恢复。2012年，美国生物柴油产量按照2007年《能源独立与安全法》的规定要达到10亿加仑以上，这意味着2012年生物柴油产量将比2010年增加约6.5亿加仑，换算为豆油约48.62亿磅，即220.54万吨，占美国豆油年产量的25.61%。

生物质能源产业的发展与农产品价格波动具有密切的关系。一方面，生物质能源产业是以农产品作为原料来源，因此，产业的发展必然影响农产品供求关系变化，生物质能源产业的扩张刺激了农产品需求，导致农产品供需紧张，促进农产品价格的上涨。另一方面，生物质能的发展使得石化能源与农业的关系更加紧密，通过影响农产品生产成本变化影响农产品价格变化。

三、农产品资本化对农产品价格影响的实证分析

（一）货币流动性过剩对农产品价格的影响

通过研究宏观经济中的流动性过剩和农产品价格之间的关系来验证流

动性过剩对农产品价格的影响。其中，选取马氏 K 指数（Marshallian K）作为衡量流动性过剩程度的指标，该指标等于货币供应量（M_2）增长率与实际 GDP 增长率之差；农产品价格指标选取农产品生产价格指数。从农业产业结构的构成出发，重点关注农产品综合生产价格指数、种植业产品生产价格指数、林业产品生产价格指数、畜牧业产品生产价格指数和渔业产品生产价格指数 5 大类指标。

运用协整检验来研究流动性过剩和农产品价格之间的相关关系，采用的实际验证方法为 Engle - Granger 两步检验法（EG 两步法）。结果充分说明，马氏 K 指数和各类农产品生产价格指数之间存在着协整关系，即宏观经济中的流动性过剩与农产品价格之间存在着同步变化的相关关系。

（二）生物质能源的快速发展对农产品价格的影响

为了定量研究国际能源价格和作为生物质能源原料的农产品价格之间的相关关系，选取国际原油价格的月度数据作为国际能源价格的替代指标，选取制造燃料乙醇的主要原料——玉米的国际价格月度数据作为农产品价格（生物质能源用途）的测度指标，来定量的分析这两者之间的相关关系。从 1990 年 1 月至 2011 年 7 月的数据走势显示：两者价格之间的相关关系明显分为两个阶段：第一阶段（2006 年之前），该阶段世界原油价格和玉米价格之间并没有呈现出非常一致的趋势；第二阶段（2006 年之后），该阶段世界原油和玉米价格的走势呈现出非常明显的同步性趋势。据美国能源部统计数据显示，美国用于制造燃料乙醇的玉米数量占国内玉米总产量的比例在 2006 年之后有了较大幅度的增长①，所以该阶段的划分与世界生物质能源快速发展的年份也较为吻合，可见生物质能源的发展已经与世界能源市场紧密的联系起来了。

为了对两者之间的关系给出更加精确的测量，本书将运用协整检验的方法（EG 两步法）对其进行具体分析。本书协整检验的数据选取范围为 2006 年 1 月至 2011 年 7 月。结果表明，自生物质能源在世界范围内开始

① 据美国能源部统计，2006 年之前用于生产燃料乙醇的玉米数量占美国国内玉米总产量的比重还不到 15%，2006 年突然上升到 20%，之后每年呈递增趋势，到 2010 年已达到 40%。

大规模发展以后，国际原油价格和玉米价格之间存在着确定的协整关系，从而说明生物质能源的发展成为了国际能源市场与农产品（用作生物质能源用途）市场之间的连接纽带。

为了定量考查由于生物质能源的发展而导致的原料农产品资本化给该类农产品价格带来的影响，选择向量误差修正模型（VECM）来进行实证分析。用国际玉米市场的年度价格（cornprice）来表示。自变量选取对国际玉米价格起到重要影响作用的相关因素，可分为常规因素和非常规因素，常规因素主要指国际玉米市场的供求状况，借用国际玉米市场历年的进口（cornimport）和出口（cornexport）数据来作为市场供求双方的替代指标；非常规因素书中主要考虑国际原油价格和生物质能源的发展对玉米市场造成的影响，在上文中已经证实了国际原油价格与国际玉米价格之间有着协整关系，所以本模型中将国际原油价格（petrolprice）作为影响国际玉米价格的一个重要因素放入模型。以上数据来自世界银行数据库的网站。同时，由于美国以玉米为原料制造燃料乙醇对国际玉米市场的影响较大，所以本书选择美国用作制造燃料乙醇的玉米数量占美国国内玉米生产总量的比重（cornfuel）来表示生物质能源的发展情况，数据来自美国能源部网站。

为防止数据变动差异过大，首先要对数据进行对数化处理，得到相应的变量分别为 lcornprice、lcornimport、lcornexport、lpetrolprice、lcornfuel，然后分别对上述5 个变量序列进行平稳性检验，采用单位根检验中的 ADF 检验法，检验结果显示上述5 个序列都是非平稳的，对其进行一阶差分后再做单位根检验，所得到的 ADF 统计量值均可以在1% 的置信水平上拒绝存在单位根的零假设，所以可知上述 5 个对数化的时间序列都是 I（1）序列，满足进行协整检验的条件。从检验结果可知，在5% 的显著性水平下，最大特征根检验表明共有 3 个协整关系，所以可以确定原来的 5 个对数化序列之间是协整的，故可以建立向量误差修正模型进行分析。

协整关系检验只是说明了两者之间具有一定的关系，要进一步分析生物质能源的发展对农产品价格的影响，本文采用向量误差修正模型进行分析。根据前文因变量和自变量的设定，结合各变量之间的协整关系，确定差分形式的向量误差修正模型如下：

$$\nabla lcornprice_t = \alpha_0 + \alpha_1 \sum_{i=1}^{p} \nabla lcornprice_{t-i} + \beta_1 \sum_{i=1}^{p} \nabla lcornimport_{t-i} + \beta_2 \sum_{i=1}^{p} \nabla lcornexport_{t-i} + \phi \sum_{i=1}^{p} \nabla lpetrolprice_{t-i} + \chi \sum_{i=1}^{p} \nabla lcornfuel_{t-i} + \delta vecm_{t-1} + \varepsilon_t$$

上式中，α_0 为截距项，α_1 为玉米价格的自回归系数，β 为常规因素进出口变量的系数，其中进口变量系数用 β_1 表示，出口变量系数用 β_2 表示，ϕ 为非常规因素国际原油价格的衡量系数，χ 为非常规因素生物质能源发展的衡量系数，也是本书考察的重点，ecm_{t-1} 为误差修正项，ε_t 为残差项，p 表示滞后的阶数。

在进行向量误差修正模型的运行之前，首先要确定上述模型的最大滞后阶数，通过对 5 个序列进行 VAR 估计，比较内生变量滞后 1 期、2 期、3 期、4 期、5 期的模型残差赤池信息准则（AIC）和施瓦茨统计量（SC），发现滞后 2 期的上述两个指标最小，故 p 可以选择 2，即滞后 2 期。确定滞后期的数值以后，运用 Eviews5. 0 统计软件进行向量误差修正模型的运算。

从误差修正模型的结果来看，影响国际玉米价格的短期因素中统计显著的有滞后 1 期和 2 期的玉米价格、滞后 2 期的国际玉米出口数量、滞后 1 期的国际原油价格和滞后 1 期的生物质能源发展状况：滞后 1 期和滞后 2 期的玉米价格对当期价格的影响分别在 1% 和 5% 的显著性水平上统计为正，说明前期价格的传导作用是非常明显的；玉米出口数量对其价格的影响在滞后 2 期时统计显著，且为负值，说明出口数量太多增加了供给，从而对价格有负向的滞后影响；国际原油价格通过传导作用也对国际玉米价格产生了显著的正向影响。值得注意的是，生物质能源的发展对玉米价格的影响在 5% 的统计水平上显著，而且系数为正，说明生物质能源的发展对于国际玉米的价格有非常明显的正向影响。由于因变量和自变量都是取自原变量的自然对数，所以模型的结果具有特殊意义，即当美国用做制造燃料乙醇的玉米比例每增加 1%，则世界玉米价格将上升 1. 3%，这是一个不能忽视的数字。事实上，这也与实际相吻合，当美国大量制造燃料乙醇时，会造成玉米出口的大量减少，国际玉米供应就会出现短缺，从而引起国际玉米价格的上涨。所以，从误差修正模型的结果可以得出结论：生物质能源的发展改变了玉米作为普通商品的一般属性，简单的供需均衡已经不能完全解释国际玉米价格变动的走势，而玉米的资本属性正在逐渐增强，并且已经成为影响其价格的重要因素。此外，模型中的误差修正项系数也在1%的统计水平上为正，它用来反映玉米国际价格、进出口数量、国际原油价格和生物质能源的发展对国际玉米价格短期波动的修正，使之在长期内达到均衡，并且这种误差修正机制是十分显著的。

定量研究结果的含义为：一是生物质能源的发展将国际能源市场与国际农产品市场有机的联系起来。二是生物质能源的发展已经成为国际玉米价格的重要影响因素之一。生物质能源已经使得相关农产品具备了资本化属性。

四、在资本化趋势下调控农产品市场和价格的政策建议

（一）更加注重对宏观经济的调控

在农产品资本化趋势日益明显的背景下，调控农产品价格，不仅要关注农产品供给和需求的变化，还要关注宏观经济因素对农产品市场的影响，通过调控来改善宏观经济环境，实现农产品价格的平稳运行。应该更加关注货币流动性过剩、资本市场影响等宏观因素，防止经济过热、货币发行过多、资本市场异动，引发农产品价格过快上涨，保持宏观经济稳定，实现国民经济又好又快发展。

（二）建立、健全农产品价格监测和信息发布体系

资本化趋势明显的农产品价格影响因素较多，一有风吹草动就会引起市场主体恐慌，通过期货市场、资本市场的“放大”效应，很容易引起农产品价格的剧烈波动，需要加强对农产品价格的监测和信息发布，通过信息发布引导市场主体行为。要进一步加大对农产品价格信息体系建设的投入力度，加强基础设施建设，整合信息资源，强化科学分析，健全发布制度，创新服务模式，完善服务网络，逐步形成数据可靠、分析准确、发布权威的农产品价格监测和信息发布体系。

（三）大力发展生产提高农业综合生产能力

资本化趋势较为明显的农产品，往往是市场供求出现了缺口，通过金融市场、期货市场进一步扩大缺口，从而导致价格出现剧烈波动。因此需要大力保障市场供给，避免出现产品短缺预期。进一步加强重点加强高产稳产田建设和农田水利设施建设，改善农业生产条件，提高农业综合生产能力，使市场对农产品数量有稳定预期。

（四）建立储备体系调控市场供给

市场经济条件下，储备是国家调控市场的方法之一。要根据不同产品特性，建立科学的农产品储备体系，通过储备调整市场供给和价格。继续建立、完善部分大宗农产品临时收储政策，探索科学、灵活的收储启动和放储机制，合理调控市场供给，维持价格稳定。

（五）严格执行我国当前的生物质能源政策

我国人口众多，保障农产品供给尤其是粮食安全是头等大事。必须严格执行当前的生物质能源政策，限制粮食作物发展生物质能源，避免我国粮食市场价格较少受资本市场波动的影响。

（六）科学引导社会舆论和市场预期

要合理、科学地引导社会舆论和市场预期，减少宏观经济变化对农产品市场的影响。首先，有关部门和主流媒体要积极引导市场预期，及时发布农产品供求和价格信息，对农产品价格可能出现的剧烈波动苗头及时予以必要预警，并采取有效应对措施。另外，对于个别农产品价格的不合理上涨，国家有关部门应在及时发布供求信息引导市场的同时，打击市场投机和炒作行为，稳定市场和价格。

第六章

国际经验及启示

在经济全球化背景下，世界各国农业开放程度正在逐渐提高，农业及其关联市场范围更加紧密和广泛，但各国间的产品竞争也愈加激烈；受各国自然资源禀赋、社会经济和文化差异的影响，各国的农业产业政策之间仅存在一定的共性，但其差异性也非常显著。如何发挥农业产业的优势和竞争力将成为我国农业政策选择的重要方向之一。本章综合分析与比较同属经济发达且农业（土地）资源丰裕的美国和欧盟，以及经济发达但农业资源禀赋不足的日本等国家和地区的农业产业政策的最新动态。通过对这些国家农业产业政策最新动态的监测与比较分析，探求农业产业政策发展和演变的一般规律，为我国新时期农业政策选择提供重要的经验与启示。

第一节

世界大国农业政策及借鉴

这里选取四种发展较成功的典型大国农业模式进行重点分析，即多人口、强资源、强市场模式（以美国为例），少人口、多资源、中市场模式（以加拿大为例），密人口、少资源、依赖国际市场模式（以日本为例），区域一体化模式（以欧盟为例），进而总结世界大国农业的发展特点，并展望其发展趋势。

一、世界大国农业政策的新进展

（一）美国农业政策的发展变化

1. 农业政策的演变历程

美国的农业政策贯穿其200多年历史，其目标可以归纳为三个方面：一是提高农业生产效率；二是增加和稳定农场收入；三是提高社会福利和促进农业发展。美国农业政策体系完善，工具丰富。截至近期的《2012年农业改革、食品与就业法案》（Agriculture Reform, Food and Jobs Act of 2012）为止，美国在1933—2012年的80年间，一共施行了17个法案，平均每隔约4—5年左右，美国国会将会对农业法案进行修订，使得农业法案能够适应新的经济和社会环境。

2008年6月18日，美国国会通过了2008—2012年农业政策法案，即《2008年粮食、环保与能源法》。该法案不但延续了2002年农业法对农业的保护基本精神，而且继续将提供巨额补贴作为其农业支持政策的基本原则，但迫于国内外压力，美国政府对农业补贴政策进行了方向性调整，总的趋势是减少农产品价格和进出口方面的补贴，增加对农民收入和农业结构调整等方面的补贴。

2. 农业政策的最新动态

2012年4月26日美国参议院农业委员会通过了《2012年农业改革、食品与就业法案》（Agriculture Reform, Food, and Jobs Act of 2012）。这一法案将提交给众议院，经众议院修改并在国会通过后由总统正式签署发布。2012年农业法案执行期为5年，将形成2013—2017年美国农业政策的基本框架。美国是全球最大的农产品生产国、消费国和贸易国，跟踪美国农业立法进程有助于我们及时准确地掌握美国农业政策变化趋势以及对国际农产品市场与贸易产生的重要影响。

参议院通过的2012年农业法案有十二章内容，分别是商品计划、作物保险、环境保护、营养援助、贸易、信贷、园艺、能源、科研、农村发展、林业与其他。新农业法延续了以往《农业法》的许多计划，但也作出了一些重大调整。与2008年农业法案相比减少了3章，分别是2008年法案中的第11章畜牧业、第13章农产品期货和第15章贸易和税收，这3章内容或是被取消或是被融入其他章节，具体内容的变化主要体现在以下几个方面。

（1）建立农业收入风险保障（ARC）计划，取代直接支付（DP）、反周期支付（CCPS）等支持政策。

直接支付和反周期支付是2008年法案商品计划中保证农场主实现一定收入目标的主要政策。直接支付是一种“不挂钩”补贴，类似于我国的种粮直补，农户只要种某种农产品就可以按1998—2001年登记的种植面积获得补贴，可获得直接支付的产品包括（小麦、玉米、高粱、大麦、燕麦、棉花、稻谷、花生、大豆及其他油籽）。在过去的20年，美国每年通过直接支付方式给农民提供约50亿美元的农业补贴，但该补贴方式不考虑农作物价格以及收成变化情况，与仅在农作物价格下降或歉收的时候才启动的保险项目不同，因而一直备受争议。反周期支付是指当农民获得的有效价格（平均市场价格与直接支付率之和）低于目标价格（由法案确定的较为合理的价格）时，农民可以得到数量为目标价格与有效价格之差的补贴。在2012年法案中直接支付和反周期支付被取消，同时还取消了平均作物收入选择计划和补充收入援助付款计划。这些被取消项目将会被一个新的商品计划——农业收入风险保障计划所取代。新法案提高了对农民保险费用以及农作物保险公司的补贴，为农民和农场经营者提供良好的反循环安全网（counter - cyclical safety net）机制。当农户种植的作物收入低于最近5年平均水平的89%时，农业收入风险保障计划将开始为农民提供补贴，但补贴总额不应超过近五年平均水平的10%。该计划还规定调整后年收入超过75万美元农场不允许申请农业风险保障计划，并将农场可获得补贴的最高限额降低到5万美元。与之前不同之处在于给付启动标准改为农场层级，而非之前的申报作物地区（crop - reporting district）或州（state）。这个方案将帮助到一些真正需要协助的农民，且覆盖的产品范围与直接支付基本一致，受巴西起诉美国棉花补贴案的影响，棉花没有被纳入农业收入风险保障计划。

（2）扩大了作物保险所覆盖的产品范围，新增了对棉花的收入保险计划（STAX）和对其他作物的补充保险选择（SCO）。

新法案扩大了作物保险项目所覆盖的产品范围，主要是增加了水果、蔬菜等园艺作物。预算资金也有所增加，主要是新增了对棉花的累计收入保险计划和对其他作物的补充保险选择（SCO），分别为购买保险的棉花和其他作物生产者提供收入保障。累计收入保险计划是，当一个县范围内的棉花种植收入低于预期收入10%时，该计划将被触发，超过预期收入10%以上的损失由该计划进行补偿，但补偿上限为预期收入的30%。补充保险选择为除棉花外的其他作物种植收入提供保障，农场主可以选择个人产量的85%或县平均产量的90%作为上限进行投保，当产量或收入损失超过正常水平10%（参加了农业收入风险保障计划的生产者为21%）时，由该计划按投保量进行补偿。政府将对这两个保险计划的购买者分别提供80%（STAX）和70%（SCO）的保费补贴。

（3）取消了乳品价格支持计划、牛奶收入损失支付和乳品出口刺激计划，增加了乳品利润保护计划和市场稳定计划。

乳品是美国重点支持的农产品之一，新法案中增加了乳品利润保护计划（DPMPP）和市场稳定计划（DMSP），取代原有的乳品价格支持计划（相当于乳品的最低收购价政策，产品范围包括奶酪、脱脂奶粉或牛奶、黄油）、牛奶收入损失支付（相当于乳品的反周期支付）和乳品出口刺激计划（为乳品出口商提供出口补贴）。乳品利润保护计划保证牛奶的生产利润（全国牛奶平均价格和全国饲料成本之间的差额）不低于每英担4美元（每英担等于50.8公斤）。当乳品生产利润连续两个月低于4美元/英担时，按照利润差额给予生产者补贴。乳品市场稳定计划（DMSP）的目的在于当牛奶供过于求时，通过鼓励牛奶生产者缩减生产来保持供求平衡。美国农业部被赋予更多的权力和资源以制定相关措施来确保奶制品价格和饲料成本能够准确计算。

（4）新法案将环境保护项目从原来的23个整合为10个，主要项目的资金预算有所削减。

与2008年法案相比，2012年法案保留了几个较大的环保计划，例如保留了为保护土壤水资源而实施的休耕计划（CRP）、旨在促进农业生产发展的同时保护和改善环境质量的环境质量刺激计划（EQIP）、鼓励使用新技术和新产品实施高水平环境保护的环保管理计划（CSP）等，一些较小的和相似的环保项目被取消或者被合并。其中，休耕计划的休耕面积上限将从目前的320万英亩逐步减少到2017年的250万英亩，环境质量刺激计划和环保管理计划也将缩小保护范围和资金预算。新法案建立了两个新的环保计划——农业土地权属保护计划（ACEP）和区域合作保护计划（RCPP）。农业土地权属保护计划主要是政府通过购买农地开发权来保护湿地、草地和部分耕地。区域合作保护计划主要是鼓励一定区域内的政府、印第安部落、农民合作社等组织与农民一起改善土质、水质和野生动物栖息地。

（5）生物能源项目得到延续，科研和园艺项目的资金预算有所增加。

美国农业法案的有效期是5年，但政府一般会做一个10年的预算基线，在2008年法案中物质能源的预算基线只保留到2012年，没有进一步往后延伸。这意味着这些生物能源项目在2012年到期后将会被取消，因为政府预算的大盘子里没有为生物能源预留资金。但新法案仍然延续了绝大部分生物能源项目，并为其提供了5年8亿美元的资金预算，这就必须从其他项目中为生物能源项目节省资金。此外，政府还预留了11.25亿美元的资金用于今后5年生物能源项目的发展。科研方面，2012年法案不仅保留了原有法案中的科研项目和资金预算，而且要增加1亿美元的预算用于建立一个食品和农业研究基金，用于加强美国农业部的基础和应用研究。美国政府不断重视园艺作物和有机农业的重要性，新法案增加了5年约2.12亿美元的资金用于发展园艺作物和有机农业。

此外，需要特别提到营养项目①，因为营养项目是美国农业法案中支出最大的一项。2012年法案基本维持了2008年法案中的基本政策和资金预算，最主要的变化是通过修改项目规则来规范受益人和食品零售商在执行项目过程中的行为，并鼓励收益人购买水果和蔬菜等健康食物。该法案涉及食品安全内容变化的条款有：成功废除《2008年农业法案》提出的“由美国农业部负责鲶鱼检查项目”条款；暂不设立涉及鸡蛋生产过程的

---

① 营养项目主要为低收入和弱势群体提供食物援助，包括附加营养援助计划（SNAP）、食品紧急援助计划（TEFAP）、商品补充食物计划（CSFP）、食品分配计划（FDPIR）等。

动物福利标准；有关转基因成分配料标注条款未获批准。

3. 新农业法案的主要特点

通过对上述主要变化内容的分析，我们不难发现，美国参议院通过的新农业法案在内容调整方面主要有以下特点。

（1）农产品价格高位运行为新法案缩减预算提供了契机。2006 年以来，农产品出口增长和生物质能源发展带动了美农产品需求的快速增加，主要粮食和油料作物的库存下降到历史低点，加上美元贬值，使得农产品价格处在高位运行，农场经营状况得到极大改善。美国国会预期未来 5 年农产品价格将普遍高于目标价格，商品计划对保障农场主收入的作用减弱。因此，直接支付、反周期支付、平均作物收入选择计划和补充收入援助付款计划被农业收入风险保障项目所取代，这一变化每年约为财政节省了资金 15 亿美元。加上环境保护项目和营养项目通过合并重组节省的约 8 亿美元财政支出，整个农业法案预计每年将节省财政资金约 23.6 亿美元。

（2）保障农场主实现收入目标依然是核心内容。在政府财政预算紧缩的背景下，虽然新法案对农业收入支持项目进行了精简优化，取消了直接支付、反周期支付等收入和价格支持措施，但建立了农业收入风险保障计划，对较小的收入损失提供保障，同时新增了对棉花的收入保险计划和对其他作物的补充保险选择，为较大农业经营收入损失提供保障。通过，农业收入风险保障计划和作物保险计划的有机结合，有效实现了保障农场主收入的政策目标。

（3）新法案通过调整了支持手段以更好适应 WTO 规则。农产品出口是拉动美国农业经济发展的重要动力之一，也为平衡其他行业的贸易逆差作出了重要贡献。美国实施了农产品出口倍增计划，今后将继续大力开拓海外市场，扩大农产品出口。然而，美国对部分农产品的高额补贴招致许多国家不满，甚至遭遇了反补贴诉讼。巴西诉美国棉花补贴案的胜利为美国的补贴政策敲响了警钟，为了能够更好地遵守世界贸易组织（WTO）规则，美国 2012 年农业法案对部分产品的补贴政策作出了较大调整，减少了对价格和收入的直接支持，而是通过农业收入风险保障计划和作物保险对农场收入进行较为间接地支持，具有更高的隐蔽性。例如，为了应对巴西在世界贸易组织提起的诉讼，新法案不再对棉花进行价格和收入支持，而是专门为棉花建立一个收入保险计划为棉花生产者提供收入保障；乳品价格支持计划和出口刺激计划被取消，但增加了乳品利润保护计划和市场稳定计划。

（4）新法案更加注重政策的针对性。许多农业补贴政策的初衷是帮助中小农场，但由于政策设计不合理，大农场往往获得较高补贴，使得中小农场无法与大农场进行公平竞争。2012 年法案中对农场的申请条件和可获得的最高补贴进行了约束。例如在商品计划中，调整后年收入超过 75 万美元农场不允许申请农业风险保障计划，并将农场可获得补贴的最高限额降低到 5 万美元。

目前，参议院版的《2012 年农业改革、食品与就业法案》（Agriculture Reform, Food, and Jobs Act of 2012）和众议院版的《2012 年联邦农业改革和风险管理法案》（the Federal Agriculture Reform and Risk Management（FARRM）Act of 2012）都分别在参议院和众议院通过。这两个版本的农业法案在大的改革方向上是一致的，即一方面通过精简优化农业项目缩减政府财政支出；另一方面注重风险防范构建更加有效的农业安全网。但就具体内容而言，两者仍有一些不同。在构建农业安全网方面，参议院的法案更注重对生产者收益的保障而非价格支持，而众议院的法案可以让生产者在价格补贴和收益补贴之间进行选择；在生物能源和科研方面，与参议院法案不同的是众议院法案不仅没有增加预算，而且预算有所减少。参议院和众议院将对两个版本的农业法案进行进一步的讨论和谈判，两者不同之处或是取其一或是进行折衷，主要取决于不同利益集团的力量对比，但最终会形成一个统一的法案版本提交给总统签署，以完成 2012 年农业法案的制定。美国 2008 年农业法案即将到期，但截至 2012 年 12 月初，美国国会仍然没有通过新的农业法案，我们也将继续跟踪美国 2012 年农业立法进程以及分析可能对我国产生的影响。

（二）欧盟的共同农业政策

1. 欧盟农业政策的演变历程

欧盟共同农业政策（Common Agricultural Policy, CAP）是欧盟实施

的第一项共同政策，自 1962 年实施至今约 50 年历程，在稳定农业生产、促进欧盟一体化建设方面发挥了巨大作用。经过三次重要的改革和调整，共同农业政策关注的重点已经由起初的促进农业生产转向促进农村建设，以确保欧盟农村地区全面平衡可持续发展（表 6 - 1）。

表 6 - 1　　欧盟共同农业政策的历史沿革

政策措施	主要目标和解决的问题
早期政策措施	食品安全、提高产量、市场稳定、产量支持
政策危机及处理	过度供给、开支膨胀、国际摩擦、结构措施
1992 年改革	减少剩余、关注环境、稳定收入、稳定预算
2000 年议程	深化改革、增强竞争力、农村发展
2003 年改革	市场导向、关注消费者、农村发展、关注环境、与 WTO 协调一致
2008 年健检	深化 2003 年改革、新挑战、风险管理

2. 共同农业政策的最新动态

鉴于 2003 年欧盟共同农业政策改革将于 2013 年底结束，2010 年 9 月欧盟开始积极准备 2013 年后共同农业政策，改革后的共同农业政策应该能应对食品生产、全球化、环境、经济、区域途径、多样化、程序简化等 7 大主要挑战。同年 11 月 18 日出台了关于 2013 年后共同农业政策文件——《走向 2020 年共同农业政策——应对未来粮食、自然资源和区域挑战》，该公报提出 2013 年后欧盟共同农业政策改革的方向，以提高农业部门的活力和竞争力，实现“欧洲 2020”战略中提出的可持续、智能和包容性增长。同时进一步指出，欧盟未来共同农业政策的目标是保证粮食生产、对自然资源进行可持续性管理，并维护农村地区的平衡发展和多样性。

2011 年 10 月 12 日，欧盟委员会正式在官方网站上公布了欧盟共同农业政策（2014—2020 年）改革方案，这次改革在政策的目标和机制上均作出了重大调整。主要有四个目标：一是在食品安全（数量和质量）方面，保持欧盟农业各领域的竞争力；二是从现在开始为包括经济和生态的现代农业打好未来竞争力的基础；三是保障农业的可持续发展始终与欧盟的国土平衡保持和谐；四是简化和规范欧盟共同农业政策及管理机制。改革的具体措施有 100 余项，分别涉及农民的直接补贴、绿色及生态环境、农产品市场、乡村可持续、知识农业和科研创新等方面。

受欧洲债务危机的影响，欧盟的农业补贴预算有所削减，预计至2013年削减为预算总额的33%。从改革方案来看，未来改革的重点是改进目前的农业补贴政策，突出“公平性”，同时将农业生产与环境保护挂钩，重点发展“绿色”农业，具体改革内容主要体现在以下几个方面。

（1）直接支付标准与内容发生变化，提供更加公平合理的直接补贴。

目前，欧盟各成员国的直接支付标准与系统各不相同。欧盟共同农业政策（CAP）一直无法摆脱“80/20”的困局，即80%的农业国内支持被20%的大农场获得，80%的小农场只能获得CAP总量20%的国内支持。这些大农场主主要集中在一些老成员国中，新成员国小农场数目较大，欧盟农业补贴的发放方式被普遍认为不够合理。欧盟委员会强调，为了保证欧盟的粮食安全，农业补贴政策仍将是未来共同农业政策的第一大支柱，且成为未来改革的一个重点。欧盟计划自2013年实施“新基准”的直接支付计划，至2019年年初，所有成员国将在国家或区域一级实施统一标准的直接支付，以减少现行直接支付中成员国、地区以及农户之间存在的差异。为了实现欧盟委员会提出将目前成员间存在的差距减少1/3的目标，低于欧盟平均支付水平90%区域得到的直接支付水平将明显提高，致力于2020年实现各成员直接支付完全平等分配的长远目标。

改革还设定了直接支付最高限额。为了防止农民的贫富差距分化进一步拉大，欧盟采取了补贴封顶措施，即任何单一农场每年接受的最高支付限额为30万欧元，以防大型农场获得过多补贴，对小农户造成不公。为排除没有从事农业活动的直接支付申请者，欧盟委员会对“不活跃”农民界定为土地位于适合放牧和种植区域，但却未进行最基本的生产活动的土地所有者。

改革涉及对年轻农民和小农户的扶持。要求各成员国将直接支出的2%用于支持40岁以下的年轻农民，在其进入该行业的最初5年内，将会得到最高25%的额外支持。而种植面积低于3公顷，并且参加2014年实施的欧盟小农户计划的小农户，将根据其农场具体规模，获得每年500—1000欧元的固定支付。

（2）绿色农业发展得到扶持，有效应对环境挑战。发展绿色农业，在保证农业生产的同时有效应对环境挑战，将是未来欧盟共同农业政策改革的又一个重点。欧洲80%的土地是农业用地和林地，农民的耕种活动将对气候变化产生重要影响，同时也承受着气候变化带来的后果。

因此，在欧盟未来应对气候变化的过程中，进一步强调把发展环保型农业作为未来共同农业政策的重点。加强公共产品的针对性支付，对在环境管理方面做出努力的农民给予奖励。

事实上，在2003年的改革中，欧盟已经把关注环境问题纳入共同农业政策中。改革强制要求各成员至少将其中30%与鼓励生产者实施有利于应对气候变化和环境保护的生产实践相挂钩。如保持永久性牧场；保持种植作物品种多样性，要求农户在其可耕地上至少种植3种作物，每种作物至少占总面积的5%，最多不超过70%；保持耕地至少有7%的“生态重点区”，用于保留绿篱、树木、缓冲带、休耕地及自然景观特征等。

（3）市场干预机制趋向市场化，引入了新的保障条款。公共干预系统和私人储备支持已被证明是帮助生产者应对市场困境的安全网。为了进一步提高效率，改革草案引入了新的保障条款，确保欧盟委员会在特殊情况下，采取紧急措施以应对市场干扰。同时，欧盟配额管理产品不断减少，在牛奶生产配额、葡萄种植限制等措施终止后，欧盟食糖进口配额制度也将在2015年9月30日结束，之后食糖将被列入私人储备支持的产品清单。为了进一步提高生产者在食物链中的谈判地位，欧盟委员会正致力寻找一个更好的组织体制，将生产者组织认可的规则覆盖到所有部门。

（4）农村发展重要作用渐显，重视农村发展的动力、平衡及可持续等问题。作为欧盟共同农业政策的第二大支柱，欧盟的农业政策改革始终围绕农村发展的动力、平衡及可持续问题展开。成功的农村发展概念是将多年发展规划与成员国共同出资相结合，最大限度地实现经济、环境和社会三方面的基本要求。

考虑到农业发展已成为欧盟共同战略框架的重要部分，草案提出六个优先领域，以推动实现欧盟2020年可持续、智慧和包容性发展目标。这些领域包括：促进知识转移和创新，增强竞争力，促进食品链体制形成及风险管理，恢复、保护和加强生态体系功能，提高资源利用效率和向低碳经济转型，促进社会包容、减少贫困等方面。草案要求各成员国的农村发展计划可将优先领域与自身需要相结合，形成综合性措施，可视国情相应提高对青年农民、小农户、山区及延长产业链等方面的扶持力度。

此外，未来农村发展政策的一个新内容就是增加“风险管理工具箱”，各成员国可以根据自身情况采取措施帮助农民更好应对市场上的不确定因素和收入波动，保证农业产量和农民收入。这意味着欧盟农业生产活动的稳定性和可持续性将得到有力保障。

3. 共同农业政策改革的特点

与欧盟以前的共同农业政策相比，新方案是一个更加综合的方案，涉及欧盟农业、农村和农民发展的各个方面。欧盟未来的农业政策在经济上以及在环境上均具有竞争力。无论如何改革，共同农业政策中的两个支柱即直接补贴和农村发展措施都不会改变，但未来的改革在发放补贴时将更突出“公平”和“绿色”，而不是仅参照历史上的做法。2013 年后改革主要具有以下特点：

（1）减少共同农业政策未来的预算规模。由于欧盟每年超过 1000 亿欧元的财政预算中，共同农业政策支出的开支一直占最大份额，目前约占预算总额的 40% 左右，其中相当大一部分用于农业补贴。1984 年这一比重最高，为 71%，预计到 2013 年将会下降到 33%。受经济危机、欧盟扩大、地区发展不平衡等多种因素影响，欧盟共同农业政策的预算比例在 2013 年后将继续下降。

（2）欧盟的农业补贴将提供更客观和更公平的标准。在 2003 年的共同农业政策改革后，欧盟开始实行单一补贴机制，即根据土地面积的多少而不是产量发放补贴，但欧盟各成员国获得的补贴被认为依然不够合理，而且新老成员国之间获得的补贴存在巨大差距。2013 年后改革计划通过设定直接支付的最高限额来预防大型农场获得过多补贴，同时通过增加补贴的方式向年轻农民和小农户倾斜以促进农村的发展。由此可见，未来对农民的直接补贴将采取更客观和更公平的机制。

（3）加强了对农村发展政策的支持力度。欧盟最新的共同农业政策改革强调了对农村发展计划的关注，提出采取新措施和增加资金投入促进农村发展；此外，还鼓励农民在秋季收获后立即播种，以保证冬天的绿色覆盖率；鼓励农作物的轮种；保护生物多样性；提倡生态休耕等等。虽然欧盟共同农业政策的预算比例在未来将呈下降趋势，但欧盟农村发展政策的预算将有所增加。这充分表明，促进欧洲农村全面平衡可持续发展已经成为欧盟共同农业政策优先考虑的部分。

（4）监督与评估仍是共同农业政策执行的重要部分。在共同农业政策改革建议正式实施后，欧盟委员会每四年将对欧盟农业生产、可持续资源管理以及各成员平衡发展等方面影响进行分析，并提供评估报告。与此同时，欧盟委员会将把控制重点集中在有问题的地区，而相应降低对执行效果良好地区的检查要求。

目前，在欧盟共同农业政策的改革方案制订过程中，相关研究报告和欧盟委员会大会还在进一步讨论中，改革方案最后还需经过欧盟议会的审议和欧盟理事会的确认才能成为法律文件。据《欧洲之声》2012 年 6 月 19 日报道，欧盟共同农业政策的绿色改革正在被淡化。主要是由于多数成员国抵制欧盟委员会提出的 30% 直接支付与生产者环保实践相联系的做法，这些冲突可能会导致原在 2014 年 1 月 1 日生效的新共同农业政策延迟。但无论最终讨论结果如何，改革将紧紧围绕其两个主要支柱进行：一是保证食品生产，提高农业生产效率和竞争力，以确保粮食安全；二是支持农村地区的发展，改革不公平的收入分配，并最终增加乡村地区的公共产品供给。我们将继续关注欧盟 2013 年后共同农业政策改革的最新动态以及分析可能对我国产生的影响。

（三）日本的农业政策

近年来，日本农业政策从执行方式上发生了重大变革。从 1992 年制定食物、农业和农村政策新方向一直到 1999 年日本新农业法（《食物、农业和农村基本法》）的成立，标志着日本农业政策从过去依据以未来展望为特征的旧农业法，过渡为带有法律实施效力的计划和措施所支撑的政策目标和框架，并且新法规定每五年需要对计划和措施进行修订。

从最近日本实施的具体农业政策来看，日本在 2010 年 3 月制定了《粮食、农业、农村基本计划》，其中包括“农山渔村的 6 次产业化政策”和“收入直接补贴制度”等政策；2011 年 10 月制定了重构日本食物及农林渔业的基本方针与行动计划；日本内阁于 2012 年 7 月 31 日通过了《重构日本战略》，其中涉及的重构农林渔业战略中，其核心内容也是2011 年10 月制定的重构日本食物及农业的基本方针与行动计划（以下简称行动计划）。可见，今后一段时间日本政策主要集中于两个核心，即继续实施收入直接补贴制度并把行动计划付诸实施。

1. 农户收入直接补贴制度

2009 年民主党上台之后，开始实施其竞选纲领中对农村的“收入直接补贴制度”。该制度是对单位销售价格低于单位生产成本的农作物进行直接补贴。其实施目的在于确保农业经营稳定和国内农业生产能力，提高食物自给率，增强农业的多功能性。

直接补贴的作物主要包括大麦、小麦、甜菜、淀粉用原料的马铃薯、荞麦和油菜籽；针对水田，除支付有效利用水田的收入直接补贴之外，饲料作物、米粉和饲料用大米、WCS 稻、加工用大米和区域特色产品均属于直接补贴对象。

直接补贴的对象是参加国家生产数量限制计划且以销售为目的的销售农户（指经营面积在0. 3 公顷以上或农产品年销售额在50 万日元以上的农户）和村落农业经营组织（在村落内，具备两户以上农户参加和产品共同销售的两个条件的自愿建立的农业经营组织）。

该制度中的补贴主要由两部分构成：第一部分补贴主要包括旱作作物收入直接补贴、水田有效利用收入直接补贴，其中水田有效利用收入补贴又分为两部分，一部分是因参加大米生产数量调整计划而把水田转为种植一季其他作物或两季作物而获得的直接补贴，另一部分是登记在大米生产数量调整计划中用于种植水稻的水田所获得的大米直接补贴及大米价格变动补贴。

第二部分补贴是在第一部分补贴基础上追加的补贴措施，即包括根据种植旱作作物产品品质对补贴额度进行增减、扩大经营规模的追加补贴、撂荒地复耕的追加补贴、绿肥轮作的直接补贴、支援村落农业经营组织向企业经营转换的直接补贴和培训补贴、对地方政府开展直接收入补贴政策所需费用进行补贴。

2. 旱作作物直接补贴

旱作作物直接补贴是由以面积为标准的继续经营农业直补和按销售数

量为标准的数量直补两部分组成。继续经营农业直补是对上一年进行过旱作作物种植的经营者，按照每0.1公顷旱作作物种植面积2万日元的标准进行补贴。数量直补是在当年基准单位销售价格和单位基准生产成本存在差额时进行的直接补贴，补贴对象为大麦、裸麦、大豆、小麦、甜菜、淀粉用原料的马铃薯、荞麦和油菜籽（表6-2）。

表6-2 旱作作物数量直补标准

作物	数量	直补		旧补贴制度		新旧对比
		按数量直补的价格	按面积换算的直补金额	按数量直补的价格	按面积换算的直补金额	按面积换算的直补金额（新-旧）
		（日元）	（日元/0.1公顷）	（日元）	（日元/0.1公顷）	（日元/0.1公顷）
小麦	60公斤	6360	43700	6250	40400	3300
二条大麦	50公斤	5330	37600	4450	32200	5400
六条大麦	50公斤	5510	34200	4350	28000	6200
裸麦	60公斤	7620	40000	6430	35700	4300
大豆	60公斤	11310	38300	8540	28900	9400
甜菜	吨	6410	40300	7170	41300	-1000
淀粉用马铃薯	吨	11600	51500	12160	52900	-1400
荞麦	45公斤	15200	22600	—	—	22600
油菜	60公斤	5470	32000	—	—	32000

资料来源：日本农林水产省户别直补说明书。

3. 有效利用水田进行战略性作物种植的收入直接补贴

该直补是针对以销售为目的运用水田种植战略性作物的销售农户和村落经营组织为对象所实施的收入直接补贴。战略性作物包括麦类、大豆、饲料作物、米粉用大米、饲料用大米、饲料用水稻秸秆（Whole Crop Silage、青储水稻）、荞麦、油菜和加工用大米。

该直补还可以分为单季战略性作物直补和双季战略作物直补，二者补贴标准不一致。

（1）单季战略性作物的直补标准（一季直补）为：

种植麦类、大豆、饲料作物的标准为每0.1公顷补贴3.5万日元；

种植米粉用大米、饲料用大米、饲料用水稻秸秆（Whole Crop Silage、青储水稻）的补贴标准为每0.1公顷补贴8万日元；

种植荞麦、油菜和加工用大米的补贴标准为每0.1公顷补贴2万日元。

（2）种植两季（要求是一季为必须为大米或战略性作物，另一季必须为战略性作物）为对象的收入直接补贴（双季直补）标准为：每0.1公顷补贴1.5万日元。

需要说明的是，第一，如果种单季作物，且该作物既属于战略性作物，又属于上述旱作补贴作物，就要给种植该作物的农户或村落农业经营组织两种直补（即旱作作物直补和水田有效利用的一季直补）；第二，如果种两季，两季作物既属于战略性作物对象的作物，又属于上述旱作作物补贴对象的作物，就同时给予三种直补（旱作作物直补和水田有效利用的一季直补及双季直补）；第三，如果水田利用和畜牧业生产协作，即提供稻秆、放牧或施用利用畜牧业粪尿为原料的堆肥等，每0.1公顷补贴1.3万日元。

4. 大米收入直补和大米价格变动直补

大米收入直接补贴是以参加国家大米生产数量调整计划的销售农户和村落农业经营组织为对象，每0.1公顷直补1.5万日元。

大米价格变动直补是以参加国家大米生产数量调整计划的销售农户和村落农业经营组织为对象，当本年度单位大米销售价格低于基准单位大米销售价格时，按照基准单位大米销售价格与本年度单位大米销售价格之差额乘以0.1公顷大米平均单产，计算出0.1公顷大米种植的补贴定额，并以该定额为标准进行直接补贴。当本年度单位大米销售价格高于或等于基准单位大米销售价格时，不实施该直接补贴。

第二部分的追加补贴中，属于扩大规模的追加补贴标准是每增加0.1公顷追加直接补贴2万日元，撂荒地复耕追加补贴标准是平原地区每复耕0.1公顷追加直补2万日元、条件差的地区每复耕0.1公顷追加直补3万日元，开展绿肥轮作的每0.1公顷追加补贴1万日元，开展村落农业经营组织向公司化转变的村落农业经营组织，每组织直补 40 万日元并对其组织的组长和财务人员提供培训（表 6－3）。

表 6－3　单位面积大米和战略性作物种植间收入及可获直补的测算比较

单位：1000 日元/0.1 公顷，小时/0.1 公顷

作物	销售收入	收入直补			收入合计	经营成本	收益	劳动时间
		合计	其中旱作作物直补	其中水田利用直补				
	1	2 = a + b	a	b	3 = 1 + 2	4	3 － 4	
小麦	10	79	44	35	89	47	42	5
大豆	15	73	38	35	88	45	43	9
米粉用大米	25	80		80	105	66	39	27
饲料用大米	3	80		80	83	66	17	27
秸秆利用	3	93		93	96	66	30	27
荞麦	25	43	23	20	68	27	41	5
油菜	38	52	32	20	90	37	53	8
食用大米（参加国家生产数量计划）	113	15			128	88	40	27
食用大米（不参加国家生产数量计划）	113				113	88	25	27

资料来源：日本农林水产省编：《农业经营者户别收入补贴制度概要》（2012 年版），第 16 页。

表 6－3 是单位面积大米和战略性作物种植间收入及可获直补的测算比较结果。从典型种植案例来看，单季节种植油菜、大豆和小麦的单位面积收益较高，不参加国家生产数量计划的单位食用大米种植面积的收益因无补贴而受益最低。这也看出日本直补政策的诱导性。

可见，日本在增加针对农户和村落农业经营组织进行直接补贴的同时，也兼顾了贯彻扩大农业经营规模、提高农业国际竞争力的政策目标。

5. 日本食物及农业的基本方针与行动计划的目的、内容、目标和实

施重点

该行动计划已经于2011年度以第四次追加预算的形式开始实施，而且2012年日本农林水产省的预算均是围绕该行动计划而进行的。

该行动计划的目的主要是四个方面：①在打造满足需求的农业的同时，以美味、安全、环境友好为基础重构各项农业政策措施。②在逐步开展农业经营继承的同时，确保承担农林渔业的6次产业化经营的人才。其中，针对土地利用型农业可能今后5年因老龄化等原因会导致大量的务农人员退休的情况，通过彻底的讨论并达成一致意见，来实现真正的大规模经营。在经营结构中，使得大部分经营者在平原地区达到20—30公顷规模，丘陵和山区达到10—20公顷规模。为实现该目的，有必要对继承者、农地、生产对策和相关组织等措施进行修订，开展同步的一体化改革。③从发挥优势克服劣势的角度出发，以积极态度对整体农林水产政策进行修订，学习世界各国农林渔业从业者的经营方式、技术和农林水产政策，树立更高目标，引进优秀人才。④政府通过对农林渔业人员提供安全网，来维护农林渔业的多功能性。

从内容上来看，该行动计划主要包括七个方面的战略，第一个和第二个战略是其核心。这7个战略分别为：①增强竞争力和强化基本面的战略：发展具有较强可持续能力农业；②增强竞争力和强化基本面的战略：6次产业化经营、可增长的产业化和有效率流通；③有效利用农林渔村资源促进能源生产的战略；④重构森林和林业战略；⑤重构水产业战略；⑥建设抗震的农林水产基础设施战略；⑦采取积极有效措施应对核能灾害战略。

为进一步推动该行动计划的实施，2011年12月24日，日本农林水产省针对该行动计划提出了具体的方针和措施，并制定了相应的具体数字成果目标。具体目标主要包括：

（1）在所有存在人和农地问题的市町村和村落，通过彻底的讨论，力争2年后（2013年）制定作为解决人和农地的基本计划——地区农业管理计划；

（2）2020年耕地利用率达108%，食物自给率以大卡和产值分别计算达50%和70%；

（3）土地利用型农业经营单位要在5年后达到预期规模目标（平原：20—30公顷；丘陵山地：10—20公顷）的比例从现在的30%提升到80%；

（4）每年有2万青年人新从事农业；

（5）建立6次产业化基金，为6次产业化经营者提供增长资本和经营支援，5年后的6次产业的市场规模达到3兆日元，10年后达到10兆日元；

（6）2015年耕作体系的生产成本比2008年下降50%；

（7）到2020年农林水产品出口额达1兆日元水平；

（8）到2014年有机农场认证累计达34万个，有机JAS认定农产品产量比2007年提高50%。

该行动计划从2012年开始未来5年内集中实施。该行动计划所实施的重点主要集中于四个方面，即人和农地计划、增加农业新就业人员、农地集中及6次产业化。

人和农地计划政策体系是把增加农业新就业人员和开展农地集中连片政策有机地整合到一起，故其政策体系具有一定的合理性且可操作性强。

人和农地计划就是把未来开展农地集中的经营单位（个人、公司和村落农业经营共同体）、提供租赁农地的人员以及新从事农业人员的名单都要登记到该计划书中，如果没有登记，就不能获得户别直接输入补贴以及其他六个方面的直接补贴。

登录到人和农地计划书中的名单将可以接受六个方面的不同支持和补贴，即支援青年农业就业人员稳定经营的开始型直接补贴（每年150万日元，最多可享受5年）、农地集中的合作补贴（户别直接收入补贴、扩大规模直接补贴、提供土地人员的直接补贴）、长期大型借贷资金利息补贴（最初5年的利息全部补贴）、支援青年农业就业人员研修的准备型直接补贴（每年150万日元，最多可享受2年）、农业公司雇佣人员研修的直接补贴（每年120万日元，最多2年）和支援培育农业经营者的教育机关的补贴，前三个补贴与人和农地计划直接相关，后三个补贴与其间接相关。

增加农业新就业人员的措施主要从收入入手，通过提供支持和直接补贴方式，使农业就业人员收入和城市工薪阶层收入趋于一致，直接补贴主要包括上面提到的支援青年农业就业人员研修的准备型直接补贴、支援青年农业就业人员稳定经营的开始型直接补贴、农业公司雇佣人员研修的直接补贴和支援培育农业经营者的教育机关的补贴。

农地集中政策体系主要由三个部分组成，即有效运用农地法和税收优惠政策、村落或地区内依据制定的人和农地计划对租赁农地合作者直接补贴、户别直接补贴制度中添加扩大规模追加补贴。有效运用农地法和税收优惠政策主要包括由农业委员会开展撂荒地调查并对其指导，以促进农地集中，针对处于缓期支付赠与税和遗产税的撂荒地要取消缓期并立即支付税金，建立赠与税特例制度，如果是把赠与的农地租赁给农业经营者可以继续执行缓期支付赠与税；在村落或地区内依据制定的人和农地计划对租赁农地合作者直接补贴中，对提供租赁 0.5 公顷以下的农户直接支付给 30 万元，0.5 公顷至 2 公顷以下的农户直接支付给 50 万日元，2 公顷以上的农户直接支付给 70 万日元，而且租赁是对农地不能有附加条件；扩大规模追加补贴金是每 0.1 公顷直接支付 10 万日元。

6 次产业化的内容主要包括两个方面：其一是通过推动农林渔业经营者的产供销一体化经营，增加收入；其二是农林渔业经营者和第二产业及第三产业的经营者合作，开展区域营销并打造新产业。最终推动农林水产业成为可以赚钱的产业。在 6 次产业化推行过程中，2011 年 3 月 1 日 6 次产业法已经颁布实施，农林渔业从业人员如果得到 6 次产业化认证就可以得到优惠贷款、定期提供免费咨询及对其开发的新产品和扩大销售网络费用的三分之二提供补贴。

综合以上日本行动计划可以看出，日本是为了既推动国际经济合作进程又确保食物自给率而开展的综合性行动计划，其要点主要集中于“引人、扩地、增收、给力”，即通过吸引增加农业就业人员避免农业后继无人、通过扩大经营规模以提高农业生产能力和竞争力、及通过 6 次产业化提高农林渔业生产者收入和增强农山渔村的活力并实现地区性可持续发展。

从上述行动计划内容可以看出，未来承担日本农业生产的主体类型可以分成三类：第一类是以认证农业者[①]（不包括法人和村落农业经营组织）为主体的农业经营者（种植大户）；第二类是村落农业经营组织，这类组织5年之后需要转为公司经营形态；第三类是公司，主要包括农业生产公司及一般公司。2011年前两类的个数为222443个，第三类个数为15048个。再以岩手县花卷市A村落为例，2011年前两种经营者占经营者总数比例为56%，未来5年要达到80%。

此外，如果现有农户或农业经营者不能进入人和农地计划，就可能面临着未来拿不到直接收入补贴，而处于严重的经营困境，这也逼迫着这些小农户组建村落农业经营组织，以突破现有经营困境。日本销售农户目前正在不断减少，而村落农业经营组织数量迅速增加。2012年村落农业经营组织所覆盖的农户数达54.4万户，覆盖的耕地面积达50万公顷，已占日本总耕地面积的十分之一以上。可见，未来日本村落农业经营组织在农业经营主体中所发挥的作用将越来越重要。

表6-4　　日本村落农业经营组织设立数的变动趋势

时期	设立数	设立总数
1983年以前	2124	2124
1984—1988年	567	2691
1989—1993年	599	3290
1994—1998年	954	4244
1999—2003年	1580	5824
2004—2008年	7233	13057
2009—2012年	1679	14736

资料来源：《日本农林水产省村落经营实际调查的结果》（2012年）。

6. 日本农业政策演变的启示

目前，如果从人均GDP来看，我国农业农村正处于日本高速经济发展的20世纪60年代末期的水平，当时日本在食物消费结构逐步西化而国

① 认定农业者是指根据促进强化农业经营基础法的规定，对主动有计划开展改善自身农业经营，且制定的农业经营改善计划经市町村认可的经营者。

内大米产量急剧增加背景下，面临着大米过剩而其他粮食品种又不得不大量进口的困局，经过20世纪70年代以来的农业和农村变革以及全球化的影响，日本农业面临着后继无人，农山渔村面临着村落疲惫，这是否也预示着未来同处东亚地区的我国未来农业农村发展的缩影也不为过。因此，我国应该及时应对经济发展带来的挑战，未雨绸缪，也可以通过“引人、扩地、增收、给力”，以确保我国农业农村的可持续发展。

首先，从“引人”来看，我国农业生产过程中也面临着老龄化和20世纪70年代婴儿潮时出生的农民在未来也面临着大量退休问题，而新生代农民不愿从事农业而且从事农业生产的经历和经验存在不足。加强对新生代农民开展农业教育培训、为农业劳动力提供社会保障的同时，通过直接收入支持鼓励扩大经营规模和从事农产品加工等提高收入变得非常重要。当农业和农业外收入均衡时，农业才会变得更加有魅力。为此，有必要建立农民从事农业生产的直接补贴、扩大经营规模和土地流转的直接补贴，有效吸引有能力的农民从事农业生产，推动耕地向种植大户流转，推动村庄建立农业合作经营组织，开展农业作业和土地使用的合作，也有必要与企业合作开展农业生产，但对企业进入农业的条件需要严格设置。

其次，从“扩地”来看，我国每户农民的经营规模远远小于日本销售农户户均1.9公顷的经营规模，如果日本的行动计划得到成功，标志着80%以上的经营单位将达到10—30公顷的经营规模，对整个亚洲而言都具有非常强的规模优势，也不排除因日本重新利用休耕水田生产大米而冲击中国大米市场局面的出现。为此，我国需要引起警惕的同时，也有必要采取不仅对耕地集中连片和扩大经营规模进行直接补贴，而且对于提供土地的农户也进行直接补贴。

复次，从“增收”来看，我国倡导产业化经营已经由来已久，但目标对象都是强调企业，这也是我国出现“空心村”和留守儿童的重要原因之一。而日本强调的是农林渔业生产者源自是参与6次产业化，并且是基于确保维护村落共同体而开展的6次产业化，从这一角度而言，我国有必要推动源自农民自发开展的产业化经营进行做大做强，以提高农民收入的稳定增长。

再次，从“给力”来看，日本已经通过举办“旅游节”和建立观光点等方式，吸引城市居民到农村来，以增强农林渔村的活力和可持续发展。我国也可以借鉴日本经验，恢复古老的传统文化，以集结人心，推动农村发展。

最后，日本农协系统组织为农业经营者提供生产资料和销售农产品并提供着良好的生活设施，为农林渔业生产者免去了产前和产后以及生活之忧；日本农业委员会宛若“定海神针”保护着耕地不受侵蚀，为村落共同体和农业发展提供了坚实后盾。因此，我国有必要重新审视我国农业合作化进程，制定有效的耕地保护制度，以确保我国农业农村可持续发展。

二、美欧日农业政策的比较分析

（一）美国、欧盟和日本农业政策的共同特征

美国、欧盟和日本的农业政策在许多方面具有相同之处，其中不仅包括传统意义上的稳定农业生产和支持农民收入，还包括近年来确立的保障足够营养，保证食品安全与质量，促进农村发展以及鼓励环境保护等方面。

1. 农业政策的制定执行按照国家颁布的法令进行

美国、欧盟和日本虽然经济体制存在着各自的特点，农业现代化的起步也各有先后，并颁布了一些指导农业发展的基本法案。这些法案对政策目标、预算安排、政府执行机构的职责范围均作出了明确规定。通过这些法令对农业实行干预，可以使生产者、经营者共同遵守，也有利于消费者和广大群众进行监督。如美国自1933年首次将农业政策以法律形式确定下来后，基本每四五年国会便进行辩论，对原先的法案重新调整，形成一个新的基本农业法案。日本的《农业基本法》规定，政府每年必须向国会提出农业动态以及政府关于农业措施的报告，这也表明日本政府对农业的干预是依照法律进行。对于欧盟来说，从1962年欧共体共同农业政策以及后来的共同部长理事会发布了一系列的指令，1992年改革、《2000年议程》、2003年改革以及2008年共同农业政策均属于共同农业政策的法律框架。

2. 价格支持政策被广泛采用，更加注重应急市场稳定措施的实施

为了稳定农产品市场，保障农民收入，无论是美国、欧盟还是日本，

均采用一定程度农产品价格补贴。这些国家和地区对农产品价格调节政策，均是以市场机制发挥作用为前提，以不打破农产品市场交易的正常秩序为前提，对市场实现过程中政府不期望出现的后果，采用例如生产者补贴之类的补助方式。如美国根据农产品生产成本确定目标价格，政府对农业生产者进行差额补贴；欧盟共同农业政策也明确规定了目标价格和干预价格，干预价格比目标价格要低得多，但干预价格是共同农业政策的基石。日本除对大米价格进行直补以稳定市场之外，畜产品价格和蔬菜、水果、白糖、淀粉等都通过价格稳定机制对市场干预。在农产品市场急剧波动时，各国均注重应急预案和各项辅助政策的干预与调控。

3. 政府对农业的干预均采用财政支持为主，建立完善的政策配套体系

发达国家对农业发展的一个共同特点则是政府运用财政政策对农业给予有利的支持和保护。考察美国、欧盟和日本农业政策的成功经验来看，对农业的干预措施，核心即是财政措施，如各种补贴、税收优惠、农产品价格风险基金的建立等均涉及财政支出。此外，为配合财政措施的实施，往往辅以信贷措施。

4. 注重发展科技，引导现代农业投入，提高农业竞争力

由于现代农业的增长已主要不是依靠农业劳动和土地收入的增加，关键在于现代农业投入尤其是科技投入的增加。因此，无论是美国、欧盟还是日本，均重视农业科研和农业教育的发展。如美国的农业教育、科技和推广是“三位一体，政校合一”，这有利于农业科研成果能够迅速有效地转化为生产力。

5. 从收入补贴向收入风险补贴转变，更加注重稳定和增加农业收入

在农产品价格上涨背景下，欧盟和美国的收入补贴政策正逐步向收入风险补贴和安全网政策转变，日本大米直补政策中也有根据市场价格变动进行风险补偿的内容。可见，如何减少政府支出并增强市场机制的作用正成为这些国家未来农业支持政策的着力点。

6. 对生态和环境问题更加关注，加大有机农业和区域农业合作的支持，确保农业可持续发展

美国对环境保护项目虽有所削减，但增加了两个法案，即农业土地权

属保护计划（ACEP）和区域合作保护计划（RCPP）；欧盟更是把发展环保型农业作为未来共同农业政策的重点，要推进低碳经济，促进欧洲农村全面平衡可持续发展；日本则强调农业多功能性和增强区域活力，推动农村可持续发展。可见，加强环境保护，提高农村区域合作已经成为这些国家的共识。

7. 把农业结构调整与环境政策相结合，实施“休耕”政策

与欧盟的生态休耕、美国的环境保护休耕相比，日本的大米“休耕”政策则属无奈之举，即把生产大米的田地改为休耕或种植其他旱作作物。究其背后的原因在于发达国家存在粮食过剩或品种间结构性过剩的农业问题。这对于未来我国如何规避从中等收入国家迈入高收入国家中可能会面临品种间粮食结构过剩的农业问题具有一定的启示意义。

（二）美国、欧盟和日本农业政策的差异

由于农业资源禀赋、经济发展的历史阶段以及政治和文化等方面的差异，美国、欧盟和日本农业发展面临的问题也不尽相同，农业政策上也存在较大的差异，这些差异主要可以总结为以下五个方面：

1. 农业政策环境不同导致农业支持程度不同

从农业支持力度来看，由高到低依次是日本、欧盟以及美国。农业保护程度的高低与国内农业经营规模大小及人口规模紧密相关，即与农业可用资源禀赋有关。从平均每户农业经营规模来看，日本是 2 公顷（2010 年），美国是 169 公顷（2010 年），欧盟是 13.5 公顷（2008 年，德国为 45.7 公顷，法国为 55.5 公顷，英国为 59 公顷）；从 2010 年人口规模来看，日本为 1.27 亿人，欧盟 27 国为 5.02 亿人，美国为 3.09 亿人；从 2009 年耕地面积来看，日本为 4609 千公顷，欧盟为 120856 千公顷，美国为 165451 千公顷，人均耕地面积日本、欧盟、美国分别为 0.5 亩、3.6 亩、8.1 亩。

2. 农业政策目标存在较大差异

日本以确保食物安全保障为主，追求食物自给率的提高；美国把粮食和能源政策目标相结合，核心在于提高农场主收入；欧盟则更加追求农业生产与可持续发展及区域平衡的有机联系，关键在于突出农业补贴政策的

“公平”，发展“绿色”农业的潜力。

3. 农业政策手段选择重点不同

日本农业政策对农产品价格干预的力度最大，农产品价格支持占其国内生产者支持（PSE）的78%；欧盟也采用价格支持政策维持其较高的农产品价格，但以财政支持为主；美国政府主要采用财政支持政策，强调市场竞争的作用，对农产品价格干预的程度较低，基本上体现为农产品价格低于目标价格时，给生产者以平价补贴，美国农产品价格比较接近国际市场平均价格。

4. 对经营体的支持倾斜程度不同

目前，日本为开展土地集中和扩大土地经营规模，在政策上对骨干农户、村落农业经营组织和企业进行倾斜；欧盟采取有选择的扶持以及有效率的农场政策措施，注重公平性，开始对大经营体的支持进行限制；美国则更强调农业支持的公平性，美国对大农场获得的补贴正给予限制，从最新的2013年后美国农业法案来看，每个农场可获得的补贴限额降低为5万美元。

5. 对本国农产品的开放程度不同

从程度上看，美国农产品的开放程度最高，而日本和欧盟较低。美国由于人多地少，作为农业资源丰富的国家，农产品过剩一直是困扰美国农业的一个问题，因此，政府采取鼓励出口的措施外，其农产品市场基本上与国际市场接轨。日本除了饲料等农产品实行自由贸易外，许多农产品的进出口均由政府或指定代理机构控制。欧盟共同农业政策自20世纪60年代以来，就规定了进口农产品的“门槛价格”。究其原因，欧盟和日本农业资源短缺，导致农产品成本偏高，如果开放本国市场，那么，国内农产品不具备竞争优势。

三、构建我国农业产业政策体系的建议

我国是一个传统的农业大国，农业人口比例较大，农业在国民经济发展中有着更为重要的作用。要保持我国农业的持续稳定和快速发展，必须激发农业生产主体的生产主动性和扩大再生产的欲望。因此，我国农业政策的制定，要充分借鉴美国、欧盟和日本等一些农业发达国家和地区的农

业政策调整的经验和教训，完善农业国内支持政策，以促进农民增收、提高农产品国际竞争力和确保国家粮食安全为目标，建立健全一套完整的农业产业政策体系。

第一，从主要政策目标的选择来看，确保粮食安全和稳定供给是农业产业政策体系的根本所在，不仅要确保主要粮食基本自给，也要规避可能出现的粮食品种间结构过剩问题。

中国作为人口大国，农民人均耕地面积较小，而世界的粮食供给能力有限。基于此，中国需确保粮食基本自给为根本，一旦失去了粮食安全的自主权，就势必会丧失未来发展的主动权。近年来，随着国家扶粮力度不断加大，粮食综合生产能力连续 5 年稳定在 5000 亿公斤以上，产量实现了“八连增”。但从国内看，粮食供求关系总体偏紧，主要表现在消费需求刚性增长，耕地数量逐年减少，水资源短缺矛盾凸显，大量的毒地影响粮食生产，供需区域性矛盾突出，品种结构性矛盾加剧，种粮比较效益偏低，全球粮食供求偏紧等方面。在这样的背景之下，中国有必要进一步强化对农业支持的力度，一方面要确保主要粮食的长期基本自给，另一方面也要注意规避可能出现的粮食品种间结构过剩问题。

第二，从基本政策手段的选择来看，应注重财政、金融和税收等宏观政策的配合使用。财政与金融作为农业发展中政府干预的重要手段，其本身更是重要的宏观调控政策。没有政府农业预算支出，就谈不上对农业进行调控。因此，财政农业预算支出是政府施加于农业一切干预活动的基础。当利用有限的财政资金直接发放补贴难以满足农业发展对资金投入的要求时，欧盟和日本即采取配合使用信贷政策的方式，以优惠利率用贴息代替贴本，以此放大财政资金对农业支持的影响力。

第三，从农业政策主要形式的选择来看，应以农产品价格支持和现代农业投入补贴为主，并引入风险保障机制。在中国农业支持政策中，在加大价格支持和直接补贴及投入品支持的力度的同时，为了确保农业生产者在生产过程中的耗费能够得到基本补偿，就需要建立根据市场价格变动的收入风险保障机制或安全网机制。

第四，从农业生产主体重点的选择来看，要加大和引导农业支持政策向骨干农户和农业生产组织倾斜。有必要采取不仅对耕地集中连片和扩大经营规模进行直接补贴，而且对于提供土地的农户也进行直接补贴。

第五，从贸易政策的选择来看，有必要进一步加大农产品出口促进支持政策。建立各部门之间协调联动机制，为农产品出口营造宽松良好的经济发展环境。同时，建立重点企业联系制度，筛选确定出口规模较大、市场前景较好以及发展潜力较强的农产品出口企业，实行对口联系。

第二节 主要国家农业产业安全法律制度比较

从国外情况来看，主要国家在吸收利用外资的同时，对外资也根据国内产业发展情况、国内所处的发展阶段、人民生活水平等要素，对外资准入条件随时予以调整，对外资并购国内企业所引起的消极影响积极防范，从制度上予以建构，强化对外资并购的监管，防范其对国家安全的不利影响，一些做法值得我国借鉴和学习。

一、发达国家工业化不同阶段的农业立法比较

美国、日本和欧盟在过去一个世纪里的发展中，都运用法律制度来规范、调整农业生产，保护和增进农业生产者的福利，促进农村地区的协调发展。法律制度对于农业、农村发展的干预调整力度不断加强。

（一）工业化初期的农业立法

这一阶段，主要是指 1900 年前美国，1936 年前的日本，1913 年前的英国、德国和法国。工业革命在这些国家已经取得了成功，农业劳动生产率在工业革命前有了大幅度提高，但农业在国民经济中仍占据重要地位。土地立法成为各国工业化初期的最主要的农业立法，土地立法对各国的发展产生了深远的影响。各国对土地产权的界定，为以后的国家发展创设了

良好的制度因素；各国土地制度的差异，正成为日后各国不同农业发展道路的标志。

美国1785年颁布第一部土地法，规定出售土地最低面积为640英亩，每英亩售价1美元，要求一次性付清地价。但这种政策只对土地投机商和种植园主有利，大部分移民无力购买，出现了“强行移住”的现象。1862年颁布了具有深远影响的“宅地法”，终于在美国土地上实现了杰弗逊当初的主张，把公有土地赠送给真正需要土地的人。1862年宅地法及20世纪公布的几部宅地法，对于美国农业家庭农场制度的建立和巩固具有重要影响。在市场经济的作用下，工业化初期的小农经济迅速发展并产生两极分化。这是一种在没有封建主义生产关系束缚条件下的小农经济分化发展而产生的资本主义农场，这是农业资本主义发展的典型。列宁称之为“美国式道路”。美国在通过土地划拨，为农业乃至国民经济发展提供了有利条件。

与美国不同，英国、日本的土地关系都深深打上了封建主义生产关系的烙印。1660年，英国议会通过《土地保有制法》，规定未来设定的土地保有制形式应该是“自由、普通的索克保有制”（free and common socage），在新的土地保有制结构中没有给公簿保有地产权留出空间。1801年，英国通过第一个“一般圈地法”，旨在促进敞地和可耕地的圈占，但未提及对公地和荒地圈占的问题。由此注定了公簿保有制衰亡的命运。1887年颁布的《公簿持有权法》结束了新的公簿持有地的创设。1883年和1906年的两个《农业持有地法》规定，地主不得干涉农场主如何使用租佃的土地，如果地主单方面解约或者租约到期前将土地出售，农场主有权要求地主补偿土地改良所付出的资金。1922年通过《财产法》，规定所有的公簿持有农都被授予公民权，即公簿持有地成为自由持有保有地，实行无兵役租佃制，而公簿持有权附带的最后封建义务在1935年被取消。尽管转化后的土地在相当长时期内还残留着地主的一些习惯性权利，但传统的小农生产方式和庄园土地法律已经从整体上消失了，并被以大地产为基础的现代土地法所取代。英国的大农场制就是在这个基础上发展起来的。

日本明治维新时期的农业立法主要表现在土地改革上，承认土地私有，政府承认各村之地面为农民占有之土地。1872 年 2 月，解除幕府颁布的永世禁止土地买卖的禁令，宣布土地可以自由买卖，同年 7 月，通告在全国丈量土地，发给土地的实际所有者土地执照，确认其土地所有权。

这个时期的主要立法还有英国“谷物法”（1815—1846 年）的立废。1846 年谷物法的废除，是英国进入自由贸易时代的标志。1601 年英国制定济贫法，1834 年制定新的济贫法。虽然早期的济贫法以惩戒穷人为主要目的，但有的学者认为济贫法奠定了英国乃至欧美各国现代社会救助立法的基础，承认社会救济是公民应该享有的合法权利，是欧洲社会保障制度的起源。1909 年通过《劳工流动法》（Labour Exchanges Act），开始寻求建立劳动力市场的方法。英国在这个时期的立法具有重要的导向作用，表明英国在制度建设上走在当时世界的前列。

在学习德国合作社立法的基础上，日本在 1900 年（明治 33 年）颁布《产业合作社法》，因其作为日本军国主义帮凶在 1946 年解散，但其奠定了合作社立法的原形。

总之，在工业化初期最重要的立法特征就是土地产权的确立。正是这一阶段的农业立法，规划了以后美国式家庭农场、英国式大农场、法国“土地所有权与土地经营权合而为一”的典型的一家一户的小农经济、日本小农的发展，各国的农业发展道路由此分化。这种土地制度在一定程度上为资本主义发展开辟了道路，“从某种意义上说，摧毁英国封建制度的主要力量来自革命前被市场经济影响改造的农民”。土地法的制定奠定了经济发展的产权基础，自由贸易理论成为新古典经济学的教条，济贫法的颁布成为欧洲社会保障制度建立的起源，从中可以看到现代社会的雏形。

（二）工业化中期的农业立法

这一阶段，主要是指 1900—1955 年时期的美国，1936—1972 年间的日本和 1913—1970 年英国、法国和德国。这个时期农业立法的主要特征是国家开始更加有力地干预农业发展，在农业领域进行大量而广泛的立法，价格支持政策成为农业立法的主要方面。这个时期的农业立法有以下特征：

1. 国家对农业生产进行了立法干预

美国农业的价格和收入政策是农业危机的产物。1920 年的农业危机，农产品价格大跌，而生产资料和生活资料价格却下跌不多，农场纯收入总额从 1919 年的 100.6 亿美元降至 1921 年的 41.4 亿美元。农场主在这次危机中处境特别困难，不得不向政府求援。美国的工业化属于典型的农业工业拉动型，由于农场主无力购买农业机器，包括农业机械制造在内的农用工业随之陷入危机。1933 年的农业调整法，提出了价格支持、贷款率支持的政策，1933 年立法为美国后来的农业政策奠定了基础。

2. 农业立法开始更加关注工农之间的收入平衡问题

缩小城乡收入差距，保持工农业协调发展成为这一阶段的立法导向。美国历次农业调整法的制定和修改都是在农场主收入和政府财政之间平衡考虑的结果。价格支持的基础是要确立一个合理的"平价"，贷款率最初就是按平价确定的。这里所谓平价就是农民出售农产品的价格，这种价格与 1909—1914 年的农产品价格有相等的购买力。采取 1909—1914 年的农产品价格，是因为这一时期的农产品价格被认为是公平的。日本 1961 年农业基本法旨在提高农业生产力，纠正农业和其他产业之间的差距；更主要的是提高农业从业人员的收入水平，使之获得与其他产业从业人员同等的生活水平。从这个角度看，日本农业基本法的目标得以实现。

3. 开始关注农村发展

美国在艾森豪威尔和肯尼迪政府时期开始将更大的注意力投向农村发展。小农场的低收入问题在"1955 年农村发展计划"中受到特别关注。该计划主要目标是增加农村地区的就业机会，提高农村人口的收入水平。在肯尼迪时期，农村发展计划被《区域复兴法案》（1961）所代替，目标为增加农村地区就业机会，对条件较差地区进行财政拨款支持，并在商务部成立农村发展办公室。在建设现代农业过程中，通过将农业发展和农村建设相结合，通过农村环境的改造，为农业发展提供更好的条件，在韩国、日本、法国和我国的台湾省都有很多成功的经验。

4. 在农业领域进行广泛而大量的立法

农业领域的大量立法主要是在一国工业化中期完成的，包括市场主体的立法，如农业合作社立法；农村金融和灾害保险的立法；农民土地权益保护的立法；维持农产品市场流通体系的立法；促进科技进步的立法；国际贸易的立法、基础设施的立法等等。这些立法在很大程度上奠定了农业支持政策实施的组织基础。

（三）工业化后期的农业立法

这一阶段，主要是指 1955 年后的美国、1972 年后的日本和 1970 年后的欧盟及其主要成员国。这个时期美国、欧盟和日本等农业立法的特点是在世界贸易自由化的大背景下，农产品市场更加开放，农业立法的市场导向作用不断增强，政府调控更多是利用市场机制发生作用。该时期的农业立法的主要特征是：

1. 对农业的保护和支持在工业化后期得到全面发展

这种保护和支持涵盖了农业生产、价格支持、金融支持、科技服务、食品安全、贸易促进、区域协调、环境保护、生物质能源、农村公共服务和农业多功能性等多个方面。随着各国市场联系的日趋紧密和全球经济一体化程度日益深化，各国农业立法在价值取向、立法技术等方面出现了更多的同一性和相似性。农产品世界贸易自由化与各国多元化的农产品保护并存，特别值得注意的是 WTO 规则和 WTO 谈判，对各国的农业立法和农业发展产生着重要而深远的影响。谈判中的争斗和妥协，促进各国不断相互协调立场和改革国内制度。

美国、日本、欧盟在农业立法中，都对农业生产者的权利义务作出规范，提高农业生产者的收入和生活水平，协调城乡之间、产业之间的收入差距。农业生产者的自治组织代表自身利益，并将利益诉求反映到立法中，形成各种制度化的安排。

这一阶段的一个重要特征就是，各国的农业立法从保护转向支持，从价格支持转向收入支持，各国国内支持措施趋于一致，这反映了各国农业立法的规律性变化。尽管农业在国民经济中已经占有很小的份额，但各国非常重视农业，把农业作为整个国民经济的重要组成部分，还不断从农业中寻求新的经济增长点，并把农业发展作为振兴地方经济、促进各地区均衡发展的最重要手段。美国、日本和欧盟在这一阶段都减少了价格支持力度，用向农业生产者直接支付的收入支持政策代替或者部分代替价格支持政策。但与美国不同的是，日本、欧盟还较大程度地保留了价格支持的政策。

将国内农业补贴和支持政策框架置于全球农产品贸易规则之下的实践，最早可追溯到1993年解散的GATT乌拉圭回合谈判。为了减少农业补贴对世界农产品市场的不利影响，各成员国原则上同意在对一些国内农业支持政策予以豁免减让的基础上，逐步减少和消除国内其他农业补贴支出水平。

美国制定了一系列收入支持措施，其中直接支付和反周期支付都是以历史产量为依据对生产者提供支持。直接支付与当期的产量与价格无关，反周期支付与当期产量无关但与当期价格有关。另外设立灾害补助和作物补贴以及收入保险来减少天气等灾害引起的危险和损失，从而支持生产者的收入。灵活性生产计划是伴随着支付政策的一项改革，允许生产种植几乎所有的作物。价格支持计划仅在美国食糖、烟草和奶制品中继续适用。

欧盟的收入支持政策主要是补偿支付，即通过减少价格支持政策代之以直接支持政策而对生产者以历史产量为基础进行补偿。牲畜存量补偿是对牛、羊生产者基于牲畜头数给予的补偿，该政策2005年扩大到奶制品生产者。这些措施与当期价格无关，但与当前的种植面积和牲畜头数相联系。此外，只要生产者种植指定品种的作物或将土地休耕即可接受支付补贴。

日本主要提供两种收入支持计划。一是1988年实行的特殊商品稳定计划。当商品价格低于前几年平均价格时对农民进行补偿，政府为此提供了巨额基金，同时参加该计划的农民也按其产量认缴份额。传统的差额补偿计划是对生产者就商品的当前价格与指定价格的差额进行补偿，而不是与收入稳定计划一样采取平均价格。收入稳定计划和差额补偿政策都允许市场自行定价。这与美国的营销援助贷款和贷款差价支付政策相似。为了减少农业生产的风险，设立了作物补贴和牲畜保险。二是价格支持政策，尽管和过去相比，其重要性大为降低，但日本仍在实行。如为保持大米等农产品高额价格而对其生产、供给环节进行控制等。政府还通过高额关税等手段控制进口从而控制着甜菜、小麦和奶制品的市场价格。

2. 农村发展成为农业立法的一个重点

重视农业的多功能性成为发达国家农业发展的重要趋势，基于生态保护计划（或农村发展计划）的收入补贴，已成为农业支持体系的重要组成部分。欧盟共同农业政策、日本新农业基本法都更加注重农村发展的重要性，往往将农业发展与农村建设结合起来，为农业发展提供更好的环境。即使是农业资源禀赋有着巨大比较优势的美国，也越来越重视农业生产中的环境问题。美国1972年《农村发展法案》，明确提出对农村地区给予更有力的支持和承担更多的义务，希望促进农村社区发展和改善农村生活条件。1980年《农村政策法案》为领导机构、发展计划和农村发展进程建立有效制度。2002年农业法加强了保护计划的资助力度，农村发展是美国农业政策中一个值得关注的战略目标。政府的农村政策目标就是要引导和促进美国农村和现代社会的同步发展。美国农村基本实现现代化，现已呈现信息化和非农化倾向。政府继续加强通讯、电力、污染物处理、交通等建设的同时，加大了对全球定位系统、宽带网络、光纤及无线通讯等信息化发展支持力度。由于非农经济在农民收入和农村经济中所占比例不断提高，政府加强了对农村投资、农村居民职业技能培训和高科技知识教育体系方面的支持力度。同日本一样，美国专职农民已经越来越少，符合人均农产品销售额的农民已下降到216万人，为美国提供绝大多数农产品的农民（农场主）实际上仅为15万人（美国农业部2001年报告）。1999年农民的现金净收入为557亿美元，而非农业净收入达到1240亿美元，两者比例为1：2.2。此外，政府还注意加强对新能源利用的支持。2002年农业法中，“农村发展”方面的联邦政府支持力度为10.3亿美元，能源方面为4亿美元。美国2007年农业法强化了自然资源保留计划的措施。今后10年，共增加78亿美元用于实施自然资源保留计划，保护自然资源。在新农业法中，在“农村发展”方面，将支付5.47亿美元通过232个项目为农村提供安全饮水，另外，农业法规定将为农村发展项目降低贷款利率。

韩国在这方面有着成功的经验。1972年，韩国政府发起“新农村运动”，对韩国农业的发展起到了显著的推动作用。新村建设的内容几乎涵盖了农村社会和经济发展的所有方面，包括供水、供电、通讯、道路交通、田间水利、多种经营和村庄改造等。新村建设始终以改造农村为核心，资金主要来自于政府投资和村庄集资。政府投资通常年份在20%以上，有的年份达60%。新村运动使农村生产和生活环境得到明显改善，为韩国农业发展提供了基础设施方面的保证。

“农业多功能性”是影响日本农业政策的理论基础，发挥和应用农业多功能性是日本农业政策的主要目标之一。日本新农业基本法对农业发展的作用和功能进行了解释，明确提出农业不仅具有经济功能，还应该具有社会功能和生态功能等，将农业生产发展与自然资源保护、传统文化传承以及国民生活水准提高融为一体。促进农村振兴是日本农业政策的目标之一。农村是农业生产者的居住地，搞好农村建设可以吸引青年农民、改善农村社会精神面貌，从而增加促进农业生产的有效因素。新农业基本法第5条规定：基于农村地区在作为当地包括农民在内的居民的农作之所的同时，对可持续农业发展的基础性的重要作用，应通过改善农业生产条件和提高包括生活基础设施在内的农村福利，推动农村发展，以使供给食物等传统农业作用发挥的同时，农业多功能性能有效发挥。

在2007—2013年，共同农业政策的重点是在“第二支柱”：农村发展。在欧盟27个国家中有超过56%的人口生活在占土地面积91%的农村，农村发展是极其重要的政策区域。农业对土地利用和自然资源管理仍然是至关重要的，也是农村社区经济多样化的平台。因此，欧盟农村发展政策的强化在整个欧盟具有优先地位。农村发展将设立单独的财政和计划框架，以提高政策的一致性、透明性和可预见性。财政资金将用于三个方面：提高农业的竞争力、改善环境和乡村面貌、改善农村经济活动和提高农村生活质量。

二、主要国家产业安全法律制度

（一）美国产业安全法律制度

美国对外资准入采取自由政策，其立法模式是内外资统一立法，对外资并购行为实行反垄断审查和国家安全审查，其国家安全审查制度看似公开透明，其实是一案一审、自由裁量权大。

1. 外资管理制度

美国对外资一直采取自由开放政策，政府对外国直接投资，实行中立政策，既不反对、歧视外国资本流入，也不以任何方式补贴外国资本，对外国资本实行国民待遇原则。实行的是内外资统一立法，没有专门的、系统的外商投资法律制度，无论在联邦政府层次上，还是在地方政府层次上，有关的外资法律都很少，更少有具体实质性规定的法律制度，新法律也极少出现。

在开放国内投资市场的基础上进一步增强国内各行业的竞争优势。美国政府对外资基本上采取“门户开放”政策，它的总原则是鼓励外国投资者来美国投资，给予外资以“国民待遇”。除了出于国家安全考虑对某些领域的限制外，对外国在美国设立公司的投资方式没有限制。

除对某些领域出于国家安全考虑予以限制，对外国设立公司的投资方式并无限制。无对外资实行国有化政策。无论经常性项目，还是资本项目下的外汇，都无任何限制，可以自由进出。外国投资者可携带资金进入，也可在美国举债，并可自由汇出利润和清算所得。来去自由的政策为外国投资者提供了一个宽松投资环境。

美国在国防、通讯、交通运输中的航空和海运、自然资源开发、水力发电、原子能开发等少数领域对外资进入有所禁止或限制，对这些领域的外资进入实行控制，对其他领域和行业的外资进入基本放开，实行一些调查和报告制度。

在外资准入阶段，美国的法律是开放的，只规定了禁止进入的领域，但对于外资的并购却是实行严格监管的，特别是建立了国家安全审查制度，对重点行业的外资并购规定了专门的审查机构、审查对象、审查标准予以规定。

2. 贸易救济制度

作为最成熟的市场经济国家，美国是当今世界上贸易救济种类最多、制度构建最为严密、救济力度最大的国家。

美国与贸易救济有关的立法主要有下几部法律。经修改后的《1930年关税法》就反倾销和反补贴问题以及美国知识产权人的权益保护作出了规定。经修改后的《1974年贸易法》就非关税壁垒、对发展中国家的普惠制待遇、保障措施及301调查等问题作出了规定。经修改后的《1979年贸易协定法》将有关贸易救济、海关估价、政府采购、产品标准等成果纳入了美国的贸易法体系。《1988年综合贸易与竞争法》增强了行政部门的贸易谈判权以及对不公平贸易采取措施的权力，并全面修订了当时存在的诸多贸易法律，包括反补贴反倾销的法律、《1979年贸易协定法》以及《1974年贸易法》的301条款等。

美国的贸易管理部门包括国会、政府行政部门和私营部门咨询团体，国会通过一系列法律，将很多职能授权给相关行政部门，同时，行政部门与国会主要相关委员会以及私营部门咨询团体在工作上又保持密切联系。

美国贸易法中有关贸易救济的条款包括如下内容：美国贸易法中关于贸易救济的条款包括：201条款，301条款，303条款，731条款，332条款，337条款，406条款，421条款等。随着贸易保护主义的升温，配合其国际贸易的实践，美国在贸易救济立法和实践上呈现出了新的发展：反补贴的使用以及“双反”措施的实行；反倾销复审的作用加强；贸易救济权的多样性；利用检验检疫等贸易壁垒保护本国农产品。

（二）加拿大外资管理法律制度

加拿大与美国虽同为发达国家，但在外资管理方面仍存在着较大的差异。两国立法的经济背景不同，美国由于第二次世界大战后长时间处于世界经济领先地位，主要扮演资本输出国的角色，加拿大是后起的发达国家，也是引进外资很多的国家，其经济的发展既受益于外国投资，也受制于外国投资。其外资政策曾经历了一个开放——限制——再开放的过程。加拿大虽然有着丰富的资源，但国内资金和技术缺乏，因此从殖民时代起，外国投资在加拿大一直受到欢迎，先后促进了加拿大铁路、公路、河运、海运等交通事业及采矿业、制造业的迅速发展，故加拿大对待外资在当时采取的是开放政策。自由主义的外资政策同时也给加拿大带来不少消极作用，第二次世界大战后由于外国投资，特别是美资大幅度地涌入加拿大，并长期控制着加拿大许多重要经济部门，造成加拿大经济发展和产业结构失衡，因此，加拿大政府也开始重视运用国家权力干预经济，外资政策开始有了转变。1973年，加拿大制定了《外国投资审查法》，设立了

“外国投资审查局”，正式建立了对外国投资的审批制度，以抑制外国资本的过度扩张。《外国投资审查法》的颁布，标志着加拿大的外资政策从传统的开放政策转为实行限制①。

进入20世纪80年代后，政府于1984年正式宣布采取对外经济自由化的政策，重新开放企业，建立外国投资局，并于1985年制定实施《加拿大外国投资法》，取代过去的《外国投资审查法》，新法对外国投资采取了比以前大为宽容的态度。

加拿大又于1987年缔结《美加自由贸易协定》，1989年生效。这一协定将为货物、资本与劳务关系建立了一个单一的北美市场。至此，加拿大经济又进入一个重新开放的转折点，进一步开放的外资政策与立法已进入一个新的阶段。

1. 外资管理制度

维护本国利益，保护关键行业。关于关键企业的保护，一般未规定在外资法中，而是散见于联邦及各省特别法律中。这些关键企业包括金融、能源、交通、文化与通讯四大类。对关键企业的外国投资，均有严格限制，须经有关部门批准。外资股权亦限制在一定比例之内。外国投资者在加拿大建立商业实体必须在该实体开始经营活动前或30天内向相关机构备案。然而，如果该投资者已经在加拿大通过其子公司或分公司开展商务活动，之后其设立的子公司或分公司的行为则不必备案。

对外资并购的反垄断审查与国内企业一致，对不公平竞争提出审查意见也是依据加拿大投资法的规定，由加拿大工业部公平竞争局对于企业并购的投资项目需就公平商业竞争及损害投资的立场提出意见。即使不需经过投资法审查的投资项目，如果超过某一限度，在公司合并前必须向公平竞争局备案。外资并购中的国家安全审查制度，加拿大独具特色，是最早进行国家安全审查立法的国家。

加拿大投资法采取的也是个案方式接受评估以及投资者的保证申明制度。

---

① 苏旭霞：《国际直接投资自由化与中国外资政策》，中国商务出版社2005年版，第69—70页。

2. 贸易救济制度

加拿大现行的与贸易救济有关的法律主要有以下几部：《特别进口措施法》及其实施条例，是加拿大进行反倾销和反补贴调查最直接的法律依据。它们规定了反倾销和反补贴调查所涉及的全部实体问题和程序问题。《国际贸易法庭法》及其实施条例规定了加拿大国际贸易法庭在反倾销和反补贴调查中的职能及进行保障措施调查所应遵循的实体和程序要求。《海关法》授权海关部门对被采取反倾销和反补贴措施的进口产品征收反倾销税和反补贴税。《海关关税法》是海关法的配套法，规定了对采取反倾销和反补贴措施的进口产品征收反倾销税和反补贴税的条款。《进出口许可法》授权国家贸易以及出口控制局等政府部门对特定产品的进出口数量限制和监控措施，与加拿大保障措施调查和采取措施有关。《执行世界贸易组织协定法》规定了加拿大如何履行 WTO 谈判中承担的义务及根据谈判成果修改其国内法。《c—50 法案》是根据中国加入 WTO 议定书和工作组报告中的有关承诺，适用于针对中国进口产品的特殊保障措施调查。

加拿大救济体系运行的主管机构包括边境服务署、国际贸易法庭、国际贸易部、财政部和联邦法院等。边境服务署负责反倾销和反补贴调查申请的接受并决定是否立案，负责倾销幅度和补贴额的确定以及是否征收反倾销税和反补贴税。国际贸易法庭在反倾销、反补贴的调查中，主要负责调查倾销、补贴或进口激增是否对国内产业或其建立造成实质损害或威胁，进行公共利益调查以及复审调查的启动。财政部负责制定和管理关税及贸易救济政策，牵头参与 WTO 有关贸易救济规则的谈判，反补贴和保障措施调查过程中同其他国家（地区）政府之间的磋商等。国际贸易部主要负责协调并参与反补贴和保障措施调查过程中同其他国家（地区）政府之间的磋商，协调组织同其他国家（地区）之间的贸易争端的应对工作。联邦法院负责对国际贸易法庭和边境服务署在贸易救济措施调查中所作的最终决定进行司法审议。

（三）欧盟产业安全法律制度

1. 外资管理法律制度

欧盟准入制度较为自由，如英国不存在任何外资准入审查制度，也无任何影响出入境投资（直接或联合投资）、收入及资本的汇出、持有外币账户以及贸易结算等方面的外汇管制限制，利润自由汇出。

欧盟关于并购控制的相关原则最初是规定在《罗马条约》中的，即“欧共体（欧盟前身）范围内企业间的联合行为或企业市场支配地位的产生，在‘影响成员国间贸易’的条件下，将被认为与共同体相悖”。1989年，当时的欧共体理事会发布了关于控制企业并购的第4064号条例，即通称的《欧共体企业并购原则》。该条例于1990年9月生效，并与《罗马条约》中的有关内容共同成为欧共体对企业并购行为进行调整的政策基础。

2. 贸易救济制度

欧盟对一些水果、蔬菜或园艺产品除按从量税或复合税征收关税外，还征收季节性关税。在欧盟区内出产同类产品的情况下，欧盟会按时令调整进口关税。近年来，欧盟颁布了大量技术法规和标准，并制定了相应的合格评定程序。欧盟技术法规多以指令形式发布，内容包括产品包装和标识、生产加工工艺、安全质量等方面的要求。欧盟成员国通常会根据欧盟的指令制定具体的实施规则。欧盟通过统一的或适用于某成员国的合格评定程序确认相关产品是否可进入欧盟市场。

2006年以来，欧盟为强化对食品生产、流通及销售全过程管理，出台了一系列的新食品安全法规，其中对从第三国进口到欧盟的水产品、肉食产品、肠衣、奶制品以及部分植物源性食品的官方管理或加工企业的基本卫生以及食品污染物的限量标准、食品标签等提出了新的要求，新法规既保护公众健康，也保护动物的健康和福利。

（四）日本产业安全法律制度

1. 外资管理制度

日本的外资政策经历了由封闭到逐步开放、有限自由、选择鼓励的过程。20世纪60年代以前长期对外资一直实行严格限制、谨慎利用的政策，日本于1950年制定了外国投资法即《关于外国资本的法律》，这一法律对外国投资的限制较多，审查较严。20世纪70年代以前，外资占有企业50%以上股权者，很少被批准。对于电力、煤气、采矿、运输、造船、渔业和银行业等20多个部门，政府给予特殊保护，对外资进入控制更为严格。20世纪60年代，日本因加入国际货币基金组织及经合组织而不得不对外开放，为此日本制订了一项谨慎而合乎国情的自由化方案，对产业按不同的国际竞争力进行分类并逐步逐项放开。具体的做法是，将产业分为三类，第一类是有一定国际竞争力但在个别方面尚落后于国外企业的产业。这类产业外资可占到项目企业的50%的股权，并对新建企业实行自动许可。第二类是水平与国外相当的产业，同样也对新建企业自动许可。第一、第二类产业以外的产业属于第三类产业，仍实行自由政策，投资该类的外资须经个别审批。日本先后数次实行自由化，逐年扩大开放产业的范围，而缩小受限产业的范围。至1975年以后，受限制的外资行业只有农林产业、矿业、石油业及皮革制造业。

对外国投资者的投资进行审批所依据的法律是《外汇及外国贸易法》。1992年以前对外国的投资实行事前审批制度；1992年后改为事后报告制度。1997年后对外资仍采取事后报告制度，但涉及国家安全、妨碍公共秩序和公众安全的行业等，实行事前申报、审批制度。

日本对外资并购的反垄断审查是通过其《禁止垄断法》的实施来实现的。日本对外资并购的国家安全审查，由财务省或者其他主管部门依据外汇及外贸法的规定进行。依该法规定，若外资并购涉及损害国家安全、扰乱公共秩序、妨碍公共安全保护以及对日本正常经济管理有重大不利影响等情况，可能属于“有关国家安全的外国直接投资”，应向财务省或其他主管部门申报，审查的部、省可以否决危害国家安全的并购。但“有关国家安全的外国直接投资”的具体内容由于没有法律规定而只能根据实际情况个案认定①。

日本外资并购国家安全审查机制下的主要法律依据是《外汇及外贸法》和《促进进口和对日投资法》，此外，还有《独占垄断法》、《证券交易法》和《商法》等相关法规的配套，形成了较为完善的外资并购国

① 国家计划委员会政研室综合处：“利用外资和国家产业安全——美、日、韩、墨四国的政策与借鉴”，《我国软科学》1997年第2期。

家安全审查法律制度。日本的外资并购国家安全审查制度主要规定于《外汇及外贸法》中。

2. 贸易救济制度

日本是一个以贸易立国的国家，其贸易政策立足于开拓国际市场，以最大限度地获得贸易利益作为其目标。与欧美相比，日本极少运用“两反一保”措施来保护国内产业。

日本反倾销和反补贴法律的国内法渊源主要有三项：《海关和关税法》、《反倾销和反补贴命令》、《关于反倾销及反补贴程序的说明》。《海关和关税法》中关于反倾销和反补贴的规定主要是第9条。《反倾销和反补贴命令》是日本内阁为了实施《海关和关税法》第9条而制定的。日本内阁还通过了《关于反倾销及反补贴程序的说明》，对如何实施《海关和关税法》第9条及《反倾销和反补贴命令》作了具体的规定，事实上它是日本反倾销法的实施细则。日本的保障措施制度由两套体系构成：第一，由财务省（MOF）管理的“紧急关税措施”体系，包括1961年《海关关税法》第9条、1961年《关于紧急关税的政令》、1994年《协调性指南》和1995年WTO《保障措施协定》；第二，由经济产业省（METI）管理的“紧急数量限制”体系，包括1994年《关于产品进口增加时的紧急措施的规程》、1994年《协调性指南》和1995年WTO《保障措施协定》。

三、对我国产业安全法律制度的启示

总体来看，国外在外资管理法律制度方面有一些经验可供我们借鉴，给我们启发。

（一）国外外资管理法律制度对我国的启示

1. 出台专门规范外国投资的法律

美国虽有反垄断方面的法律，但仍针对外国投资制定了《1950年国防生产法》、《1988年综合贸易和竞争法》第5021款、《1993年财政年度国防授权法》第837（a）项、《2007年外国投资和国家安全法》；加拿大在《竞争法》之外制定有《加拿大外国投资法》；俄罗斯在《反垄断法》

之外，也制定有《外国投资法》、《对保障国防和国家安全有战略意义的商业组织外国投资法》。

2. 根据形势变化及时调整监管政策和法律

这一特点在美国体现得非常明显。美国尽管长期鼓吹投资自由化，但其对外资的监管和追溯至1917年的《与敌国贸易法》，该法配合美国加入“第一次世界大战”，授权总统没收敌国在美所有财产；其后，又配合朝鲜战争制定了《1950年国防生产法》，对外资进入与国防相关的部门予以严格限制；20世纪80年代末期，针对日本企业大量并购美国企业的实际，又出台了埃克森—弗罗里奥条款，授权对外资并购进行国家安全调查；2006年，阿拉伯联合酋长国国营公司迪拜港口世界（DPW）收购英国铁行港口（P&O），并接手后者在美国六个主要港口的经营权，尽管迪拜港口世界最终被迫放弃了美国港口的运营权，但该收购案却刺激美国国会通过了《2007年外国投资和国家安全法》，进一步以国家安全的名义强化了对外资并购的管理，针对西方国家特别是美国通过立法监管投资的举措，俄罗斯总统普京也在任期结束前的2008年4月29日，签署了《对保障国防和国家安全有战略意义的商业组织外国投资法》，强化了42个经济领域的外国投资管理。

3. 划定禁止或限制外资进入的产业领域

根据埃克森—弗罗里奥和《2007的外国投资和国家安全法》、外资收购美国“关键基础设施”要接受国家安全审查，而认定关键基础设施/关键资源清单包含了18个部门：农业和食品；国防工业基地；能源；公共健康和卫生保健；国家历史文物和象征；银行业和金融业；饮用水和水处理系统；化学；商业设施；水坝；紧急服务；商业性核反应堆、核物质和核废物；信息技术；电信；邮政和航运；运输系统；政府设施；关键制造业。

加拿大将文化产业、运输业、金融服务业和铀矿业列为“敏感部门”，对外资进入上述产业，不论投资额多少，都要进行审查。俄罗斯《对保障国防和国家安全有战略意义的商业组织外国投资法》，将渔业、核能、密码设备、航空航天、武器及军用装备和技术、电视及大规模广播和书面媒体、电信（互联网提供商除外）、地质调查和勘测、具有联邦重要性的土地开发等42个部门划定为对保障国防和国家安全有战略意义的经济领域，外资进入这些领域并购有投资比例限制，并要获得事先批准。

4. 成立专门的外国投资审查机构

审查机构有两种模式：一种以美国、俄罗斯为代表，由相关行政部门负责人组成跨部门的审查委员会；另一种以澳大利亚、加拿大为代表，由专家委员会或行政机构行使审查职责。成立于1975年的美国外国投资委员会（CFIUS），是美国行政系统中监控外资影响和协调有关政策执行的主要机构，成员包括财政部、国家安全部、商务部、国防部、国务院、司法部、能源部（2007年新加入，但不享有投票权）等8个行政部门和美国贸易代表办公室、科技办公室、管理和预算办公室、经济顾问委员会、国家经济委员会、国家安全委员会、国家情报总监（2007年新加入，不享有投票权）等7个白宫机构的负责人；此外，总统还可一般性地指定或个案指定其他行政机构的负责人加入该委员会。2008年7月6日，俄罗斯成立外国投资监管委员会，由总理、第一副总理分任正、副主席，联邦反垄断署署长任执行秘书，其他成员还包括三位副总理、联邦安全会议秘书及联邦技术服务和出口控制署、原子能署、司法部、经济部、空间局、国防部、自然资源和生态部、工业贸易部、能源部、通讯部等部门的主要负责人。澳大利亚1976年成立了由4人组成的外国投资审查委员会（FIRB），负责审查依法需要审查的外资项目并向财政部长提出处理建议。加拿大的对外资审查工作由工业部投资审查司实施，涉及文化产业时，由遗产部文化产业投资审查小组实施，在美、俄模式下，审查机构对外国投资拥有一定的（如美国）或最终的（如俄罗斯）决定权；在澳、加模式下，审查机构只具有咨询和建议性质，最终决定由相关部长作出。

5. 建立严格的审查制度

美国外国投资委员会管辖的交易是指任何可能导致外资控制的并购（但外商创建企业除外），其程序可分为审查、调查（如必要），报总统决定（如必要）三个阶段，审查程序既可以由并购的任何一方申请启动，也可以由总统或委员会主动启动，只要美国总统认为适当，即可中止或禁止某项并购交易，且所作决定不受司法审查。值得注意的是，美国外国投资委员会的审查程序只是美国法律授权对外国投资进行审查的三个主要程序之一，美国国防部的国家工业安全计划（National Industrial Security Program），防止国外公司通过并购获取难以通过出口控制许可获取的关键技术、机密信息，不同法规中的关键产业条款同样要求外国直接投资者接受审查。加拿大的外资审查程序分为初步审查和实质审查两个阶段。在审查过程中，工业部投资审查司或遗产部文化产业投资审查小组会征求相关联邦部门的意见以及被并购的加拿大企业重要雇工和资产所在地投资部门的意见。在审查决定方面，无条件批准或彻底拒绝均比较少见，要求投资者在事实上期限内承担某些义务属于常态。与美国一样，俄罗斯《对保障国防和国家安全有战略意义的商业组织外国投资法》也适用于外资并购，而不适用于外资新建企业（但如进入该法调整的经济领域，则可能需要获得其他法律规定的许可），审查程序包括两个阶段：联邦反垄断署的审查和外国投资监管委员会的决定。反垄断署和外国投资监管委员会的决定均可向法院起诉。

6. 采用抽象的国家安全等审查标准

近年来西方国家外资管理的一个突出特点就是以国家安全的名义实施审查。国家安全是一个国家最核心的利益，在这一名义下，即使实施投资保护主义也冠冕堂皇，其他国家也难以从法律上予以攻击；国家安全又是一个抽象、不确定的概念，各国针对这一概念拥有极大的自由裁量权。美国国会研究部的一份研究报告对此就坦率指出：美国国会和行政部门均无意对国家安全进行定义。尽管美国埃克森—弗罗里奥条款和《2007 年外国投资和国家安全法》，要求总统及美国外国投资委员会在审查并购对国家安全的影响时可考虑以下因素，包括：外国公民控制国内工商业活动对满足国内安全要求能力的影响；并购对关系国家安全的美国技术领先领域的潜在影响；对包括主要能源资产在内的关键基础设施潜在的有关国家安全的影响；对关键技术潜在的有关国家安全的影响；并购交易是否属外国政府控制的交易；美国对能源和其他关键资源和物资需求的长期规划；总统或委员会认为应当考虑的其他因素等等，但这些因素同样是模糊、不确定的，仍要靠审查者自由裁量，何况总统的决定（属于政治决定）还不得向法院起诉。澳大利亚《1975 年外资并购法》同样要求财政部长禁止他认为“与国家利益相悖”的并购，但也没有明确何为国家利益、何为与国家利益相悖。这些原则多数是模糊的、不确定的。加拿大在审查外资时采用“是否能给加拿大带来净利益”的标准。在具有评估“净利益”时，包括6项宽泛的因素：对就业、出口、进口产品的利用及加拿大经济活动的其他方面的影响；企业运营中加拿大人的参与；对加拿大生产力、效率、技术发展、产品创新和产品多样性的影响；对竞争的影响；与国家工业、经济、文化政策的一致性；对加拿大在世界市场上竞争力的贡献。这些因素同样赋予审查机关广泛的自由裁量权。

7. 高度关注外资并购对农业领域的影响

农业关系国计民生的战略产业，各国都根据本国国情，对农业领域外资并购作出相应限制。美国关键基础设施/关键资源清单的第一类就是“农业和食品”，其《1978年农业外国投资披露法》要求取得或转移农用土地（证券利益除外）的外国人，必须在90天内向农业部长报告；肯塔基州要求外国人在取得土地后8年内成为美国公民，否则必须将土地出售；美国渔业公司中外国人持股份额有比例限制，渔业证只能发放给美国公民。俄罗斯也将渔业列为对保障国防和国家安全有战略意义的经济领域。在瑞典的外国公司不能拥有农田、森林、水资源等自然资源，也不能取得拥有上述资源的其他公司20%以上的投票股权。巴西外国企业购买农用土地需经巴西农业部批准。埃及不允许外国人拥有农业用地，也不允许外国人投资棉花种植业。

（二）国外贸易救济制度对我国的启示

我国加入WTO以来尤其是三年的过渡期结束后，对外贸易摩擦呈多发态势，贸易救济面临着更大的挑战。美国、加拿大、日本和印度四国的贸易救济体系各有特色，它们的成功经验可以为构建和完善我国的贸易救济体系提供极为有益的借鉴。

1. 坚持国家利益至上的原则，以保护国内产业为目标

在构建和完善我国的贸易救济体系时，一定要坚持国家利益至上的原则，充分认识到我国在综合国力和人均发展水平与世界强国之间的巨大差距，切忌搞国际主义，置国家利益于不顾，在市场开放上与发达国家攀比。而应对外扩大我国商品和服务的市场准入机会、消除外国贸易壁垒，

对内维护公平贸易秩序，维护国内产业安全。同时，在谋求中国的国家利益时，应将自身利益融入全球利益之中。在贸易救济问题上，坚持以合作促发展，以救济促合作。

2. 构建以守为主、以攻为辅、攻守兼备的贸易救济体系

近年来，我国对外贸易摩擦有增无减，且呈现出复杂性、严峻性和长期性的特点。通过对美、加、日、印四国贸易救济体系的分析，结合我国的实际，笔者认为，我国应当构建以守为主、以攻为辅、攻守兼备的贸易救济体系。在贸易救济实践中，针对不同的国别，采取不同的策略，对于欧、美等贸易顺差较大的国家，应当采取防御对策，对于日本、韩国及印度为代表的一些发展中国家应当采取主动的进攻对策，消除出口中的贸易壁垒。

3. 完备的贸易救济法律体系

加入 WTO 以来，我国加强了贸易救济方面的立法，已初步建立了进口贸易救济法规体系，基本上做到了贸易救济的立法先行。但是，与美国等国家相比，我国的贸易救济法律法规规定过于笼统，操作性不强，因此，进一步制定和完善配套法律法规十分必要。一是加快对我国反倾销、反补贴和保障措施法律条文的研究，借鉴 WTO 相关协议和其他主要成员国内“两反一保”法律规定的方法，细化和明确“两反一保”法律的关键条文；二是加快对反规避措施的立法，完善反规避制度。

4. 适当援用 WTO 的规则，兼顾我国产业状况灵活运用

可以学习印度等国的做法，在贸易救济立法上与 WTO 的规则保持一致，但是可以充分利用 WTO 给予各成员方的立法自主权，结合中国的国情尤其是国内产业的状况完善我国的贸易救济制度。WTO 的贸易救济协定，有些规则仅仅是对最低限度的要求，即便是成员方在国内立法中作出高于最低限度的规定，也不违反协定，因此，我国的贸易救济规则只需符合 WTO 的最低限度的要求即可；有些规则具有较大的弹性，在接受或运用这些规则时，应尽量考虑救济国内产业的需要。如《反倾销协议》只要求倾销和损害之间存在因果关系，而并未规定倾销必须是造成损害的主要或实质原因，在反倾销实践中，可加以灵活运用，使国内产业获得更多的救济机会，更好地保护国内产业的安全。此外，还可以借鉴加拿大的做

法，在履行WTO义务和我国有关承诺的基础上，结合具体国情，进一步用足用好许可证等贸易管理手段和反倾销等贸易保护手段。

5. 合理利用多、双边机制，维护我国企业利益

随着我国与其他国家双边经贸关系的发展和相互依存度的提高，任何贸易摩擦的激化或单边及双边的制裁都会导致两败俱伤的结果。因此，要合理利用多、双边机制，维护我国企业正当权益。首先，可以学习加拿大的做法，积极参与到WTO的多边贸易谈判之中，不仅仅做一个规则的接受者，更应该做一个规则的缔造者。其次，还可以学习日本的做法，尽量将贸易摩擦通过协商等方式来解决，最大限度地减小因实施贸易救济所带来的不利影响，真正维护国内企业的利益。最后，要善于利用WTO框架下的贸易争端解决机制，通过谈判解决贸易争端，积极运用WTO规则，就我国出口产品遭受的不公正待遇开展有理、有利、有节的斗争，以合理、合法地维护我国企业的正当权益。

6. 健全组织，明确责任，加强贸易救济力度

美国、加拿大的成功经验告诉我们，职责分明、高度合作的贸易救济组织体系是决定贸易救济力度的重要因素。因此，我们应该建立“四位一体”（即以商务部、地方商务主管部门、中介组织和企业为一体）的贸易救济工作机制，也就是说，在贸易救济中，以市场经济导向为目标，充分发挥企业的主体积极性，中介组织的组织协调作用，地方政府的推动作用，商务部的总体指导、统一规划和对外交涉作用。

7. 适度保护，避免滥用

贸易救济是一把“双刃剑”，在给国内企业提供保护的同时可能会带来一些负面的影响。比如，本国被保护产品价格的上升，对消费该产品的普通消费者和企业造成打击，社会净福利随之恶化；过度保护造成企业不思进取，无法形成竞争优势等。因此，在采取贸易救济措施时，既要考虑申诉产业的利益，也应广泛听取上下游产业和消费者的意见，还要符合我国产业的发展方向。

第三节 发达国家的农业调控措施及启示

对西方发达国家成熟市场经济下各种农业调控典型模式的比较，特别是各国的农业调控如何应对通货膨胀或通货紧缩，将有助于我们在完善社会主义市场经济过程中，通过借鉴和创新，选择一种更适合中国国情的农业调控模式，更好地应对农业生产中面临的各种问题。

一、美国农业调控措施

美国农业之所以成功，除了其得天独厚的农业资源的因素，也离不开美国政府与社会在数百年的历史演化和市场竞争中所形成的农业法律与政府调控体系。虽然美国是典型的市场经济国家，奉行自由竞争精神，但在农业问题上却坚持市场经济与政府干预相结合。

（一）农产品抵押贷款计划

即美国政府委托农产品信贷公司按照一定的比例或贷款率，为参与政府农产品计划的农场主提供农产品短期抵押贷款（一般为 9 个月）。到期后农民可以偿还贷款，也可以用所抵押的农产品抵债。因此，无论市场行情如何变化，农民都可以选择对自己最有利的方式处置产品。当农产品价格上涨超过抵押贷款率（政府事先确定的农产品抵押价格）时，农民可以选择赎回农产品到市场上销售，并偿还贷款本息。若农产品市场价格下降，农民可以不归还贷款，以抵押品抵债，而不用承担任何费用或罚款，农产品信贷公司无权向农民追偿贷款率与市场价格之间的差额。农产品抵押贷款计划出台的背景正是 1929 年至 1933 年大萧条时期美国面临着严重通货紧缩，农产品销售困难、价格下跌，数百万农户濒于破产。1933 年美国国会正式通过的农业法案，实质上相当于美国政府为农民设定的农产品最低保护价格，从而使农民在市场行情下跌时不必急于抛售产品，保护了农民的利益和农业生产的稳定。之后美国政府通过适时调整贷款率，即农产品信贷公司对单位农产品提供的贷款数额，来适应不同经济环境下农业保护的需要。1933 年法案中的贷款率是根据 1910—1914 年单位农产品所能兑换工业品的现期价值确定贷款率，到了 20 世纪 70 年代美国经济陷于滞涨环境，通货膨胀率达到 10% 左右，石油等资源价格的大幅上涨带动农业生产资料价格全面上升，于是相应的贷款率也在 1973 年农业法中改为按生产成本来确定，以更好地保护农民利益①。

（二）农产品目标价格

同样是美国政府在滞涨背景下于 1974 年开始实施的，目的是帮助农民减少市场风险，使农民的生产成本得到偿还。这一价格支持计划由联邦农业部负责执行，补贴由联邦预算支出。农产品目标价格以生产成本为依据，每年随通货膨胀率的变化进行调整。下一生产年度开始前公布农产品的目标价格及执行目标价格的条件。单位农产品可得到的补贴叫做差额补贴率，取目标价格与市场价格或贷款率两者之中较高者之差，即如果农产品市场价格高于贷款率，则差额补贴率就等于目标价格与市场价格之差，反之，如果农产品市场价格低于贷款率，则差额补贴率就等于目标价格与贷款率之差。这项计划与农产品抵押贷款相配合，相当于对那些面临市场持续低于贷款率的农民给予了额外的固定比例补贴，促使他们赎回农产品并向市场销售。这种与市场价格挂钩的补贴政策实际上具有“自动稳定器”的作用：当价格变化小时，政府补贴就比较少，而当价格波动较大时，相应补贴也增加较多，从而缓解了在通货紧缩较为严重时对农户的冲击，同时对市场供求和价格形成的扭曲也较小。

为了适应世界贸易组织乌拉圭回合农业协议达成以后对各国农业补贴政策的限制，美国政府在 2002 年的农业法案中对以上两项计划做出了改革，以“营销援助贷款”和“贷款差价支付”取代了原来的抵押贷款和差额补贴，但政策内容并无实质区别，只是调整了适用营销援助贷款和贷

① 潘盛洲：“美国农产品价格和收入支持政策”，《经济研究参考》1996 年第 10 期。

款差价支付的农产品范围，提高了部分农产品的贷款率。

2002 年美国新农业法案还正式采用了新的反周期支付工具，该政策实质上仍然是一种目标价格补贴。根据该法案的内容，单位农产品的反周期支付由目标价格和"有效价格"之差决定，其中目标价格由该法案直接确定，而有效价格又等于市场价格与贷款率孰高者加上直接支付率①，若市场价格与直接支付率之和大于目标价格，则不进行反周期支付。这一工具实际上加强了直接补贴的效果，并且与农产品价格相挂钩，能够起到稳定农业生产和农民收入的作用。

（三）农产品保险计划

早在 1938 年，美国就颁布了《联邦农作物保险法》，将保险这一金融产品运用到农业保护与调控政策中，并不断提高农作物保险的参与率和保障水平。1994 年，美国颁布了《联邦农作物保险改革法》，根据新法案，美国政府将取消一般性的农业救济计划，并将参加保险与享受政府其他农业支持政策相挂钩，事实上将大部分农作物生产者都纳入了农作物保险计划的四大险种。这四大险种是：提供基本保障的农作物巨灾保险和提供较高保障水平的扩大保障保险、集体保险、非保险作物保障计划。政府加强了对农作物保险的财政支持力度，对农业保险提供了大量的经济支持，联邦政府补贴巨灾保险的全部保费，对多种风险农作物保险、收入保险等补贴大约 40% 的保费向承办农作物保险的私营保险公司提供 20%—25% 的业务费用补贴，另外还承担联邦农作物保险公司的各项费用以及农作物保险推广和教育费用，政府还通过联邦农作物保险公司向商业性农业保险公司提供再保险服务，此外，联邦政府和州政府对农作物保险业务的相关税款全额免征②。通过这一系列政策，美国农作物保险覆盖面进一步扩大，1995 年这一数字已经达到 88%。1996 年美国农业部又扩展了农作物保险，推出了收入保险，到 2001 年已经能为各种主要农作物提供至少一种形式的收入保险。农作物收入保险在产量保险的基础上又考虑了价格

① 美国政府根据"生产灵活性合同"给予农民的、按照农产品品种确定的直接补贴价格。

② 李军、罗帅民："美国农业保险考察报告"，《中国保险报》，2001 年 10 月 23 日。

因素，以春季作物种植时的价格为基础，若收获季节价格下降超过一定幅度，保险公司就将对农户给付相应的赔款。通过制度化的金融服务，农户在农业生产中面临的价格波动风险得到缓解，这样短期内农产品价格的剧烈波动不会对农民收入和下一年度的生产造成严重影响，生产的稳定反过来又保证了农产品产量和价格不会出现长期波动，对整个国民经济造成影响。

二、欧盟的农业调控措施

在欧盟成员国中，既有像英国这样的典型自由市场经济国家，也有法国这样实行指导性计划的国家以及德国的社会市场经济模式。虽然各国政府在宏观调控方面各有特色，但是在农业领域，欧盟自 1962 年起就开始实施共同农业政策，用以指导各成员国的农业发展。

由于欧盟是超国家的国际组织，本身并没有行政管辖权与财税职能，为了实现成员国内的统一农业政策，欧盟主要通过条约方式限定各成员国的国内农业政策，同时建立欧洲农业指导和保证基金“共同农业基金”。它是欧盟在财政上保证共同农业政策得以实施的一项基金，纳入欧盟的预算之中。共同农业基金的开支分为“保证部分”和“指导部分”，前者主要用于农产品的干预性收购以及出口补贴，通常占该基金预算支出的 2/3 到 4/5。后者则用于农业结构改革、推广先进技术、改良生产设施、改善农产品销售等。

（一）差价补贴政策

即欧盟事先统一设定干预价格，当农产品市场价格低于干预价格时，农民可以选择在市场上出售农产品，然后由欧盟设在各成员国的干预中心领取差价补贴，或者直接将农产品按干预价格不受限制的卖给干预中心。实行差价补贴的农产品包括谷物、食糖、牛奶及奶制品、橄榄油、牛肉、猪肉、烟草等，其具体品种、规格和生产限额由欧盟统一审核执行，补贴所需费用由欧盟农业指导和保护基金提供。20 世纪 90 年代后，为了适应 WTO 农业贸易谈判的要求，并减少对农产品市场的扭曲，欧盟分阶段大幅降低了主要农产品的干预价格，使欧盟内部农产品价格逐步接近国际市场价格。

（二）实行统一的农产品进口限制

20 世纪 70 年代后，为了稳定农产品生产，保护农民利益，欧盟开始对粮食、乳制品、糖类制定了门槛价格，对畜类和禽类（包括蛋类）产品制定了闸门价格。所谓门槛价格是指欧盟规定的进口农产品最低到岸价格，如果进口农产品到岸价格低于门槛价格，必须缴纳关税以补足差价。门槛价格的确定以欧盟市场价格和农产品从鹿特丹港到欧盟粮食短缺地区的运费为标准制定①。而闸门价格是指欧盟为了维持内部肉类和蛋类产品的价格而制定的最低入境价格，低于该价格的农产品不能进入欧盟市场。闸门价格的设定标准是国际谷物饲料价格和欧盟典型农户的生产成本②。

（三）临时存储补贴

为了避免农产品的季节性波动过大，保持市场稳定，欧盟对生产农产品发放临时存储补贴。在农产品集中上市的季节，农民和农产品经销商可以申请补贴，并相应将农产品临时储藏一段时间，以减轻农产品价格下降压力。

（四）农业保险

在农业保险方面欧盟国家并没有实行共同政策，由各个国家自主立法确定农业保险政策。以法国为例，法国政府制定了《农业保险法》，规定对一些重要大宗产品、主要农作物和主要饲养动物等实行强制保险。法国的一般农业保险服务主要由农业合作保险组织、商业性农业保险公司和政策性农业保险机构共同提供，超常情况下的“农业巨灾险”则由政府建立的农业巨灾保障基金承担。为了支持农业保险业务的开展，法国政府为参保农民提供保费补贴，农民只需缴纳保费的 20%—50%，其余部分由

---

① 赵昌文：“横向比较中的国外农业宏观调控模式”，《世界经济》1996 年第 8 期。

② 张敏：“西方经济发达国家农产品价格支持政策及启示”，《经济问题探索》1999 年第 10 期。

政府承担；为政策性农业保险机构提供财政补贴，用于其日常行政经费和弥补赤字；农业合作保险组织提供补贴和再保险服务，以分散其风险；对所有农业保险部门的资本、存款、收入和财产免征一切税负。

三、日本的农业调控措施

与美、欧不同，由于日本人多地少的国情，农产品不能自给，农业生产方式以小农生产为主，再加上日本政府一贯以产业政策引导经济发展。因此日本政府对农业的保护程度更高，干预力度更大。

（一）管理价格制度

主要适用于大米，从收购、批发、销售到外贸全部实行政府管制，购销价格由政府统一制定。这一制度起源于在第二次世界大战特殊情况下产生的《粮食管理法》，本意是为了解决粮食短缺，保证军队和城市的粮食供应。在管理价格制度实施早期，日本大米生产不足，日本政府对大米实行“全量管理、直接统制”，直接控制大米的国内流通和进口，类似于我国以前实行的粮食统购统销制度，但其政府制定的收购价格高于销售价格，中间差价由政府补贴。到20世纪60年代由于补贴数额持续上升对政府财政压力加大，日本政府将大米全量收购改为部分收购，其余部分自由流通，从而使大米价格能够由市场自发形成，政府收购部分大米来进行维持最低价格。70年代以后，为应对农业生产成本上涨和日本国内工农收入差距扩大，日本政府对大米收购价格实行“生产成本＋收入补偿方案”，即大米的收购价格以前三年的生产成本与劳动力成本（按同时期工业企业平均工资水平计算）为基础计算。1999年日本新农业法出台后，日本政府再次改革了大米的管理价格制度，进一步强调市场的价格形成机制，取消了政府对大米等粮食作物的生产和流通补贴，缩小了政府收购大米的适用范围。

（二）稻作安定经营基金

为了防止政府补贴取消后稻农生产经营受到严重冲击，保证农民收入的稳定，日本政府推行了“稻作安定经营对策”。该计划由农户拿出大米基准价格2%的资金，政府提供6%的资金，共同成立稻作安定经营基金，对完成政府规定的生产调整任务的农户，按照前三年自主流通米价格平均数计算的基准价格，由稻作安定经营基金支付基准价格与当年实际价格差额的80%[①]。实质上此类似于政府和农户共同出资的农产品价格保险制度。

（三）调节价格制度

即除大米以外的其他农产品价格主要由市场供求状况自发形成，政府通过参与市场购销来调节农产品价格，包括以下几种方式：（1）对于小麦、大麦以及加工用土豆、甘薯、甜菜等，日本政府制定最低保护价格，当市场价格低于政府确定的保护价时，政府将按保护价敞开收购，以支持这些产品的价格。（2）对于肉类和奶类产品，政府实行价格稳定带制度，事先规定相关产品的价格波动区间，当农产品价格波动超过上限或下限时，政府通过卖出或买进相应产品使价格回到波动区间内。（3）对于大豆、油菜籽和牛奶等产品实行差额补贴，当销售价格低于政府确定的标准价格时，政府向农民支付标准价格与市场价格之间的差额。（4）对于蔬菜、小肉牛、仔猪、蛋类及加工水果等产品，由政府、农协和农民三方共同成立的“价格平准基金”实行差额补贴。

（四）农业保险

为了应对自然灾害给农业生产带来的冲击，保障农业在生产的经营稳定，日本政府从20世纪20年代起就开始推行农业保险，1947年又出台了新的《农业灾害补偿法》，确定了日本以市、町、村的农业共济组合为农业保险的基层承办组织、以县级农业共济组合联合会承担分保，以政府农业保险机构承担再保险的农业组织体系。该法律规定所有产量超过定额的农民都必须参加保险，所有重要农产品如稻米、麦子、蚕茧及牛、马、猪等牲畜为法定保险范围，强制参保。日本政府对投保人保费提供

① 农业部：“其他有关国家农业支持政策分析”，中国农业信息网（网址 http://www.agri.gov.cn），2005年12月17日。

40%—60%不等的补贴，并且承担共济组合的部分费用和县级以上联合会的全部经费，遇有特大灾害，政府承担80%—100%的保险赔款，以保障共济组合的稳定运营。

四、国外农业调控政策对我国的启示

以上发达国家农业调控的手段虽然各有特色，但都建立在市场经济、法制经济的基础之上，都以工业“反哺”农业为基本原则，也都为保持农业基础地位、促进农业稳定发展和粮食安全发挥了重要作用。当前我国正处于完善社会主义市场经济、全面建设小康社会的新时期，以工促农、以城带乡将是我国未来农业政策的主基调，发达国家一些已经成熟且具有普遍性的方法、理念无疑也适用于我国。

（一）农业调控遵循市场导向

发达国家对于农产品的价格支持均以市场价格为基础，如美国的差额补贴率、贷款率均以农产品的平均市场价格为基准，日本自由流通米的指标价格以市场竞标的方式确定。由于农产品市场体系完善、交易活跃，市场供求在农产品价格形成中起着基础性的调节作用，以市场价格为基准的差价补贴更具合理性，有利于最大限度地保护农民、减轻农产品价格波动的冲击、同时对市场交易的扭曲较小。在政策性农业金融服务上，政府注重引导商业性金融机构和农民互助组织发挥作用，减少行政干预，通过经费补贴、提供再贷款和再保险服务、给予税收优惠等手段予以支持。

（二）农业政策法制化、制度化

为保证农业政策的连续性和稳定性，给农产品生产者和经销商以稳定的政策预期，发达国家普遍以法律文件的形式来制定或调整农产品价格支持政策。如美国1933年农业调整法案规定对主要农产品实行价格补贴，此后随着宏观经济形势的变化多次出台修正案，在前一法案的基础上增减或修改条款，适当调整补贴水平。每一次法案调整都会展开充分的讨论，使农业生产者和经营者提前了解法案主要内容，法案一旦确定就会施行较长时间。农业调控政策的制度化和长期化使得政府和农业经营者都能够比较从容地应对各种市场环境，包括通货膨胀或通货紧缩的情况，同时稳定了市场预期，避免因政策因素加剧农产品市场波动。

（三）注重直接支付手段

在世界贸易组织乌拉圭回合农产品贸易谈判及农业协议签署后，发达国家开始调整国内农业政策，削减农产品价格支持、降低国内农产品价格，以符合 WTO 农业规则的直接收入补贴来补偿农场主的利益损失。同时，直接支付补贴的范围限定于生产粮食等重要农作物的农户，将农业补贴向重要农产品倾斜。

（四）维持对敏感性农产品的价格支持

尽管世界贸易组织乌拉圭回合谈判以后，发达国家农产品价格支持政策逐步弱化，但仍会在一定时期内保留对敏感性农产品的价格支持，只是以更加灵活和隐蔽的方式运作。如美国在 2002 年农业法中提出的反周期支付计划，实质上属于农产品价格支持政策，但却以直接支付政策的形式出现；日本政府则通过控制大米进口来维持国内高米价。

（五）普遍推行农业保险服务

由于农业生产的自然属性，农业经营普遍较为分散、规模较小，同时生产周期较长，对自然环境和市场环境高度敏感，生产者抗风险能力差。为此发达国家大多强制或半强制的推行农业保险计划。如美国先后出台了《1938 年联邦农作物保险法》、《1980 年联邦农作物保险法》、《1994 年联邦农作物保险改革法》，通过立法来支持农业保险计划的实施，同时为农民提供保费补贴来增强保险吸引力，扩大对一般农产品的保险覆盖率，加强农业保险的效果。